한반도 통일을 여는
한국교회 디아코니아

한반도 통일을 여는 한국교회 디아코니아
— 88선언을 중심으로 본 한국교회 통일운동

2024년 8월 30일 처음 펴냄

지은이 엄상현
펴낸이 김영호
펴낸곳 도서출판 동연
등 록 제1-1383(1992. 6. 12.)
주 소 서울 마포구 월드컵로 163-3, 2층
전 화 02-335-2630
팩 스 02-335-2640
이메일 yh4321@gmail.com
S N S instagram.com/dongyeon_press

ISBN 978-89-6447-022-0 93230

88선언을 중심으로 본 한국교회 통일운동

한반도 통일을 여는
한국교회 디아코니아

엄상현 지음

동연

엄상현 목사의 사역과
통일을 향한 한국교회의 여정

〈소백산의 아침 금수산에서 동쪽을 바라보며…〉6x2m, 5폭 캔버스위 아크릴화 _ 조완희 화백

엄상현 목사의 사역

광주 전남 통일희년 세미나(1987. 1. 28.)

5.18의거 9주년 기념예배(1989. 5. 18.)

광복 45주년기념 연합예배(1990. 8. 10.)

이한열 열사 추모 행사(1987. 7. 9. 전남도청 앞 분수대). 오른쪽 앞줄부터 왼편으로 홍남순, 명노근, 박석무, 필자, 김영진

영동지역 산불 재난돕기(삼척제일감리교회 정문 앞, 2000)

산불… 수해… 시름잠긴 주민곁으로

새복음의 향토순례 　 삼척시

삼척시 기독교
연합회 임원진

회장 임상현 목사

부회장 유재석 목사

새파란 동해바다와 태백산맥의 맑은 물이 만
나 아름다운 도시를 형성하고 있는 강원도 삼척
시. 태백산에서 흘러내린 오십천이 도시를 휘감
아 동해로 빠져나가고 해안가의 수려한 경관과
아름다운 석회암 동굴이 절경인 삼척시가 복음의
불모지에서 새롭게 태어나고 있다.
　지난 몇년간 이곳에 불어닥친 산불과 수해 등
잇따른 현재지반의 고통속에서 기독교인들이 보
여준 사랑 실천이 시민들의 닫힌 마음의 문을 열
게 하고 복음의 통로를 넓혀 놓고 있다.
　삼척지역에 복음의 씨앗이 뿌려진 것은
1912년 강한달씨에 의해서였다. 김씨가 1901년
원산구역을 담당하던 미국 남감리회 소속 하지
선교사로부터 강릉에서 복음을 접하고 가족과
함께 삼척 사저에서 예배를 드린 것이 교회의
시작이었다. 이 예배에서 삼척제일교회가 탄생
했다. 삼척제일교회를 시작으로 각 교단이 복
음을 전하면서 삼척중앙교회 삼척교회 삼척읍
이다.

삼척시기독교연합회 관계자와 자원봉사자들이 지난 8월 삼척시 강천동 사랑의 마을 현장에서 자재를 운반하고 있다.　곽경근기자

삼척 산불 수해 「국민일보」(2003. 12. 26.)

집보다 소중한 희망을 짓습니다

2005 번개건축

삼척서 해비타트 올 첫 기공식
대구·춘천·태백·아산·진주등
전국 6곳서 48세대분 건설키로

"화재와 수해현장에 새 희망을 주는 집을 지읍시다. 희망의 집은 많은 사람에게 그리스도의 사랑을 보여줄 것입니다."

강원도 삼척시 갈천동 '주안 사랑의 마을'. 지난 3일 이곳에서는 한국해비타트(이사장 정근모 명지대총장)이장식 상임이사, 삼척지회 지용수 이사장, 전 이사장 임상현 목사, 인천주안감리교회 한상호 목사, 김대현 부시장, 김국영 삼척시의회 의장, 김대수 삼척대 총장, 김석보 삼척교육장 등 교회와 지역 기관장 등이 참석한 가운데 2005 한국해비타트 사랑의 집 짓기 1번개건축 첫 기공식이 열렸다.

삶의 터전을 잃은 이웃에게 보금자리를 마련

강원도 삼척해비타트는 지난 3일 삼척시 갈천동 건축현장에서 올해 사랑의 집짓기 첫 기공식을 갖고 본격적으로 집짓기에 들어갔다. 왼쪽부터 삼척해비타트 지용수 이사장, 주안감리교회 김병우 장로회장, 삼척해비타트 전 이사장 임상현 목사, 주안감리교회 청장년연합회 총무 편형열 권사, 주안감리교회 한상호 담임목사.
삼척해비타트 제공

삼척 해비타트 「국민일보」(2005. 6. 8.)

삼척 해비타트 「국민일보」

삼척 해비타트(2005). 왼쪽부터 세 번째부터 오른편으로 저자, 박관용 국회의장, 정근모 해비타트 이사장

네팔 선교지 방문(2006)

자치 80주년 감리사대회(2010)

가족 사진

북한 방문 사진들(2011)

조선민주주의인민공화국

입/출국수속표

朝鮮民主主義人民共和國

入 / 出境登記卡

통행검사소

通行檢査所

②

AIR KORYO

탑승표 / Boarding Pass

항로
FLIGHT

날자
DATE

이름
NAME

좌석번호
BOD NO.

목적지
DEST

방 북 안 내 문

1. 방북목제
   o 인도지원 반출 물자 모니터링
   o (후속 지원사업 협의)

2. 방북기간 : 2011년 12월 17일(토) ~ 20일(화)

3. 방북 지역 : 평양(강남군)

4. 방북자명단 (총10명)

성명	영문명	직업	성별	비고
박종철	PARK CHONG CHEUL	북민협 회장 (새누리좋은사람들 부이사장)	남	단장
박현석	PARK HYUN SEOK	북민협 운영위원장 (새누리좋은사람들 사무총장)	남	대표단 총괄
엄상현	EUM SANG HYUN	새누리좋은사람들 이사	남	"
권문수	KWON MUNSU	경남통밀농업협력회 사무총장	남	"
안향선	AN HYANG SUN	기아대책(성김) 사무총장	여	"
이지은	LEE JI EUN	남북나눔 간사	여	"
박영환	PARK YOUNGWHAN	한국대학생선교회 운영위원	남	"
이관우	LEE KWANWOO	한국대학생선교회 국장	남	"
도영주	DO YOUNG JOO	남북평화나눔운동본부 상임이사	남	"
정현옥	JUNG HYUNOK	나눔인터네셔날 간사	여	"

5.18 기념예배(1999). 김상근 목사, 저자, 안성례, 조아라, 김경천, 장로, 윤용상 본부장 등이 함께 했다.

이한열 열사 묘소에서 직접 하관 집례한 필자와 수동교회 교우들(2024. 5. 18.)

광주 5.18 금남로 현장 탐방하는 필자와 수동교회 교우들

한국기독교사회봉사회 주관, 사회봉사(디아코니아) 지도자 과정 제1기 수료식 장면(2018)

평화통일 희년을 향한 사회선교정책협의회(1992. 7. 2.)

동북아평화를 위한 기독교국제회의(1992. 8. 7.)

동북아평화를 위한 기독교국제회의2(1992. 8. 7.)

남북인간띠잇기대회본부 발대식(1993. 7. 19.)

남북인간띠잇기대회1(1994. 8. 15.)

남북인간띠잇기대회2(1994. 8. 15.)

평화통일 희년 연합예배(1995. 8. 13.)

외국인노동자평화의쌀 성금 전달(1997. 6.)   (사)남북나눔운동본부를 이끌어 가는 홍정길 목사(1998. 4. 15)

평화통일을 염원하는 한국기독교 금강산 단체방문(1999. 2. 22.)

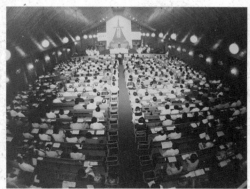

평화통일 남북공동기도주일 연합예배(1999)   평화통일 남북공동기도주일 연합예배(1999)

평화와 통일을 위한 8.15민족대회(2003. 8.)

세계개혁교회커뮤니온(WCRC) 라이프치히 총회 (2017)

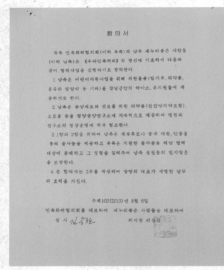

남북 민간 단체 교류 합의서(2013)

한국교회 남북교류 협력단 발족식(2018. 8. 30.)

NCCK 아시아에서의 한반도평화조약 캠페인 기념사 진 – 일본교회와 함께(2018. 6. 10~19.)

한반도 평화통일을 위한 에큐메니칼 포럼(EFK) – 방콕 모임

세계개혁교회커뮤니온(WCRC) 한반도 평화 캠페인(2020)

남북한 에큐메니칼 사역 국제세미나(2019. 3. 4~5.)

평화누리길 인간띠잇기운동(2020)

EFK 방콕 모임: 종전선언-평화조약 촉구(2020)

정전협정 체결 71년 – 7.27 한반도 평화 행동의 날 평화대회(2024. 7. 27.)

한반도 평화의 밤(2024. 8. 15.)

평화 축제. 청년 지도자들과 함께 - 스웨덴에서(정희수 UMC 감독 제공)(2024)

"화해의 사역." 화해의 사명은 사도 바울에 의해 초기 기독교에 전달되고 설명되었습니다. 바울은 고린도후서 5장과 6장에서 화해의 사역을 중심으로 다루고 있습니다. 그곳에서 그는 이렇게 말합니다: "누구든지 그리스도 안에 있으면 새로운 피조물입니다. 옛 것은 지나 갔고, 새 것이 되었습니다. 그러나 이 모든 것은 우리를 그리스도와 화해하게 하신 하나님께로부터 온 것이며, 그분은 우리에게 화해의 사역을 맡기셨습니다. 하나님은 그리스도 안에서 세상을 자신과 화해 시키셨으며, 사람들의 잘못을 그들에게 돌리지 않으셨고, 우리에게 화해의 사명을 맡기셨습니다."

기독교가 이 사명을 어떻게 실천했는지에 대한 많은 예시를 들 수 있습니다. 이 중요한 박사 논문의 주제는 바로 이 사명에 관한 것입니다. 저자는 "한반도 통일을 여는 디아코니아"라는 제목으로 이 사명을 다루고 구체화하였습니다.

이를 위한 역사적 전례가 있는데, 바로 1989년과 1990년에 이루 어진 두 독일 국가의 통일입니다. 당시 나는 그 상황을 직접 목격할 수 있었습니다. 빌리 브란트 총리 시절 독일 연방 정부에서 일하면서, 분단된 독일의 화해를 위해 노력했던 그와 함께 두 국가의 접근 첫 단계를 경험했던 것입니다.

나중에 통일 직후, 나는 독일 디아코니(Diakonie) 소속으로 독일

동부 지역에 있는 로베탈 디아코니 재단(Diakoniestiftung Lobetal)을 방문했습니다. 그곳에서 일했던 우베 홀머 목사는 재단의 요양원에서 요양이 필요한 사람들에게 안식처를 제공했습니다. 그뿐 아니라, 1990년 1월부터 4월까지 구 동독 국가 원수였던 에리히 호네커 부부를 자신의 집에 머물게 해주었습니다. 여기서 나는 화해가 구체적으로 무엇을 의미할 수 있는지를 경험했습니다.

분단된 국가의 평화로운 통일과 이러한 형태의 화해는 한국 국민에게도 바람직한 일입니다. 엄상현 박사님의 신학적 연구가 이 비전을 실현하는 데 기여하기를 바랍니다.

2024년 8월

테오도르 스트롬 박사

하이델베르크대학교 은퇴교수,

전 하이델베르크대학교 디아코니아연구소 소장

«Dienst der Versöhnung»

Der Auftrag der Versöhnung wurde der alten Christenheit vom Apostel Paulus mitgegeben und erläutert. In Kapitel 5 bis 6 des 2. Korintherbriefs hat Paulus die Diakonie der Versöhnung in den Mittelpunkt gestellt. Es heisst dort: „Wenn jemand in Christus ist, dann ist er eine neue Schöpfung. Das Alte ist vergangen, Neues ist geworden. Aber das alles kommt von Gott, der uns mit Christus versöhnt und uns die Diakonie der Versöhnung aufgetragen hat. Gott war es, der in Christus die Welt mit sich versöhnt hat, indem er den Menschen ihre Verfehlungen nicht anrechnete und uns den Auftrag der Versöhnung anvertraute."

Man könnte viele Beispiele bringen, wie die Christenheit diesen Auftrag umgesetzt hat. Das Thema dieser wichtigen Doktorarbeit handelt genau von diesem Auftrag: Unter dem Titel „Diakonie für die friedliche Wiedervereinigung auf der koreanischen Halbinsel" hat der Autor diesen Auftrag aufgegriffen und konkretisiert.

Hierfür gibt es einen historischen Vorläufer, die Wiedervereinigung der beiden deutschen Staaten in den Jahren 1989 und 1990, die ich damals selbst mitverfolgen durfte. Ich will hierzu zwei kurze Erinnerungen aus meiner eigenen Lebenserfahrung wiedergeben. Als Mitarbeiter des früheren Bundeskanzlers Willi Brandt, der sich für die Aussöhnung des geteilten Deutschlands eingesetzt hatte, durfte ich die ersten Schritte der Annäherung beider Staaten miterleben.

Später, kurz nach der Wiedervereinigung, besuchte ich als Mitarbeiter der Diakonie in Deutschland die Diakoniestiftung Lobetal im Osten des Landes. Der dort tätige Pfarrer Uwe Holmer hat nicht nur in Heimen der Stiftung pflegebedürftigen Menschen ein Obdach geboten, sondern auch den verfolgten und bedrohten ehemaligen Staatpräsidenten der DDR, Erich Honecker, und seine Frau von Januar bis April 1990 in seinem Haus aufgenommen. Hier erlebte ich, was Versöhnung konkret bedeuten konnte.

Eine friedliche Wiedervereinigung des geteilten Landes und diese Formen der Versöhnung sind auch dem koreanischen Volk zu wünschen. Möge die ttheologische Arbeit von Pfarrer Dr. EOM Sang-Hyun dazu beitragen, dass diese Vision auf den Weg gebracht werden kann.

Heidelberg, im August 2024

Prof. i.R. Dr. Theodor Strohm

Ehemaliger Leiter des Diakoniewissenschaftlichen

Instituts der Universität Heidelberg

엄상현

　지구촌에 유일하게 남아 있는 고통과 저주의 분단조국, 남·북 권력자들의 어떤 만행(독재와 세습)도 정당화시켜 주는 분단 악용, 한반도가 나뉨을 당한 지 79년을 넘기고 있는 지금….

　남과 북으로 나누어진 것만으로도 통탄스러운데 남남 갈등(南南葛藤)이 여러 곳에서 점점 더 증폭되고 있음은 혹시 분열과 분파로 얼룩진 한국 교회사 때문은 아닐까 하는 생각에 섬찟, 소름이 돋는 느낌은 어쩜이뇨.

　가로(세상)와 세로(하나님) 한가운데 달리신,
　십자가(十字架)의 예수처럼…

　어느 쪽으로도 치우치지 않으려고 몸부림쳐 온 목회 여정 45년, 잊을 수 없는 그 숱한 순간순간들이 스쳐 가는 지금, 성은이 망극한 은혜로 채워진 모든 삶이 다 하나님 은총이었음에 두 눈을 지그시

감아봅니다.

　유신헌법 반대, 국민투표를 먼저 꼭 해야 한다고 외치면서부터 이어져 온 고단한 인생 여정에서 한국기독교교회협의회(NCCK)와 인연을 맺어온 지 벌써 반세기를 넘어서고 있는 지금에서 터득한 진리가 있으니,

> 하나님의 선교(*Missio Dei*) 주체가 하나님 자신이듯,
> 섬김(*Diakonia Dei*)의 주체도 하나님이시기에…
> 결국 복음(하나님 나라)의 핵심과 모든 문제의 해결과 답은
> '화해의 디아코니아'였습니다.

　3.1독립선언에 버금가는 한국교회(NCCK)의 놀라운 '88선언'(민족의 통일과 평화에 대한 한국기독교회 선언, 1988년 2월 29일) 30주년 기념대회(2018년) 참석과 2019년 DMZ평화인간띠운동본부가 주관하는 DMZ평화인간띠운동에 직접 참여하여 그 광경을 체험하면서 힘을 받아, 10여 년 간 끌탕을 해 오던 평화통일에 관한 박사학위논문 "한반도 통일정책과 한국교회 통일운동에 대한 디아코니아 신학적 평가(88선언을 중심으로)"를 '화해의 디아코니아 입장에서 88선언을 분석하고 정리'하게 된 것입니다.

　저자가 실제로 경험한 평양 방문(2011년 12월 17~20일)은, 말도 많고 탈도 많은 대북 지원의 실체 파악(황해도 강남군 일대 모니터링)에 따라 대북 지원 사업의 지원과 지속성 여부를 결정할 수도 있는 공식

방문으로서, 그 방문 중에 김정일 국방위원장 서거가 발생하였어도 우리 방문단의 '대북지원 실체 파악 업무'에는 전혀 지장 없이 더 정성을 다하는 북측 섬김이(참사)들에게서 '평화통일의 확신'을 갖게 되었습니다.

북한 지역에 217개 보건소가 있는데, 열악한 환경의 보건소 건물을 신축하여 치료할 수 있는 약을 보내는 것부터 시작하여, 종합복지관 같은 역할(역사, 교양, 건강, 문화, 스포츠, 먹거리 제공 등등)을 할 수 있도록 인도주의적 입장에서 작은 것부터 시작을 하게 된다면, 정치적인 이슈나 이데올로기의 명분 싸움, 기타 전쟁을 일으킬만한 말장난 같은 것들은 다 사라질 것이라 확신합니다.

삶의 고비마다 힘이 되어주신 영적인 스승, 고(故) 장기천 감독회장님과 전밀라, 조피득 목사님 그리고 종종 전화 주시는 강병훈 목사님, 장인어른 이봉희 목사님과 김남철 감독님, 늦깎이를 강권하여 공부하게 만드신 은준관 총장님, 박사학위 논문 전체를 꼼꼼히 챙기며 완성도를 높이는 데 정성을 쏟아주신 세계적 신학자 채수일, 이정배 박사님, 이범성, 조성돈, 김선영 교수님께 진심으로 감사드립니다.

또한 한국교회 보수의 어르신(홍정길 목사님, 김명혁 목사님)과 진보의 어르신(박종화 목사님, 이삼열 박사님)께서 필자의 인터뷰에 흔쾌히 힘을 보태심은 얼마나 큰 기쁨이요 영광인지요!

특히 학위 논문 쓰기를 포기한 굳은 마음을 끝없는 사랑으로 녹여 여기까지 이끌어 주신 이범성 지도교수님과 "화해의 디아코니아"

신학을 가르쳐주신 독일 하이델베르크대학 스트롬(Dr. Theodor Strohm) 교수님께 깊이 감사드립니다. 또한 가까운 거리에서 변함없이 응원해 주신 한백병 박사님, 도서관장 이인수 박사님 그리고 연구실에서 학문적 토론에 열정을 쏟아내던 학우들(박행신, 조현호, 김혜경, 김길수, 김동진, 최규희, 장경호, 임창진, 윤재경, 명재영)의 진지한 모습들이 눈에 선합니다.

혹시 실천신학에서 미흡할지도 모를 성서적인 근거와 뼈대를 꼼꼼히 챙기시고 짚어주신 '통(通)성경'의 조병호 박사님, 고향 친구가 책을 낸다고 겉표지를 비롯하여 여러 그림을 선사한 작가 조완희 화백님 그리고 한국교회의 보수와 진보의 어르신을 직접 찾아 탐방 및 취재는 물론, "이론(학위논문)과 실제(사랑 실천)의 균형"을 위한 부록(남, 북 나눔과 섬김) 만들기 공동연구에 힘써주신 이승열 디아코니아 박사님 정말로 수고 많으셨습니다.

복음화, 민주화, 평화통일, 목회의 여정 길에 생사고락을 함께했던 동지들, 고(故) 함석헌, 장준하, 문익환, 안병무, 김지길, 김찬국, 박형규, 윤기석, 강신석, 지학순, 조비오, 법정, 변선환, 김소영, 박순경, 한완상, 전태일, 김의기, 김동완, 최완택, 김용복, 김병균… 어르신들이 너무 그립습니다.

이 나라와 민족의 소금과 빛이신 김상근, 신경하, 안재웅, 박경조, 이재정, 유경재, 손인웅, 함세웅, 조화순, 강대인, 민영진, 권호경, 박덕신, 노정선, 유춘자, 김명현, 이현주, 이광일, 송윤기, 정지강, 정희수, 정명기, 지선, 박일성, 김근상, 김영주, 허원배, 이홍정, 나핵집, 권오성, 원영희, 장헌권, 김성용, 임태종, 최이우, 송기성, 박상철, 박은환, 정태준, 마원석, 이영훈, 오문자, 이강헌, 배진기, 김준회, 이혜자, 이후정, 이정배, 이은선, 이용윤, 김성남, 성원주, 차홍도, 조언정, 남재영, 박경양, 최종호, 서호석, 송병구, 이광섭, 정학진, 김현철, 박도웅, 홍보연, 최소영, 정해선, 이성용, 이기용, 박경서, 강혜경, 김동현, 김형래 님, 존경하고 사랑합니다.

변함없는 기도와 사랑을 결코 잊을 수 없는 장로님들, (故) 조아라, 명노근, 경철근, 장진옥, 이종구, 지익표, 이인균, 한길희 님과 함께해 주신 동역자 윤용상, 안성례, 정이완, 문종수, 한상백, 김창겸, 안용태, 권순익, 오수성, 원용복, 우제창, 김상현, 지은영, 최병천, 김형태, 정관종, 정내하 장로님들 정말로 고맙습니다.

그리고 내 사랑하는 수동교회 교우들의 뜨거운 섬김을 어찌 잊을 수 있으리오?

그 무엇보다, 우리 집에 '아빠와 남편은 없고, 목사님만 있다'고 꼬집으면서도 기나긴 세월 허물 많은 종을 수시로 감동, 감격시키는 아내 이혜련 사모와 두 딸 수려와 주리의 변함없는 사랑에 고개가 저절로 숙여질 따름입니다.

이제 분단 극복과 평화 통일, 남남갈등 해결의 "하나님 나라 순례의 길"을 나서려는 상현이의 "화해의 디아코니아 행보"에, "에벤에셀, 임마누엘의 은총"이 더욱 충만하길 간절히 빌고, 또 빌어봅니다.

2024년 8월
사랑에 빚진 종　엄상현

차례

<화보> 엄상현 목사의 사역과 통일을 향한 한국교회의 여정   5
책 머리에 _ 테오도르 스트롬   17
머리말 _ 엄상현   21
추천의 글 _ 김근상 김영주 김형태 민영진 박종화 송병구 안성례 유기성 윤용상
     이영훈 이정배 조병호 지형은 채수일 최이우 홍정길   29

1장 ㅣ 서론

I. '화해의 디아코니아신학'을 제안하며   51
II. 통일에 관한 앞선 연구들과 이 책의 지향점   58

2장 ㅣ 남한 정부의 통일 정책과 한국교회의 통일운동

I. 남한 정부의 통일 정책에 대한 신학적 평가   72
   1. '북진통일론'부터 '7.4남북공동성명'까지   72
   2. '공동성명'에서 '기본합의서'로   81
   3. 북한 핵 연계와 '사우나 정책'   90
   4. '햇볕 정책'과 '사실상의 통일 상황' 만들기   92
   5. 흡수통일을 전제한 '통일대박론'   97
   6. 맺음말   102
II. 한국교회의 통일운동에 대한 신학적 비판   116
   1. 보수 진영의 통일 신학에 대한 신학적 비판   118
     1) '인간 중심적 통일 신학'에서 '하나님 중심적 통일 신학'으로   118
     2) '성경적 통일 신학'은 얼마나 성경적인가   122
   2. 진보 진영의 통일운동에 대한 신학적 비판   126
     1) 하나님의 구원사로서의 한국사   126
     2) 민족해방과 계급해방으로서의 통일   133
   3. 맺음말   137

3장 ┃ 통일을 위한 디아코니아의 유형과 원칙

I. 통일을 위한 디아코니아의 유형들   143
　1. 교회적 디아코니아   145
　　1) 교회 정체성으로서의 디아코니아   146
　　2) 교회로부터 사회로 나가는 디아코니아   148
　2. 사회적 디아코니아   151
　　1) 사회선교로서의 디아코니아   153
　　2) 국가적 차원의 디아코니아   156
　3. 주변인 중심적 디아코니아   160
　　1) 주변인을 위한 디아코니아   161
　　2) 주변인이 주도하는 디아코니아   165
　4. 보편 사제적 디아코니아   166
　　1) 모든 신자의 사제적 위임으로서 디아코니아   166
　　2) 하나 되게 하는 과제를 가진 디아코니아   168
　5. '에큐메니칼' 디아코니아 원칙   171
　　1) 경계 타파적 섬김   171
　　2) 연대와 상호성으로서의 친교와 섬김   173
　6. '경세적 삼위일체'의 시각에서 본 디아코니아   181
　　1) 다양성 속에서의 일치를 추구하는 디아코니아   184
　　2) 통전적 디아코니아   186
II. 통일을 위한 원칙, '화해의 디아코니아'   195
　1. 관계 회복으로서의 화해   195
　2. 공동체적 사귐으로서의 화해   198
　3. 경계를 뛰어넘는 사랑의 실천으로서의 화해   204
　4. 하나님의 일방적인 사랑과 자기희생으로서의 화해   219
　5. 관용과 환대로서의 화해   235
III. 한반도 평화통일을 위한 디아코니아 원칙   259

4장 ㅣ '88선언'에 대한 디아코니아신학적 이해 및 평가

I. '88선언'의 배경과 의의   265
II. '88선언'이 한국 정부 통일 정책에 미친 영향   271
III. '88선언'에 대한 한국교회 보수 진영의 도전   286
IV. '88선언' 30주년 평가   296
V. 화해의 디아코니아신학으로 본 '88선언'   300

5장 ㅣ 결론 및 제언

I. 결론: 화해의 디아코니아를 통한 길   319
II. 제언: 한반도 통일을 위한 한국교회의 과제   324

참고문헌   337

부록

〈부록 1〉「민족의 통일과 평화에 대한 한국기독교회 선언」('88선언')
       (1988년 2월 29일)   353
〈부록 2〉 '88선언' 30주년 기념 국제협의회 성명서(2018년 3월 6일)   373
〈부록 3〉 남북나눔재단을 통한 대북 지원 사업에 대한 분석 연구   381
〈부록 4〉 한국기독교교회협의회(NCCK)의 대북 지원 및 협력 사업에 대한 연구   435

김근상
대한성공회 주교, 전 경기도 평화 자문관

저는 이 책의 제목조차 언급하기가 부끄럽습니다. 제가 드리고
싶은 말씀은 목사님이 하는 모든 일은 하느님을 섬기고 인간을 사랑하
는 경천애인(敬天愛人)의 기독교의 근본에서 비롯된다는 것입니다.

목사님에게는 통일운동조차 목회였습니다. 물론 기존 사회의 틀
을 무시할 수가 없어서 학위를 위한 불편한 노력들을 감내하셔야
했지만, 그분의 속내는 하느님의 마음과 인간의 마음을 교회에서
펼쳐 보이기를 원하셨을 뿐입니다.

긴 세월 그리고 엄청난 노력을 폄훼하려는 것이 아닙니다. 이 모든
작업이 오직 경천애인이라는 목사님의 깊은 신앙에서부터 비롯된
여러 결과물 중에 하나라는 것입니다. 목회는 이래야 한다고 생각합니
다. 그래서 저는 목사님이 한없이 부럽고 자랑스럽습니다.

글을 읽으면 읽을수록 하느님의 권능과 사람의 부끄러움이 가득
합니다. 그래서 천한 문장 하나 목사님 책에 사뿐히 얹어 봅니다.

감사합니다! 엄상현 목사님!

김영주
남북평화재단 이사장, 전 NCCK 총무

한국교회가 평화통일운동에 적극적으로 참여하게 된 것은 1980
년 광주민주화운동에서 기인한다. 당시 군사 독재 정권은 분단과
전쟁의 공포를 민주화운동을 탄압하는 명분으로 삼았던 것이다. 그
과정을 지켜본 한국교회는 분단 극복 없이 민주주의의 발전은 불안정
하다는 판단하에 민주화운동과 평화통일운동을 동시적 과제로 설정
하게 된다.

한국교회의 평화통일운동은 세 가지 관점에서 진행되었다. 첫째,
당시 군사 독재 정권이 독점하고 있는 통일 문제를 민간이 참여하는
통일운동으로, 둘째, 북한 바로 알기와 북(교회)과의 직접 대화를 통한
화해와 협력 방안 모색, 셋째, 보수적이고 반공적인 남한 교회의 평화
통일운동 참여였다.

쉽지 않은 과제였지만, 한국교회가 평화통일운동을 이어올 수
있었던 것은 교회의 주요한 사명인 '섬김과 나눔'의 정신(디아코니아)
으로 가능하였을 것이다.

엄상현 박사가 한국교회의 평화통일운동을 디아코니아 관점으로 정리한 것은 아마 처음일 것이다. 만학도인 엄상현 박사가 오랜 경험과 학문적 열정으로 정리한 박사학위 논문을 대중적인 글로 가다듬어 이 책을 출간한다. 사랑과 존경의 마음을 표한다. 필자의 표현대로 평화통일운동의 마중물인 디아코니아가 한국교회의 평화통일운동을 위한 길잡이가 되길 기대한다.

김형태
김형태치과 대표원장

늘 보고 싶은 사람, 자주 기다려지는 사람.

그가 바로 엄상현 목사와 이혜련 사모이다.

한때는 농촌목회(농촌살리기 운동)로, 한때는 이 땅의 민주화에 앞장서서 피해자들과 함께 동고동락하시는 것이 인정되어서일까?

이한열(李韓烈) 열사가 마지막 광주 망월동 민주묘역에 안장될 때, 직접 하관 예식을 집례하시면서 "지하에서도 예리한 두 눈을 부릅 뜨고 이 시대를 직시하라"고 쩌렁쩌렁 외치시던 엄 목사님의 비장한 모습이 갑자기 떠오른다.

산업화의 그늘에서 부당하게 희생당하는 약자들을 챙기고 아우르시 더니, 이제는 분단 조국의 평화통일에 대한 열망을 화해의 디아코니아로 88선언을 정리하신 논문을 책으로 펴내심에 뜨거운 찬사를 보내며, 우리 모두의 영원한 꿈, "하나님의 나라 순례의 길"을 맘껏 열어가는 데 큰 힘 되는 이 책이 널리 읽히고 또 그 뜻이 실현되기를 기대해 본다.

민영진
감리교신학대학 명예교수, 전 대한성서공회 총무

　　남과 북에 다 호전적 정부가 들어선 이 어려운 때 남북나눔재단을
통한 대북지원사업에 대한 분석 연구의 출간을 축하합니다.

　　이 책에는 대북지원사업의 실제적 실천 방안을 구체적으로 제시
하니 이 사업이 결실을 보게 되면, 이제 곧 한반도뿐 아니라 지구
위의 모든 갈라진 민족들(고임)과 찢어진 모든 백성(움밈)이 주님의
크나큰 자비(헷세드)를 찬양하고, 주님의 영원한 진실(에맷)을 "할렐
루야!" 찬양할 터(시 117)입니다.

박종화
평화통일연대 이사장, 실천신학대학원대학교 이사장

엄상현 박사의 통일 담론은 특이하다. 정부 당국의 통일 정책과
교회 차원의 통일운동 및 담론을 '디아코니아신학적 관점'에서 분석하
고 평가한다.

남북의 이념이나 체제나 제도상의 외형적인 차이나 갈등을 관리
하고 극복하는 방안에 주안점을 두는 기능주의적 통일론이 우리가
흔히 접하는 방식이다. 이와 달리 '디아코니아신학적 통일론'은 우선
적으로 남과 북의 주인인 '인민'과 '국민'이 각기 처한 갈등과 차이를
넘어 실질적인 '삶' 속에서 복리와 행복을 맛보게 하는 것을 통일의
주안점으로 삼아 그 가능한 길과 방안을 제시하는 통일 담론이다.

저자는 이런 디아코니아적인 헌신에 교회가 앞장서 나아갈 것을
간곡히 주문한다.

일독과 함께 동참의 물결이 일어나기를 크게 기대한다. 샬롬!

송병구
색동교회 담임목사

종전 71년을 맞은 지금, 여전히 남과 북은 두터운 대치 상태입니다.

분단 80년을 맞을 즈음, 아직도 평화통일을 주제로 한 논문이라니, 낯설게 느껴집니다.

분단 현실은 휴전선에만 있지 않고, 사람들의 마음과 기억에 무장 상태로 존재합니다.

엄상현 목사님의 박사 논문은 또 하나의 분단 해법을 넘어 화해와 협력, 섬김과 나눔을 통한 디아코니적 열쇠를 제시한다는 점에서 귀를 열어 경청할 의미가 있습니다.

아무쪼록 남과 북 철조망을 넘나드는 적대적 풍선 대신, 화해의 무지개가 드리우길 소원합니다.

안성례
오월어머니집 설립자/초대 관장

'오월에서 통일'은 나의 신념이요, 삶의 철학이 되었다.

'평화와 통일'은 지구촌에 유일하게 남아 있는 고통과 저주의 분단 조국에 있어 절대적인 담론이다.

그래서 '동양 평화'를 외쳤던 안중근 의사의 역사관을 나는 너무나 좋아한다.

'평화와 통일', 이 역사적 민족적 과제임에도 불구하고, 이 사회에서 깊이 고민하는 이 누군가.

심지어 세상의 '소금과 빛'이어야 하는 교회조차 시류에 편승하여 지탄받는 현실에서, 엄상현 목사님의 사명감 넘치는 이 책은 꽉 막혀 있는 민족통일과 평화의 숨통을 뚫어 숨 쉬게 하는 것처럼, 일상에서 회자되는 '평화와 통일'의 담론 형성에 크게 기여할 것으로 확신한다.

유기성
예수동행운동 대표, 선한목자교회 원로목사

현재 우리에게 주어진 가장 큰 기도 제목이 있다면 남북한의 평화로운 통일일 것입니다. 그러나 문제는 어떻게 기도해야 할지조차 모르는 사람들이 대부분입니다.

그만큼 정보가 부족하고, 보수와 진보의 갈등도 심하며, 무엇보다 현실감이 들지 않는 것입니다. 이런 때에 이 책의 출간이 참 적절하면서도 귀합니다.

그동안 남북한이 평화통일을 준비하여 왔던 과정을 객관적으로 살피고 앞으로 나아갈 방향을 제시해 주고 있기에, 남북한의 평화로운 통일을 기도하는 많은 그리스도인에게 너무나 귀한 기도 지침서가 될 것입니다.

그리스도인이 아닌 사람들에게도 남북 평화통일에 관한 균형 잡힌 안목을 갖게 해 줄 것이며, 학자들이나 언론인, 통일 정책 입안자들에게 통일을 위한 지침서로 활용될 것입니다.

저자인 엄상현 목사님과는 목회를 함께 시작하고 지금까지 교제하며 잘 지내고 있습니다.

목사님의 생애에 기념비적인 책을 출간하신 것이 너무나 존경스럽습니다.

윤용상
전 광주 CBS 본부장

"짤린 혈맥은 이어져야 한다."

그래서 "우리는 만나야 한다."

만남-대화-나눔-상생(공생)-평화-남북통일….

우리 동족의 만남을 방해하는 그 어떤 사상이나 세력도 단호히 거부해야 한다.

한반도 위기에 대한 평화적 해결은 오직 남과 북이 다시 진정한 대화를 나눌 때이며, 이렇게 만나도록 해주는 매체가 바로 '화해의 디아코니아' 실천이라고 본다.

"화해의 디아코니아로 평화통일을 추구"하는 박사학위 논문으로 만들어진 이 책을 꼭 추천하는 이유는 잘린 혈맥도 이어지게 해줄 것이고, 갈등과 대립의 한반도에 평화통일을 이루어 가는 데 획기적인 전환점이 될 것이기 때문이다.

이영훈
여의도순복음교회 담임목사

통일은 단순한 영토적 통합이 아닌 진정한 사회적 통합과 화해의 과정으로 이해하고 접근해야 합니다.

엄상현 목사님은 이러한 관점에서 해방 이후 남북 당국 간의 대화와 합의가 반복적으로 실패한 원인을 체계적으로 분석하며, 새로운 신학적 시각에서 한국교회의 역할을 제시합니다.

또한 목사님의 연구는 '88선언'의 역사적 의의를 재조명하고, 변화된 시대에 맞는 통일운동의 신학적 기반을 모색하며, 문헌 연구와 주요 인사들과의 인터뷰를 결합해 깊이 있는 통찰을 제공합니다.

통일 문제를 연구하는 학자들과 한국교회에 중요한 지침서가 될 것입니다.

이정배
현장아카데미 소장, 감리교신학대학교 명예교수

남북 관계가 더없이 고착된 현실에서 민족의 미래를 위한 의미 있는 책이 출판되었다. 목회자로서 수십 년간 NCCK 통일위원회에 몸담으며 온몸으로 남북 현실을 체득한 결과물이다.

특히 3.1선언에 견줄 수 있는 '88선언문'을 디아코니아의 시각에서 분석 · 정리하여 진일보된 길을 제시한 것이 이 책의 특징이다.

그로 인해 보수기독교 단체가 탄생한 것은 역사의 모순이겠으나 이 선언을 주관했던 9명 신앙인의 용기는 앞선 난관을 이겨낼 수 있을 것이다.

이 책의 출판이 반공주의 올무에 갇힌 한국교회에서 자신의 역사를 옳게 아는 힘을 선물할 것이다.

조병호
성경통독원 원장, 미국 드루대학교 객원교수

다윗은 제사장 나라 권력의 공공성, 목적성, 법치성, 변동성, 계승성으로 민족 내부의 가장 큰 상처인 '분단과 쿠데타의 문제'를 극복하였습니다. 이 기반이 있었기에 성전 건축 준비가 가능했고, 제사장 나라를 성전 중심으로 천 년 동안 지속하게 했습니다.

엄상현 박사님은 우리 민족의 분단과 통일의 과제를 다윗 관점에서 연구하시고, 한국교회의 비전과 사명을 제시한 놀라운 학자이십니다.

귀한 연구를 책으로 출판하여 함께 꿈꾸게 하심을 진심으로 감사하며 이 책을 추천합니다.

지형은
말씀삶공동체 성락성결교회, 한국기독교목회자협의회 대표회장

'디아코니아'는 예수 그리스도의 언어다. 주인이 식사할 때 노예가 시중드는 것을 표현하는 세속 헬라어다. 굴종, 비천, 약함 등 노예와 연관된 상황을 담은 이 단어로 예수께서 하나님 신앙을 설명했다. 권력과 명예와 재물에 예속된 신앙에 충격을 준 메시지였다. 디아코니아신학은 하나님 나라의 근본적인 가치다. 16세기 종교개혁자들의 십자가 신학과 일맥상통한다.

남북의 화해와 통일은 한반도만이 아니라 동아시아와 21세기 세계의 과제이기도 하다. 엄상현 목사님이 디아코니아신학을 토대로 이 주제를 다루는 것에 깊이 공감한다. 해방 이후 계속된 진보와 보수의 갈등은 한국교회에서도 마찬가지였다. 디아코니아신학을 토대로 전개되는 통일 담론에서 보수와 진보를 넘어서는 기독교의 가치가 드러날 것이다.

추 천 의 글

채수일
크리스챤아카데미 이사장, 전 한신대학교 총장

엄상현 목사님(기독교대한감리회 수동교회)이 실천신학대학원대학교에서 받은 박사학위 논문(2022)이 책으로 출간된 것을 마음으로부터 깊이 축하드립니다.

평생을 한국교회의 에큐메니칼 운동과 남북의 평화통일운동에 헌신해 오신 목사님의 교역과 삶을 학문적으로 정리한 논문을 기반으로 한 책입니다. 이 책이 한국교회의 평화통일운동의 역사와 신학을 이해하고, 앞으로의 남북 관계의 새로운 방향을 모색하는 독자들을 더 폭넓게 만날 수 있는 계기가 되리라고 확신합니다.

특히 미국의 대통령 선거와 그 후에 전개될 국제질서의 변화, 한반도 주변에서 고조되는 군사적 긴장과 전쟁 위기 속에서 평화를 위해 일하는 그리스도인들에게 이 책이 한 줄기 빛이 되리라 믿어 기쁘게 추천합니다.

최이우
종교교회 원로목사, MMS Ministry Mentoring Service 대표

　분단 79주년을 맞이한 대한민국은 남북관계보다 남남 갈등이 더 심각하다. 날마다 대도로변에 내걸리는 현수막에 상대를 비난하고 자신의 우월함을 선전하는 내용을 보는 마음은 불편하다. '서로 물어 뜯고 삼키면 피차 멸망할 것'(갈 1:15)이 분명하지만, "나라 밖에 적이 없고, 나라 안에 근심이 없는 나라는 반드시 망한다"는 맹자의 말에서 위로를 얻는다. '반대의 목소리'는 불편하지만 나라든 개인이든 '반대의 목소리'를 듣지 않으면 성장을 멈춘다.

　엄상현 목사님이 목회의 정년 은퇴를 앞두고 심혈을 기울여 쓰신 박사학위 논문을 책으로 출판하는 것을 진심으로 축하드린다. 그동안 진보와 보수가 서로 다른 입장에서 추진해 온 통일운동의 흐름을 단숨에 읽을 수 있게 되어 감사하다. 남북의 통일보다 더 중요한 것, 통일 이후 민족의 진정한 하나 됨을 위해 보다 넓고 깊게 생각하고 준비할 수 있게 하는 밑거름이 되기를 바란다.

서로의 옳고 그름을 밝혀 내 편을 더 만들려는 노력보다, 서로의 다름을 인정하고 하나로 묶어가는 과정을 통하여 통일의 그날이 또 다른 분열이 아니라 민족의 평화와 번영으로 나아가는 길이 되기를 기도한다.

홍정길
남서울은혜교회 원로목사, 밀알선교복지재단 이사장

기록을 보면, 역사가 시작된 이래 국가 탄생은 반드시 전쟁을 통해서 세워졌고 유지되었다. 그런가 하면 통일 국가를 이룰 때도 대부분 전쟁을 통해서 무력으로 이루었다. 두 가지 예외가 있다면, 가까이 우리 시대에 분단됐던 독일이 1990년에 평화통일을 이룩했던 경우다. 그리고 성경에서 이스라엘 국가가 나누어져 있을 때 사울 중심의 국가와 유다 족속 중심의 다윗의 왕국이 하나로 통일되었는데, 그것은 평화통일이었다. 그 외에 평화통일로 이루어진 경우를 기억할 수가 없다.

독일과 이스라엘이 그렇게 될 수 있었던 것은 살아계신 하나님 앞에서 바른 신앙을 가진 두 체제가 하나로 합해지는 놀라운 쾌거였다는 공통점을 가지고 있다. 그래서 한국교회는 전쟁으로 이루는 통일이 아니라, 하나님의 섭리를 따라 평화로 이루어지는 통일이 되기를 바라며 지금까지 그 길을 달려왔다. 그렇게 긴 기간은 아니지만, '통일'

이란 단어도 쓰지 못할 때, 한국교회는 과감히 통일한국이라는 목표를 두고 이를 먼저 선언했고, 뜻 있는 분들이 그 일로 고초를 겪어가면서 통일 문제를 우리의 것으로 만들었다. 그리고 지난 40년 동안 한 걸음 한 걸음씩 걸어오면서 그것이 커져 작은 성과를 이루고 있다.

그동안 여러 과정을 통하여 의논해 왔던 일들을 기록한 책마저 거의 없다시피 했다. 그나마 논의는 논의대로, 사건은 사건대로 분리된 채 기록되어 있었지만, 금번에 엄상현 박사가 일목요연하게 그것들을 잘 정리해 주었다. 이것은 엄상현 목사의 박사학위 논문이지만, 한국교회 통일 역사와 한국교회가 북녘을 섬기고 통일을 향해 헌신했던 일들과 기록들이 한데 모아져 책이 되었다. 아마 통일을 연구하는 모든 분에게 이론과 실제를 경험하는 기회가 될 줄로 믿어 이 책을 기쁘게 추천하는 바이다.

1 장

서론

I. '화해의 디아코니아신학'을 제안하며

한반도가 분단된 지 79년이 넘어가고 있다. 제2차 세계대전이
채 끝나기도 전에 강대국들에 의해 한반도 분단이 결정된 후 남북의
두 체제는 상호 이질감을 증폭시켜 왔고, 마침내 '한국전쟁'으로 폭발
했다. 체제 전쟁이자 동시에 형제 전쟁이었던 한국전쟁은 국토의
파괴만이 아니라[1] 남북한 주민들에게 깊은 상처를 남겼고, 서로에
대한 이념적 적대감을 증폭시켰다. 분단 체제는 오랫동안 남북한의
권위주의적 지배 체제를 정당화하고, 독재정권을 유지하는 수단으로
악용되었고 또 그렇게 작용해 왔다. 동아시아의 화약고로서 한반도는
여전히 제3차 세계대전이 발발할 가능성이 높은 곳으로 지목되고
있다. 이는 한반도가 강대국들의 이해관계가 충돌하는, 전 세계에서
유일하게 남은 분단국이라는 사실을 상기시켜 준다.

특히 미국과 중국의 경제적 갈등, 대만을 둘러싼 군사적 긴장이라
는 '새로운 냉전' 분위기, 북한에 대한 제재와 비핵화 압박은 한반도에
서의 전쟁 가능성을 더욱 고조시키고 있다.[2] 북한은 지난 2022년

---

1 1950년 6월에 시작되어 3년 동안 계속된 한국전쟁에 25개국, 약 150만 명의 군인들이
참전했고, 한국군 62만 명, 유엔군 16만 명, 북한군 93만 명, 중국군 100만 명, 민간인
피해 250만 명, 이재민 370만 명, 전쟁미망인 30만 명, 전쟁고아 10만 명, 이산가족 1,000만
명 등 당시 남북한 인구 3,000만 명의 절반이 넘는 1,800여만 명이 피해를 입었다. 강남,
"내가 생각하는 한반도 평화의 해법(3)," 「평화칼럼」 (2022. 9. 13.).
2 최장집, 『민주주의의 민주화 — 한국 민주주의의 변형과 헤게모니』 (서울: 후마니타스,

9월 8일 최고인민회의 제14기 7차 회의에서 "조선민주주의인민공화국 핵 무력 정책에 대하여"라는 이름의 법령을 공표, 핵무기를 포기하는 일이 없을 것을 공식 선언했다.[3] 세계대전의 진원지가 될 가능성을 가진 한반도의 분단 상황은 지난 세기에 구축된 냉전체제의 위험스러운 마지막 페이지로 인식되고 있다.

문제는 전쟁 가능성만이 아니다. 79년 동안 유지되어 온 분단 체제를 관리하기 위해 남북은 명실공히 엄청난 군사비를 부담하고 있고, 이는 경제발전을 제약할 뿐만 아니라 남북 주민의 삶의 질을 크게 떨어뜨리고 있다. 특히 '국가 중심의 안보 만능주의로 인한 기본적인 인권과 사상의 자유 제한, 한반도 주변 당사국들의 간섭과 이들에 대한 의존으로 인한 국가 자주권의 제한'[4] 등 분단 체제에서 비롯되는 다른 사회적 비용을 감안하면, 분단 현실은 분명 '구조악'이 아닐 수 없다.

한국교회는 분단 체제의 극복과 평화통일을 위해 극단적 반공주의에 사로잡힌 그동안의 정권과 여러 집단으로부터 고난을 받으면서도 헌신해 왔다. 국내적으로는 민주화와 인권신장을 위하여, 국제적으로는 해외 파트너 교회들과의 연대와 지원 속에서 남북 그리스도인들의 만남과 화해를 위해 해 온 일들이 그것이었다. 민주화와 인권운

2007), 203-204.

3 김치관, "최고인민회의, '공화국 핵 무력 정책에 대하여' 법령 채택," 「통일뉴스」 (2022. 9. 9.).

4 신한대학교 탈분단경계연구소 엮음, 『경계에서 분단을 다시 보다』 (서울: 울력, 2018), 8.

동, 남북의 화해와 평화통일운동의 신학적 주안점도 시대마다 변했지만, '88선언'은 그때까지 한국교회가 전개해 온 평화통일운동의 신학적 이해를 집대성한 것이었다. 1988년 남측 기독교회인 한국기독교교회협의회(NCCK)가 '한반도의 평화와 통일을 위한 한국기독교회의 선언'(이하 '88선언')을 발표한 것은 기독교회가 해야 할, 적대적으로 대치하고 있는 두 체제의 분단 상황에 대한 신앙적 이해와 입장의 표현이었다. 그 선언의 성격은 경세(經世)하시는 창조주 하나님에 대한 디아코니아신학적 신론을 그 바탕에 두고 있었다.

'88선언'은 교회에만이 아니라 정부의 대북 정책에도 영향을 끼쳤다. 그러나 그 후에 전개된 남북 교회의 관계는 물론, 남북한 당국 사이의 관계도 정부의 의지와 정책 방향에 의해 크게 좌지우지될 수밖에 없었던 것 또한 사실이다. 한국교회가 남북 대화를 견인하는 힘이라기보다는 정부의 전략에 종속될 수밖에 없는 한계를 보여주었던 것이다. 그것은 사회주의를 표방한 북조선인민공화국 안에 있는 북한 교회와 자본주의를 신봉하는 남쪽의 대한민국에 있는 교회가 각각의 체제로부터 자유롭지 못한 상황을 반영하는 것이었다. 신앙이라는 이름으로 한반도 남쪽의 교회는 한편으로 무신론적 사회주의 독재정권을 전면 부정했고, 다른 한편으로는 이 독재정권에 대치하고 있는 자본주의 독재정권을 지지했다. 북쪽의 교회는 정부 정책을 반대하거나 자율적으로 통일 정책을 추진할 수 있는 처지에 있지 않았다. 하나는 사회주의를, 다른 하나는 자본주의를 따른다는 다른 점이 있었지만, 이 둘은 모두 이념과 체제 예속적이라는 공통점을 가지고 있었고 상황은 지금도 크게 변하지 않았다.

'88선언' 후 30년이 훌쩍 넘은 오늘, 그동안 북한의 지도 체제도 바뀌었고, 남한은 여러 차례 정권이 바뀌었다. 마치 냉온탕을 번갈아 들어가듯이, 남북관계도 정권에 따라 서로 다른 변천을 겪었다. 남한 교회의 평화통일 정책과 그것의 신학적 논의 기반도 시대에 따라 변해왔다. 지금은 종전 선언과 평화협정 체결이라는 구체적인 정책을 내세우고 국제사회의 협력을 요청하고 있다. 그러나 분단 체제는 여전히 견고하게 유지되고 있고, 오히려 전쟁 가능성은 더 고조되고 있다. 한국교회는 분단 극복과 평화통일이라는 정치적 과제만이 아니라 남한 사회 내부의 남남(세대 간, 계층 간, 남녀 성 간) 갈등을 해소해야 하는 사회통합의 과제, 경제적 양극화, 포스트 코로나와 기후 위기, 이에 따른 식량 자급 문제 등 총체적으로 글로컬(glocal) 차원의 과제에 직면해 있다.

이런 상황에서 1980년대 한국교회 평화통일운동의 집대성이라고 할 수 있는 '88선언'의 신학적 의의를 재조명하고, 한국교회가 앞으로 추구할 평화통일운동의 신학적 기초는 어디에 있어야 하는지를 모색하는 일은 의미 있는 일이라 하겠다. 그러나 '지역/지구적' 도전에 직면한 한국교회의 평화통일운동은 이제 그에 상응하는 '지역/지구적'(Glocal) 대응을 해야 할 시점에 와 있다. 남북 사이만이 아니라 남남 사이의 갈등을 해소하여 전 지구적 차원에서 진정한 의미의 평화와 사회통합을 성취하기 위한 신학적 전거는 무엇인가?

필자는 디아코니아신학, 특별히 '경세적 삼위일체론'[5]에 근거한 디아코니아신학과 '화해의 디아코니아신학'이 그 대안이 될 수 있다고 생각한다. '경세적 삼위일체론'은 삼위일체의 사회적 측면으로서 삼위이신 하나님, 예수 그리스도, 성령의 내재적 상호관계를 표현하는 동시에 창조주이시며, 구원자이시고, 중재자이신 삼위 하나님의 피조세계와의 관계를 나타내는 교리다.[6] 경세적 삼위일체론에 의한 하나님 이해는 독재적 유일신론, 정교 유착의 독재체제에 대한 비판과 다양성 안에서의 일치를 가능하게 한다는 점에서 평화통일운동의 디아코니아신학적 근거가 될 수 있다.

특별히 유사종교적 성격을 지닌 '주체사상'과 '수령론'에 기반한 사회주의 체제를 유지하면서 3대에 걸친 권력 세습을 한 북한과 개발독재와 군부독재체제 아래에서 민주주의가 억압당하고 통일 논의가 정부에 의해 독점된 남한 사회를 동시에 비판할 수 있는 신학적 근거가 '경세적 삼위일체론'에 근거한 디아코니아신학이 아닐 수 없다. 북한의 주체사상과 비판적 대화를 위해서도 경세적 삼위일체론은 필요한 신학이 아닐 수 없다. 또한 경세적 삼위일체론에 근거한 디아코니아는 다양성 안의 일치를 가능하게 한다는 점에서 통일 담론 형성과 정책 수립에 민의 참여, 대화를 통한 상호 접근의 폭을 넓히는 신학적 근거

---

5 삼위일체론에서 삼위의 본질의 동일성을 주장하는 '내재적 삼위일체'와 섭리와 해방과 내주로 인간 사회에 대한 비판과 영감으로서의 '경세적 삼위일체'로 구별하는 레오나르도 보프와 위르겐 몰트만의 입장이 있다.

6 레오나르도 보프에 따르면, 삼위일체를 최고의 사회로 보고 참여와 평등을 추구하는 사회의 모델로 삼는 작업은 위르겐 몰트만(『삼위일체와 하나님 나라』)이 설득력 있게 발전시켰다. 레오나르도 보프/이세형 역, 『삼위일체와 사회』 (서울: 대한기독교서회, 2011), 175-179.

가 될 수 있다고 판단한다.

'화해의 디아코니아신학'은 남북 사이에 체결된 합의문들이 지켜지지 않은 근본적인 배경인 상호 불신을 극복할 수 있는 길을 제시한다는 점에서 주목되어야 한다. 조건을 내세운 합의는 언제든지 깨질 수 있고, 나라 안팎의 정치적 영향에 흔들리기 마련이다. 지금까지 남북 합의가 그렇게 진행되었다. 그러나 예수 그리스도의 십자가 죽음 사건과 결부된 화해는 '무조건적'이고 '일방적'이다. 냉혹하고 철저하게 자기 이익에 복무하는 정치 현실에서 무조건적이고 일방적인 자기희생 위에 근거한 기독교의 화해론은 비현실적이고 무기력한 것으로 비판받는다. 그러나 과연 기독교 화해론은 비현실적이고 무기력한 것일까? 그리스도교 화해론은 예수 그리스도의 십자가 죽음과 부활 사건 위에 세워져 있다. 화해론에 근거한 디아코니아는 예수 그리스도의 희생적 자기부정과 무조건적인 사랑의 실천이다.

세계교회협의회 총무를 역임한 독일 신학자 콘라드 라이저(Dr. Konrad Raiser)는 1980년대부터 세계교회협의회를 중심으로 전개된 '디아코니아'를 '에큐메니칼 디아코니아'(Oekumenische Diakonie)라고 규정하면서,7 지난 30년 동안 발전해 온 '에큐메니칼 디아코니아'를 '제사장적-목회적 디아코니아'(Priesterlich-Pastorale Diakonie)와

---

7 Konrad Raiser, "Das Mandat der oekumenischen Diakonie zwischen Gerechtigkeit und Versoehnung," Arnd Goetzelmann, Volker Herrmann und Juergen Stein (hrsg.), *Diakonie der Versoehnung: Ethische Reflexion und sozialeArbeit in oekumenischer Verantwortung* (Stuttgart: Quell Verlag, 1998), 557.

'비판적-예언자적 디아코니아'(Kritisch-Prophetische Diakonie)로 분류했다. '제사장적-목회적 디아코니아'는 '에큐메니칼 상호 나눔'(Oekumenisches Miteinanderteilen)의 실천으로, 도움과 섬김의 사회봉사를 의미한다. '비판적-예언자적 디아코니아'는 '에큐메니칼 연대'(oekumenische Solidaritaet)의 실천으로서, 불의한 세계와 사회적 구조를 개혁하는 사회봉사를 의미한다. 그러나 역사적으로 이 두 유형의 디아코니아는 서로 대립되는 것으로 이해되었다.

제사장적-목회적 디아코니아는 개인적 차원에 머물러 사회적 책무를 다하지 못했고, 비판적-예언자적 디아코니아는 구조악을 비판하는 데 머물러 개인적 돌봄을 소홀히 했다는 지적이 그것이다. 이런 각자의 한계를 극복하면서 두 유형을 수렴할 수 있는 디아코니아를 필자는 '화해의 디아코니아'에서 찾을 수 있다고 본다. 예수 그리스도의 십자가 죽음으로 상징되는 사랑은 하나님과 인간, 인간과 인간, 인간과 세계(자연) 사이의 화해를 포괄하기 때문이다.

필자는 '경세적 삼위일체론'에 근거한 디아코니아신학과 '화해의 디아코니아신학'의 틀로 지금까지 한국교회 진보 진영과 보수 진영의 평화통일론, 한국 정부의 통일 정책을 검토하고, 특별히 이 디아코니아신학의 관점에서 한국교회 진보 진영의 평화통일운동과 이념의 집대성이라고 할 수 있는 '88선언'을 평가하고, 앞으로 한국교회가 추구할 남북의 평화통일운동과 남남 갈등의 극복에 이바지할 한국교회의 평화통일을 위한 화해의 디아코니아신학을 제시하려고 한다.

II. 통일에 관한 앞선 연구들과 이 책의 지향점

한반도 평화통일운동의 방법과 목적에서는 물론, 평화통일운동에 대한 신학적 이해에 있어서도 한국교회는 크게 보수와 진보 진영으로 대별되는 형태를 보여주었다. 먼저 복음주의 신학자인 김영욱은 북한에 대한 선교적 전략 개발과 로드맵 제시에 관심을 보였고,[1] 개혁주의 신학자인 김영한은 '아가페에 의한 평화', '이데올로기를 넘어서는 사랑과 정의의 영성'을 자신의 평화통일 신학의 신학적 근거로 제시하면서,[2] 현실적으로는 북한에 강력한 영향력을 가지고 있는 중국과의 관계를 개선하여 북한을 개혁, 개방으로 유도하며 한국 주도의 통일이 중국의 국익에 부합하다고 여기도록 하는 것을 그 방법으로 제시한다. 그러나 중국과 미국의 관계가 적대적 관계로 돌아서고 있는 현실에서 이런 방법이 기대한 결과를 가져오리라 생각하는 것은 사실상 불가능한 것처럼 보인다.

『평화통일신학: 신학적 근거의 모색』[3]에서 배희숙은 '에서/에돔' 대 '야곱/이스라엘' 관계에서, 하경택은 신명기 역사서에 나타난 요시야 개혁운동을 중심으로, 통일 신학의 성서적 근거를 찾고, 박성규는 기독교 '화해론'에서 그리고 신옥수는 '하나님 나라 신학'에서 평화통

---

1 김영욱, 『복음주의 입장에서 본 북한선교』 (양평: 아세아연합신학대학교, 2012).
2 김영한, 『개혁주의 평화통일신학』 (서울: 숭실대학교출판부, 2012).
3 배희숙 외, 『평화통일신학: 신학적 근거의 모색』 (서울: 장로회신학대학교, 2015).

일의 신학적 근거를 찾는다. 윤은주는 북한 인권운동을 선교 패러다임과 북한을 바라보는 시각의 차이에서 연구했는데, 이 시각의 차이는 남한 사회 내부에서 전개된 북한 인권운동이 추진하는 단체 혹은 개인의 대북관과 선교 이해의 패러다임의 차이에 따라서 복잡하게 진행되었고, 이른바 '남남 갈등'을 심화시켰다는 것이다.

윤은주는 한국교회를 선교 패러다임과 대북관에 따라 네 가지 유형으로 분류하는데, 1) 선교관이나 대북관에서 모두 보수적인 유형(교회 설립 중심의 북한선교 추구)과 2) 진보적인 유형(생존권 중심의 북한 인권운동과 통일운동 추구), 3) 선교관은 보수적인데 대북관은 진보적인 유형(생존권 중심의 북한 인권운동 추구), 4) 선교관은 진보적인데 대북관은 보수적인 유형(자유권 중심의 북한 인권운동 추구) 등 4개의 유형이 그것이다.4 윤은주의 논문은 유형별로 소속된 단체들의 명단과 인권운동과 통일운동의 연계된 역사, 진보와 보수 집단의 선교론 및 대북관의 내용을 상세하게 제공하는 장점이 있으나, 이 서술에서 디아코니아신학적 접근은 시도되지 않았다.

복음주의 신학 전통에서 평화통일운동에 오랫동안 헌신하면서 자신을 열린 복음주의자로 이해하는 주도홍 교수는 『통일로 향하는 교회의 길』5에서 '성경적 통일 신학', '이미의 통일론'을 제시한다.6

---

4 윤은주, 『한국교회와 북한인권운동 ― 선교패러다임과 대북관 분석을 중심으로』(서울: 기독교문서선교회, 2015), 84.

5 주도홍, 『통일로 향하는 교회의 길』(서울: 기독교문서선교회, 2015).

6 주도홍 교수는 자신의 통일 신학을 '이미의 통일론', '성취통일론'이라고 이름 붙인다. 이것

반공주의 이념에 사로잡혀 북한 주민을 적대시하는 남한 교회의 폐쇄적이고 배타적인 태도를 비판하면서 예수 그리스도의 조건 없는 십자가 사랑으로 북한을 품어야 한다는 입장이다. 그러나 미국의 대북정책을 보는 시각이 낭만적이고 비현실적이라는 문제를 안고 있다.

이른바 에큐메니칼 진영에서 통일운동에 참여하고 또 통일을 신학적 성찰의 중심에 둔 인물들은 많이 있다. 문익환 목사(1918~1994), 홍근수 목사(1937~2013), 권호경 목사(1941~) 등을 통일운동에 참여한 인물에 포함시킨다면, 박순경 교수(1923~2020), 서광선 교수(1931~2022), 손규태 교수(1940~2019) 등은 통일 신학자로 분류할 수 있을 것이다.

문익환 목사는 '화해의 복음으로 남북한의 평화적 통일'을 꿈꾸면서 민주와 통일이 서로 다른 것이 아니라는 입장을 취했다.7 1989년 3월 27일 민간인 신분으로 방북하여 김일성과의 대화에서 자주, 평화, 민족 대단결의 평화통일 3대 원칙을 재확인함으로써 그 후 북한의 '낮은 연방제'와 남한의 '연합제' 사이의 공통점을 찾는 데 크게 기여했다.8 그러나 문익환의 통일 방안은 '영세중립국 통일', '점진적 연방제

은 그리스도교 종말론에서 빌려온 통일론인데, 하나님의 나라가 '이미'와 '아직' 사이에 있는 것처럼, 통일도 '아직' 실현된 것은 아니지만 '이미' 실현된 것처럼 '그리스도인은 그리스도의 사랑으로 북한을 품고' 통일을 추구해야 한다는 주장이라고 하겠다. 남북이 "나뉘어져 있어도 서로 만나고 오순도순 한솥밥을 먹으며 대화할 수 있다면, 벌써 실질적 통일의 상태로 들어서고 있는 것"이라는 의미에서 그렇다고 한다.

7 이유나, "문익환의 평화, 통일 사상 담론과 성찰," 「신학사상」 188집(2020, 봄), 204.
8 한기양, 『한반도 통일과 기독교 ― 칼 바르트의 화해론을 바탕으로』(서울: 열린출판사, 2011), 286-293.

통일'로 대별될 수 있었다.[9]

　홍근수 목사는 '통일신학동지회'를 결성하여 '통일 목사'로 불렸는데, '성육신 신앙'에 근거, 성과 속을 나누는 이원론을 부정하면서 동족상잔의 전쟁과 분단에 대한 회개, 용서와 화해를 통한 통일을 주장했다.[10] 그는 어느 한 체제로 폭력적인 방식으로 흡수통일되는 것을 반대하면서 완전히 새로운 가치, 문화, 구조, 공동체를 다시 창조하는 미래지향적인 통일을 제안했는데, 결과로서의 통일보다 '과정으로서의 통일'을 중시하는 태도를 취했다.[11] 그리고 반세기 이상 지속되는 분단 체제에서, 적대적 대결이 계속되고 있는 상황에서 평화와 민족통일을 위한 목회는 기독교인의 선택과목이 아니라 필수 과목이라는 성서적 확신으로 활동했다.[12]

　그 외에 독특하게도 북한을 방문하여 북한에 '남은 자'로 여겨지는 남아 있는 그리스도인들을 통하여 통일운동을 시도했던 홍동근 목사 (1926~2001) 같은 이도 있다. 그는 일본에서 활동하다 미국으로 이민을 가서 통일신학동지회의 회장으로서 활동하면서 '남은 자의 신학'으로 북한 기독교에 대한 신학적 전망을 가지고 '주체의 신학'을 시도했다. 홍동근 목사는 체코의 신학자 흐로마드카(J. Hromadka, 1889~1969)를 흠모하여 그가 주도한 동구 사회주의하 기독교와 무신론자들

---

9 이유나, "문익환의 평화, 통일 사상 담론과 성찰," 216-217.
10 홍근수, 『기독교는 민족의 희망인가』 (서울: 도서출판 세훈, 1997), 227-232.
11 앞의 책, 216.
12 홍근수, 『예수와 민족 — 내가 걸어온 삶의 발자취』 (서울: 한들출판사, 2004), 223-225.

과의 신학적 대화와 기독교평화협의회(Christian Peace Council)의 평화운동으로부터 그의 통일 신학 정립을 위한 새로운 통찰을 얻었다. 그는 예수가 제자들에게 "예루살렘을 떠나지 말라"고 한 부탁을 떠올리며 이들 가족과 고향, 자기 목회와 신학의 현장을 두고 월남한 것에 대해 일평생 죄책감을 가지고 살았다.

그래서 그는 프린스턴 교수직을 버리고 기독교에 대한 박해가 시작되는 프라하로 돌아간 흐로마드카의 삶을 존경하고 더욱이 기독교와 마르크시즘의 대화를 통하여 무신론 사회에서 기독교의 존재 이유와 가치를 밝힘으로써 동구 교회를 지켜낸 그의 신학적 작업을 자신이 감당해야 할 사명으로 생각했던 것이다.

흐로마드카의 제자인 로흐만(J. M. Lochman, 1922~2004)은 "기독교가 사회 진보에 있어 적대적이거나 장애물로 간주되는 상황에 처해 있을 때, 교회는 사회와의 연결고리를 단절하고 단지 영적 생활에만 몰두하거나 교회의 생존에만 관심을 집중하는 것으로 충분히 교회의 사명을 다했다고 할 수 있는가?" 하는 질문을 던진 바가 있는데, 그런 맥락에서 홍동근 목사는 주체사상과 기독교의 대화를 과감하게 시도했다.[13]

---

13 금주섭, "눈물의 선지자 홍동근, 그의 통일신학," 한민족평화선교연구소 엮음, 『평화와 통일신학 2』(도서출판 평화와 선교, 2004), 37-62; 김석주, "평화통일과 남북 기독교인의 역할 — 초기 기독교평화통일운동을 중심으로," 안교성 편, 『독일 통일 경험과 한반도 통일 전망: 신학적 성찰과 과제』(나눔사, 2016), 25-34. 김석주 교수는 1980년대부터 90년대에 이르는 10년 동안 해외 그리스도인들의 북한 접촉과 평화통일운동의 공헌을 무엇보다 이들이 위험을 무릅쓰고 온몸으로 통일 대화의 장을 마련했다는 것, 북한의

통일운동가와 통일 신학자들은 진보 진영에 속한다는 공통점이 있지만, 이들 사이에는 분단의 원인과 분단 체제에 대한 평가, 미국을 보는 시각, 통일 방안에 대한 입장은 물론, 통일에 대한 신학적 방법론에서 조금씩 차이가 있다. 그럼에도 불구하고 이들의 공통된 신학적 근거는 크게 보아 '하나님 나라'와 '디아코니아'에 있다고 하겠다. 그러나 이 논문의 연구 목적은 통일운동을 한 진보 진영의 목사들의 개인 또는 단체 활동을 소개하는 데 있지 않고, 한국교회 통일운동과 정책의 전범(典範)이라고 할 수 있는 '88선언'을 '디아코니아신학'의 시각에서 조명하는 데 있기 때문에 통일 신학자들에 대한 평가는 제한적으로만 서술될 것이다.

이 같은 통일에 관한 여러 연구를 살펴보면서 저자는 이 책에서 다루고자 하는 범위를 다음의 세 영역으로 설정하고자 한다.

첫째, 남한 정부의 통일 정책을 분석하고, 둘째, 한국교회 통일운동 과정, 특히 한국기독교교회협의회의 '88선언'의 역사적 의의와 그것의 신학적 기반을 살펴본 후, 셋째, 앞으로 한국교회 통일운동의

조선기독교도연맹이 세계 교회와의 관계를 맺는 계기를 마련한 것, 대화의 간접적인 결과이지만 1989년에 김일성종합대학에 종교학과가 신설되고, 1990년에 홍동근 목사가 이 종교학과의 초빙교수가 되어 역사적으로 북한 사회주의공화국대학에서 기독교 신학을 강의하게 되었다는 것을 든다. 그러나 또한 한계가 있었는데, 무엇보다도 통일 대화 그 자체에 지나치게 몰두하여 통일 외의 다른 의제로 확산될 수 없었다는 것, 무리하게 주체사상과 대화의 장을 자주 열어 놓은 것, 해외 교회의 바닥 정서와 거리가 있는 '그들만의 평화통일운동'이었다는 점을 지적한다. 안교성, 33-34.

신학적 기반으로서 '화해의 디아코니아신학'이 왜 주목되어야 하는지를 검토하려고 한다.

이 책은 일차적으로 문헌 연구에 의지하겠지만, '88선언' 작성에 참여한 인사들 또 평화통일운동에 참여한 진보와 보수 교단 인사들과의 인터뷰 자료도 활용할 것이다.

그리고 여기서 다룰 남한 당국의 통일 정책들은 역대 정권 중에서 통일 정책에 특징적인 한 획을 그은 정부로서 박정희 정부의 '7.4공동성명'(1972년 7월 4일)과 노태우 정부의 '남북기본합의서'(1992년 2월 19일) 그리고 김대중 정부의 '6.15 남북공동선언문'(2000년 6월 15일)을 중심으로 제한하여 평가하려고 한다.

그것은 김대중 정부 이후 이명박 정부와 박근혜 정부 시기에 남북 사이의 대화와 교류가 실질적으로 진척된 것이 없었기 때문이고, 노무현 정부와 문재인 정부의 통일 정책은 김대중 정부와 함께 시작된 정책의 실천을 확대·심화하는 합의의 이행 과정이었기 때문이다.

그리고 연구의 초점은 남북 당국 간의 합의가 지켜지지 않은 이유를 규명하고, 그런 합의가 성취되기 위한 조건이 무엇인지, 한국교회의 평화통일운동이 지속 가능하기 위해서 뒷받침되어야 할 신학적 근거로서 왜 디아코니아신학이 중요한지, 그 근거를 모색하는 데 있기 때문이다.

알려진 것처럼 한국교회의 '88선언'은 노태우 정부의 남북기본합의서는 물론, 그 후의 남북 당국 사이의 합의와 남북 교회 사이의 대화 방향에 영향을 끼친 것이 사실이다. 그러므로 '88선언'의 신학적 의미를 특별히 '디아코니아신학적'으로 규명하는 것은 과거의 통일 정책에 대한 비판만이 아니라 미래의 통일 정책 수립을 위해서도 중요한 과제라고 하겠다. 그런 면에서 이 책의 연구 초점은 '88선언'에 맞춰질 것이다. 그래서 사료적 필요에 따라 부록에 '88선언' 원문과 아울러 '88선언' 30주년에 나온 성명서도 함께 수록하였다.

이 책은 두 부분, 즉 이론편과 실천편으로 크게 나누어 볼 수도 있다. 먼저 책의 대부분을 차지하는 것은 박사학위 논문이었던 "한반도 통일 정책과 한국교회 통일운동에 대한 디아코니아신학적 평가 — 88선언을 중심으로"(Diakonian Theological Evaluation of the Unification Policy of Korea and the Unification Movement of the Korean Churches)라고 할 수 있다. 그렇지만 통일운동이나 통일 정책에 대한 제안을 이론적인 면에서만 하는 것은 한계가 있다고 생각하여 부록에 두 개의 글을 덧붙였다.

총 네 개의 부록 중에서 첫 번째 부록은 역사적인 '88선언' 원문(민족의 통일과 평화에 대한 한국기독교회 선언)이다. 그리고 두 번째 부록은 "'88선언' 30주년 기념 국제협의회 성명서"이다. 이 둘은 이 책의 이론부에 대한 자료라 할 수 있다.

그리고 나서 세 번째와 네 번째 글은 비정부(NGO) 통일운동의 핵심 사업인 "대북 지원사업"에 관한 글을 수록하였다. 이는 통일운동의 실천적인 사례라 할 수 있다. 특히 이 실천적 사례들, "대북 지원사업"에 필자는 깊이 관여하며 함께 사업을 수행한 이력이 있다. 통일은 말로만 되는 것도 또 정치적인 입장이나 국제적 관계를 도외시할 수 없는 정부에만 맡겨 놓아서도 안 된다는 생각 때문이었다.

그리고 독일 통일의 사례에서도 보듯, 저자는 정치적인 중립성을 가진 믿을만한 집단, 즉 종교(독일의 경우는 독일 교회)가 이 일을 적극 수행하여야 한다는 신념을 가지고 있다. 한국의 종교 중에서 서슬 퍼런 군사정권, 군부독재 시절부터 거의 유일하다시피 통일운동을 지속적으로 전개해 온 한국 개신교회가 앞으로의 통일운동에서도 주도적인 역할을 해야 한다는 바람을 가지고 있다.

이 책을 통해 그간 한국교회의 통일운동을 잘 정립하고, 나아가 미래의 통일운동과 한반도 통일 정책에 기여하기를 바란다.

2 장

남한 정부의 통일 정책과
한국교회의 통일운동

    그동안 한반도 분단 극복과 평화통일에 대한 기독교적 접근의 신학적 근거는 여러 시각에서 연구되었다. 분단 자체가 냉전체제의 결과로 강요된 것이라는 현실 인식 위에서, 분단 체제가 유발한 반공주의, 민주주의와 인권 억압을 예언자적으로 비판한 것에서부터 분단체제 극복을 위한 그리스도론적 접근, 평화통일의 과정이자 목적으로서의 '하나님의 나라' 신학 등이 그것이었으며, 간헐적으로 시행되었지만 동시에 꾸준한 노력을 보여준 한국교회의 대북한 디아코니아 사업이 그 실천이라고 볼 수 있겠다.

    필자는 분단 극복과 평화통일을 '디아코니아신학'의 시각에서 조명하려고 한다. 그것은 '디아코니아신학'이 '그리스도론'과 '하나님의 나라'론을 동시에 포괄하면서도, 이론적으로만이 아니라 실천적으로 교회의 통일운동을 뒷받침하면서, 급변하는 시대에 한국교회 통일운동의 미래를 전망하는 데 중요한 관점을 제시한다고 생각하기 때문이다. 그렇다고 해서 이 연구가 디아코니아신학의 모든 것을 소개하거나 다루어야 할 필요는 없을 것이다. 다만 평화통일운동 차원에서 한국교회가 고려해야 하고 심사숙고해야 할 필요성이 있는 '화해의 디아코니아신학'과 '경세적 삼위일체론에 근거한 디아코니아'를 중심으로 조명하려고 한다.

한반도 통일 문제에 접근하는 방법과 보는 시각은 여러 가지가 있었다. 정치적, 경제적, 군사적, 이데올로기적, 지정학적, 국제정치적, 선교적, 인권 차원, 인도적 지원 차원, 인류학적 접근 등 다양하게 시도되었다. 통일을 신학적으로 이해하는 시도도 선교학적 방법, 윤리학적 방법, 조직신학적인 화해론,[1] 그리스도론 그리고 하나님 나라의 신학[2] 등의 관점에서 전개되었다. 그런데 필자가 굳이 디아코니아신학적 입장에서 통일 문제에 접근하려는 것은, 지금까지 남북 당국에 의해 채택된 합의문들이 지켜지지 않고 통일 정책들이 일관성 있게 발전적으로 이행되지 않은 근본적인 원인이 국내외의 객관적인 정치적, 군사적, 경제적 요인에만 있었던 것이 아니라 남북 당국과 국민의 서로에 대한 깊은 '불신'과 '불안'에 있다는 판단 때문이고, 남북의 권력구조에 의해 깊은 영향을 받아 자주적이고 주체적인 통일 정책의 수립과 추진이 어려운 현실을 극복할 수 있는 신학적 기반이

---

1 한기양, 『한반도 통일과 기독교 ─ 칼 바르트의 화해론을 바탕으로』 (서울: 열린출판사, 2011).
2 자신을 디아코노스로 이해한 예수의 치유, 축귀 사역을 하나님 나라의 현재성의 표징으로 보면서, 오늘의 현실에서 하나님 나라와 디아코니아의 관계성을, 교회 일치(종교 간 대화, 교회 간 일치, 성도 간 친교), 세상적 책임(정의, 포용, 소통), 선교와 전도(설교와 교육, 예배와 성찬, 친교와 섬김)에서 구현된다는 것을 연구한 한백병, 『하나님 나라 현재로서의 디아코니아』 (서울: Dream and Vision, 2020) 참조.

'경세적 삼위일체론'에 근거한 디아코니아신학과 '화해의 디아코니아'에 의해 극복될 수 있다고 생각하기 때문이다.

지금까지 남한 정부의 통일 정책은 시대에 따라 부침을 겪어왔지만, 그런 과정에서 남북관계를 전향적으로 개선하려는 정부 차원에서의 노력과 성과가 없었던 것은 아니다. 그 가운데 주목할 것은 1972년의 '7.4남북공동성명', 1992년 2월의 '남북기본합의서' 체결(노태우 정부), 2000년의 제1차 남북정상회담과 '6.15공동선언'(김대중 대통령과 김정일 국방위원장) 그리고 2007년 제2차 남북정상회담과 '10.4 남북정상선언'(노무현 대통령과 김정일 국방위원장), 2018년의 제3차 남북정상회담과 '판문점선언'(문재인 대통령과 김정은 국무위원장)에 이은 두 차례의 정상회담과 싱가포르 북미정상회담(2018년 6월) 등이 있었다.

그러나 필자는 한국교회 '88선언'을 디아코니아신학적 시각에서 평가하는 데 목적이 있고, '88선언'이 남한 정부의 통일 정책에 미친 영향을 검토하는 데 초점이 있기 때문에, 역대 남한 정부의 통일 정책을 그 발전 순서에 맞춰 포괄적으로 검토·분석하려고 한다.

I. 남한 정부의 통일 정책에 대한 신학적 평가

1. '북진통일론'부터 '7.4남북공동성명'까지

남북관계는 역사적으로 매우 복잡하고 중층적으로 전개되었는데 그 역사적 배경에서 살펴보면, 무엇보다 일제 식민 지배로부터의 해방이 우리 민족 스스로의 힘으로 성취한 것이 아니라 미국에 의한 일제의 패전 결과로 주어진 것이고, 제2차 세계대전 이후 냉전체제의 구축과 함께 남북이 분열되었고, 그 후 비극적인 형제 전쟁을 겪은 데서 그 원인을 찾을 수 있다. 다시 말해 한국 문제는 우리 민족 내부로부터의 논의에 의해 결정된 것이 아니라 처음부터 제2차 세계대전 이후의 세계질서 재편을 둘러싼 강대국들의 이해관계에 의해 결정되었다는 것이다. 미국의 루즈벨트 대통령(1882~1945)이 1943년 3월 27일 영국의 외상 앤서니 이든(A. Eden, 1897~1977)과 워싱턴에서 회담을 가진 자리에서 신탁통치 방식으로 한국 문제를 해결할 것이라는 의견을 개진한 것을 시작으로, 그 후에 전개된 '카이로 회담'(1943년 11월),[1] 그 후 곧바로 이어진 '테헤란 회의'(1943년 11월), '얄타 회의'(1945년 1월), '포츠담 회담'(1945년 7월)에서도 일정 기간 4대국의

---

[1] 카이로 회담에서 루즈벨트 대통령은 "한국인은 아직 독립 정부를 수립하거나 유지할 수 없으므로 40년 동안 후견(보호 감독) 아래 놓여야 한다"는 생각을 피력했다고 한다. 신복룡, 『한국분단사연구 1943~1953』 (한울, 2006), 65.

'신탁통치론'이 지배적 입장이었다.

　　그런데 1945년 7월 16일 뉴멕시코의 알라모고르도에서 원폭 시험에 성공하여 자신감을 얻게 된 미국은 이때부터 한국에 대한 '신탁통치안'을 분할 점령 정책으로 바꾸었고, 결국 한국은 38도선을 중심으로 남북으로 분할되었다. 38도선을 중심으로 한 분할은 소련이 참전 대가로 일본 분할안을 제시할 것에 대한 미국의 우려, 소련과의 군사적 갈등을 최소화하기 위한 미국의 양보 결과였다. 한반도 분단은 결국 제2차 세계대전의 종식과 함께 시작된 냉전체제, 미국, 소련, 영국, 중국 등 전승국들의 전후 처리 과정에서 군사적 편의주의에 따른 결과였다고 하겠다. 미국과 소련의 분할신탁통치정책은 그 후에 일어난 한국전쟁, 분단의 고착으로 이어진 비극적 역사의 시작이었다.

　　한국전쟁은 아직도 끝나지 않은 전쟁이다. 전쟁 원인에 대한 대립된 입장 때문에 남한 사회가 분열된 것은 물론, 남북의 휴전 상태가 지속되고 있기 때문이다. 휴전 상태를 평화협정으로 전환하기 위해 종전 선언을 하자는 주장이 국내외 여러 변수에 의해 결실을 거두지 못한 것도 남북관계의 복잡성을 단적으로 보여준다. 한국전쟁은 동족상잔의 형제 전쟁이라는 비극적 상처를 남겼고, 지금까지 남북의 군사적, 정치적 긴장의 원인이자 한국인의 집단의식에 깊은 이데올로기적 적대감과 증오에 가까운 적대심의 원인으로 작용하고 있기 때문이다. 남한과 북한이 이미 동시에 유엔에 가입한(1991년 9월) 독립된 국가들임에도 불구하고, 남한은 여전히 헌법상 북한을 남한의 영토로 표기하고 있는 것도 남북관계가 얼마나 왜곡되어 있는지를 보여준다.

엄청난 군사비 지출도 남북 모두에게 공이 큰 부담이 아닐 수 없다. 그러나 분단 체제와 휴전 상태 또 언제든지 다시 일어날 수 있는 전쟁 가능성으로 이익을 보는 나라, 집단은 누구인지 알면서도 자신의 국익을 위해 자주적인 선택을 하지 못하는 것이 부인할 수 없는 현실이다.

그러나 이런 전향적인 노력이 있기 전까지는 이승만 정부의 '무력 북진통일론', 일종의 '흡수통일론'이 남한 사회를 지배했었다.[2] 이승만은 강한 반공 의식과 유엔으로부터 승인된 정부라는 자부심을 가지고 있었고, 북한 정권과는 어떤 대화나 타협을 원하지 않았다. 오히려 북한의 공산주의 정권은 척결할 대상으로 보았기 때문에 북진통일 정책을 시종일관 고수하면서 다른 통일 논의는 봉쇄한 측면이 있었다. 이승만의 북진통일 정책은 평화통일론을 주장한 진보당 조봉암을 사형시킨 사건에서 정권 안정의 수단이었음이 분명하게 드러났다.[3] 그 후 이승만의 북진통일론은 '4.19혁명' 후 공식적으로 폐기되었는데, 북한은 4.19혁명 후 불안정한 남한 정국을 이용하여 북한식 공산주의 통일을 위한 선전, 선동 방안으로 연방제 통일론을 제시했다.[4]

이후 장면 민주당 정부는 '유엔 감시하 남북한 총선거론'[5]과 '선(先) 건설, 후(後)통일론'을 주장했다. 그러나 국회는 장면 정부의 통일

---

2 양성철, "남북한 통일정책의 대립과 의미(1955~1965)," 396; 김갑철 외,『남북한 체제의 強固化와 대결』(서울: 소화, 1996); 김창진,『대통령과 통일정책』(서울: 문우당, 2019), 58.

3 김창진,『대통령과 통일정책』(서울: 문우당, 2019), 58.

4 앞의 책, 404.

5 앞의 책, 68.

방안과는 다르게 결의했는데, "유엔 감시하에 인구비례에 따라 자유 선거를 실시한다"라고 결의한 것이다.6 북한 당국이 수용할 수 있는 결의가 아니었음이 분명했다. 4.19혁명 직후 혼란스러운 국내 정치 상황은 정치집단 사이의 통일론에도 혼란을 일으켰다. 일부 진보적인 정당과 통일운동 단체들은 '남북교류론', '중립화 통일론', '남북협상론' 등을 주장했다. 장면 총리 내각은 '4.19혁명'을 힘입어 탄생한 민주 정부였지만, 통일 정책에서 국론을 한 방향으로 모으는 데는 실패했던 것이다.7

1961년 5.16쿠데타로 집권한 박정희 정부는 '반공을 국시로 정하고',8 장면 정부의 '선건설, 후통일론'을 계승함으로써 남북 사이에 주목할 만한 접촉이나 대화가 거의 없었다고 하겠다. 5.16쿠데타는 북한에도 충격을 주어, 김일성으로 하여금 기왕에 세웠던 7개년계획 연기를 검토하고 국방경제병진 노선으로의 전환을 모색하게 했고, 대외적으로는 더 호전적인 정책을 추진하게 했다.9

'선 건설, 후 통일론'의 입장을 취한 박정희 정부는 통일 논의가 경제개발이 일단락되는 1970년대 말에나 가능하다고 주장하면서 민간 차원에서의 통일 논의와 통일운동을 철저히 탄압하였다. 그러나 통일 및 대북 정책에 대한 논의와 모색이 완전히 사라진 것은 아니었

---

6 "혼란을 일으킨 통일방안," 「경향신문」 (1960. 11. 3.).
7 김창진, 『대통령과 통일정책』 (서울: 문우당, 2019), 73.
8 앞의 책, 407.
9 신종대, 『남한의 5·16쿠데타가 북한에 미친 영향』 (서울: 대왕사, 1989), 71-72.

다. 1966년부터 정치권에서도 통일에 대한 논의가 조금씩 나타나면서 1967년 대선에서 윤보선 후보가 박정희 정부의 통일론을 비판하며 경제발전과 통일의 병진을 주장하였고, 국회는 '국토통일연구특별위원회'를 발족하였으며, 통일 문제를 연구할 전담 기구를 정부 내에 설치하자는 국회의 제안을 받아들여 정부는 1969년 '국토통일원'을 만들었다. 1970년에 접어들면서부터 미·중 관계 개선 조짐이 가시화되고 국제적인 화해 분위기도 조성되면서 박정희는 1970년 8월 15일 광복절 경축사(일명 8.15선언)를 통해 통일 문제와 대북 정책의 변화 조짐을 보여주었다. 그러나 남한 정부 내에서도 남북 교류에 대하여 강력히 반발하는 세력들이 있었기 때문에 비교적 적극적인 방향 선회는 미·중 관계 개선이 가시화되면서부터 가능해지기 시작했다.

남북한이 상대방에 대한 정책을 변경하게 된 직접적 계기는 닉슨의 중국 방문 선언과 그 뒤를 이은 중국 방문, 중·미 관계 개선 등이었다.[10] 미국은 1969년 닉슨 행정부가 들어서면서 한국 정부에 북한과의 관계 개선을 촉구하기 시작했다.[11]

미·중 관계 개선 과정에서 북한은 중국을 통해 적극적으로 미국과

---

[10] 홍석률, 『분단의 히스테리 ― 공개문서로 보는 미·중 관계와 한반도』 (서울: 창비, 2012), 154.

[11] 닉슨 행정부가 강력하게 남북 대화를 요구한 것은 베트남 전쟁으로 인한 재정적자를 줄이기 위해 화해를 추진하는 데 주요 요인이 있었다. 박한식·강국진, 『선을 넘어 생각한다』 (서울: 부키, 2018), 164.

의 접촉을 추진하면서, 키신저의 2차 베이징 방문에 맞춰(1971년 10월 20일부터 26일까지) 여러 가지 제안을 했는데, 이런 행태는 북한이 미국으로부터 국가적 실체를 인정받고, 국제사회에서 고립을 탈피하고, 미국과 직접 접촉하기를 희망한다는 사인이었다.[12] 그러나 한반도 문제는 미국과 중국 두 나라 사이의 주요 의제가 아니었다. 닉슨의 주요 관심은 중국과의 관계 개선을 통해 베트남으로부터 빠르게 손을 떼고, 중국으로 하여금 소련을 견제하게 하는 것이었기 때문에 한반도 문제 때문에 미국과 중국이 서로 충돌하거나 분쟁을 일으키지 말자는 것이었다. 강대국이 약소국의 분쟁에 과도하게 연루되어 강대국 사이의 충돌로 가는 것을 방지하고, 이를 위해 각자의 동맹국들이 긴장 완화에 협조할 수 있도록 영향력을 발휘하자는 것이었다.[13] 한반도 문제를 국제화시키기보다는 한반도화하여 그 부담에서 벗어나려는 생각은 미국이나 중국도 마찬가지였기에 합의가 이루어졌다고 하겠다.[14]

결과적으로 미·중 대화는 남북 당국 모두에게 일단의 안도감을 주었다. 남측은 미·중 사이에 한반도 문제가 토의되는 과정에서 자신이 희생될까 걱정했으나 상하이 공동성명이 발표되자 그 내용에 만족했고, 북한도 공개적으로 상하이 공동성명을 지지했다. 미국과 중국의 대화와 국제적인 화해 분위기에서 시작된 '7.4남북공동성명'

---

12 홍석률, 161-162.

13 앞의 책, 181.

14 앞의 책, 186.

은 크게 두 부분으로 구성되어 있는데, 1항은 조국통일원칙에 대한 합의로서 자주 통일, 평화통일, 민족적 대단결의 원칙을 포함하고 있고, 2항은 이 원칙 위에서 구체적으로 실천할 사안을 포함하고 있는데, 중상비방 중지, 무장 도발 금지, 다방면적인 제반 교류, 남북 적십자회담 성사, 서울과 평양 사이에 상설 직통전화 가설, 남북 합의 사항을 추진하고 제반 문제를 개선 해결하기 위한 '남북조절위원회'의 구성과 운영 등이 그것이다.

'7.4남북공동성명'은 남북 대화를 궤도에 올려놓고 남북통일의 가능성을 제시해 준 역사적 문서임이 틀림없다. 이 '7.4남북공동성명' 과 함께 남북은 이후락 정보부장이 말한 것처럼 "대화 없는 남북 대결 에서 대화 있는 남북 대결의 시대"로 가게 된 것이다. 남북공동성명에 대한 정치권과 시민들의 반응은 전반적으로 우호적이고 환영하는 분위기였다. 미국과 중국도 남북공동성명을 환영했다. 그것은 이 무렵 미국과 중국도 한반도 분단 문제를 국제적 분쟁 사안으로 만들지 않고 한반도화, 내재화하는 정책을 추구하며 남북 당국 사이의 직접 대화를 선호했기 때문이다. 그러나 결과적으로 '7.4남북공동성명'은 한반도 분단을 유지하는 주된 책임과 부담이 남한과 북한에 전가되는 것을 의미했다는 것이 홍석률의 입장이다. 다시 말해 동서 냉전의 결과로서의 한반도 분단과 동서 진영 대결에 의한 분산 지속이 아니라 남북의 체제 경쟁 논리가 한반도 분단의 주요 동력으로 전환되어 가는 것을 의미했다는 것이다.[15]

그러나 '7.4남북공동성명' 발표 이후에 전개된 남북관계를 보면,

남북의 체제 경쟁은 오히려 더 치열해졌고, 이런 경쟁은 남북의 억압적이고 권위주의적인 체제를 더 강화하는 데 활용되었으며, 남북의 합의는 사실상 무효가 되는 과정이었다고 하겠다. 그 원인은 사실상 "박정희 대통령이 애초부터 남북 대화를 촉진할 의지가 별로 없었고, 김일성 주석 역시 남한을 미국, 일본과 떼어 놓고 주한 미군 철수에 유리한 국면을 만드는 데 남북 대화를 이용한 데 있었던 것이다."[16]

박정희의 '7.4남북공동성명'의 통일원칙, 즉 자주적(외세 의존, 외세 간섭 배제), 평화적(무력행사 반대), 민족 대단결(사상, 이념, 제도의 차이를 초월한)의 통일원칙은 그 후에 전개된 모든 남북 대화와 합의들의 기본이 될 정도로 큰 영향을 끼친 것이 사실이다. 그리고 남북 사이의 긴장 완화와 신뢰 조성을 위한 중상비방 금지, 군사적 충돌 사건 방지, 남북 사이의 제반 교류 실시, 이산가족 상봉을 위한 남북적십자회담, 서울과 평양 사이의 상설 직통전화 설치, 남북조절위원회의 구성과 운영 등 구체적인 시행 계획도 사실 그 후의 남북 당국 사이에서 실현될 정도로 현실적인 제안이었다. '7.4남북공동성명'이 평화적이고 사상과 이념과 제도의 차이를 초월한 통일을 지향한다는 점에서, 분단으로 고통받는 이산가족의 상봉을 위한 인도주의적 접근을 한다는 점에서 어느 정도 디아코니아 원칙에 부합한다고 하겠다.

그러나 '7.4남북공동성명' 합의는 앞에서 밝혔듯이 미·중 화해라

---

15 앞의 책, 199.
16 박한식·강국진, 『선을 넘어 생각한다』(서울: 부키, 2018), 164.

는 국제정세와 남북 당국의 정치적 의도가 그 배경에 있었다는 점에서 그리고 바로 그랬기 때문에 결국 남북관계가 다시 파행으로 치닫게 되었다는 점에서 하나님 나라의 빛에서 세상을 섬기는 디아코니아 원칙에 미흡한 성명이라고 볼 수 있다. 디아코니아 원칙의 하나는 '공적 책임'이다. 이웃 사랑의 공공성을 의미하는 것이지만, 동시에 실천의 공신력을 의미한다는 점에서 일종의 약속인 것이다. 남북 당국의 합의는 단지 정부 혹은 정권 차원에서 한 약속이 아니라 남북 국민 모두를 향한 공적 약속이라 하겠다. 그러므로 당국의 합의 파기 는 국민에 대한 약속의 파기와도 같은 것이다. 정치적 이해와 정략적 의도에 의해 합의를 지키지 않는 것은 국민에 대한 공적 약속의 파기이 자 디아코니아 원칙에도 어긋나는 것이라 하겠다.

이승만 정부의 '무력북진통일론', 장면 민주당 정부의 '선 건설, 후 통일론', 1961년 5.16쿠데타로 집권한 박정희 정부가 '반공을 국시' 로 정한 것 등은 모두 자기중심적인 세계관을 반영하고 있다. 자기들 의 체제만이 옳고 정당하며 타인의 체제는 그르다고 확고하게 믿는 것이다. '경세적 삼위일체'에서는 삼위이신 하나님의 위격에 무게 중심을 두고 있다. 위격에 무게 중심을 두고 있다는 것은 각각의 독특 한 역할에 무게 중심을 두고 있다는 말이다. 이러한 독특성으로 말미 암아 "나만 옳고 너는 그르다"고 하는 관념이 존재할 수는 없다. 각각의 독특성이 다 존중받기 때문이다. 서양의 정치 사조는 군주신론적 삼위일체론에 그 기반을 두고 있다. 아버지 하나님의 권위 아래 성자 와 성령의 위격이 존재한다. 과거의 절대왕권은 이러한 생각 아래에서 절대적인 신권을 부여받았다고 믿어왔다. 이러한 사상 아래에서는 그 어떤 것도 허용될 수는 없다. 이러한 생각이 줄곧 통일론에 대해서 흡수통일 내지는 무력에 의한 통합 통일만을 염두에 두고 정치적 외교를 실시해 온 것이 명확하다. 이제는 공존공영의 길로 나아가야 할 때이다. 그러자면 '경세적 삼위일체'에 기반을 둔 다양성 속에서의 일치를 추구하는 디아코니아, 통전적 디아코니아적인 발상의 전환이 필요하다고 생각한다. 분단의 상황을 있는 그대로 인정하는 태도가 중요하다. 그렇다. 거기에서부터 다시 시작하는 것이 중요하다고 생각한다. 있는 그대로를 인정하고 전쟁이 아닌 평화적인 통일을 향해서 같은 동족, 같은 민족으로서 서로가 공생공영의 길로 나아갈 수 있는 방향을 모색하는 것이 필요하다고 생각한다.

2. '공동성명'에서 '기본합의서'로

박정희의 죽음 후 집권한 전두환 정부는 약간 진일보한 '민족화합 민주통일 방안'을 제시했다. 그러나 1983년 미얀마에서 일어난 테러로 많은 남한 고위층 관료들이 살해된 사건과 함께 남북관계는 급랭했고, 전두환 정부는 민주화에 대한 강한 욕구와 투쟁을 억압하기 위해 분단 현실을 정권 안보의 수단으로 활용했다.

그 후 남북 사이의 의미 있는 대화와 합의가 이루어지기까지는 노태우 정부의 '남북 사이의 화해와 불가침 및 교류-협력에 관한 합의서'(이하 '남북기본합의서')의 채택까지 기다려야 했다. '남북기본합의서'는 4년간의 협상 끝에 1991년 12월 13일에 합의하고, 이듬해인 1992년 2월 18일에 정식으로 효력을 발생한 문건이었다. 신군부 세력이었던 전두환과 함께 광주민중항쟁을 폭력적으로 억압하고 집권하여 대통령이 된 노태우 정부가 남북관계의 놀라운 전환의 계기를 만든 배경에는 무엇이 있었을까?

그 배경의 한편에는 국제질서의 변화가 있다. 1980년대 말 미국과 소련, 양 진영 사이의 냉전체제가 해체되는 국제질서의 거대한 지각변동이 있었다. 소련과 동구 공산권 국가들은 시장경제와 민주주의 체제로 전환했고, 동서독으로 분단되었던 독일이 통일되었으며(1990년), 중국의 개방, 개혁이 속도를 더해갔다. 이런 국제질서의 변화를 감지한 노태우 정부는 이른바 적극적인 북방 정책을 펼쳐 소련과 수교를 맺었고(1990년 6월 4일), 중국과도 무역대표부 설치를 합의했고(1990년 10월 20일), 양국과의 경제협력을 강화하기 시작했다. 이런 국제질서의 변화를 정확하게 포착하고, 이를 계기로 남북의 적대관계를 해소하고 새로운 남북관계를 정립하려는 노태우 대통령 자신의 결단도 결정적으로 중요했다는 것을 임동원 전 국정원장은 회고한다. 노 대통령의 강한 의지 때문에 남북고위급회담의 목표와 추진 전략이 확정되었다고 한다. 그리고 이 무렵에 발표된 한국기독교교회협의회의 '민족의 통일과 평화에 대한 한국기독교회 선언'(88선언)은 당시 통일 정책 수립자들에게 적지 않은 영향을 주었다는 것을 임동원은 증언한다.[17]

한편 소련과 중국과의 관계가 개선되면서 소련과 중국은 북한에 대한 구상무역을 중단하고 경화결재를 요구했는데, 이 때문에 북한은 원유와 식량 등 전략물자 확보에 차질을 초래하게 되었고, 교역량이 격감하는 등 심각한 경제위기에 봉착하게 되었다. 이런 국제질서의 급격한 변화가 북한으로 하여금 고립감을 느끼게 했고,[18] 남북 대화에 적극적으로 대응하게 한 요인으로 작용했다. 다른 한편으로는 남북의 국내적인 상황 변화가 있었는데, 남한 내부에서는 6월 민주항쟁(1987년)과 평화통일에 대한 국민적 여망이 분출했고, 노태우 정부는 탈냉전시대에 상응하는 새로운 외교와 대북 정책을 추진하지 않을 수 없었다. 특히 '88서울올림픽'(1988년 9월 17일부터 10월 2일까지)을 앞두고 노태우 정부는 1988년 7월 7일 '민족자존과 통일 번영을 위한 대통령 특별선언'(이하 '7.7선언')을 발표하고 남북 대화를 추진했는데, 그것은 대북 포용 정책의 시작을 의미하는 것이었다.[19] '88서울올림픽'은 국제사회에서 한국의 경제적 위상을 높이는 것만이 아니라 사회주의권과의 관계 개선을 도모하는 결정적인 전기가 되었다. 올림픽 유치와 성공적인 개최는 남한으로 하여금 북한과의 체제 경쟁에서 일방적으로 승리했다는 의식을 갖게 했고, 북한은 위기의식 속에서 핵을 통한

---

17 임동원, 『피스 메이커 — 남북관계와 북핵문제 25년』(서울: 창비, 2015, 개정증보판), 133.

18 이정철, "김일성의 남방정책과 남북기본합의서: 냉전해체의 비대칭성과 동맹 재편전략의 좌절," 역사비평사, 「역사비평」 97(2011), 54.

19 노태우 정부의 북방 정책과 '7.7선언'의 배경에 대한 구술사적 연구는 헝가리, 소련 등 동구권 국가들과의 외교 비사와 우여곡절의 협상 과정, 북방 정책 시행과 남북관계 등을 증언 형식으로 담고 있다. 국립외교원 외교안보연구소 외교사연구센터 편, 『북방정책과 7.7선언』(서울: 선인, 2020) 참조.

균형 전략을 모색하게 했다.[20]

올림픽이 있은 다음 해인 1989년 9월, 노태우 정부는 '민족공동체 통일방안'을 채택, 통일 정책의 기본방향을 제시했는데, 이 방안은 남과 북이 서로의 존재를 인정하고 민족공동체를 형성하는 '선(先) 민족사회통합, 후(後) 국가통일'을 특징으로 한다. 이 통일 방안에 의하면 통일로 가는 과도적 중간 단계에 협력 기구인 '남북연합'(con-federation)을 형성해 통일 지향적 협력 관계를 발전시켜 나간다는 것이다. 남한의 '7.7선언' 몇 달 후 1988년 11월, 북한은 '두 개의 조선 반대 및 통일 지향, 외국군 철수, 남북 군축, 당사자 협상을 주장하는 포괄적 평화 방안'을 발표했고, 김일성 주석은 다음 해(1990년 5월) 시정연설을 통해 '조국통일 5개 과제'를 제기했다. 즉, '긴장 완화와 통일을 위한 평화적 환경 마련, 남북 자유 왕래와 전면 개방 실현, 통일에 유리한 국제적 환경 마련, 평화통일을 위한 남북 대화 발전 그리고 전 민족적 통일전선 형성' 등을 주장한 것이다.[21]

그러나 소련과 동구권 국가들의 시장경제와 민주주의 체제로의 전환, 독일 통일, 중국의 개방, 개혁 가속화 등은 북한으로 하여금

---

20 신종대, "서울의 환호, 평양의 좌절과 대처: 서울올림픽과 남북관계,"「동서연구」, 제25권 3호(2013): 71-110.

21 김일성이 남한을 대화 상대로 인정하겠다는 의사가 나타나기 시작한 것은 훨씬 그 이전인 1984년이었다. 김일성은 북미 간 직접 협상만을 주장하던 기존 논의에서 한발 물러나 남북한 불가침선언과 북미평화협정을 동시 체결하자는 남북미 3자 대화를 제안했다. 이정철, "김일성의 남방정책과 남북기본합의서: 냉전 해체의 비대칭성과 동맹 재편전략의 좌절," 역사비평사, 「역사비평」 97(2011), 50.

감내하기 어려운 체제 위기의식과 흡수통일 공포증에 시달리게 했다. "북한은 일련의 외교난에 이어 식량난, 에너지난, 외화난 등 심각한 경제난에도 봉착하게 된 것이다."[22] 노태우 정부의 북방 정책이 북한에 미친 영향을 연구한 이지수에 의하면, 북한 인민들은 "대부분 고립감과 이러다가 혹시 나라가 망하는 것은 아닌가 하는 불안감을 느꼈다"고 한다. 그리고 소련과 중국의 수교 소식은 "절망감과 함께 두 나라에 대한 배신감도 느끼게 했다"고 한다.[23]

이런 국내외 정황이 '남북기본합의서' 채택에 남북이 동의하게 했지만, 그 과정은 실로 순탄하지 않았다. 그 이유는 남북의 통일 방안의 차이에 있었다. 남측은 다각적인 교류·협력을 실시하고, 정치·군사적 신뢰 구축을 한 후에 남북 연합을 형성한다는 '민족공동체 통일방안'을 주장했으나, 북측은 '하나의 조선'이라는 논리에 기초하여 2체제 연방제 통일'을 구현하는 데 목표를 두었기 때문이었다. 북측은 남측의 통일 방안이 분단을 고착시키고 일종의 흡수통일을 의미하는 것이라고 비난하면서, 전쟁 위협을 제거하기 위해서는 미국과 평화협정을 체결하고, 남북 간에는 '불가침선언'을 채택할 것을 주장했다. 결국 북측의 '하나의 조선론'과 남측의 '분단 현실 인정 및 두 실체 간의 관계 개선론'이, 북측의 '정치, 군사 문제 우선론'과

---

22 임동원, 『피스메이커 — 남북관계와 북핵문제 25년』 (서울: 창비, 2015, 개정증보판), 147-148.

23 이지수, "북방정책의 북한에의 영향," 하용출, 『북방정책: 기원, 전개, 영향』 (서울: 서울대학교출판부, 2003), 52.

남측의 '교류, 협력 우선론'이 서로 대립한 것이다.

남북관계의 이런 파행에도 불구하고 타협의 계기를 마련한 것은 무엇보다 남북의 유엔 동시 가입(1991년 9월)이었다. 북측이 남측과의 협상에 응할 수밖에 없었던 주요 요인 가운데 하나는 중국의 권고도 있었지만 평양을 방문한 중국의 리평 부총리가 한국의 유엔 가입에 거부권을 행사하지 않기로 한 중국 공산당 정치국의 결정을 김일성 주석에게 통보한 것이었다고 한다.[24]

북측이 남측과의 협상에 나서게 한 또 다른 결정적인 요인은 미국이 남한에서 핵무기를 철수한다는 결정이었다.[25] 한국전쟁 이래 미국의 핵 공격 위협에 시달려 온 북측으로서는 예상치 않은 돌파구였던 셈이고, "그동안 미군 핵무기 철수, 한반도 비핵지대 설치, 핵전쟁 연습 중지 등을 끈질기게 주장해 온 북한은 이 기회를 호기로 포착했던 것이다."[26]

우여곡절 끝에 이렇게 채택된 '남북기본합의서'의 역사적 의의는 민족문제의 자주적 해결 노력을 위한 민족자존 회복, 외세의 주선이나 중개 등의 관여 없이 상대적 자율성을 가지고 탈냉전의 남북관계를 모색하여 최초의 합의를 이루어 냈다는 데 있었다. 노태우 정부는

---

24 임동원, 『피스메이커 ― 남북관계와 북핵문제 25년』, 148.
25 앞의 책, 179. 남한에는 1957년경부터 미국의 전술핵무기가 배치되었는데, 많을 때는 약 760개였으나, 카터 대통령 때 급격히 감축되어 80년대 말에는 약 100개였던 것으로 알려져 있다. 부시 대통령의 전술핵무기 철거 선언으로 약 40개의 포병용 W-33 핵폭탄과 약 60개의 공군전투기용 B-61 핵폭탄 등을 남한에서 모두 철수하게 되었다.
26 임동원, 『피스메이커 ― 남북관계와 북핵문제 25년』158.

"미국과 일본에 집중된 외교 관계에서 북방의 국가들과 관계를 개선하여 공산권 국가에 대한 경제적 이익을 확보함과 동시에 북한을 대화, 개방으로 이끌어 평화공존과 궁극적으로는 통일로 이끌려는 주도적 노력의 일환"으로 북방 정책을 추구한 것이다.[27] 노태우 정부의 북방 정책은 사실 높이 평가할 만한 업적이었다. 박한식 교수는 노태우 정부가 "미국의 꽁무니만 쫓아가는 것이 아니라 정부 수립 이래 처음으로 외교다운 외교를 수행했고, 북핵도 남북문제이므로 한국이 주도해야 한다는 태도를 견지했다"라고 한다.[28]

그러나 유감스럽게도 남북기본합의서는 곧바로 실천으로 이어지지 못했는데, 그것은 1992년 대통령 선거전이 가열되면서 남북 대화를 서둘 필요가 없다는 소극론이 남한에서 대두했고, 레임덕으로 대통령의 위상이 전락하면서 남북협상이 난항을 겪게 되었기 때문이다. 특히 남한이 핵사찰 문제가 해결되지 않으면 남북 화해 협력을 기대할 수 없다는 전제를 가지고 북한을 압박한 것이 파국으로 가게 한 것이다.[29]

노태우 정부의 '남북기본합의서'는 그 내용에서 진보적이었을 뿐만 아니라 당시의 시대적 상황을 힘입어 실현 가능성도 매우 컸다는 데 이의가 있을 수 없다. '남북기본합의서'는 '7.4남북공동성명'의

---

27 전재성, "노태우 행정부의 북방정책 결정요인과 이후의 북방정책의 변화과정 분석," 하용출, 『북방정책: 기원, 전개, 영향』(서울: 서울대학교출판부, 2003), 44.

28 박한식, 강국진, 『선을 넘어 생각한다』(서울: 부키, 2018), 166.

29 임동원, 『피스메이커 ― 남북관계와 북핵문제 25년』, 199.

3대 원칙을 재확인하여 그 연장선에 있음을 밝히면서, 남북 사이의 관계가 나라와 나라 사이의 관계가 아닌 통일을 지향하는 과정에서 잠정적으로 형성되는 특수 관계라는 것을 인정하고, 남북의 화해를 위하여 상대의 체제를 인정하고 존중하며, 비방과 중상을 하지 않고, 현재의 정전 상태를 평화 상태로 전환하기 위해 노력할 것을 천명했다. 또한 불가침선언과 함께 남북군사분과위원회를 구성하여 불가침 합의 이행과 준수 및 군사적 대결 상태를 해소하기 위한 대책을 협의하기로 했다. 남북의 교류와 협력에 대해서도 끊어진 철도와 도로 연결, 합작 투자 등 경제교류와 협력, 남북 주민의 자유로운 왕래와 접촉 실현 등 '7.4남북공동성명'보다 훨씬 진전된 시행 계획을 담고 있다.

'남북기본합의서'가 실현되기만 했다면, 남북관계는 지금 우리가 생각하는 것보다 훨씬 더 놀랍게 변했을 것이 분명하다. 디아코니아 원칙에서 보았을 때도 '남북기본합의서'는 체제와 이념의 차이에도 불구하고 서로를 인정하고 존중한다는 점에서 정전 상태를 평화 상태로 전환하려는 노력에서도 디아코니아의 원칙에 부합한다고 하겠다. 그러나 디아코니아의 평등 원칙에는 미치지 못한 합의서였다. 평등의 원칙은 돕는 사람과 도움을 받는 사람 사이에 있을 수 있는 우월감이나 열등감을 조성하지 않는 배려를 의미한다. 노태우 정부가 남북 대화에 나서서 '남북기본합의서'를 채택한 시대적, 정치적 배경은 일종의 남측 체제의 우월(성)이었다. 경제력과 군사력에서 이미 북측을 추월했다는 자신감이 한 요인이었다. 그러나 비대칭적 관계에서의 합의는 서로의 정치적 이해관계에 의해 성취되기도 하지만 언제든지 파기될 수 있다는 한계를 가지고 있다. 비록 남북의 유엔 동시 가입과 남한 내 미국의 핵무기 철수가 어느 정도 대칭적 관계에서 합의를 이룰 수 있는 분위기를 만들기는 했지만, 남한 내부의 레임덕과 북한 핵문제는 다시 남북관계를 경색시켰다.

전두환 정부는 약간 진일보한 '민족화합 민주통일 방안'을 제시했지만, 민주화에 대한 강한 욕구와 투쟁을 억압하기 위해 분단 현실을 정권 안보의 수단으로 활용했다. 노태우 정부의 '남북 사이의 화해와 불가침 및 교류-협력에 관한 합의서'(이하 '남북기본합의서')는 4년간의 협상 끝에 1991년 12월 13일에 합의하고, 이듬해인 1992년 2월 18일에 정식으로 효력을 발생한 문건이었다. 노태우 정부는 1988년 7월 7일 '민족자존과 통일 번영을 위한 대통령 특별선언'(이하 '7.7선언')을 발표하고 남북 대화를 추진했는데, 그것은 대북 포용 정책의 시작을 의미하는 것이었다. 올림픽이 있은 다음 해인 1989년 9월, 노태우 정부는 '민족공동체 통일방안'을 채택, 통일 정책의 기본 방향을 제시했는데, 이 방안은 남과 북이 서로의 존재를 인정하고 민족공동체를 형성하는 '선(先) 민족사회통합, 후(後) 국가통일'을 특징으로 한다. 이러한 변화는 매우 고무적인 변화들이다. 그럼에도 불구하고 우리는 '화해'라는 측면에서 좀 더 자세하게 들여다봐야 할 필요성이 있다고 하겠다. '대북 포용 정책'이 진정한 의미에서의 화해적 몸짓이었는지를 말이다. 경제력과 군사력의 우월감에서 나온 '대북 포용 정책'이라면 북의 입장에서는 그리 반가운 정책일 수 없기 때문이다. 북한의 통일 정책은 '2체제 연방제통일'을 주장하고 있다. 이것은 흡수통일에 대한 커다란 두려움을 가지고 있다는 것을 말해주고 있기 때문이다. 북한이 한방에 몰입하는 이유를 우리는 유념할 필요가 있다. 질게 뻔한 상황일지라도 한 방 먹일 수 있다는 것을 보여주고 싶어 하는 것이다. 군사력의 우위나 경제력의 우위만으로는 북한을 대화의 자리로 나오게 할 수는 없다고 생각한다. '화해'는 진정한 포용이 수반한 포용이어야 하며, 관계의 회복으로서의 화해, 관용과 환대로서의 화해여야 한다.

3. 북한 핵 연계와 '사우나 정책'

노태우 정부를 이어 집권한 김영삼 정부 시기(1993~1997년)에 남북관계는 더 악화되고 냉각되었는데, 그것은 북한의 '벼랑 끝 전술'과 김영삼 대통령이 "핵을 가진 자와는 악수할 수 없다"라며 핵 연계 전략을 선언했기 때문이었다.[30] 이 시기는 "대외적으로는 북한 핵 위기가 전면화되었고, 한반도의 긴장 상황이 심각한 위기로 고조되었으며, 대내적으로는 북한의 위기에 따른 시민사회의 북한동포돕기운동이 대중적으로 전개되면서,[31] 정부와 시민사회 간의 갈등이 깊어지

---

30 앞의 책, 275.
31 1995년 이후 북한의 식량 위기는 한국교회가 '88선언'을 기반으로 한 통일 문제보다는 대북 인도적 지원 사업에 더 집중하게 하였는데, 이 과정에서 보수 진영의 한국교회가 전투적인 반공주의와 북한선교 의식에서 조금씩 벗어나 대북 인도적 지원 사업에 적극적으로 참여하는 계기가 마련되었다. 보수와 진보의 차이를 벗어나 대북 인도적 지원에 힘을 합친 것은 바람직한 일이었지만, 북한 교회를 보는 시각이나 선교에 대한 이해에서는

는 시기"였기도 하지만, 김영삼 정부가 "흡수통일에 대하여 노골적으로 발언하는가 하면, 대북 인도적 지원을 정치화하는 모습을 보인 것이 결국 남북관계 전반에 대한 불신을 강화시켰고, 남북관계를 후퇴시키게 되었다."[32]

평생을 민주화운동에 바친 김영삼 정부에 대한 국민의 기대는 컸고, 김영삼 대통령은 '하나회' 척결, 금융실명제 실시 등 역사적으로 의미 있는 정치적 결단을 함으로써 존경을 받았다. 남북관계에서도 비전향 장기수를 북한으로 되돌려 보내는 등 전향적인 입장을 취했다. 그러나 김일성 주석의 사망 소식에 대한 대응에서의 부적절한 언행이나 특별히 북한 핵과 연계된 정책을 추진함으로써 남북관계를 후퇴시켰다는 평가를 받았다. 디아코니아 원칙 가운데 하나인 사랑의 원칙은 무조건성을 기반으로 한 것이다. 무조건성이 현실정치에서는 비현실적이고 위험할 수 있다는 경험에도 불구하고, 기독교 디아코니아의 기본 원칙은 상대가 수용하기 어려운 조건을 내세움으로써 대화를 일방에게 유리하게 이끌어가거나 자신의 의도를 관철하려는 태도에 반대한다.

'남북기본합의서'가 채택된 후 8년 동안 실천되지 못한 다른 이유는 미국의 대북 적대시 정책 때문이었다. 미국은 북한과의 관계 개선에 관심을 기울이지 않고 끊임없이 핵 개발 의혹을 제기하면서 적대시

차이가 여전하였다. 한기양, 『한반도 통일과 기독교』(서울: 열린출판사, 2011), 301-303.
32 정영철, "구조적 종속과 자율성의 한계 — 남북관계에 대한 고찰," 「현대북한연구」 25.1 (2022), 138.

정책을 지속했기 때문이다. 다른 원인은 1993년에 집권한 김영삼 정부가 "핵을 가진 자와는 악수할 수 없다"라며 남북관계를 핵문제에 종속시켰고, 북한 붕괴가 임박했다는 잘못된 판단과 비현실적인 흡수통일에 대한 기대 때문에 '남북기본합의서'가 사문화된 데 있었다. 심지어 김영삼 정부는 1993년 11월 북핵 문제 해결을 위한 미국 클린턴 행정부의 '일괄타결안'에 반발하여 미·북 협상을 좌절시키기까지 했다. 그래서 박한식 교수는 김영삼 정부의 대북 정책을 '사우나 정책,' 곧 냉탕과 온탕을 너무 자주 오간 정책, 무대책의 대북 정책, 철학도 없고 전략도 없이 여론에 일희일비하면서 중심을 잡지 못한 정책이라고 평가했다.[33]

김영삼 정부의 통일 정책은 원칙과 정도 없는 무원칙의 감정적인 통일 정책이라고밖에는 생각할 수 없다. 공동체적 사귐으로서의 '화해'의 노력도 없었으며, 관계 회복으로서의 '화해'의 노력도 찾아볼 수가 없기 때문이다.

4. '햇볕 정책'과 '사실상의 통일 상황' 만들기

미국의 대북 적대 정책과 김영삼 정부의 잘못된 판단으로 '남북기본합의서'는 시행되기도 전에 사장되었지만, 김대중 정부의 등장으로 다시 빛을 보게 되었다. 김대중 정부는 남북문제 해결의 길이 이미

---

33 박한식·강국진,『선을 넘어 생각한다』(서울: 부키, 2018), 168.

'남북기본합의서'의 실천에 있다는 것을 천명하고 합의서 이행을 위한 화해, 협력의 포용 정책(이른바 '햇볕 정책')을 추진했다. 김대중 정부는 그동안 이전 정부들이 보인 대결적인 구도와 우월주의적인 구도에서 탈피하여 상호 이익에 기초한 화해와 협력을 바탕으로 대북 정책을 추진한 것이다. 특히 김대중 대통령은 취임사에서 북한에 대한 흡수통일을 반대한다는 원칙을 분명히 제시함으로써 북한의 신뢰를 끌어내려고 하였다. 북한 핵문제에 대해서도 남북관계 개선을 핵과 연계시키지 않고, 양자를 병행 추진하는 병행 전략을 채택했는데, 이미 합의된 '미·북 제네바합의'를 이행하고자 북한에 경수로 건설 사업을 지원하는 등 남북관계 개선과 발전을 병행한 것이다.[34]

이런 노력의 결과 역사상 최초의 남북정상회담이 개최되었고 (2000년 6월 13일), 여기서 '6.15남북공동선언'(2000년 6월 15일)이 채택됨으로써 마침내 8년 만에 '남북기본합의서'가 실천에 옮기게 된 것이다. 김대중 정부의 대북 정책에 대한 국민의 신뢰도는 높은 편이었다. 특히 인도적 차원에서의 비전향 장기수 석방과 대북 식량 및 비료 지원 사업에 대해서는 각각 65.5%와 62.9%가 잘한 것으로 평가하고 있었다. 최초의 남북정상회담에서 남북의 두 정상(김대중 대통령과 김정일 국방위원장)은 한반도의 통일은 전쟁통일이나 흡수통일이 아니라 평화적으로 이룩해야 한다는 원칙을 확인하면서 평화통일은 점진적, 단계적으로 이룩해 나가는 과정이라는 데 인식을 같이했

---

34 임동원, "남북기본합의서와 6.15남북공동선언," 「역사비평」 97(2011), 111.

다. 통일은 목표인 동시에 과정이라는 것이다. 평화통일이라는 긴 과정을 남북이 힘을 합쳐 공동으로 추진하고 관리하기 위해 남측은 '남북 연합'을 제도화할 것을 제의했고, 북측은 이에 전적으로 동의하지만, 그 명칭을 '낮은 단계의 연방제'로 할 것을 주장했다.[35] 합의안은 '6.15남북공동선언' 제2항에 명시되었다. 명칭의 차이만 있을 뿐, 양 정상은 남북이 주권 국가임을 인정하면서도 '사실상의 통일 상황'으로 볼 수 있는 상황을 실현시켜 가기로 합의한 것이다. 이를 위해 당장에 이행 가능한 다섯 가지 중점 사업을 선정하여 실천에 옮기게 되었다. '민족의 대동맥인 철도와 도로의 연결', '남측의 자본과 기술을 북측의 노동력과 결합하여 공동의 이익을 추구하는 개성산업공단의 건설', '금강산 관광을 비롯한 관광사업의 확대', '이산가족 상봉', '경제, 사회, 문화 등 여러 분야의 교류협력 추진' 등이 그것인데, 사실 이것은 이미 '남북기본합의서'와 '부속합의서'에 포함된 것들이었기에, '6.15남북공동선언'은 '남북기본합의서'의 실천 선언이라고 할 수 있다.

그리고 역대 어느 정부 시기보다 김대중 정부 시기에 남과 북은 상호 신뢰 속에서 '남북기본합의서'를 구체적으로 실천해 갔고, 뒤를 이은 노무현 정부의 제2차 남북정상회담(2007년 10월 4일)도 '남북관계 발전과 평화 번영을 위한 선언'을 채택하여, '6.15공동선언'에 기초하여 남북관계를 확대 발전시키기 위한 정치, 군사, 경제, 사회-문화,

---

35 임동원, 『다시, 평화』(서울: 폴리티쿠스, 2022), 351-352.

인도주의적 협력 등 여러 분야에서 40여 개의 구체적인 협력 사업에 합의했다. 노무현 정부의 통일 정책은 이전 김대중 정부가 추진한 대북 정책의 기본 틀을 충실히 계승하는 것이었다. 그러나 어느 정부보다도 어려운 상태에서 대북 정책을 추진해야 했다. 취임 전부터 불거진 2차 북핵 위기는 노무현 정부 운신의 폭을 한결 좁게 만들었기 때문이었다. 특히 2006년 10월 9일에 있었던 북한의 핵실험은 김대중 정부의 햇볕 정책에 대한 사회적 논쟁까지 불러왔다. 북한에 대한 인도적 지원이 이른바 '퍼주기' 논란으로 확대되었고, 인도적 지원이 북한의 핵 개발에 악용되었다는 비난이 그것이었다. 그러나 대북 지원은 대부분 현금보다 현물 제공이었다는 것을 감안하면, 대북 인도적 지원이 핵 개발에 악용되었다는 주장은 사실 정당한 것이 아니었다. 통일부 자료에 의하면 정부 차원에서 현금이 제공된 것은 노무현 정부 시절 이산가족화상상봉센터 건립을 위한 자금 40만 달러가 전부였다. 북한과의 관계 개선과 화해에 장애가 된 것은 국내 보수 집단들의 저항만이 아니었다. 미국의 부시 행정부도 북한에 대해서 호전적인 성향을 취했기 때문이다. 그럼에도 불구하고 노무현 정부는 부시 행정부와의 관계를 유지하면서 개성공단사업을 궤도에 올려 놓은 것은 높이 평가된다.[36]

사실 김대중, 노무현 정부 시기에 남한의 사정도 좋지 않았다. 외환 위기와 여소야대라는 불리한 정치적 상황 속에서도 역사상 유래

---

36 박한식 · 강국진, 『선을 넘어 생각한다』 176.

를 보기 어려울 정도로 교류협력, 경제협력, 대북 인도적 지원, 이산가족 상봉 등이 적극적으로 추진될 수 있었던 것은 무엇보다 지도자들의 확고하고 강한 의지, 햇볕 정책으로 구체화된 대북 정책의 일관된 추진력에 있었다고 하겠다.[37] 김대중, 노무현 정부 시기, 한국교회와 시민사회의 통일운동은 정부의 전향적이고 적극적인 남북 대화와 교류협력을 뒷받침하는 관계에 있게 되었다. 연이은 남북정상회담은 남한의 국내 정치 상황이 호의적이지 않았음에도 불구하고, 분단 후 역사상 가장 진전된 남북관계를 실현할 수 있었다.

김대중 정부는 남북문제 해결의 길이 이미 '남북기본합의서'의 실천에 있다는 것을 천명하고 합의서 이행을 위한 화해, 협력의 포용 정책(이른바 '햇볕 정책')을 추진했다. 김대중 정부는 그동안 이전 정부들이 보인 대결적인 구도와 우월주의적인 구도에서 탈피하여 상호이익에 기초한 화해와 협력을 바탕으로 대북 정책을 추진한 것이다. 노무현 정부의 통일 정책은 이전 김대중 정부가 추진한 대북 정책의 기본 틀을 충실히 계승하는 것이었다. '화해의 디아코니아'에서는 경계를 뛰어넘는 사랑의 실천으로서의 화해, 관용과 환대로서의 화해를 중요하게 생각한다. 화해와 협력이 서로의 마음을 여는 열쇠가 될 수 있다고 생각한다.

---

37 앞의 책, 174.

5. 흡수통일을 전제한 '통일대박론'

그러나 노무현 정부를 이어 집권한 이명박 정부와 박근혜 정부 시기에 남북관계가 진전되기는커녕 오히려 후퇴했다고 하겠다. 남북 사이의 합의는 지켜지지 않았고, 모든 합의서가 단지 종이 위의 미사 여구에 불과한 것 같은 사태들이 발생하였다. 10년의 성과가 한꺼번에 무너진 것이었다.

이명박 정부의 출범은 보수와 진보 정권의 교체라는 의미만이 아니라 대북 정책의 전환을 의미하는 것이었다. 이명박 정부는 지난 김대중 정부와 노무현 정부가 다양하고 막대한 대북 지원과 교류를 통해서 남북 화해 협력의 시대를 열었지만, 그런 일종의 '퍼주기 지원'이 북한의 핵 보유 역량을 오히려 강화하는 데 악용되었다고 본 것이다. 그래서 이명박 정부는 이전 정부와 차별된 대북 정책을 선택했는데, ABR(Anything But Roh Moo-hyun: '노무현 정책은 안 돼'), '비핵, 개방, 3000' 구상을 내용으로 하는 '상생과 공영의 대북 정책'이 그것이다. '노무현 정책은 안 돼'는 지난 김대중 정부와 노무현 정부의 대북 정책에 대한 부정을 전제로 한 것이었고, '비핵, 개방, 3,000'이라는 대북 정책의 핵심은 북한이 비핵화하고 개방한다면 한국이 국제사회와 함께 협력하여 북한 주민소득이 3,000달러가 되도록 도와서 상생과 공영 통일의 길로 가겠다는 것이었다.[38]

---

38 문정인 · 이춘복, "이명박 정부의 대북정책 — 평가와 전망," 「통일연구」 13²(2009):

또한 이명박 정부는 한·미 동맹의 긴밀한 공조를 바탕으로 북한의 변화를 이끌어 내는 대북 압박성 설득 정책 프로그램에 초점을 맞추고 있었다. 특히 이명박 정부는 역대 정부와는 달리 김정일 체제의 대남 정책이나 행태들을 정면으로 부정하는 공세적 태도를 통해 남북관계의 주도권을 행사하려고 했다. 그러나 북한은 이명박 정부의 요구에 양보하고 순응하는 자세가 아니라 오히려 더 위협적인 강도 높은 군사적 맞대응 전략으로 일관함으로써 이명박 정부 시기의 남북관계는 적대적 단절을 특징으로 하는 신냉전 시대로 돌아가는 상황이 되었다. 이 시기에 발생한 '천안함' 폭침 사건, 연평도 포격 도발 등은 남북관계의 경색을 넘어 전쟁 발발 직전의 분위기를 조성했는데, 남북관계의 경색과 군사적 긴장의 원인은 일차적으로 북한 특유의 벼랑 끝 외교 전술, 상투적인 대남 협박 등으로 돌릴 수 있지만, 근본적으로는 남북한 간 '신뢰의 상실', 이명박 정부의 '일방주의적 태도', '아전인수식 대북 이해'와 '사실의 왜곡', '이념적 경직성', '혼란스러운 정책 결정구조'에 있었다.[39]

이명박 정부 시절 한국교회와 시민사회의 대북 인도적 지원도 '퍼주기 논란' 속에서 후퇴하기 시작했다. 대북 인도적 지원이 북한의 핵 개발에 사용된다는 주장이 시민사회와 교회를 분열시켰을 뿐만 아니라 인도적 지원과 교류 자체도 후퇴시킨 것이다. 이명박 정부의

5-7.
39 앞의 책, 17-23.

'비핵, 개방, 3,000'이라는 대북 정책의 핵심은 북한의 비핵화와 개방을 전제로 한 지원을 의미하는 것이었다. 북측 입장에서는 수용할 수 없는 조건을 내세워 지원을 연계시킨 것이다. 상대가 받아들일 수 없는 조건을 내세우면 대화 자체가 성립되지 않는다. 이런 태도는 평등과 열린 대화, 조건 없는 사랑이라는 디아코니아 원칙에도 상응하지 않는 것이라 하겠다.

이명박 정부의 대북 강경 정책은 뒤이은 박근혜 정부 시기에도 유지되었다. 박근혜 정부가 소위 '통일대박론'을 펴면서[40] 그동안 남북 합의가 지켜지지 않은 책임을 전적으로 북한에 전가하면서 내세운 '한반도 신뢰 프로세스'는 사실상 북한에 대한 불신을 바탕으로 만들어진 구상이라 하겠다.

박근혜 대통령은 2014년 3월 28일 독일 드레스덴에서 '한반도 평화통일 구상'을 밝혔는데, 한반도에서도 독일 통일과 비슷한 방식으로 통일이 이루어져야 한다고 주장함으로써 사실상 북한에 대한 흡수통일 의지를 밝혔다.[41] 특히 북한의 경제난을 언급하면서 부모를

---

40 박근혜 대통령의 '통일대박론'은 두 가지 측면에서 아이러니 자체라고 박한식 교수는 지적하는데, 통일대박이 한편으로는 구호로만 요란했던 박근혜 정부의 대북 정책을 상징하고, 다른 한편으로는 그것이 최순실의 작품이었다는 사실이라고 한다. 최순실은 통일이 되면 박근혜 대통령을 다시 대통령직에 오르게 하겠다는 계획까지 구상했다고 한다. 박한식 · 강국진, 『선을 넘어 생각한다』 (서울: 부키, 2018), 182.

41 이정배 교수는 박근혜의 통일대박론을 북을 향해 흡수통일을 공식적으로 선포한 꼴이라고 비판한다. 이정배, 『세상 밖에서 세상을 걱정하다: 이정배의 수도원 독서』 (서울: 신앙과지성사, 2019), 40.

잃은 아이들이 거리에 방치되어 있고 추위 속에서 배고픔을 견뎌내고 있다는 외신 보도를 접하면서 가슴이 아팠고, 지금 이 시각에도 자유와 행복을 위해 목숨을 걸고 국경을 넘는 탈북자들이 있다고 지적한 박근혜 대통령은 이어서 남북 간의 인도적 문제 해결, 남북한 공동번영을 위한 민생 인프라 공동 구축, 남북 주민 간 동질성 회복을 위한 노력 등을 제안했다. 이에 대해 북한은 「노동신문」 논평을 통해(2024년 4월 1일자) "박근혜가 추구하는 통일은 우리의 존엄 높은 사상과 제도를 해치기 위한 반민족적인 체제통일이며", 북한의 현실을 터무니없이 왜곡하며 임신부와 아이들에 대해 걱정하는 듯이 생색을 내었다고 반박했다.

결국 박근혜 대통령의 고압적인 태도와 비현실적인 제안, 대북 확성기 방송 재개, 북한을 제외한 5자회담 제안, 개성공단 폐쇄 등은 남북관계를 결정적으로 악화시키기만 했고, 북한의 핵실험, 미사일 능력의 급속한 고도화를 막지도 못했다. 그런 강경책이 북한을 변화시킬 것으로 기대했을지 모르지만, 박근혜 정부는 허세에 가까운 주장만 했을 뿐, 실질적으로 북한 정권을 변화시키지도 못했고, 중국과의 관계도 악화시켰다. 게다가 남북 간의 합의는 철저하게 지켜져야 한다고 말하면서, 동시에 합의 사상을 사안별로 검토해서 이행할 것이라는 모순적인 발언도 박근혜 정부의 일관적이지 않은 대북 정책을 보여주는 것이었다.

특히 '통일대박론'은 결과로서의 통일, 그것도 경제적 이해관계에서만 통일을 보는 시각이었지, 통일에 이르는 과정에서 선행되어야 할 치유와 화해, 교류와 협력이 전혀 반영되지 않은, 일종의 흡수통일론이었다. 남북의 대화도 비핵화의 선결을 조건으로 한 것이었고, 협상보다는 북한의 완전한 굴복을 강요하는 정책을 선호하는 것이었다.[42] 특히 미국의 '사드' 배치와 최첨단 무기 개발로 북한에 대한 군사적 우월성을 확보하려는 전략으로 일관해 왔다고 하겠다. "2008년 이후 7년의 세월은 지난 20년의 한반도 평화와 남북 화해 협력 노력을 부정한 안티테제의 시기였다."[43] 이 시기 남한의 보수 정부는 북한을 굴복시켜야 할 대상으로 보았기에 북한과 화해하고 교류협력할 필요를 느끼지 못했던 것이다. 또한 '선 북핵 해결 후 남북관계'라는 비현실적인 연계 전략을 고집함으로써 다시 남북관계를 파행으로 이끌었다.[44]

박근혜 정부의 '통일대박론'은 통일을 순전히 경제적 이해관계로만 보는 시각을 반영한 것이다. 거기에는 전쟁과 휴전으로 상처받은 국민에 대한 위로나 화해의 메시지도 없고, 북한을 남한의 경제적 내부 식민지화하겠다는 노골적인 의도가 표현되었을 뿐이다. 현실을 오직 경제적 이해관계에서 보고, 경제 성장을 유인책으로 협상테이블로 상대를 불러오려는 태도는 남한의 자본주의와 북한의 사회주의를 넘어, 정의와 평화와 사랑이 넘치는 하나님 나라의 빛에서 통일을

---

42 정영철, "구조적 종속과 자율성의 한계," 북한대학원대학교 심연북한연구소, 「현대북한연구」 25¹(2022), 145.
43 임동원, 『피스메이커 — 남북관계와 북핵문제 25년』, 563.
44 앞의 책, 563.

추구하는 디아코니아 원칙에 정반대되는 것이라 하겠다. 하나님 나라의 빛에서 세상을 섬기는 디아코니아는 경제 성장 중심주의가 필연적으로 초래하는 양극화, 생태계 파괴와 기후 위기를 극복하고 정의로운 평화를 지향한다.

이명박 정부의 대북 강경 정책과 박근혜 정부의 '통일대박론'은 '경세적 삼위일체'에 기반을 둔 다양성 속에서의 일치를 추구하는 디아코니아, 통전적 디아코니아에 대한 기본 이해를 요구하고 있으며, 경제적, 군사적인 우월감의 발상이며, 흡수통일론을 염두에 둔 발상이다. 10년간의 노력을 물거품으로 만든 통한의 기간이라고 할 수 있겠다. 경계를 뛰어넘는 사랑의 실천으로서의 화해의 노력도, 관용과 환대로서의 화해의 노력도 찾아볼 수가 없다.

6. 맺음말

북한을 변화시키지도 못하고, 대북강경책과 모호한 제안으로 일관한 박근혜 정부가 탄핵으로 물러난 후 집권한 문재인 정부(2017~2022년)의 한반도 정책은 '3대 목표, 4대 전략, 5대 원칙'이었다. 먼저 3대 목표는 '북핵 문제 해결 및 항구적 평화 정착', '지속 가능한 남북관계 발전', '한반도 신경제공동체 구현'에 두었고, 이를 위한 4대 전략은 '단계적, 포괄적 접근', '남북관계와 북핵 문제 병행 진전', '제도화를 통한 지속 가능성 확보', '호혜적 협력을 통한 평화적 통일 기반 조성'을 택했다. 이런 전략과 목표를 구현하기 위해 세운 5대 원칙은 '우리 주도의 한반도 문제 해결', '강한 안보를 통한 평화유지', '상호존중에 기초한 남북관계 발전', '국민과의 소통과 합의 중시', '국제사회와의 협력을 통한 정책 추진'이었다.

이런 정책 기조 위에서 남북의 대화를 추진한 문재인 정부는 2018년 4월 27일 판문점에서 역사상 3번째 남북정상회담을 열었는데, 남북정상회담이 열리기 전 분위기 조성에 기여한 것은 북한의 평창올림픽(2018년 2월 9일 개막) 참가였다. 북한은 김정은 위원장의 여동생이기도 한 김여정 비서를 통해 문재인 대통령에게 방북 초대장을 전달했고, 문재인 대통령은 대북 특사를 평양에 파견해 정상회담을 추진한 결과, 2018년 4월 27일 남북의 정상이 판문점에서 정상회담을 하게 된 것이다.

'4.27 판문점 정상회담'은 남북 정상이 처음 판문점에서 만나 남북대결을 종식하고 평화와 번영 그리고 통일을 향한 의지를 천명한 역사적 사건이었다. 그러나 그 후 남북관계는 더 발전적인 모습을 보여주지 못했고, 북미정상회담의 결렬과 어렵게 비틀어진 외교 관계는 남북, 북미 관계를 더 어렵게 만들어 갔다. 그러나 이 정상회담은 평화통일을 이끌어 낼 수 있는 전 단계인 종전 선언이나 평화협정을 이루어 낼 수 있는 계기가 될 수 있다는 점에서 역사적 의미가 있는 사건이었다. 그러나 유감스럽게도 문재인 정부는 한미 동맹관계를 유지하면서, 북한 핵에 대한 미국 정부의 불신과 부정적인 태도를 극복하지 못해 남북관계를 발전적으로 더 진전시키지 못한 한계와 아쉬움을 남겼다.

'한반도 평화와 번영, 통일을 위한 판문점선언'은 두 정상 사이의 합의를 철저하게 이행하고 실천하기 위한 "고위급 실무회담을 지속하고, 개성 남북공동연락사무소 설치, 다방면적 협력과 교류 왕래 및 접촉, 남북적십자회담과 8월 15일 이산가족-친척 상봉 진행, 동해선 및 경의선 철도와 도로 연결 및 현대화를 추진한다. 그리고 군사적 긴장 상태 완화 및 전쟁 위험의 실질적 해소를 위해 일체의 적대행위 전면 중지, 서해 북방한계선 일대를 평화 수역으로 지정, 군장성급 회담을 통하여 군사적 상호 보장 대책을 수립하기로 한다. 한반도의 항구적이며 공고한 평화 체제 구축을 위해서는 불가침 합의, 단계적 군축, 2018년 정전협정 65주년을 맞이하여 미국·중국과 긴밀히 협력하여 종전 선언 후 평화협정으로 전환하고, 완전한 한반도의 비핵화를 위하여 남북이 공동으로 노력한다"라는 등의 내용으로 구성되었다.

한국교회는 판문점선언과 북미 싱가포르 선언에 힘입어 '한국교회 남북교류 협력단'을 구성하고(2018년 8월 30일), '조선 그리스도교연맹'과 함께 "판문점선언을 공동의 실천 과제로 인식하고, 남과 북의 화해와 상생의 새 시대를 여는 데 앞장설 것이며, 정의와 평화와 생명의 원칙에 따라 남·북 교회 간 교류와 협력을 도모하고, 동북아시아 교회와 시민사회와의 협력을 통하여 지역의 화해와 평화운동에 적극 참여할 것"을 결의했다.[45] 한국교회는 다시 한번 민족의 화해와 동북

---

45 「한국교회 남북교류 협력단 발족선언문」 2028년 8월 30일.

아시아 평화를 위해서는 교류와 협력, 나눔과 봉사, 곧 디아코니아가 그 길임을 확인하고 천명한 것이다.

그러나 판문점선언의 이행이 큰 진전을 보이지 못하자, 선언 1주년을 앞두고 놀라운 일이 벌어지게 되었다. 순수한 민의 힘으로 DMZ 후방에 평화누리길 500km를 50만 명을 동원하여 1미터 간격으로 손에 손을 잡고 한반도 평화통일을 염원하는 간절한 모습을 온 세계에 보여주자는 의지로 추진된 'DMZ민(民)+평화손잡기운동'이 시작된 것이다. 이 운동은 "꽃피는 봄날 DMZ로 소풍가자"라는 구호로 민간인들이 'DMZ인간띠잇기운동본부'를 조직하여 추진된 것이었다.[46]

판문점선언에 기초한 한반도 비핵화 프로세스는 쉽게 풀리지 않았다. 비핵화에 대해 북한과 미국의 시각차가 너무나도 컸기 때문이었

---

46 DMZ인간띠잇기운동본부 공동원장은 안재웅, 장상, 김성수, 차경애, 나핵집, 김준권, 퇴휴 스님, 이은형, 이용수, 정해숙, 최정남, 이부영, 박정규, 조성우, 김용복, 임정희, 주형로, 정연순, 권오병, 윤종술, 서민영, 전문위원장: 안전진행위원장 이승열, 조직위원장 정세일, 문건지원위원장 박정규, 지역조정위원장 이정배, 공연전시위원장 하종구, 홍보위원장 박인복, 이현기, 협력위원장 안영수, 이충재, 생태환경위원장 양재성, 천호균, 운영위원회: 8개 전문위원회 위원장, 최정남, 최영철, 고희관, 김경민, 나핵집, 이석행, 비상실무위원회: 이승열, 나핵집, 정세일, 박인복, 이석행, 백서위원회: 나핵집, 이승열, 이정배, 최정남, 정세일, 최정분,박인복, 이석행, 결산위원회: 정세일, 최정남, 고희관, 서명갑, 이현자, 본부장: 이석행, 실무지원: 최진, 임승주 외 지역본부(추진위원회)는 서울, 경기, 인천, 충청, 강원, 영남, 호남, 제주의 52개 도시와 구 중심의 지역본부 그리고 독일 베를린, 보쿰, 미국 뉴욕, 프랑스, 호주 시드니 외의 자발적인 20여 개의 해외 도시의 시민위원회를 포함 직능본부들이 조직화되어 모두 국내외 139개 지역(도시)이 참여하였고, 63개 본부와 위원회가 결성되었다. DMZ평화인간띠운동본부 백서발간위원회 편, 『4.27DMZ민(民)+평화손잡기 백서』(서울: DMZ평화인간띠운동본부, 2019), 132-133.

다. 불신의 골도 깊었다. 체제 보장을 우선시하는 북한과 핵 포기를 앞세우는 미국 사이에 '촛불혁명'으로 탄생된 문재인 정권의 입지 역시 많이 위축되어 있었기 때문이었다. 결과적으로 북·미 간 하노이 회담이 결렬되고 말았다. 한반도 평화통일의 과정에는 주변 강대국들의 영향력과 입김이 크게 작용해 왔고, 현재도 그러한 것이 사실이다. 그래서 주변 강대국들의 원심력에 맞서려면 민(民)의 구심력이 절실하므로 남남 갈등으로 한반도의 미래가 주변 강대국들의 원심력에 의해 휘둘리게 된 현실을 극복해야 할 필요성이 있었던 것이다. 판문점선언에서 민족의 자주성이 강조된 것도 바로 그러한 연유에서였다. 그런 점에서 원심력의 현실을 인정하되 자주성의 가치에 무게를 싣고 현실을 직시할 때 우리의 자주성을 내세워서 민이 움직여 남남 갈등을 극복하고자 하는 의지를 온 세상에 보여줄 필요성을 공감하고 추진한 것이 바로 'DMZ인간띠잇기운동'이었다.[47]

DMZ인간띠잇기운동본부(이하 운동본부)에서는 준비 과정에서 1989년 8월 23일 라트비아, 리투아니아, 에스토니아 등 발트 연안 3국의 시민 200만 명이 50년 전 강제로 나라를 빼앗은 구소련으로부터 독립을 위해 이들 3개국을 남북으로 가로질러 잇는 670여 km에 걸친 인간 띠 잇기 인간 사슬을 만들었던 '발틱 체인'(Baltic Way)을 모델로 참고하였다고 한다. 운동본부는 이 운동의 취지를 민간이 주도한 촛불혁명처럼 스스로 일어나 동참함으로써 남북의 항구적

---

47 앞의 책, 16-17.

평화가 관(官) 또는 정치적 행사가 아닌 민(民)이 생각하는 염원을 행동으로 나타내고자 하였다. 그리고 이 운동의 목표는 국내적으로 적대적 이데올로기를 넘어선 평화와 통일의 분위기를 확산시키는 전환점으로써 세계적으로 마지막 남아있는 분단국 한반도에서 펼쳐지는 화해와 평화 메시지가 전 지구적으로 울려 퍼지도록 하는 데 두었다.[48]

운동본부는 2019년 1월 28일에 발표된 선언문에는 다음과 같은 뜻을 밝혔다: "기미년 이후 백 년 만에 맞는 4.27 판문점선언, 그 1주기를 축하하며 이 땅의 민초들이 뜻 모아 'DMZ민(民)+평화손잡기' 행사를 펼칠 것이다. 그날을 기해 50만 명의 남녀노소가 손 맞잡고 강화에서 고성까지 이어지는 평화누리길, 500km를 한 몸으로 엮어 낼 생각이다. 전쟁 없는 종전, 평화 체제를 이루기 위해 있는 힘 다해 소리치고 염원하며 남북의 산하를 축복할 것이다. DMZ 비무장지대라 불리는 그곳은 과연 어떤 곳인가? 남북을 비롯하여 십수 나라에서 까닭 없이 징집된 젊은이들이 눈감지 못한 채 죽어있는 곳이다. 남과 북이 서로를 해하고자 셀 수 없을 만큼 많은 지뢰를 묻어 둔 공간이 아니던가? 지금도 눈감은 이들이 죽어서도 전쟁 없는 평화를 외치고 있다. 그곳의 산하가 생명 파괴하는 온갖 감춰진 무기를 치우라 명한다. 이곳을 더 이상 죽음의 땅으로 만들지 말 것을 죽은 자와 자연이 거듭 소리치고 있다. 함께 걷고 손잡은 우리 역시 그곳 DMZ에서

---

48 앞의 책, 20-22. "DMZ평화인간띠운동본부의 목적과 취지."

이들의 탄식 소리를 듣고 그들의 뜻을 좇을 것이다."[49]

　운동본부는 행사를 한 달 앞두고 3월 26일 오전 10시 한국프레스센터에서 전국결의대회를 개최하였다. 38개 지역본부와 5개 직능본부의 추진위원, 일반 참가자 약 300명이 참석한 가운데 운동의 전국적인 조직과 여러 단체 간의 협력 관계의 협약식도 이루어졌다.[50] 행사 당일에는 사전 행사의 일환으로 6.25한국전쟁 당시 희생자가 많이 발생했던 대표적인 네 곳(임진강변 전선, 백마고지, 화살머리 고지, 펀치볼 고지)에서 희생자들을 추모하는 행사가 국내 4대 종교(개신교, 천주교, 불교, 원불교)의 주관 행사로 진행되었다.[51] 당일 주 행사는 2019년 4월 27일 14시 27분 DMZ 500Km 평화누리길에서 이루어졌는데, 평화누리길 현장에 온 시민들과 사정상 오지 못하고 직장, 학교 교실, 길거리, 해외 교포들의 거주 도시 중심가 등지에서 참여한 참석자들은 모두 30여만 명으로 추산되었다.

　운동본부는 행사 당일에 '4.27 DMZ민(民)+평화손잡기 평화선언문'을 발표, "이 땅의 평화 제체는 세계의 대세이며 하늘의 뜻이고 민족의 염원이다"라고 선언하면서 아래와 같이 주장했다.

　분단 70년, 지난한 삶을 통해 우리는 평화가 우리들 민(民)의 몫이란

---

49 DMZ평화인간띠운동본부 백서발간위원회 편, 『4.27DMZ민(民)+평화손잡기 백서』 (서울: DMZ평화인간띠운동본부, 2019), 46. "DMZ 민(民)+평화손잡기 선언문."
50 앞의 책, "3.26결의대회," 58-59.
51 앞의 책, "사전행사: 6.25한국전쟁희생자추모," 62-63.

것을 학습했다. 그럴수록 주변국들에 휘둘리지 않을 우리들 자주성이 어느 때보다 필요하다. 우리가 지켜 회복한 평화가 세상을 이롭게 할 것이기에 더욱 그렇다. 70년 분단의 고통이 세계의 진보를 위해 밑거름이자 자산이 될 것을 의심치 않는다. 그렇기에 세계는 우리를 믿고 끊어진 허리를 잇는 일에 협조할 일이다. 분단 체제가 평화 체제로 전환되면 이 땅은 의당 핵 없는 공간이 되지 않겠는가? 그렇기에 민족을 가르는 장벽을 허물고 이 땅을 자유케 하라. 이곳 DMZ를 평화와 생명의 보고, 전쟁 없는 미래의 배움터로 만들 것이다. 70년 다른 체제 속에 살았으나 창조적으로 수렴되는 한민족의 미래, 세계가 놀랄 이 땅의 평화를 펼쳐 낼 것이다.[52]

'DMZ평화인간띠잇기운동'은 정부나 지방자치단체 등 관(官)의 도움 없이 순수한 민간 차원의 조직과 자발적인 참여 그리고 재정적 후원을 통하여 이루어졌다. 이 인간띠잇기운동이 그 후의 남북관계나 북·미 관계의 개선에 얼마나 직간접적인 영향력을 행사했는지 가늠하기는 어렵다. 그러나 온 세계에 우리 민족의 평화 염원과 의지가 얼마나 강한지를 보여주었다는 점에서 그 의미가 결코 작다고 할 수 없다.

세계의 반응도 긍정적이었다. 남북정상회담에 대해서 미국의 도널드 트럼프 대통령은 자신의 트위터 계정에 "미사일 발사와 핵실험의 격렬한 한 해가 지나고 남북 간 역사적인 만남이 일어나고 있다"며

---

52 앞의 책, 68.

환영 의사를 밝힌 후, "좋은 일들이 일어나고 있다. 그러나 오직 시간이 말해줄 것"이라고 남북정상회담을 중립적으로 평가했다. 중국 외교부 대변인은 "역사적인 판문점 회담을 계기로 장기적인 한반도 안정을 위한 새로운 여정이 시작되기를 기대한다"라며 이번 회담의 성과는 남북 간 화해와 한반도 평화에 큰 도움이 될 것이라고 평가했다. 그러나 정상회담으로 시작된 남북관계는 문재인 정부 기간 동안 다시 시련에 부딪혔다. 문재인 정부가 중재자로서 추진한 싱가포르 북미정상회담(2018년 6월 12일), 하노이 북미정상회담(2019년 2월)이 결실을 거두지 못하고 파행으로 끝났다. 원인은 한반도의 완전한 비핵화 논의에서 '비핵화 대상'과 '대북제재해제 범위'에 대한 이견이었다. 비핵화에 대한 셈법의 차이로 결렬된 후 북·미 간은 물론, 남북 간의 관계도 소원해졌다. 북한은 2018년 4.27판문점선언에 따라 개설한 '남북공동연락사무소'를 2020년 6월 16일 폭파했고, 반북단체들의 대북 전단 살포에 초강경 대응으로 맞섰다. 이런 북한의 강경 대응은 이른바 '하노이 노딜' 이후 누적되어 온 남쪽에 대한 불만과 불신의 표현이라고 하겠다.

문재인 정부가 남북정상회담과 판문점선언 등을 통해 구현하고자 했던 계획들이 성취되지 못한 데는 국제적, 국내적 여러 정황이 작용했지만, 국내 보수 세력의 저항과 미국의 비핵화 정책에 대한 문재인 정부의 한계에도 불구하고 남북관계 개선이라는 국민적 합의와 상호 신뢰 기반이 약했다는 데 근본 원인이 있었다고 생각한다.

지금까지 남북관계를 진전시키려는 합의들이 여러 가지 국내외적

이유로 부분적으로만 성취되었다는 것이 역사적 경험이다. 그리고 뜻하지 않은 돌발 사건들, 예를 들면 김일성의 갑작스러운 죽음(1994년 7월 8일), 북한의 핵실험(2006년 10월 9일), 금강산 관광객 피격 사망 사건(2008년 7월 11일), 천안함 피격 사건(2010년 3월 26일), 연평도 포격 사건(2010년 11월 23일), 개성공단 가동 전면 중단(2016년 2월 10일), 남한 내 보수 우파 세력과의 남남 갈등 같은 사건들 때문에 남북관계가 갑자기 냉각 상태로 돌아가는 일들도 있었다. 결국 그동안 의 남북관계는 냉전기 적대와 대립 일변도에서는 어느 정도 벗어났으 나 완전한 화해, 협력으로 이행하지 못한 채 '짧은 화해 뒤의 긴 대립 국면'이 지속되었다고 하겠다.[53]

　　남북관계가 안정적이고 발전적으로 전개되지 못하고 냉온탕을 오가면서 화해와 파국, 안정과 불안, 해빙과 경색을 오가는 이유는 어디에 있는 것일까? 그 원인은 물론 먼저 남북 당국의 관계에 있다. 남한의 정권 교체, 있을 수 있는 돌발 사건들에 흔들리지 않고 남북관 계를 유지하기보다는 정치적, 정략적으로 남북관계를 이용하려는 의도 때문에 남북관계가 안정적으로 전개되지 못한 측면이 강하다고 하겠다. 예를 들면 북한은 남한과의 대화를 미국이나 중국과의 관계 개선의 수단으로 삼으면서 궁극적으로는 북·미 수교를 맺으려고 하기 때문에 남북관계가 종속적인 위치를 차지하면서 대남 위기 조성

---

53 신종대, "남북관계사의 분석수준과 주요 의제," 「한국과 국제정치」 30³(2014 가을, 통권 86호), 155.

전략, 대중 전략의 도구로 활용된 것이 그것이다.[54]

그러나 남북관계는 단지 남한과 북한과의 관계에서만 조명될 수 없다. 신종대 교수에 의하면, 남북관계는 남북의 관계에서만이 아니라 동북아시아라는 콘텍스트 안에서, 남북한 국내 정치의 상호 연관과 작용이라는 세 차원에서 조명되어야 한다. 그것은 남북관계가 상위 수준에서는 국제환경 및 동북아 관계, 다시 말해 밖으로부터 영향을 받고 하위 수준에서는 국내 정치, 즉 안으로부터 영향을 받기 때문이다. 남북관계를 밖과 안의 변수에 대한 고려 없이 두 분단국 간의 상호작용으로 환원하는 것은 일면적 분석이자 적실성 면에서 한계가 있기 때문이라는 것이다.[55]

홍석률도 "물론 남북은 주변 강대국들, 특히 미국과 중국의 유도 또는 권유에 의해 대화와 긴장 완화에 나선 측면이 있다는 점"을 부인하지 않지만,[56] 국제정세에 부응해서 한반도의 운명이 '강대국이 두는 장기판의 졸'이 되지 않기 위해 노력한 남북 당국의 노력도 함께 조명한다.[57]

남북관계에 영향을 끼치는 위의 세 가지 콘텍스트의 경중이나 우선순위를 따질 수는 있겠으나 중요한 것은 남북관계의 정쟁화(政爭化)를 막고 남북 사이의 합의된 정책을 안정적이고 효율적으로 추진하

---

54 앞의 책, 169.
55 앞의 책, 157.
56 홍석률,『분단의 히스테리』(서울: 창비, 2012), 203.
57 앞의 책, 204.

기 위해서는 무엇보다 남북 당국의 자율적이고 지속적인 합의 이행이라 하겠다. 한편으로는 남북의 화해와 협력이 동북아시아 평화와 안정에 기여한다는 확신을 주변국들에 주고 남한 내 합의 기반을 조성하여 정권의 변화에도 불구하고 안정적으로 남북관계를 발전시키면서, 다른 한편으로는 한반도에 결정적인 영향을 끼치고 있는 미국과 중국에 대하여 치밀하고 전문적인 외교적 전략으로 접근하는 것이 중요하다고 생각한다.

남북관계는 주변 강대국, 특히 미국의 외적인 요인에 의해 영향을 받았지만, 남북 최고지도자들의 성향과 관심, 의지 그리고 국내 여론의 영향으로부터 자유롭지 못한 것도 사실이었다. 그 후 이명박 정부(2008~2013)[58], 박근혜 정부(2013~2017)[59] 시기, 남북관계는 급격하게 냉각되었다. 남북 사이의 합의는 깨어지고, 인도적 지원도 끊기고, 상호 교류도 제한적으로 되었다. 남북의 관계가 남북 고위급 사이의 합의에도 불구하고 접근과 적대, 대화와 파행을 거듭하게 된 수많은 원인이 있지만, 궁극적으로는 불신과 상호 신뢰의 부족, 자주적으로

---

[58] 문정인·이춘복, "이명박 정부의 대북정책 — 평가와 전망," 「통일연구」 제13권 제2호, (2009): 5-33 참조 이명박 정부 초기부터 남북관계는 경색, 악화 국면을 넘어 거의 단절 수준까지 이르렀는데, 원인은 북측의 일방적 태도와 이명박 정부의 경직된 대북 정책에 있다고 지은이들은 지적한다.

[59] 박근혜 정부는 통일을 목표로 설정하고 수단에 있어서 안보를 강조하면서 통일의 경제적 가치를 강조함으로써 실질적인 진척을 전혀 가져오지 못한 한계를 보여주었다. 김형빈·김두남, "박근혜 정부 통일정책의 쟁점과 과제," 한국통일전략학회 편, 「통일전략」 제16권 제3호(2016. 9.): 125-155.

평화통일을 이루려는 남북 당국의 의지와 남북 국민의 지지가 없는데 근본적인 원인이 있었다.[60]

문재인 정부(2017~2022년)의 한반도 정책은 '3대 목표, 4대 전략, 5대 원칙'이었다. 3대 목표는 '북핵 문제 해결 및 항구적 평화 정착', '지속 가능한 남북관계 발전', '한반도 신경제공동체 구현'에 두었다. 우리 주도의 통일 정책을 추진하면서도 국제사회와의 협력을 통해 정책을 추진하려고 하였다. 진정으로 화해를 원한다면, 하나님의 일방적인 사랑과 자기희생으로서의 '화해'를 염두에 두면 어떨까 생각해 본다. 진정한 포용이 있는 '화해', 공동체적 사귐이 있는 '화해', 경계를 뛰어넘는 사랑과 자기희생으로서의 '화해', 그런 화해를 생각해 본다.

그렇다면 남북의 평화통일 정책이 냉온탕을 번갈아 왔다 갔다 하거나 롤러코스터를 타는 것같이 급변하지 않고 지속 가능한 발전을 할 수 있는 길은 어디에 있을까? 한국교회도 국제적, 국내적 정세의 변화에 흔들리지 않고 한국교회 내부 분열을 최소화하면서 평화통일의 길을 열어갈 수 있는 신학적 기반은 어디에서 찾을 수 있을까? 필자는 그 신학적 기반을 후술할 '디아코니아신학'에서 찾고, 그 원칙

---

60 이런 불신은 특별히 박정희 정부의 '7.4공동성명' 후 두드러졌는데, 공동성명을 비웃기라도 하듯이 그 후에 일어난 '땅굴 사건', '판문점 도끼 만행 사건', '간첩선 사건' 등은 한편으로 화해와 통일을 말하면서도 다른 한편으로는 분단을 심화시킴으로써 합의의 진실성을 의심받게 한 남북 당국에 책임이 있었다. 그 원인은 통일 논의가 당국에 의해 독점되었고, 민의 참여가 제약을 받은 데 있었다고 이삼열 교수는 지적한다. 이삼열, 『평화의 복음과 통일의 사명』(서울: 햇빛출판사, 1991), 37-38.

을 철저하게 지키는 데 있다고 생각한다. 서로 다른 정치적 이념과 체제 때문에 적대적 관계에 있는 남북의 화해와 평화통일을 위해 밑거름이 되는 디아코니아 원칙은 무엇이고, 우리와 같은 분단 상황에 있었지만 먼저 통일을 성취한 독일의 경우 동서독 교회가 분단 상황의 극복을 위해 어떻게 노력했는지 살펴볼 것이다.

II. 한국교회의 통일운동에 대한 신학적 비판

민족통일은 정치적, 경제적 혹은 이데올로기적 문제일 수는 있으나 과연 신학적 문제일 수 있는가에 대한 논의는 사실 오래전부터 제기되었다. 그 논의는 무신론의 입장에 있는 공산주의와 그리스도교는 본질적으로 충돌하는 이념이고, 특별히 북한의 주체사상과는 대화하기 어렵다는 입장을 취한 보수적 그리스도인들에 의해서만이 아니라 통일운동을 하던 진보적 그리스도인들에 의해서도 제기되었다. 과연 통일이 신학적 문제인가? 그렇다면 어떻게 통일 문제에 접근하는 것이 신학적 이해일 수 있을까?[1]

'88선언' 작성과 그 전후의 통일운동에 참여했던 이삼열 교수(1941~)는 통일이 신학적 문제가 될 수 있기 위해서는 "민족의 화해와 통일이 선교적 과제인 성서적, 선교신학적 이유를 밝혀야 하고", "기독교와 공산주의, 기독교와 마르크시즘 혹은 기독교와 민족주체사상이 어떤 관계에 있고, 어떻게 공존할 수 있으며, 대화할 수 있는지를 기독교윤

---

1 통일을 단지 정치적, 경제적 과제나 민족적 과제가 아니라 신학적 과제로 이해하면서 '통일 신학'이라는 이름으로 자신의 신학을 정립한 통일 신학자들은 앞으로 소개할 것이다. 그러나 앞서 정리한다면 통일이 신학적 문제일 수 있고 또 신학적 문제여야 한다는 통일 신학의 주장은 창조론, 그리스도론, 화해론, 삼위일체론 등 여러 신학적 담론이 전쟁, 분단, 이산가족, 인권, 평화 등의 문제와 직간접적으로 관계되어 있다는 데 근거를 두고 있다. 또한 통일 신학을 이스라엘의 남북 왕조가 하나가 되어야 한다는 소선지서의 진술로부터 성서신학의 영역에서 시작한 시도들도 있다.

리적으로, 정치-신학적으로 밝힐 수 있어야 하고", "한반도에서의
평화는 왜 통일 없이는 달성될 수 없는가를(물론 독일은 분단 상황에서도
평화, 상호 교류와 협력을 지속할 수 있었고 마침내 통일을 이루었지만), 즉
평화와 통일의 관계를 사회과학적으로, 역사신학적으로 설명해 줄
수 있어야 한다"고 지적했다.[2]

통일 신학이 필요하다는 주장은 '88선언' 이전부터 여기저기서
제기되었지만, 그 후에도 통일 신학의 이론적 체계가 갖춰지지 못하고
있었던 것이다. 그것은 북한에 대한 정확한 정보를 근거로 한 깊이
있는 연구를 할 수 없었던 상황, 반공법에 의한 사상과 연구 활동의
통제, 색깔론에 의한 혐오와 적대감 조장으로 한국 사회와 교회가
분열되어 있었던 현실 때문이었다. 그 후 노태우 정부의 북방 정책,
국제적 데탕트와 탈냉전 분위기에 힘입어 북한 사회에 대한 비교적
객관적인 연구가 가능해졌고, 통일에 대한 신학적 이해가 진행되
었다.

통일 신학은 통일운동에 대한 신학적 근거로서 통일운동의 방법
과 방향을 규정한다. 한국교회 통일운동의 진보와 보수는 신학적
입장의 진보와 보수와도 밀접한 상관관계에 있다는 점에서 통일운동
과 통일 신학을 엄밀하게 분리하여 이해할 수 없다. 북한 당국과 체제
를 보는 시각에서는 현저한 차이를 보이지만, 북한에 대한 인도적
지원 활동에서는 보수와 진보를 넘어 한국교회가 연대를 한 것은

---

2 이삼열, 『평화의 복음과 통일의 사명』(서울: 햇빛출판사, 1991), 153.

디아코니아가 신학적 입장의 차이를 극복할 수 있다는 것을 반증한다고 하겠다.

필자는 한국교회를 보수 진영과 진보 진영으로 대별하여 두 진영의 대표적인 통일 신학자로 알려진 인물들을 중심으로 그들의 통일 신학을 소개하고 디아코니아신학적 시각에서 평가하려고 한다.

1. 보수 진영의 통일 신학에 대한 신학적 비판

1) '인간 중심적 통일 신학'에서 '하나님 중심적 통일 신학'으로

복음주의 신학자로서 통일 문제를 신학적으로 접근한 학자들 가운데 한 사람은 전 아세아연합신학대학교 총장인 김영욱 교수다. 그는 복음주의적 입장에서 북한선교론과 통일 신학을 가르쳤는데, 오랫동안 선교를 '타문화권 전도'로만 생각한 전통적인 선교관에서 벗어나 '전도와 사회봉사'를 통합하여 이해하는 '열린 복음주의'자의 입장에서 선교를 "교회에서 삼위일체 하나님의 이름으로 파송 받은 하나님의 복음 전도자가 타문화권(언어, 민족, 문화가 다른 지역)에 가서 복음을 전파하여 교회를 세워, 그들이 다시 복음을 전하게 하기 위한 모든 사역, 즉 교육 사업, 의료 사업, 구제 사업, 개발 사업 등의 교회의 모든 봉사활동"[3]으로 규정한다. 복음주의적 선교신학은 전도 혹은

---

3 김영욱, 『복음주의 입장에서 본 북한선교』 (양평: 아세아연합신학대학교, 2012), 20,

선교, 교회 세우기를 봉사에 우선한다고 본다. 봉사는 복음을 전하는 데 있어서 이차적인 수단으로 이해되고 있는 것이다. 봉사 자체가 전도로 이해되지 않을 경우, 선교의 진정성이 의심을 받게 된 역사적 경험이 성찰되지 않고 있는 한계를 보여준다.

김영욱 교수는 북한선교의 원리를 성서에서 찾아 제시하는데, "하나님의 구원의 은총은 전 인류를 위함"이고, "영혼 구원을 위하여 예수는 모든 차별과 갈등과 이데올로기와 종교적 교리의 벽을 허무셨고", "박해하는 사람과 원수를 용서하고 사랑하라고 가르치셨고", "십자가 사건은 온 세상의 모든 사람과 만물을 받아들이고 용서하며 사랑한 사건"이기 때문에 "동족에 대해 미움과 보복을 부추기는 모든 거짓된 교설과 이데올로기를 깨뜨리며 정의를 수립함으로써 그리스도가 원하는 참된 화해와 평화의 역사를 이루어야 한다"라고 말한다.[4] 북한선교의 성서적 근거로 인용되는 말씀들은 진보적인 선교관, '에큐메니칼 선교론'의 성서적 근거와 별반 다르지 않다. 김영욱 교수는 한국의 진보적 신학자들이 "독재정권과 투쟁하며, 정치적, 경제적 민주화를 위하여 노력해 온 공적은 역사에 기록될 만한 일이요 용기 있는 신학적 실천으로 평가되어야 한다"라고 하면서도, "민중신학은 마르크스주의적 철학과 방법론을 채택하고 있는 남미의 해방 신학의 테두리를 크게 벗어나지 못한 점에 있었다"라고 지적한다.

88-89.
4 앞의 책, 21-25.

1980년대 후반에 이르러 남한의 독재정권들이 물러나고 이른바 민주화 시대가 열리게 되자, 반독재투쟁의 대상이 없어진 민중신학자들의 다수는 남북통일 문제에 관심을 돌리기 시작하였고, 그들은 해방 신학과 민중신학의 이론과 방법론을 유지하면서 북한의 주체사상과 접촉하는 가운데 대화와 교류를 전개하였다. 그들이 이 과정에서 발전시킨 신학이 이른바 통일 신학이었다. 김영욱 교수는 민중신학자들의 통일 신학은 "억압받는 민중의 해방과 인간 사이의 수평적 화해라는 두 가지 주제를 중심으로 기독교 신학과 북한의 주체사상을 접목시키려고 시도함으로써, 한국적 정황에서 민족 화해와 남북통일의 문제의 해결을 모색해 보려던 일종의 토착화신학을 시도하였다"라고 한다.[5]

김영욱 교수의 이런 주장은 절반은 맞고 절반은 틀리다. 우선 민중신학을 말할 때 누구의 민중신학인지 구별하지 않고 지나치게 포괄적이으로 사용하고 있는 것이 문제다. 그리고 민중신학이 마르크스주의적 철학과 방법론을 채택했다는 판단은 정확하지 않다. 민중신학이 큰 틀에서 '(한국의) 해방 신학'이고, 일종의 '상황신학'(Contextual Theology)이라는 것은 맞지만, 남미의 해방 신학의 테두리를 벗어나지 못했다는 것은 틀리다. 70년대 중-후반, 민중신학이 형성될 때의 콘텍스트는 분명히 개발독재 치하의 한국 현실이었고, 세계적으로는 남미해방

5 김영욱, 『복음주의 입장에서 본 북한선교』 (양평: 아세아연합신학대학교, 2012), 20, 149-150.

신학만이 아니라 흑인해방 신학, 정치신학, 혁명의 신학, 세속화 신학 등 수많은 새로운 신학 운동들이 전개되고 있었다는 것을 고려해야 한다.

어쨌든 김영욱 교수는 한국의 진보적 신학 전통 위에서 '통일 신학'이 생겨났다고 하면서 복음주의 신학자의 입장에서 해방 신학, 민중신학, 통일 신학이 모두 "인본주의(Humanism) 철학에 기초해 있다고 한다. 여기서 그가 말하는 인본주의는 박애 정신에서 나오는 인도주의(Humanitarianism)와는 구별되는 개념으로서 살아계신 하나님 중심이 아닌 인간중심주의(Anthropocentrism)"라고 한다.6 이런 민중신학의 잘못은 민중신학자들이 "민중의 비인간화를 극복하는 데 너무 열심인 나머지 인간(민중)을 신적 지위에 올려놓은 우를 범한 것"이라고 지적한다.7 민중신학이 인간을 하나님과 동일선상에 올려놓았다는 것이다.

필자는 김영욱 교수의 평가가 잘못되었다고 판단한다. 민중신학자 누구도 "민중을 신적 지위에 올려놓은 우를 범했다"라는 근거를 찾을 수 없기 때문이다. 김영욱 교수는 유감스럽게 그 출처를 제시하지 않고 있다. 민중신학이 민중을 구원사의 주체로 선언한 것이 혹 그런 오해를 불러왔을 수도 있다. 그러나 민중을 구원사의 주체로 선언하는 것은 민중의 역사의식을 고무하고 주체적인 참여를 독려하

---

6 앞의 책, 151.
7 앞의 책, 152.

는 선언이지, 민중을 신적 지위에 올리는 것은 아니기 때문이다. 디아
코니아신학적으로 보았을 때 디아코노스 하나님으로 오신 예수는
민중의 대명사인 가난한 사람에게 복이 있다고 하시며 주변인을 선교
의 우선 대상(눅 4:15-21)으로 지목하시고, 이어서 주변인을 선교의
주체(고전 1:18-31)로 세우셨다. 민중에게서 통일 선교의 주도적 역할
을 기대하고 민중을 통일로 화해된 세상의 혜택을 누릴 대상으로
보는 것은 성서를 보는 디아코니아신학의 견지에서 정당한 관점이라
하겠다.[8]

2) '성경적 통일 신학'은 얼마나 성경적인가

복음주의 통일 신학자로 알려진 또 다른 학자인 주도홍 교수는
'열린 복음주의 신학자'이다. 그가 복음주의 통일 신학자라고 불리는
것은 통일 문제를 단지 이데올로기적으로 접근하지 않고 '성경에서
안타까운 분단을 넘어 통일로 가는 그 길을 찾으려 노력했기' 때문이
고, 그가 '열린' 복음주의 통일 신학자로 불리는 까닭은 그가 한국의
보수적 교회들의 반공주의라는 이념의 잣대로만 현실을 보지 않기
때문이다.[9] 그는 한국의 보수적 복음주의의 문제를 '신앙환원주의'라
고 지적하는데, "문제의 결론이 제대로 나오지 않을 때 그 결론을

---

8 이범성, 『에큐메니컬 선교신학 II』(D&V, 2016), 139, 141, 144.
9 주도홍, 『통일로 향하는 교회의 길』(서울: CLC, 2015), 26-27.

신앙에다 미루어 버리는 습관들" 때문에 "불타는 민족애와 학문에 바탕을 둔 기독교적인 이념 위에서 통일운동을 추진하지 않는" 데 있다고 한다.[10]

주도홍 교수의 '이미의 통일론'은 임동원의 '사실상의 통일'과 일맥 상통하는 것처럼 보인다. 한국전쟁 이후의 통일론을 '흡수통일'과 '평화통일'로 구분하는 임동원은 북한 붕괴와 흡수통일은 경제적으로 나 사회적으로 엄청난 부담이자 재앙이 될 것이기 때문에 교류협력을 통한 점진적 평화통일이 가장 현실적이고 바람직한 방식이라고 한다. 그래서 남북관계의 개선을 통하여 남과 북이 서로 오가고 돕고 나누는 '사실상의 통일' 상황부터 실현하고 완전 통일을 지향해야 한다는 것이다.[11] 주도홍 교수는 자신의 통일 신학을 '성경적 통일 신학'이라 고도 하는데, 북한을 대하는 태도에서 '십자가에 죽으시기까지 원수 사랑을 실천하신 예수 그리스도의 사랑', 북한 주민들의 '고난과 아픔 에 참여하는 진정성', '조건 없는 사랑, 대가를 요구하지 않는 사랑', '탈북자들에 대한 겸손한 태도', '탈북자들을 대할 때 강약의 논리, 물질주의의 논리를 가지고 접근하지 않기' 등을 그 근거로 제시한다.

주도홍의 통일 신학은 통일을 향한 한국교회 혹은 그리스도인들 의 실천 강령, 통일운동은 될지 모르지만, 어떤 의미에서 '통일 신학'이 될 수 있는지에 대한 성찰은 유감스럽게 보이지 않는다. 그리고 아무

---

10 앞의 책, 101.

11 임동원, 『피스메이커: 남북관계와 북핵문제 25년』 (서울: 창비, 2015), 589; 건국대학교통 일인문학연구단 엮음, 『한국지성과의 통일대담』 (서울: 패러다임, 2019), 54-55.

리 겸손과 조건 없는 사랑을 말한다고 해도 북한을 보는 그의 시각은 여전히 위계적이고 남한의 우월성을 전제하고 있는 모순을 보여준다. 그의 발언, "경제적으로 40배의 우월성과 강력한 군사력을 가진 한쪽이 여러 면에서 약하고 모자라는 상대를 너그럽게 이해하고 포용하고 손에 손을 잡는 넉넉한 사랑에로 나아갈 수 있기 위해선 보다 다른 차원의 준비, 곧 정신적이고 영적 차원에서 구현되는 용서와 화해, 그로 인해 자리 잡는 평화, 샬롬에 주목해야 한다"라는 주장이나[12] "평화를 창출해야 할 사명을 가진 교회가 할 일이 있는데, 예측 불허의 북한을 그리스도의 십자가의 인내와 사랑으로 섬기고 돕고 봉사하며 그들의 아픔과 고난에 동참함으로 북한의 위정자들을 포함한 북한 동포를 감동시켜 그들의 무디어진 양심을 회복시켜 주는 일을 감당할 수 있어야 한다"라는 주장은[13] 여전히 상하적 관계, 수혜자와 시혜자의 입장에서 통일 문제를 보는 시각을 벗어나지 못하는 한계를 안고 있다.

게다가 북한의 위정자들과 동포는 "여러 면에서 약하고 모자란다"거나 "그들의 양심은 무뎌져 있다"라는 판단 자체가 이미 비성서적인 것이 아닐까? 누가복음 10장에 영생을 얻는 방법을 물어온 율법교사가 "내 이웃이 누구냐"고 묻고, 예수의 역질문에 "자비를 베푼 자"라고 대답하게 된다. 본래 내가 '도움을 받는 존재'로서의 '이웃' 개념이

---

12 앞의 책, 180.
13 주도홍, 『통일로 향하는 교회의 길』(서울: CLC, 2015), 181.

'도움을 주는 존재'로서 율법교사 자신의 사고 속에서 바뀌게 된 것이다.[14] 쌍방적인 통일 문제를 일방적인 도식으로 해결하려는 의도는 디아코니아신학적으로 볼 때, 그 근거를 구하기 어려울 것이다.

또 다른 문제는 미국을 보는 그의 시각이다. 미국 정부가 지미 카터 전 대통령을 북한에 보내 북핵 문제, 6자 회담 등을 대화로 풀려고 노력한 것을 들어 "미국 정부가 훨씬 기독교적 태도를 보이고 있다는 사실이다. 정말 상대하기도 싫고 예측 불허의 정치집단인 북한을 우리보다는 다른 민족인 미국이 더 참고 인내하며 다각도로 길을 열려고 노력하는 태도는 그야말로 '사랑은 오래 참고'(고전 13장)를 실천하는 정치를 느끼게 한다는 점이다. 정치든 경제든 성경의 원리를 삶으로 녹여 풀어내는 성숙성을 미국이 보여주고 있다고 생각한다."[15] 북한을 대하는 미국 정부의 태도가 정부마다 달랐지만, 그러나 미국의 대북 정책이 훨씬 기독교적이라고 미국의 정치, 경제가 성경의 원리를 삶으로 녹여 풀어내는 성숙성을 보여준다는 주도홍 교수의 평가는 그 서술 의도의 진정성 여부는 차치하고, 지나치게 '단순하고 순진한'(저자가 자신을 그렇게 표현하듯이) 판단이 아닐 수 없다.[16] 어쩌면 미국의 대외 정책을 이렇게 보는 것이 이른바 복음주의적 시각의 특징이자 한계라고 보인다.

---

14 폴커 헤르만·마틴 호르스트만 편/이범성 역, 『디아코니아학』(대한기독교서회, 2016), 111-113.

15 주도홍, 『통일로 향하는 교회의 길』, 178.

16 앞의 책, 178.

2. 진보 진영의 통일운동에 대한 신학적 비판

진보적인 에큐메니칼 진영에서 통일운동에 참여한 대표적인 인물은 문익환 목사(1918~1994), 홍근수 목사(1937~2013), 권호경 목사(1941~), 서광선 교수(1931~2022), 노정선 교수 등 많은 이들이 있으나, 우리는 통일 문제를 신학적으로 접근하고 성찰했지만 세상을 떠나 자신의 통일 신학이 일단 완결된 박순경 교수(1923~2020)와 손규태 교수(1940~2019)를 중심으로 살펴보려고 한다.[17]

1) 하나님의 구원사로서의 한국사

'통일 신학'이라는 이름으로 자신의 신학을 정립한 대표적인 여성 신학자는 박순경 교수(1923~2020)이다. 미국 드류대학에서 조직신학으로 박사학위를 취득하고 이화여자대학교 교수로 재직하면서, 1978년부터 '제3세계에큐메니칼신학자협의회'(EATWAT) 한국 책임을 맡았고, 세계교회협의회(WCC) '신앙과직제위원회' 위원으로 1980년부터 1985년까지 활동했다.[18] 박순경 교수가 후에 자신의 신학적

---

17 물론 통일운동에 목사들도 신앙고백과 신학적 근거를 가지고 통일운동을 했기 때문에 그 운동 속에 그들의 신학적 사유가 스며들어 있다고 하겠다. 그러나 이 논문에서는 '통일신학'이라는 이름을 걸고 신학적 성찰을 한 박순경과 손규태 두 학자에 초점을 맞추려고 한다.

18 박순경 외,『원초 박순경, 하나님 혁명의 열망자』(서울: 동연, 2021), 5-6.

화두를 '통일'에 두고 '통일 신학'을 발전시키게 된 것은 사실 그녀의 삶과 무관하지 않다. 그녀가 고백한 것처럼 민족을 신학적 성찰의 화두로 삼은 것은 1946년 신학 수업을 시작했을 때부터였다.[19] 일찍부터 몽양 여운형, 김규식 같은 좌파 민족 운동가들을 만나 항일독립운동과 공산주의 운동에 관심을 갖게 되었지만, 1972년 박정희 정부의 '7.4남북공동성명'을 듣고 그동안 미루어 두었던 민족통일 문제를 본격적으로 공부하기 시작했다고 한다.[20] 그러나 결정적인 계기는 1974년부터 1년 반 동안 연구년을 유럽에서 지내면서 서구 신학에서 '한국 신학'에로의 전환을 결심한 것이다.[21] 1976년 귀국한 후부터 박 교수는 한국의 보수 반공 기독교를 비판하고 민족통일에 관한 글들을 발표하면서 1987년 6월항쟁을 계기로 민주화운동과 통일운동을 자신의 정치신학, 통일 신학의 주제로 설정하기 시작했다.

박순경 교수는 '통일 신학'을 이론적으로 정립한 것만이 아니라 민족의 화해와 평화통일을 위해 실천적으로 참여한 지성인이었다. 그녀는 1989년 범민족대회 남북실무회담 10인 대표로 참여하고, 1990년에는 범민족대회 실무대표로 활동했다. 서구 신학 교수에서 한국의 신학자로, 강단 신학자에서 통일운동가로 변한 것이다. 그러다가 1991년 7월 일본 동경 재일한국 YMCA에서 개최된 '제2차 조국

---

19 박순경, 『통일신학의 여정』 (서울: 한울, 1992), 11-12.

20 박순경, "하나님 나라, 사회 역사 변혁의 동력," 박순경 외, 『하나님 혁명의 열망자, 원초 박순경』 (서울: 동연, 2021), 320, 337.

21 박순경 외, 『하나님 혁명의 열망자, 원초 박순경』, 320.

의 평화통일과 기독교 선교에 관한 기독자 동경회의'에 참석하여 "기독교와 민족통일의 전망"이라는 주제 강연을 통해 북한의 '주체사상'을 '찬양'한 혐의로 구속되었는데, 108일 만에 집행유예로 석방되었다.[22] 박순경 교수는 2000년부터 2014년까지 민주노동당, 통합진보당 고문, 2005년부터 범민련 남측본부 명예의장, 6.15공동선언실천남측위원회 상임고문을 맡기도 했다. 박순경 교수에게 한반도의 통일이 '신학'의 주제가 될 수 있는 것은 무엇보다 "한국 역사 전체를 하나님의 구원(救)사 지평으로 보았기" 때문이라고 이정배 교수는 지적한다. 특히 "일제하 항일운동, 한국전쟁 이후의 분단 체제, 반공을 국시로하는 남(南)의 현실 모두를 신적 구속의 지평에서 살핀 것"이 박순경 교수의 '통일 신학'이라는 것이다.[23]

'통일 신학'의 주제로 분단 체제와 한국기독교의 관계를 보는 이은선[24]과 신혜진은 "박순경의 통일 신학은 신앙의 눈으로 한반도 역사와 한국기독교를 보고자 했던 혁명적 시도였다"고 평가한다.[25] 박순경

22 서광선, "손이 깨끗한 사람의 마음도 깨끗해요 — 손도 마음도 깨끗한 박순경 선생님," 박순경 외, 『하나님 혁명의 열망자, 원초 박순경』(서울: 동연, 2021), 109.
23 이정배, "한국전쟁 발단(원인) 논쟁에서 본 통일과 그 신학적 함의: 통일신학은 뭇 통일 담론과 어디서 다른가?," 현장아카데미 편, 『한국전쟁 70년과 '이후'(以後) 교회 — 통일의 신학적 의미를 찾아서』(서울: 도서출판 모시는사람들, 2021), 703.
24 이은선, "토착화신학으로서의 박순경의 통일신학 — 한국적 信學의 관점에서," 한민족통일신학연구소 편, 『원초 박순경의 삶과 통일신학 돌아보기』(서울: iYAGI, 2022), 53.
25 신혜진, "통일신학의 주체개념으로 본 분단 체제와 한국기독교," 현장아카데미 편, 『한국전쟁 70년과 '이후'(以後) 교회 — 통일의 신학적 의미를 찾아서』(서울: 도서출판 모시는사람들, 2021), 135.

교수 자신의 고백처럼 "하나님, 예수 그리스도, 성령을 이 민족의 문제 상황에서 증언해야 하며, 이 문제 상황의 극복 없이 우리는 하나님 나라의 도래를 증언할 수 없다"[26]는 것은 모든 신학이 시대에 대한 증언이고, 어느 신학자도 당대의 민족 혹은 인류가 당면한 문제 상황과 씨름해야 한다는 점에서 정당한 주장이라 하겠다. 그래서 통일신학을 일종의 한국적 역사신학 혹은 한국적 사회 신학이라고도 일컫는 박순경 교수는 통일 신학을 "부정적으로는 한국교회와 신학의 반공주의가 민족 분단을 조장하고 연장시키고 분단 현실과 직결된 민생 파탄의 문제를 등한시한다는 것을 비판하고, 긍정적으로는 민족, 민중 해방을 위한 성서적 신앙의 의미를 재해석하는 것"이라고 규정한다.

박순경 교수에게 통일 문제가 통일 신학이 되는 지점이 여기에 있다. 그녀는 하나님의 나라, 곧 '오시는 하나님'이라는 성서적 패러다임이 "이 땅에서 벌어져 있는 역사 사회적 문제 상황, 즉 비극적인 민족 분단과 도탄에 떨어진 민중 생존권이라는 이중적인 문제 상황을 주시하게 하기 때문에 통일이 신학적 주제이고, 신학이 될 수 있다"[27]고 하는데, 하나님 나라의 역사성을 강조한다는 점에서는 정당하지만, 오시는 하나님의 종말론적 측면이 충분히 반영되지 않은 것으로

---

26 앞의 책, 135.

27 박순경, "한국신학을 회고하고 미래를 전망하면서," 박순경 외,『하나님 혁명의 열망자, 원초 박순경』(서울: 동연, 2021), 335. 이 점에 대한 이은선 교수의 재비판을 주목하라. 이은선, 앞의 책, 55 이하 내용.

보인다.

그렇다면 통일 신학의 주체는 누구이고, 목적은 무엇인가? 박순경 교수는 통일 신학의 주체를 민족, 민중, 여성으로 정립하면서 이들이 역사 변혁의 주체라고 주장한다. 그래서 그는 통일 신학의 목적이 이들 역사 변혁의 주체가 "정의롭고 평등한 새 민족, 새 사회, 새 세계질서 창출"에 있다고 말한다.[28]

신혜진은 "신학의 눈으로 본다는 것은 역사의 시각보다 더 거시적인 시각으로 보는 것을 의미한다"[29]라고 말한다. 역사를 창조와 종말론적 시각으로 본다는 것을 의미한 것을 뜻할 수 있다. 역사를 그 과거와 현재에서가 아니라 그 끝에서 봄으로써 하나님 나라의 빛에서 역사를 상대화한다는 의미일 것이다. 그렇다면 분단 체제의 극복과 통일이라는 한반도의 특수한 역사적 과제가 하나님의 나라의 도래와 함께 성취되는 신학적 과제가 될 수 있을 것이다.

'통일 신학'은 신학적 시각에서 통일을 보는 것만이 아니라 통일의 시각에서 신학을 본다는 것을 동시에 의미한다. 그래서 박순경 교수는 서구 신학에서 '한국 신학'으로 방향을 전환하면서 평화통일을 신학적 성찰의 중심에 세운 것이다. 이것은 그동안 한국 신학계에서 논의된 이른바 '토착화신학'이나 '민중신학' 등 '한국적 신학'이라고 포괄적으로 표현될 수 있는 신학적 담론들에 대한 비판과 무관하지 않다. 박순

---

28 앞의 책, 335.
29 신혜진, 『하나님 혁명의 열망자, 원초 박순경』(서울: 동연, 2021), 137.

경 교수는 토착화신학이 한국의 단군신화를 삼위일체론과 연결시키는 것이 역사적 고증이 불확실하고, 그 연결도 이른바 '잔영 혹은 잔재 삼위일체'(vestigium trinitatis)로 해석될 수 없다는 점을 지적한다. 형식적으로 환인, 환웅, 단군을 성부, 성자, 성령으로 비교하지만, 과연 이것을 삼위일체 하나님의 잔영, 곧 창조주 하나님, 예수 그리스도, 성령으로 비교할 수 있겠느냐는 것이다.

토착화신학은 여전히 서구 신학의 논의 연장선상에 있지, 진정한 '한국적 신학'이 될 수 없다는 뜻이 아닐까. 특히 동양적 세계관인 '삼태극'론도 순환 원리이기 때문에 신적인 심판과 구원이라는 성서적 주제에 상응하지 않는다는 것이다. 박순경 교수는 "단군신화나 삼태극론 등과 같은 신학적 해석 작업의 결정적인 문제는 몰역사적인 신화와 상징의 차원에 머물러 있지, '지금, 여기'라는 한국과 세계의 현실을 신학적으로 성찰하지 않는다"라고 비판한다.[30]

박순경 교수의 비판은 한국 신학이라는 이름으로 전개된 신학 작업이 "대체로 한국적 현실과 유리된 채 또 한국 신학 형성과 무관하게 다루어져 왔다"는 데 있다.[31] 그녀는 민중신학이 1970년 한국의 민주화와 인권운동의 맥락에서 출발한 역사적, 사회적 성격을 가진 한국 신학으로서 큰 의의를 가진다는 것을 인정한다. 그러나 민중

---

30 박순경, "한국신학을 회고하고 미래를 전망하면서," 박순경 외, 『하나님 혁명의 열망자, 원초 박순경』(서울: 동연, 2021), 329-333. 이 점에 대한 이은선 교수의 재비판을 주목하라. 이은선, 앞의 책, 55 이하 내용.

31 앞의 책, 328.

신학자에게 잔존해 있는 반공주의가 민중 현실이 가지고 있는 계급적 의미에 대한 규명을 철저하게 하지 못하게 했고, 그래서 민중 개념도 아주 모호한 채로 머물러 있게 되었다고 비판한다. 민중 현실은 세계의 지배 세력들에 의해 야기되고 추진된 분단 체제, 지구-자본주의적 세계화와 민중의 저항인데, 민중신학은 자본주의적 세계 지배 세력을 넘어서는 역사 사회의 변혁을 필요로 하는 민중의 갈망을 도외시함으로써 민중의 역사 사회적 동력이 해소되어 버리고 통일 신학적 시야도 막혀 버리게 되었다는 것이다.[32]

그래서 박순경 교수는 하나님의 혁명의 관점에서 역사를 보면서 한반도 통일이 공산주의 하나로만도 안 되고, 자본주의로만 통일되어도 안 되는데, 두 가지 이념이 공존하든가 아니면 제3의 이념과 사상으로 민족 통합과 국토 통일이 되어야 한다는 입장을 취한 것이다.[33] 그러나 "하나님 나라는 세계의 지배자들과 권세들에 대한 의의 심판으로, 가난한 자들과 무거운 짐 진 자들에게는 위로와 새 미래에 대한 희망으로 도래하며, 세계 역사에 하나님 나라의 절대적 미래에 대한 방향에로의 변혁의 계기를 부여한다"는 박순경 교수의 주장은 민족, 민중, 여성에게 하나님의 혁명에 대한 믿음과 소망을 줄 수는 있으나 그가 말하는 "하나님 나라의 절대적 미래와 한반도 통일과 인류의 새로운 미래"가 구체적으로 어떻게 실현되는 것이 하나님 나라의

---

32 앞의 책, 334.
33 앞의 책, 108.

부분적 실현인지를 '철벽같은 분단 상황' 때문에 논의가 진전되지 못한 것이 안타깝다.[34]

2) 민족해방과 계급해방으로서의 통일

손규태 교수(1940~2019)는 황해도 장연 출신의 월남한(1953년) 피난민으로서 한국전쟁과 분단의 고통을 온몸으로 겪으면서 한반도 분단과 통일에 대한 한국의 시민사회와 교회가 직면한 문제를 진단하고, 평화신학의 형성을 위해 헌신한 기독교윤리학자였다. 그가 민족과 평화 문제에 관심을 기울인 것은 단지 실향민이기 때문만은 아니다. 그가 하이델베르크 신학대학에 제출한 박사학위 청구 논문도 민족주의 문제를 다룬 것을 보면,[35] 민족과 통일, 평화 문제에 대한 그의 관심은 오래전부터 준비된 것이었다고 볼 수 있다. 손규태 교수에게 통일과 평화는 우선순위와 선택의 문제가 아니었다. 그것은 '민족해방'과 '계급해방'을 둘러싸고 1980년대에 진행되었던 첨예한 대립에 대한 성찰에서 나온 것이었다. 그는 "민족해방(NL)을 주장한 사람들은 한국 안에 제반 모순들을 해결하기 위해서는 외세를 물리치고 민족의 자주권을 회복하는 것이 급선무라고 생각했다. 그러나 계급해방을 주장하는 이들은 사회경제적 편차들을 줄여나가는 것이 무엇보

---

34 앞의 책, 396-399.
35 손규태 교수의 박사학위 청구 논문은 "민족주의와 교회 — 일제 식민지하의 한국 개신교사에서 민족주의의 역할에 관한 연구"였다.

다도 시급하다고 생각했다"라고 하면서, 그러나 이 두 개의 해방은 양자택일의 문제가 아니라 실천적인 차원에서 동시에 추구되어야 할 것이라고 주장했다.[36]

두 개의 해방을 실현하기 위해 그는 계급이나 민중이 아니라 민족을 그 원초적 기초로 놓는다. 왜냐하면 "같은 핏줄, 같은 언어 그리고 같은 문화를 바탕으로 해서 형성된 민족이 하나의 공동체, 하나의 국가를 이루고 살아가는 것은 지극히 자연스러운 현상인데, 이런 민족공동체를 인위적으로 갈라놓고 분열시키는 것은 자연스러운 생명의 질서에 대한 침해"로서, 제국주의와 식민주의가 이런 공고한 생명체인 민족을 해체시키고 분열시키며 서로 싸우게 만들었다는 것이다. 그런데 이런 식민주의와 제국주의에 의해 가장 피해를 보고 있는 나라들 가운데 하나가 한(조선)반도이기 때문에, 이런 질곡으로부터 궁극적으로 벗어나는 운동이 곧 통일과 평화운동이고, 이 운동은 남북이 서로 화해하고 통일을 달성하는 데서 완성될 것이라는 것이다.[37]

민족의 화해와 통일을 달성하기 위한 실천 방안으로 그는 '민족의 화해와 단결을 가로막는 남북한 정부의 법적, 제도적 장치들의 제거', '무력 대결의 경감과 군축', '군사문화에 의한 흑백논리의 극복', '상대에 대한 모략과 중상과 비방 등의 제반 활동 중지' 등을 제시한다.[38]

---

36 손규태, "민족의 화해와 대단결을 위한 교회의 과제," 손규태,『한국개신교의 신학적-교회적 실존』(서울: 대한기독교서회, 2014), 372.

37 손규태,『한국개신교의 신학적-교회적 실존』(서울: 대한기독교서회, 2014), 373.

손규태 교수는 민족의 화해와 단결을 위한 종교의 역할과 활동이 남북한 정부에 의해 과소 평가된 것을 지적하면서, 오히려 종교의 역할과 기여를 적극적으로 긍정할 것을 제안한다. 그리고 그가 자신의 통일 신학의 성서적 근거로 제시하는 말씀들은 '화해의 디아코니아'의 성서적 근거와 일치한다. 그리스도인은 적대적 세계에서 화해자로 부름을 받았고(고후 5:17-19), '원수사랑'을 실천해야 하며(마 5:43-44), 통일은 새로운 인간과 사회의 출현을 지향해야 한다(엡 2:15-16)는 말씀 등이 그것이다.39

그런데 주목할 것은 그가 남북의 통일을 체제의 결합이나 두 정부의 통합만으로 이해하지 않는다는 것이다. 민족의 화해와 대단결이 없는 통일은 오히려 통일하지 않는 것만 못하기 때문이다. 그는 흡수 통일의 모델인 동서독 통일, 국민적 합의가 없는 지도자들 사이의 통일로 내전에 휩싸인 예멘의 예를 들어 "통일과 더불어 새로운 사회, 새로운 인간이 태어날 수 있는 통일"을 구상한다. 바울은 그것을 "그리스도 안에 있는 새로운 피조물"(엡 3:14-16)이라고 표현했는데, 손규태 교수는 통일과 함께 출현할 '새로운 인간'을 '자주적이고 창조적이며 자율적인 인간', '외세나 외국자본의 의존적이 아닌 민족의 자주와 이익을 위해서 일하는 사람', '왜곡된 이념이나 전통 그리고 인습에 사로잡히지 않고 민족의 미래를 위해서 헌신할 수 있는 인간'으로

---

38 앞의 책, 374-377.
39 앞의 책, 379-384.

서술한다. 그리고 통일과 함께 시작될 '새로운 사회'는 '인간의 자유가 최대한 보장되고 동시에 사회정의가 실현되는 사회', '하나님과 화해한 인간, 하나님과 화해된 사회'로서 '인간 우상숭배와 물질 숭배가 극복된 사회'라고 한다.[40]

박순경 교수와 손규태 교수의 공통점은 '민중신학'이 "과도하게 민중 문제, 즉 계급모순에 집중함으로써 민족해방이라는 차원, 즉 한민족의 자주화란 측면을 과소평가하고 있다"라고 평가하는 것이다.[41] 민중신학이 1970년대 개발독재체제 아래서의 한국 민중의 현실과 씨름하면서 민주화와 인권을 위한 투쟁 속에서 신학화 작업을 한 것을 인정하지만, 당시의 "민족 모순의 문제와 그것의 극복을 위한 지향성을 애매하게 만들었다"라는 인상을 주었다는 것이다. 박순경 교수는 민중을 민족의 일부분을 지칭하는 개념으로, 넓은 의미에서 민중도 민족에 포함되고, 민족과 민중을 언제나 함께 연결하여 말해야 한다고 주장했는데, 그 역사적 전거로 박순경 교수는 1920년대 항일 민족운동에서 민족주의 운동과 사회주의 운동이 결합된 것을 든다. 민족해방과 프롤레타리아 혁명의 과제가 결합된 이 전통이 그 후 1980년대 민족, 민중운동에서 계승되었다는 것이다.[42]

한국교회 진보 진영의 통일운동과 통일 신학의 형성 과정에서 민중과 민족 개념을 둘러싸고 논쟁이 있었던 배경은 손규태 교수가

---

40 앞의 책, 384-386.
41 손규태, 『한국개신교의 신학적-교회적 실존』, 395.
42 박순경, "민족통일과 여성신학의 과제," 120.

지적하듯이, '분단 모순, 민족 모순, 계급 모순 등이 뒤얽혀 있는 한반도'의 특수한 상황이라고 하겠다.[43]

3. 맺음말

필자는 위에서 이승만 정부부터 문재인 정부에 이르는 시기까지 남한의 역대 정부의 통일 정책을 검토했다. 정부 차원에서의 통일 정책은 때로는 주변 국제정세의 변화 혹은 남북관계나 남한의 내부적 요청에 의해 모색, 책정된 경향이 컸다. 남북 민간 차원에서의 자주적인 논의와 대화가 불가능한 상황이었기 때문에 통일 정책 수립과 추진은 전적으로 정부 차원에 맡겨질 수밖에 없었던 것이다.

그러나 분단 체제가 남한 사회의 민주화와 인권을 억압하는 기재로 악용되는 현실을 인식한 한국교회 진보 진영의 민주화운동과 평화통일운동은 점진적으로 통일 논의의 폭을 넓혔고, 특히 세계교회의 연대는 남북 교회 차원에서의 만남과 교류를 가능하게 했다. 그리고 매우 암울했던 신군부 독재 시절 한국교회의 평화통일운동은 '88선언'과 함께 새로운 출구를 열었고, '88선언'의 중심 의의인 '민중 참여의 원칙'은 그 후에 전개된 남한 정부의 통일 정책의 방향에도 영향을 끼쳤다는 것을 논증했다.

그러나 '88선언' 이전에도 한국교회 안에는 한반도 평화통일을

---

43 손규태, 『한국개신교의 신학적-교회적 실존』, 398.

둘러싼 보수 진영과 진보 진영 사이의 갈등이 있었다. 이 갈등의 배경에는 북한 사회와 북한 교회를 보는 입장의 차이는 물론, 통일 방안에 대한 차이 등 다양한 원인이 있지만, 필자는 두 진영에서 '통일'을 신학적으로 접근하면서 '통일 신학'을 전개한 대표적인 신학자들을 중심으로 그들의 입장을 살펴보았다. 한국교회 보수 진영과 진보 진영의 통일 신학은 그 출발점과 지향점이 서로 다르다.

　　분단 현실을 보는 시각과 분단 극복을 위한 대안들, 교회의 역할에 대한 기대도 서로 다를 뿐만 아니라 동북아시아 주변 정세, 특히 미국을 보는 시각에서도 차이가 있는 것이 사실이다. 국제적 차원에서 냉전체제가 해체되기 시작하고, 북한의 식량난이 심각해지면서 북한에 대한 인도적 지원을 통하여 보수와 진보 진영이 협력과 일치를 보여주었지만, 북한 교회를 보는 시각, 통일 접근 방식, 통일 후 한국 사회의 미래상 모색 등에 있어서는 여전히 평행선을 달리고 있다. 그러나 이런 시각과 입장의 차이를 극복할 수 있는 역사적 가능성을 진보와 보수, 공히 북한에 대한 인도적 지원, 곧 실천적 디아코니아를 통해 더욱 열심히 경험해야만 할 것이다.[44]

　　이념과 체제, 국경과 종교의 차이를 극복할 수 있는 유일하지는

---

44 북한의 식량난이 심각하다는 사실이 알려진 90년대 중반 한국교회는 진보와 보수를 넘어 '한국기독교 북한동포후원연합회'를 결성(1997년 2월), 대북 인도적 지원을 위해 연대했고, 조선그리스도교연맹을 기본적인 지원창구로 한다는 공감대를 이루어 냈다. 한국기독교교회협의회, 『한국교회평화통일운동자료집 1980~2000』 (서울: 한국기독교교회협의회 통일위원회, 2000), 20; 한기양, 『한반도 통일과 기독교 — 칼 바르트의 화해론을 바탕으로』 (서울: 열린출판사, 2011), 302.

않지만, 결정적인 길은 디아코니아를 통하는 길임을 한국교회 진보와 보수 집단이 함께 경험하는 것이 남북 화해만이 아니라 남남 화해를 위해서도 중요할 수밖에 없다. 한반도 통일을 위한 한국교회의 디아코니아적 접근이 반공주의에 근거한 북한선교론이나 추상적인 통일 신학론보다 현실적이고 지속 가능하다는 것을 대북 인도적 지원을 위한 한국교회의 디아코니아적 연대가 보여주었기 때문이다.

그래서 필자는 한반도 평화통일의 신학적 전거를 더욱 세밀하게 디아코니아신학을 통해 제시하고자 하며, 그것을 한국교회의 평화통일운동이 나아갈 길이라고 생각한다. 이를 위해 다음 장에서는 디아코니아의 여러 유형을 소개하고, 그 유형들의 근간을 이루는 원칙들을 상세히 제시하려고 한다.

3 장

통일을 위한
디아코니아의 유형과 원칙

I. 통일을 위한 디아코니아의 유형들

분단되고 적대시하고 있는 한 민족 두 국가의 사회가 다시 통일을 이루려고 노력하는 과정에서 이 통일 문제가 교회의 문제이자 선교적 과제라는 인식은 기독교 신학의 전공 분야에 과제를 할당하게 되었다. 그동안 통일 신학이라는 이름의 범주 안에서 구약성서에서는 이스라엘 민족이 두 국가로 분열하게 된 역사적 의미와 교훈이 연구되었고, 기독교윤리에서는 한반도의 분단과 대치적 구조가 야기하는 사회악의 문제가 논의되었고, 선교신학에서는 20세기 중반 이래로 하나님의 선교(*Missio Dei*)가 고전적 범위를 넘어 확장된 선교의 지평을 마련해 준 덕분에 더 이상 대치와 적대를 기초로 한 점령이 아니라 상생과 화해의 토대 위에 일치를 지향하는 민족통일을 말하게 되었다.

이제 우리는 모든 신학 전공 분야를 아우르면서도 신학 외의 일반학, 즉 사회학, 의학, 사회복지학, 법학, 경영학, 교육학 등과 긴밀한 공조 속에 발전하고 있는 디아코니아학에서 민족통일을 위한 신학적 원리와 방법을 구해야 할 시점에 다다랐다. 벤틀란트는 1950년대 초에 실천신학에 대한 방대한 교과서를 집필하던 친구에게 편지 한 통을 써서 디아코니아 항목이 왜 그 책에 결여되어 있는지를 따져 물었다.[1] 1965년에 "디아코니아의 조직신학적 자리매김을 목적으로

---

1 폴커 헤르만·마틴 호르스트만 편/이범성 역, 『디아코니아학』 (서울: 대한기독교서회,

저술"[2]한 필립퍼의 "교회공동체의 디아코니적 기초"[3] 또한 기독교 신학에 디아코니아학의 합당한 위치를 확보하려는 노력이었다. 그러나 바흐에게 와서는 디아코니아가 더는 이론 신학과 실천신학에서 하나의 영역을 차지해야 한다는 염원을 피력하는 차원에 머물지 않고 디아코니아가 모든 분야에서 고려되어야 한다는 당위성이 언급되었고, 슈트롬에게서는 "디아코니아학이 관련 분야인 의학, 심리학, 심리치료학, 사회정치학 등의 학문과 학제 간 논쟁에서 고립되어서는 안 된다"라고 말한다.[4]

디아코니아학이 한반도 통일의 문제에 공헌할 수 있는 특징은 디아코니아가 모든 기독교신학의 제 분야에 근간이 되는 이론을 공유 내지는 주관하고 있기 때문인데, 그것은 디아코노스, 즉 섬기는 자로서의 그리스도론과 그것을 계획하시고 운영하시는 하나님(신)론 그리고 예수께서 하신 말씀인 디아코니아 복음을 이해시키시고 진행하시는 성령론이 바로 디아코니아학이고, 그것을 예전 중에 선포와 성례의 내용으로써 제공하는 것이 디아코니아학이고, 기독교윤리학에 "예배 후의 예배"(이온 브리아)라는 통찰의 근간을 제공하는 것이 디아코니아학이며, 통일을 위한 교육에까지 해당되는 상호 섬김이라

2016), 305.

2 앞의 책, 282.

3 앞의 책, 321-339. 이 책에서 특히 디아코니아적 그리스도론과 교회론이 두드러진다.

4 울리히 바흐/이범성 역 『인간 이상이기를 원하는 꿈을 포기하기』(서울: BOOKK, 2022), 97.

는 기독교교육학의 지향점을 제공하는 것이 디아코니아학이며, 결국은 친교 공동체를 지향하는 모든 공동체에 화해된 민족 공동체를 이해시키고 안내해 줄 교회론을 제공하는 것이 디아코니아학이기 때문이다.

기독교적 사랑의 행위라는 넓은 의미로서의 디아코니아는 기독교 역사와 함께 다양한 형태로 발전해 왔다.[5] 그래서 디아코니아를 유형화한다는 것은 쉬운 일이 아니다. 그러나 한반도 통일운동에 이바지할 목적으로 디아코니아의 유형을 구분해 본다면, 초대교회부터 오늘날에 이르기까지 발전된 디아코니아는 '교회적 디아코니아', '사회적 디아코니아', '주변인 중심적 디아코니아', '보편 사제적 디아코니아', '에큐메니칼적 디아코니아', '경세적 삼위일체의 디아코니아'로 열거할 수 있다.

1. 교회적 디아코니아

디아코니아는 먼저 교회의 디아코니아이다. 예수께서 교회의 질서로서 구성원들 사이의 서로 섬기는 관계를 기본질서로 제시하셨기 때문이다. 자신이 모범을 보이신 교회의 질서는 교회를 하나님 나라의 특징으로 알려주었다. 특히 이 질서를 선포할 책임으로 주어진 천국 열쇠는 마태복음 25장 마지막 날의 비유에서 볼 때, 영생 혹은 구원을 얻는 일에 필요한 시금석으로서 소자에게 행하는 디아코니아를 필요

---

5 폴커 헤르만·마틴 호르스트만 엮음/이범성 역, 『디아코니아학』, 151-187.

로 한다. 디아코니아의 교회성을 강조한 필립피는 개신교 교파 교회들이 동의하는 '교회의 표지'로서 언급한 '설교와 성례'가 바로 디아코니아의 언어적 그리고 상징적 표현이라는 점을 강조한다. 그러나 디아코니아가 교회적이라는 말은 디아코니아가 교회 영역 안에만 머물러야 한다거나 교회의 지휘권 아래에서 관할되어야 한다는 말은 아니다. 필립피의 교회성 강조에 이의를 제기한 바흐는 비셔른이 디아코니아를 세 영역으로 나누었던 점6을 상기시키면서 교회적, 국가적 디아코니아가 감당하지 못하는 영역을 위해 사적 디아코니아가 있음을 강조하면서 자유 협회로서의 디아코니아 활동이 하나님 나라의 선교 무대인 세상에서 무엇보다 효과적인 선교 수행 영역이라는 것을 주장한다. 교회의 디아코니아가 구체적으로 나타난 역사적 활동을 다음과 같이 살펴볼 수 있다.

1) 교회 정체성으로서의 디아코니아

교회 안에서의 디아코니아의 첫 번째 사례를 우리는 예루살렘 초대교회가 대형화되면서 필요에 따라서 집사 제도를 채택하게 된 것을 들 수 있을 것이다. 예수 그리스도의 사도가 된 제자 중 베드로의 설교로 3천 명, 4천 명이 회개하고 세례를 받고 그리스도를 따르는 제자들이 된 기록이 두 번이나 있는 것을 보면, 빠른 시간에 예루살렘

---

6 울리히 바흐/이범성 역, 『인간 이상이기를 원하는 꿈을 포기하기』, 92.

교회는 대형교회가 된 것이다. 그렇기 때문에 사도들이 영적 차원의 목회 영역인 설교와 기도에 힘쓰기가 쉽지 않았고 과부들에게 일용할 급식을 섬기는 구제 사업을 돕는 일꾼들이 필요했기 때문에 사도행전 6장에서는 성령이 충만하고 지혜가 충만한 일곱 사람을 선출했다고 한다. 이 본문에는 집사라는 호칭이 거론되지 않고 있지만, 교회 역사 속에서 대부분의 신학자들이 인정하는 것과 같이 집사(Diakons)를 선출한 것으로 보인다. 여성으로는 겐그리아의 뵈뵈와 빌립보교회의 루디아가 집사로 인정되고 있으나 이들의 공식적인 집사 임명 과정은 남성 중심적 가치관이 지배하던 시대에 기록될 수 없었을 것으로 추정한다.

그 후 교회 안에서의 디아코니아는 4세기에 로마의 콘스탄티누스 황제와 리키니우스 황제가 313년에 공동으로 발표한 밀라노 칙령을 통해 기독교를 합법적 종교라고 공인한(313년) 것에 이어, 테오도시우스 황제가 380년 데살로니카 칙령을 통해 기독교를 국가종교로 공인함으로써 커다란 변화를 겪었다. 그전까지는 성도들의 자발적인 헌금으로 교회 운영이 이루어졌다. 교회의 재정 상태는 전적으로 신자들의 자발적인 헌금에 의지하고 있었던 것이다. 이 당시 교회는 제도적으로 감독들이 평신도들에게 헌금을 강요하는 것을 금하고 있었다. 목회자의 생활비, 교회 건물의 유지비 그리고 가난한 자들, 병든 자들을 위한 구제 사업 등 교회에 들어가는 모든 비용이 전적으로 신자들의 자발적인 헌금에 의지해 있었던 것이다.7 그러나 콘스탄티누스 황제가 기독교를 공인한 후, 황제는 교회의 선교와 목회 활동을 보장해 주는 것을 자신의 의무로 생각했으며, 교회에 자선을 위한 기부금을 주었고, 자신의 경비로 예배당을 건축하기도 하였다.[8] 이때부터 교회는 합법적인 법인 자격을 부여받았다. 이후 국가가 사회복지를 책임지는 의무를 가지고 관여하게 되었으며, 제도적으로 봉사와 복지가 체계화되기 시작한 것이다. 326년 콘스탄티누스 황제는 부자는 세속적인 의무를 담당하여야 하며, 가난한 자는 교회의 부에 의하여 지원을 받아야 한다는 원칙을 발표하기도 하였다.[9] 그리고 이 시대의 사회봉사는 신자와 비신자를 포함하는 모든 결핍된 자를 대상으로 하며 봉사의 내용도 이전보다 더 다양하게 전개되었다.[10]

2) 교회로부터 사회로 나가는 디아코니아

교회적 디아코니아가 빈민들을 구제하기 위해 조직적으로 실천한 디아코니아는 16세기 독일의 종교개혁자 마틴 루터를 통해 이루어진 빈민들을 구제하기 위한 '구제함법'의 제정을 통한 구빈 사업이었다. 중세교회가 교구 내의 모든 걸인을 구제하는 것을 의무로 알고 실천해 오는 동안 날마다 수차례씩 걸인들에게 일용품을 나누어 주는 일은

---

7 이은혜, "고대 교부들의 사회복지사상," 김영동 편, 『21세기 교회와 사회봉사』 (장로회신학대학교 제5, 6회 소망신학포럼, 2권), 24.

8 레오 도널드 데이비스/이기영 역, 『초기 그리스도교 에큐메니컬 7대 공의회: 그 역사와 신학』 (서울: 대한기독교서회, 2018), 46.

9 김한옥, 『기독교 사회봉사의 역사와 신학』 (서울: 실천신학연구소, 2004), 242-243.

10 앞의 책, 266.

전체 교구민들의 일과처럼 되어 있었다. 처음 이 제도는 경제적인 능력이 없는 자들을 보호하기 위한 좋은 의도에서 시작되었지만, 차츰 시간이 지나면서 보호를 받는 자들이 주님과 같은 존재로 인식되었고, 돕는 자는 주님을 도울 수 있는 기회를 얻었다고 생각했다. 그러나 많은 사람이 땀 흘려 일하여 다른 사람들을 돕는 것보다 놀고먹으면서 사람들에게 주님처럼 대접받는 길을 택했는데, 이러한 사회적 병폐를 개혁하고자 루터는 다양한 구제법을 제정하였고, 여러 도시가 이를 받아들여 시행하였던 것이다.11

　교회적 디아코니가 일종의 사회선교적 프로그램 형태로 전국적인 조직으로 확대되기 시작한 것은 19세기 독일 개신교 디아코니아와 사회선교의 선구자이자 아버지라고 불린 요한 힌리히 비셔른(Johann Hinrich Wichern)과 함께였다. 제1회 개신교대회(Kirchentag)가 1848년 9월에 비텐베르그 성(城) 교회에서 개최되었을 때 비셔른이 '내적 선교'(Innere Mission)에 대하여 유명한 연설을 하고 나서 감동을 받은 참가자들이 동조하여 전국 조직으로 만든 '내적선교중앙위원회'(Zentral Ausschuss der Inneren Mission)와 조직의 운영이라 할 수 있다. 그 이후 오랜 세월 동안 이 조직이 전국 교회의 네트워크로 이루어져 체계적인 사회적 도움이 필요한 사람들에 대한 조사와 현황 파악을 통해 디아코

---

11 앞의 책, 309. 루터가 만들어 시행한 '구제함법'으로는 부겐하겐(Bugenhagen)법, 1522
　년의 비텐베르그 헌금규정법(Wittenberger Beutelordnung), 1532년 라이니그 구제
　함법(Leinnig Kasten Ordnung), 알텐부르그(Altenburger), 뉘른베르거 구제함법
　(Nürnberger Kastenordnung) 등이 있다.

니아가 사회선교적 프로그램으로 시행될 수 있었던 것이다.[12]

김옥순에 의하면 '사회 속의 교회'의 디아코니아에 대한 신학적 성찰은 독일의 경우, 1960년대 이후에 본격적으로 전개되었는데, 하인츠 디트리히 벤틀란트(H. D. Wendland, 1900~1992)가 대표적인 인물이라고 보았다. 벤틀란트는 '디아코니아 활동에 대한 근본 문제들을 관통하는 총체적인 신학적 사고가 부재한 상황'을 안타깝게 생각하면서, '그리스도론'을 기초로 디아코니아신학을 정립하려고 했기 때문이다.[13] 그리스도를 '봉사자로서의 그리스도'(*Christos Diakonos*)와 '종으로서의 그리스도'(*Christos Doulos*)로 이해하면서 디아코니아신학의 출발점으로 '섬기는 그리스도'를 제시한 것이다.[14] 그러나 그는 그리스도론을 우주적 그리스도론으로 확대하여 섬김을 단지 교회공동체 안의 활동이 아니라 세속화된 사회 속에서 신앙인의 '사회적 디아코니아'로 제시하였다.[15]

---

12 J. H. Wichern, "Die Innere Mission der deutschen evangelischen Kirche. Eine Denkschrift an die deutsche Nation(1849)," Peter Meinhold(Hg.), *Sämtliche Werke Bd. I.* (Berlin, Hamburg: Lutherisches Verlagshaus, 1968); Seung-Youl Lee, "Die Grundgedanken der Diakonie bei Johann Hinrich Wichern und sein Gutachten über die Diakonie und den Diakonat" (Heidelberg: Diplomarbeit am Diakoniewissenschaftlichen Institut, Winter- semester, 1993/94).

13 김옥순, 『디아코니아신학: 섬김과 봉사 — 교회의 디아코니아 활동을 위한 신학적 성찰』 (서울: 한들출판사, 2011), 342. 벤틀란트의 디아코니아신학에 대한 별도의 논문은 김옥순의 『디아코니아신학』, 355-386.

14 폴커 헤르만·마틴 호르스트만 엮음/이범성 역, 『디아코니아학 — 디아코니아로 가는 성서적, 역사적 그리고 신학적 통로』 (서울: 대한기독교서회, 2016), 305-320.

15 김옥순, 『디아코니아신학: 섬김과 봉사 — 교회의 디아코니아 활동을 위한 신학적 성찰』,

그러나 디아코니아의 신학적 출발점을 '그리스도론'으로 삼았음에도 불구하고 디아코니아를 교회공동체적 돌봄으로 이해한 신학자는 파울 필립피(Paul Philippi, 1923~)였다. 그는 1975년에 『그리스도 중심적 디아코니아』[16]를 다시 출간했는데, 여기서 예수 그리스도의 '성육신'과 '세례 받으심', '십자가 사건과 부활'에 대한 그리스도론적 인식을 디아코니아신학의 근거로 삼았다. 특별히 그는 성만찬에 기초해 있는 형제자매 사랑을 공동체 안에서 실천하는 것을 강조하는데,[17] 이 점이 사회적 디아코니아를 주장한 벤틀란트와 다른 점이다. 그는 교회 밖을 향한 활동인 선교나 사회윤리를 디아코니아로 파악하지 않는다. 디아코니아는 "먼저 일차적으로 교회 공동체적 돌봄의 활동을 확고히 하면서 사회적인 디아코니아를 지향해야 한다"라고 주장했다.[18]

2. 사회적 디아코니아

교회 안팎으로 유효한 사랑은 '구원하는 사랑'(die rettende Liebe)이다. 그 사랑은 교회 공동체 안에 국한되지 않고 '원수를 사랑'하는

344.

16 P. Philippi, *Christozentrische Diakonie. Ein theologischer Entwurf*, Evang (Stuttgart: Verlagswerk, 1975).

17 폴커 헤르만·마틴 호르스트만 엮음/이범성 역, 『디아코니아학 — 디아코니아로 가는 성서적, 역사적 그리고 신학적 통로』, 321-339.

18 김옥순, 『디아코니아신학: 섬김과 봉사 — 교회의 디아코니아 활동을 위한 신학적 성찰』, 346-347.

사랑이다. 그리고 이웃을 자신의 몸과 같이 하는 사랑이다. 또 주기도 하지만 받기도 해야 하는 사랑이다. 주님이 친히 주신 새 계명은 서로 사랑하라는 말씀이기 때문이다. 특히 곤경에 빠진 이웃을 사랑해야 한다. 누가복음 10장의 '선한 사마리아인의 비유'를 보면 율법학자가 영생을 얻는 방법에 대해 묻고 나서 내가 사랑해야 할 이웃이 누구냐고 다시 물었을 때 예수께서는 사랑받을 대상으로서의 이웃이 아니라 사랑을 베푼 사람으로서 이웃이라는 개념을 다시 정리하신다. 통일 디아코니아를 실천하는 데에 있어서 부자라고 해서 남한 교회의 역할이 일방적으로 돕는 역할인 것은 아니다.[19] 남한의 교회는 나눔으로써 주는 역할을 하지만, 동시에 교회의 건강을 얻는다. 약한 지체가 보호받고, 공동체를 구성하는 데 있어서 각자의 역할이 인정을 받는 교회다운 교회가 될 수 있기 때문이다.

교회의 통일운동은 분열하는 한국교회에 교회 일치를 위한 선한 영향력을 끼칠 것이다. 교회의 통일운동은 나아가 민족사회뿐만 아니라 세계의 평화에도 기여할 것이다. 이를 위해 벤틀란트는 우주적 하나님의 디아코니아를 주창한다. 아브라함의 역할처럼 모든 민족이 복을 받아야 할 것이기 때문이다.[20] 한반도 평화통일을 위한 한국기독교회의 88선언은 그 선교적 의미와 가치가 한반도 분단의 원인 제공 국가들 교회의 지지와 에큐메니칼 연대 안에 있는 국가들의 모든

---

19 울리히 바흐/이범성 역, 『인간 이상이기를 원하는 꿈을 포기하기』, 116.
20 앞의 책, 111.

교회로부터 협력이 되어서 당사자 국가의 교회들만의 외로운 투쟁이 아닌 것이 바로 디아코니아 선교의 모습이다. 사마리아 사람이 강도 만나 거의 죽게 된 사람을 돕는 일에 여관 주인을 관여시켰듯이 심리적 착취 내지는 돕는 자 증후군(Helper Syndrome)에 빠지지 않고, 다른 국가들을 참여시키는 역량 강화와 더불어 자민족의 사안에 대한 객관성을 확보할 수 있게 된 것이다. 사회적 디아코니아는 일상에서의 디아코니아 실천이다.

1) 사회선교로서의 디아코니아

디아코니아의 사회적 유형은 디아코니아를 사회선교 활동으로 이해하고 실천한 비셔른과 함께 시작되었는데, 구체적으로는 '감옥 개혁 프로젝트'였다. 프로이센의 왕 프리드리히 빌헬름 4세의 특별한 도움을 받아 비셔른은 1851년부터 전체적인 교도소 개혁을 실행할 수가 있었다. 1856년 7월 5일의 최고 각료회의의 결정에 따라서 라우에하우스의 형제들에게 전체 간수직 사역이 위탁되었다. 1856년 가을에 모아비트에서의 사역을 위탁받은 형제들은 이미 9년 전부터 프로이센의 여러 교도소에 고용되어 있었으며, 기초적인 직업교육을 받았다. 비셔른은 이른바 국가연금자로 불리는 프로이센 지역의 교도소 근무직에 훗날에 들어가려는 형제들을 위하여 국가에 의하여 재정을 지원받는 자리의 계속적인 증가를 위해 노력했다. 1858년에 베를린에 설립된 요한네스 재단과 함께 하나의 계속직업교육시설이라우에하우스 외에 존재했다. 그러나 독방에서의 문제 때문에 비셔른은 많은 반대자와 논쟁을 해야만 했다. 왜냐하면 1857년부터 1860년까지 모아비트에서는 902명의 죄수 가운데 한 명꼴로 자살을 하거나 미치는 경우가 생겼기 때문이다. 또한 정부의 재정적인 뒷받침에만 전적으로 의존했기 때문에 비셔른의 교도소 개혁은 유감스럽게 곧 중단되었다.[21]

그런데 20세기에 들어와 비셔른에게서 통합되어 있었던 봉사적 활동과 사회적 행동이 스퇴커(Stoeker, 1835~1909)와 나우만(Naumann, 1860~1919)에게서 분리되었다. 이들은 소외되고 버림받은 대중들을 위해 노력했으나 정치에 눈을 돌려 보수적인 교회들로부터는 불신을 받았다. 개별적 인간의 구체적인 문제와 비참함에 관심을 쏟기보다는 국민 전체의 문제와 정치적 관계의 새로운 형성에 관심을 가졌기 때문이었다. 당시 가장 큰 개신교회인 프러시아의 개신교 연합교회는 보수적이었고 국가편에 서 있었으며 이 지역에서 내적 선교(Innere Mission)는 자선사업 기구로 굳어졌다. 그 예가 보델슈빙(Bodelsch-wingh) 목사 부자였다. 아버지 보델슈빙(Friedrich von Bodelschwingh, 1831~1910)은 하나님 나라를 기독교 국가로서 이해하는 것이 아니라 예수 그리스도의 미래적 나타나심을 기다리기 위하여 그리고 이 미래

---

21 Seung-Youl Lee, *Die Grundgedanken der Diakonie bei Johann Hinrich Wichern und sein Gutachten über die Diakonie und den Diakona* (Heidelberg: Diplomarbeit am Diakoniewissenschaftlichen Institut, Wintersemester 1993/94), 38-42.

를 그들의 증거와 행함을 통해 섬기기 위하여 지금 현재 십자가 공동체와 순례자 공동체로서 연결되어 있는 공동체로 이해했다. 그래서 그는 기독교적인 국가 건설의 이념을 거부했고, 스퇴커와 갈등을 겪게 되었다. 훗날 그는 1903년에 프로이센의 주 의회 의원으로 선출되어 여러 가지 법률을 제정했는데, 지적장애인들을 위한 동네의 건설, 예방적 구호 활동, 주택조합 등을 위해서 노력하여 간질병 환자들을 위한 사역의 개척자가 되었다.

스퇴커는 너무 정치적이어서 루터교 보수파의 정교분리를 받아들일 수가 없었고, 그래서 그는 자리를 박탈당했다. 그는 신앙고백 없이 만들어진 국가를 보수적이며 군주국의 기초 위에 기독교적인 국가의 이상에 따른 선택자들 사이에 기독교적인 운동의 도움으로 새롭게 건설하고 국가의 도움을 가진 참된 사회적 새 질서에 대한 저항을 극복하려고 했다. 결과적으로 스퇴커는 자유주의의 저항과 비스마르크의 반대와 빌헬름 2세의 분열된 사회 정책 때문에 실패하게 되었다.

또 다른 인물 나우만은 개신교 사회주의 의회를 지도적으로 이끌었는데, 그는 사회민주주의가 독일 개신교회의 최초의 커다란 이단이라는 것을 깨달았다. 그래서 사회민주주의는 다만 통과역이고 종착역은 기독교적 사회국가라고 주장했다. 정치가로 변신한 나우만 목사는 1907년에 제국의회의 좌파 자유주의 의원이 되었는데, 그의 목표는 '사회국가'(soziale Staat)였다. '사회국가'는 모든 사회복지 과제를 국가가 스스로 떠맡는 것인데, 현재의 독일이 바로 이런 사회국가 형태를 가지고 있다고 하겠다.

2) 국가적 차원의 디아코니아

디아코니아의 사회적 유형이 국가기관에 귀속된 것은 독일의 바이마르 공화국 시대(1918~1933)였다. 바이마르 공화국은 사회적 봉사활동의 과제를 국가로 귀속시키는 법안을 제정했다. 사회복지부가 정부의 부처로 설치되었고, 새로운 국가는 스스로 사회국가와 복지국가로서 이해되었고, 사회복지부 장관이 생겨났다. 민간사회복지단체동맹이 국가와 함께 활동하였다. 국가적인 사회복지와 자유로운 사회복지 사이의 협력이 이루어진 것이다. 바이마르 공화국부터 현재에 이르기까지 독일 개신교회의 디아코니아는 일종의 교회와 국가가 연합하여 이루어 가고 있는 일종의 사회적 기업과도 같은 것이라고 성격을 규정할 수 있다. 그렇기 때문에 국가-정치적 차원의 정책의 변화에 따라서 복지 정책의 변화와 적용에 큰 영향을 받는다고 할 수 있다. 물론 국가의 지원에만 의존하는 것이 아니라 자체적인 교회 세금의 지원과 일반 성도들과 국민의 자발적인 재정 후원에 크게 의존하고 있다.[22]

제2차 세계대전이 끝난 후 독일은 분단되었고, 교회도 분단되었다. 그러나 독일 교회는 분단 체제 안에서도 교회의 일치를 유지하기 위해 노력했는데, 무신론적 사회주의 체제 안에서 소수집단이 된

---

22 이상 열 개의 공적 교회의 디아코니아 활동 원칙에 대해서는 이승열 교수의 2022년 1학기 "사회적 목회와 디아코니아" 강의 노트 참조.

동독 교회를 돕기 위해 서독 교회는 40여 년 동안 지역 교회 간 자매결연, 정기적인 상호 방문, 재정 지원 등의 디아코니아 활동을 전개해 왔다.[23] 주도홍 교수는 독일 통일 과정에서 독일 교회가 어떤 역할을 했는지에 대해서도 관심을 가지고 연구했는데, 특히 독일 통일을 전후하여 독일 교회의 '디아코니아'가 구체적으로 어떤 일을 했는지를 연구한 그의 논문들은 향후 한반도 통일에 디아코니아적 입장에서 기여할 수 있는 일이 무엇인지에 대한 상상력과 실제적 대안을 제시한다. 주도홍 교수는 분단 후 동독 교회가 '사회주의'와의 대화를 시작했고, '사회주의 안에서 있는 교회'의 존재와 의미를 규정하기 위해 노력했다는 것을 제시했는데, 신앙의 자유가 억압받고, '교회세'를 폐지하여 교회의 재정을 어렵게 만들고,[24] 그리스도인의 사회생활에 불이익을 주는 상황에서도 동독 교회가 자신의 정체성과 희망을 잃지 않도록 서독 교회는 "크나큰 인내와 관용 그리고 사랑이 전제되는 변함없는 활동을 추진했다"고 한다. 두 개의 국가, 체제가 완전히 다른 국가들 안에 있지만, 두 교회는 '특별한 유대 관계'를 유지했고, 서독 교회는 엄청난 재정적 지원을 했다는 것이다.[25]

서독 교회가 동독 교회에 해마다 지원한 금액은 평균적으로 한화

---

23 1992년 서독 교회가 동독 교회에 제공한 재정 지원은 5억 6천만 마르크였는데, 그 가운데 4억 8천만 마르크는 교회 교역자와 봉사사업의 실무자들을 위해서, 4천만 마르크는 건물과 내부의 설비를 위해 쓰였고, 기타 여러 가지 사업을 위해 기금이 제공되었다고 한다. 테오도르 쇼버, "독일교회의 사회봉사," 240.

24 주도홍, 『통일로 향하는 교회의 길』 (서울: CLC, 2015), 78.

25 앞의 책, 73.

로 약 300억 원에서 400억 원에 달했다고 한다.[26] 서독 교회의 재정
지원은 두 가지 형태로 전개되었는데, 동독 교회를 돕는 A형과 정치범
등의 석방을 위한 B형으로, A형을 위해서는 반액에 해당하는 재정
지원을, B형을 위해서는 전액을 서독 정부가 담당했다고 한다.[27]
서독 교회는 단지 재정적 지원을 한 것만이 아니다. 도움을 받는 동독
교회의 자존심을 지켜주었고, 단 한 번도 도와준 돈의 사용처를 확인
하지 않았다는 것이 더 놀라운 일이었다.[28] 재정 지원을 하면서 조건
을 내세우고 사용처를 모니터링하여 도움을 받는 이들의 자존심에
상처를 주는 태도와는 확연히 구별되는 것이 아닐 수 없다.

특히 동독에서 반체제 인사로 구금된 정치범들의 석방과 가족의
서독 이주를 돕기 위해 동독에 돈을 지불하고 거래하는 '프라이카우
프'(Freikauf)를 통해 1962년부터 1988년까지 동독에서 서독으로
이주한 정치범은 3만 3천여 명과 그 가족 25만여 명이었다. 비밀리에
진행된 이 일을 위해 서독은 약 1조 8천억 원 상당의 금품을 동독에
지불했다고 하는데, 동서독 정부는 이 일을 서독 교회에 맡겼다고

---

26 서독은 매년 평균 32억 달러 규모의 대대적인 경제지원을 제공했을 뿐만 아니라 매년
　수백만 명의 왕래와 접촉, 교류와 협력을 실현하였다. 임동원,『피스메이커: 남북관계와
　북핵문제 25년』(서울: 창비, 2015), 585.
27 이른바 '프라이카우프'(Freikauf)라 하여 1964년부터 25년간 몸값(총 35억 마르크)을
　지불하고, 33,755명의 반체제 인사를 석방케 하여 서독으로 오게 했다. 이것은 1인당
　약 10만 마르크를 지불한 셈이며, 이는 당시 서독 1인당 국민소득의 5배를 상회하는
　큰 금액이었다. 앞의 책, 585.
28 주도홍,『통일로 향하는 교회의 길』79.

한다.29 이런 상호 신뢰와 교류는 폐쇄적인 동독 사회 안에서 교회가 서방 세계에 대한 창구가 되게 하였고, 마침내 동서독 교회는 1970년 대부터 평화적 반전·반핵 운동과 1989년 독일의 정치적 통일 과정에서 결정적인 역할을 할 수 있었던 것이다.30

그런데 주목할 것은 서독 교회가 엄청난 규모의 재정 지원을 동독 교회에 하면서도 결코 '시혜자 신드롬'에 빠지지 않았다는 것이다. 오랜 세월 동안 동서독 교회가 하나의 교회 의식을 간직할 수 있었던 것은 "주는 자의 오만함도 피하고 받는 자의 비굴함도 스며들지 않게 상호 간의 체면을 살려주는 지원을 하였기 때문이었고," 서독 교회가 동독 교회에 보낸 "재정 지원이 용도에 맞게 사용되었는지 단 한 번도 보고서를 내라는 등 확인 절차를 밟지 않았다"는 데 있었다는 것이 다.31 대북 인도적 식량 지원이 북한의 군인들에게도 배포된 것을 문제 삼은 남한의 보수적 단체들의 태도는 실로 시혜자 의식에서 벗어나지 못한 소시민적 태도가 아닐 수 없다.

독일 통일 과정에서 교회의 오랜 디아코니아신학과 전통이 결정 적으로 중요한 역할을 했다면, 한국교회의 디아코니아도 한반도의 통일 과정에서 중요한 역할을 할 수 있지 않을까?

---

29 최현범, "독일이야기 — 통일을 위한 교회의 역할(2)," 「한국기독신문」 2022. 03. 18.
30 안교성 편, 『독일 통일 경험과 한반도 통일 전망: 신학적 성찰과 과제』 (서울: 나눔사, 2016), 49-93. 이 논문은 1945년 동서독의 분단 이후 서독과 동독 교회가 비록 국가는 분단되었지만, 하나의 교회를 지키기 위해 어떤 노력을 해왔는지를 자세히 설명하고 있다.
31 앞의 책, 68.

물론 독일 통일 과정에서 미하일 고르바초프(Mikhail Gorbachev, 1931~2022)의 개혁개방 정책이 결정적인 기회를 제공한 것이 사실이지만, 분단 체제 안에서 동독 교회가 교회의 본질 가운데 하나인 '예언자적 선포'를 한 것과 서독 교회가 '디아코니아적 파트너십'으로 사회통합을 해 온 것은 결코 과소평가될 수 없다.[32] 동독 사회가 급변할 때, 동독 사회에서 교회만이 동독의 모든 정치세력으로부터 신뢰를 받을 수 있었던 것은 교회가 다양한 사고와 의사소통, 논쟁 문화, 영적이고 비폭력적인 논쟁 방법 등의 사회적 가치를 인정하고 있었고, 일종의 정치적 대안 집단으로서 평화운동, 시민권리 운동, 환경운동 등 동독 사회에서 예언자적 선포를 해 왔기 때문이었다.[33]

3. 주변인 중심적 디아코니아

디아코니아 예수의 관심은 가난한 사람에게 우선성을 띠고 있다. 그리스도를 따르는 그리스도인의 관심 또한 가난한 곳에 머무르는 것이 맞는 일이다. 교회가 우선적으로 머물러야 할 곳은 예루살렘이 아니라 갈릴리고 베들레헴이다. 이런 맥락에서 북한은 오늘 우리에게 있어 베들레헴의 다른 이름이라 해도 과하지 않다.

---

[32] 이범성, "통일, 하나님나라 운동," 박영신 외, 『통일-사회통합-하나님나라』 (서울: 대한기독교서회, 2010), 67.
[33] 앞의 책, 80-81.

1) 주변인을 위한 디아코니아

북한이 살기 좋은 나라가 아니기 때문에 통일운동은 더욱더 의미가 있다. 만일 북한이 살기 좋은 나라라서 인권이 보호되고 왕래도 자유롭다면 굳이 민족통일을 민족적 사명이라고 염원하지 않아도 될 일이다. 한편 북한이 가난하다고 해도 우리는 그곳에서 여전히 하나님의 인도와 역사를 찾아볼 수 있다. 이천 년 전 당시 식민지 이스라엘의 현실은 구주의 탄생을 고대하게 만들지 않았는가. 북한과의 교제를 통해 남한은 온전한 민족 공동체, 평화와 상생의 공동체를 염원할 수 있다. 주님이 인간의 도움이 필요한 생애를 사셨듯이 남한의 교회도 북한 교회의 기도와 교제를 필요로 한다.34

세상에 오신 하나님의 표시는 헤롯의 권세 아니라 베들레헴의 무력함이다. 외세에 의해 분단된 한반도 그리고 정치-경제적으로 소외된 작은 사람들에게는 이렇게 오신 작은 하나님이 필요한 법이다.35 이 스스로 낮아지신 하나님을 알아차리지 못하고, 인간의 지식에 맞추어 높은 하나님만 상대하려 하고, 인간의 제약을 그대로 입고 오신 온전한 인간 예수를 전능한 슈퍼스타로 위조하여 부르주아의 평균적 기대에 부응하려 하는 태도를 남한 교회는 고쳐야 한다. 성경의 하나님은 부르주아의 일반성보다는 장애인의 상황에 가깝다는

---

34 울리히 바흐/이범성 역, 『인간 이상이기를 원하는 꿈을 포기하기』(서울: BOOKK, 2022), 32.

35 앞의 책, 36.

바흐의 말이 호소력이 크다.[36] 누구도 자기가 태어날 국가를 선택하지 않았다.

하나님의 주권을 믿음으로 고백하는 우리는, 각자의 처지를 하나님이 이 사람과 저 사람에게 계획하고 맡기신 할당이라는 점을 알고 합력하여 선을 이루는 일에 힘써야 할 것이다.[37] 자칫 "사회적 인종차별"에 빠지지 말자.[38] 행여 유물론자도 진화론자도 아니면서 자연도태설에 굴복한 생물학적 질서를 북한 주민에게 적용하지 말자. 그들도 살고 우리도 살아야 한다. 그들이 살아야 우리도 사는 것이다. "잔인한 경험은 하나님의 부재에 대한 신호가 아니라 (어떤 모양의 삶을 살아가라고) 하나님으로부터 매우 직접적으로 요구되는 것입니다. 어디에 도대체 이러한 용기를 가진 종교, 철학, 세계관이 또 있겠는가!"[39] 이제 주변인을 중심으로 삼아야 하는 디아코니아의 역사를 조금 더 열거해 본다.

앞에서 살펴본 것처럼, 독일 교회의 디아코니아는 오랜 역사를 가지고 있는데, 그 뿌리는 16세기 마틴 루터의 종교개혁운동에 두고 있으며, 그 영향으로 17세기 경건주의(Pietismus) 운동으로 이어졌다. 믿음은 사랑을 통해 실현되어야 한다고 주장하면서 경건주의 운동을 일으킨 슈페너(Spener, 1635~1705)는 부분적으로 사회적 개혁에 대

---

36 앞의 책, 36.
37 앞의 책, 37.
38 앞의 책, 38.
39 앞의 책, 43.

한 제안과 실천을 했다. 그의 영향을 받은 프랑케(Francke, 1663~1727)는 교회의 봉사활동이 기존의 상처를 치료하는 데만 매달리는 것이 아니라 예방적인 작용을 할 수 있는 것이 되도록 했다.[40] 그러나 프랑케의 디아코니아신학은 대중적 운동이 되지는 못했다.[41] 디아코니아가 대중적이고 정치적 의미를 가지게 된 것은 그 후 뷔르템베르크의 블룸하르트(Blumhardt) 부자, 특히 아들 크리스토프 블룸하르트(1842~1919)에 의해서였다. 그는 당시 자연과학과 사회주의 운동에 긍정적이고 열린 자세를 보였는데,[42] 심지어 예수는 프롤레타리아트라고 주장하면서 노동자를 위한 정당 정치 활동을 했다.

주목해야 할 것은 19세기 독일의 디아코니아가 1848년 공산당선언 발표 이후 사회주의와 공산주의 운동이 강력해지고 프롤레타리아 노동자들이 대거 교회를 이탈해 갈 때도, 경건주의라는 밑거름 위에서 성장했다는 사실이다.[43] 흔히 경건주의를 개인적인 종교 행위나 내면적이고 도덕적인 신앙으로 이해하지만, '경건에 근거하지 않은 사회 갱신'은 급진적일 수 없고 '사회적 참여 없는 경건'은 복음적이지 않다

---

40 라인하르트 투레/이삼열 엮음, 『사회봉사의 신학과 실천』(서울: 한울, 1992), 100.

41 독일 디아코니아 운동이 탄생한 배경에 독일 경건주의와 각성 운동이 있다는 것은 개인적 경건과 사회적 책임이 결코 분리되어 이해될 수 없다는 것을 초기부터 보여준다. 그러나 다른 한편으로 이런 경건주의적 배경은 이웃 사랑의 제도적 실현에 대한 관심을 약화시킨 것도 사실이다. 김옥순, 『디아코니아신학: 섬김과 봉사 — 교회의 디아코니아 활동을 위한 신학적 성찰』(서울: 한들출판사, 2011), 196-198.

42 라인하르트 투레/임희국 역, 『블룸하르트가 증언한 하나님 나라 — 19세기 독일의 산업화, 민족주의, 제국주의』(서울: 대한기독교서회, 2020), 101.

43 테오도르 쇼버/이삼열 엮음, 『사회봉사의 신학과 실천』(서울: 한울, 1992), 236.

는 것을 확인해 주었기 때문이다. 이런 전통 때문에 독일 교회는 아돌 프 히틀러(Adolf Hitler,1889~1945)의 '국가사회주의'의 폭력적인 억압과 탄압 속에서도 정신병자나 정신 장애인들을 안락사시키는 프로그램에 저항했고,[44] 유대인들을 탈출시키는 일을 비밀리에 수행할 수 있었으며, 전후 분단 체제 안에서도 동서독 교회가 서로를 돕는 일을 계속할 수 있었던 것이다.

디아코니아의 사회적 유형으로서 특별히 '주변인과 장애인'과 관련된 디아코니아가 가장 큰 난관에 부딪힌 것은 독일 나치 정권 시기였다. 나치는 강제적으로 디아코니아 제도를 국가사회주의 정책 속으로 병합시켜서 운영하려고 시도했다. 국가사회주의의 목표는 확고했다. 민간 사회복지는 점차로 제외되어야 했다. 모든 교회 기구와 마찬가지로 사회봉사 기구도 국가사회주의의 등장으로 사상 최대의 위협을 당하게 되었다. 나치는 모든 민간 복지사업단체를 제거하고 독점적으로 활동하려고 했던 것이다. 모든 병원의 간호사들은 나치간호협회에 가입하도록 명령을 받았으나, 간호사들이 자발적으로 가입하지 않았다. 그리하여 8천 명만 나치간호협회원이 되고 기독교간호협회에 7만 명이 소속되는 결과가 나오자, 나치 정부는 독일 간호사 및 보조원 제국조합이라는 것을 만들어 모든 간호사를 강제로 가입하게 만들었다. 나치 시대, 특별히 인종주의적인 차원에서 유대인들과 집시들을 학살하거나 장애인들을 학대하는 프로젝트 등 여러 가지의 불미스러

---

44 라인하르트 투레, "교회사의 전통에서 본 사회봉사," 110.

운 현상들이 있었는데, 정신병자와 정신 장애인들을 살만한 가치가 없는 인생들이라 해서 안락사로 죽였을 때, 아들 보델슈빙 목사는 독일제국 전체 주교로 선출되어 '생존할 가치가 없는 생에 대한 논쟁'에 참여하여 3만 명의 생명을 건지는 역할을 감당했다.

2) 주변인이 주도하는 디아코니아

그리스도론, 곧 '그리스도 디아코노스'론에 근거하여 디아코니아 신학을 정립한 또 다른 시도는 울리히 바흐(Ulrich Bach)에 의해서 제시되었는데, 그는 디아코니아가 도움을 필요로 하는 자들을 '위한'(für) 구조를 도움을 필요로 하는 자들과 '함께'(mit)하는 구조로 전환되어야 한다는 것을 강조했다.[45] 이런 인식의 전환은 장애인 복지에서 분명하게 드러났다. "장애인을 교회 공동체의 동등한 주체들이 아니라 교회가 돌보는 복지의 객체들로 취급하는 것은 아닌지? 장애인 없는 교회야말로 장애교회가 아닌지?"라는 질문과 함께 바흐는 장애인을 디아코니아의 주체로 세운 것이다.[46] 이것은 '차별 없는 신앙 공동체'로서의 교회를 만들기 위한 디아코니아 활동이지만, 동시에 사회적 차별을 제거하기 위한 사회 정책적 기여 역시 디아코니아 활동임을 의미한다.[47] 당사자의 참여 없는 결정은 무효라고 하는

---

45 울리히 바흐/이범성 역,『디아코니아신학』, 348.
46 김옥순,『디아코니아신학: 섬김과 봉사 — 교회의 디아코니아 활동을 위한 신학적 성찰』 (서울: 한들출판사, 2011), 445.

"우리 없이 우리에 관한 것은 없다"(Nothing about us, without us)[48]는 구호는 본래 장애인 인권운동에서 시작되어 민족 간, 인종 간, 장애-비장애인 등의 차별이 자행되는 다양한 사회 현장에서 정치, 사회, 경제적으로 사회적 소수자의 견해를 대변해 왔는데, 통일의 문제에 있어서 정부의 이해관계나 국제적 이념에 의해 결정될 것이 아니라 분단국가를 이루고 있는 국민 당사자들의 '민의 소리'가 결정의 중심에 서야 할 것을 말해주고 있다. 가난한 자를 위한 복음이 예루살렘의 사회적 결정권자의 손에 의해서가 아니라 주변부 갈릴리 촌부들에 의해 온 세계의 구석에까지 다다른 것처럼, 기독교회 선교의 의제로서 채택된 민족의 평화통일 문제는 보통 사람들의, 특히 분단으로 인해 고통받고 있는 사람들의 직접적인 의사 참여로 진행되어야만 한다.

4. 보편 사제적 디아코니아

1) 모든 신자의 사제적 위임으로서 디아코니아

바흐가 필립피에게 주장한대로 개별 그리스도인들은 내적 선교의 선구자였다.[49] 제도교회만이 디아코니아를 책임지고 있다는 주장은

---

47 앞의 책, 451.
48 UN 장애인 권리 협약, 2017.
49 울리히 바흐/이범성 역,『인간 이상이기를 원하는 꿈을 포기하기』(서울: BOOKK, 2022), 96.

설득력이 약한 것이다. 종교개혁의 실천적 이론인 "모든 믿는 이들의 사제직"이 교회 내에서만이 아니라 사회적 차원에서 구체화되는 것이 필수적이다.[50] 국가나 제도교회 같은 당국 중심이 아니라 민족 구성원으로서 통일운동에 참여하는 것이, 보장을 받아야 한다는 것을 보편 사제직의 차원에서 해석하는 것이 디아코니아신학이다. 국가나 제도교회의 역량을 넘어 민간 단체로서 회중 교회의 역할이 19세기 독일의 민족 문제에 자원하고 나선 기독교 협회들의 성격과 일치한다.

그때 "디아코니아국은 비셔른이 교회 디아코니아라고 부른 것에만 주무가 되고, 비셔른이 자유 디아코니아라고 부른 것에 대해서는 주무가 아니라는 사실을 제도교회인 주교회에 분명히 해야 한다"는 바흐의 말을 이해할 수 있을 것이다.[51] 이 일을 만일 공교회나 주무관청이 독점해야만 한다면 거기에는 사회적 안테나를 가진 몇 명의 목사와 당직자만이 있을 뿐이다.[52]

한반도의 평화통일을 위해서는 개인의 위대한 행위가 아니라 공동체에 이바지하도록 자신을 들여놓는 행동이 필요하다. 각각 받은 은사로 서로 섬기는 것이다(벧전 4:10). 남과 북은 "당신 없이는 그리스도의 몸이 될 수 없고", "하나님은 다른 사람들을 통해 나를 보신다",[53] "네 형제는 너 없이는 잃은 것이다"라는 문장이 완전히 정확하지만,

---

50 앞의 책, 100.
51 앞의 책, 96.
52 앞의 책, 100.
53 앞의 책, 80.

"너는 형제 없이 길을 잃었다"라는 연속이 없으면 그 문장은 완전히 잘못된 것이다.[54]

디아코니아신학의 전거를 '하나님 나라'에 정초시키는 학자는 아놀드 홀벡(Arnold Hollweg)과 위르겐 몰트만(Juergen Moltmann)이 대표적이다. 홀벡은 교회 밖 세계도 하나님의 주권의 영향력 아래에 있기 때문에, 교회는 세상 속에서 하나님의 주권이 영향을 미치도록 디아코니아를 실천해야 한다는 입장(경세적 신론)이다.[55] 위르겐 몰트만은 "하나님 나라가 이 세상에서 예수 그리스도와 함께 가난한 자와 병든 자와 소외된 자들로부터 시작되었기 때문에", "하나님 나라의 지평 속에 있는 디아코니아 활동은 십자가에 달리신 그리스도의 제자로서의 활동이며, 그것은 세상을 변화시키는 역동적인 활동"이라고 한다.[56]

2) 하나 되게 하는 과제를 가진 디아코니아

디아코니아는 지역 교회만이 아니라 세계교회의 일치운동을 위해서도 중요한 신학적 담론이었다. 세계교회협의회(WCC)가 1948년

---

54 앞의 책, 81.
55 김옥순,『디아코니아신학: 섬김과 봉사 — 교회의 디아코니아 활동을 위한 신학적 성찰』
   (서울: 한들출판사, 2011), 349.
56 폴커 헤르만·마틴 호르스트만 엮음/이범성 역,『디아코니아학 — 디아코니아로 가는
   성서적, 역사적 그리고 신학적 통로』(서울: 대한기독교서회, 2016), 368-388; 김옥순,
   『디아코니아신학』(한들출판사, 2011), 349.

창립되기 훨씬 이전인 1925년 스톡홀름에서 조직된 '삶과 봉사'(Life and Work)는 "교리는 분열을 낳고 봉사는 하나 되게 한다"라고 주장함으로써 봉사가 교회 일치를 가능하게 한다는 점에서 이른바 '에큐메니칼 디아코니아'를 천명했다고 하겠다. 그 후 이런 '에큐메니칼 디아코니아' 정신은 1948년 네덜란드의 암스테르담에서 출범한 세계교회협의회(WCC)의 창립 이념이 되었다:

> "만약 전 세계의 기독교인들과 기독교 공동체들이 그들이 살고 있는 곳의 이웃 가운데서 그분의 증인과 종이 되려는 새로운 노력으로 자기 자신을 교회의 주인 되신 분께 헌신하지 않는다면, 세계교회협의회를 만들려고 함께 모인 것이 헛수고가 될 것입니다."[57]

세계교회협의회(WCC)는 '증언과 섬김'을 처음부터 자신의 목표로 세웠고, 세계교회협의회의 역사 자체가 '에큐메니칼 디아코니아'의 발전사라고 할 수 있을 것이다.[58] 제2차 세계대전이 남긴 참혹한 전쟁의 상처가 채 가시기도 전에 다시 세계가 동서 냉전체제로 분열되고, 핵전쟁의 위협과 긴장이 증폭되는 시대에 세계교회협의회는 "인

---

57 세계교회협의회 편/이형기 역, 『역대총회종합보고서』(서울: 한국장로교출판사, 1993), 31.
58 세계교회협의회의 역대 총회들(1948년 암스테르담부터 1991년 캔버라까지) 안에서 전개된 '에큐메니칼 디아코니아'의 발전에 대해서는 채수일, "에큐메니칼 디아코니아," 채수일, 『에큐메니칼 선교신학』(서울:한신대학교출판부, 2002), 108-117.

간을 정치적 혹은 경제적 목적을 위한 단순한 도구로 삼는 것을 부정하면서 사람이 국가를 위해서 있는 것이 아니라 국가가 사람을 위해서 있다'라고 선언했다.59 이 선언은 "안식일이 사람을 위하여 생긴 것이지, 사람이 안식일을 위하여 생긴 것이 아니다"(막 2:27)라는 예수님의 가르침을 생각나게 한다.

비록 대한예수교장로회라는 한 교단에 제한하여 디아코니아의 역사를 검토하기는 했지만, 한국교회의 디아코니아 사역을 갱신하기 위한 전망 연구로 독일 하이델베르크 대학 박사학위 청구 논문을 쓴 이승렬 박사는 샤머니즘적인 신앙 양식의 극복을 하나의 전망으로 제시한다. 그것은 샤머니즘에 내재해 있는 이기적인 자기 사랑이야말로 디아코니아에 대한 커다란 장애 요인이기 때문이다.60

그 외의 전망으로 이승렬 박사는 교회 성장주의 이데올로기의 극복, 복음화로만 이해된 선교 정책의 변화, 신학교육에서의 디아코니아 과목 필수화, 위계화된 교회 안에서의 직제와 여성 차별의 극복, 디아코니아 직책의 자율성 확보61 등을 제시한다. 그러나 이승렬 박사가 지적한 문제는 단지 한 교단만의 문제가 아니라 사실 한국교회 전체가 직면한 문제라고 하겠다. 그런 의미에서 디아코니아 사역의

---

59 앞의 책, 54.

60 Seung-Youl Lee, *Die Geschichte der Diakonie in den protestantischen Kirchen Koreasund Perspektiven fuer die Erneuerung ihrer diakonischen Arbeit* (Fankfurt: PeterLang, 1999), 295.

61 앞의 책, 296-302.

갱신을 통해 한국교회를 개혁하는 전망도 본질적으로는 에큐메니칼 하다고 할 수 있을 것이다.

5. '에큐메니칼' 디아코니아 원칙

1) 경계 타파적 섬김

그렇다면 '에큐메니칼 디아코니아' 신학은 무엇인가? '오이쿠메네'의 통상적 의미인 '교회의 일치'라는 의미에서 '에큐메니칼 디아코니아'는 교회의 가시적 일치를 가능하게 하는 방법과 동시에 목적으로서의 디아코니아를 지향한다. 다시 말해 에큐메니칼 디아코니아는 분열된 교회를 하나 되게 한다. "교리는 분열시키고, 봉사는 일치시킨다"라는 의미에서 그렇다.[62] 그리고 디아코니아 실천의 결과인 교회들의 '코이노니아'를 가능하게 한다. '에큐메니칼 디아코니아'는 국경, 인종, 종교, 교파, 계급, 성, 장애 등 인류를 나누는 모든 장벽과 경계를 초월한다는 의미에서 '인류의 일치'를 지향하는 '경계 타파적 섬김'이다. 위르겐 몰트만(Jürgen Moltmann)은 이런 에큐메니칼 디아코니아를 '하나님 나라의 지평 안에 있는 사회선교'로 규정한다. 하나님 나라

---

62 "교리는 분열시키고, 봉사는 일치시킨다"라는 주장은 '삶과 봉사위원회'(Life and Work)가 결성되던 1925년 스톡홀롬에서 독일 프로이센 교회의 지도자 케플러가 한 것이다. 이범성, 『에큐메니칼 선교신학, II — 실천이론편』(서울: Dream and Vision, 2016), 102-103.

의 지평 안에 있는 사회선교는 고통받는 인간의 현실에서부터만이 아니라 인간의 진정한 미래인 하나님의 나라로부터 시작된다. 하나님 나라의 소망이 없다면, 사회선교는 단지 사회복지국가의 봉사행위로 전락할 수 있기 때문이다. 하나님 나라의 지평 안에서 사회선교는 단지 긴급한 상황을 완화하고, 상처를 치유하며, 사회적 구제를 넘어서 인간 사회의 근본적인 개혁을 위한 실험과 동기가 될 수 있다는 것이다.[63]

선교신학을 에큐메니칼 시각에서 접근하고, 그렇게 정리된 '에큐메니칼 선교신학'을 다시 '디아코니아'와 결합함으로써 이범성은 주변부로 밀려난 사회적 약자들(장애인, 이민자), 환경 문제를 에큐메니칼 디아코니아의 중심에 세웠다.[64] 그것은 '디아코니아 없는 선교'는 무책임하고 '선교 없는 디아코니아'는 공허하기 때문이라고 보인다. 창조주 신앙, 성육신 신앙, '인간이 되신 하나님'을 믿는 그리스도교 신학은 본질적으로 '에큐메니칼'하든지, 아니면 더 이상 그리스도교 신학이라고 할 수 없듯이, 에큐메니칼하지 않은 디아코니아도 더 이상 그리스도교적 디아코니아라고 할 수 없을 것이다. 이웃 사랑과 섬김에는 어떤 경계도 있을 수 없다는 점에서 디아코니아는 에큐메니칼하다. 인종, 종교, 성, 계급, 신분, 장애, 이념 등으로 사람을 차별하지 않는다는 점에서, 성과 속으로 구분하지 않는다는 점에서, 이론과

---

63 위르겐 몰트만/정종훈 역,『하나님 나라의 지평 안에 있는 사회선교』(서울: 대한기독교서회, 2000), 24.
64 이범성,『에큐메니컬 선교신학, II ― 실천이론편』(서울: Dream and Vision, 2016).

실천이 결합되어 있다는 점에서 디아코니아는 본질적으로 에큐메니칼하다고 하겠다.

2) 연대와 상호성으로서의 친교와 섬김

에큐메니칼 디아코니아의 핵심 개념은 '친교와 섬김'에 있다는 것은 1966년에 열린 '교회 간 도움을 위한 세계협의회'에서부터 분명해졌다. 정교회가 에큐메니칼 운동에 참여하면서부터 서로 다른 교회들의 친교와 섬김이 성례전을 통하여 가시적으로 드러나게 된 것은 정교회의 특별한 기여였다. 그런데 섬김과 나눔이 연대와 상호성이라는 구속력 있는 관계로서 강조되어야 한다는 주장은 제3세계 교회들로부터 제기되었다. 그들은 "주는 것과 받는 것에 대한 근본적인 성찰을 요청했고", "교회 간 원조가 부유한 교회의 돈을 전달하는 것으로서 기구와 더 약한 교회의 물질적 복지의 지원으로 설계된다면, 이것은 종속적 관계를 만들고, 에큐메니칼적 교회 간 원조도 주는 교회와 받는 교회의 범주 안에서 생각될 것이다"라고 비판했다.[65] 제3세계 교회의 이런 도전은 교회 간 협력으로 이해되었던 에큐메니칼 디아코니아의 본질을 새롭게 깨닫게 했다. 특히 1960년대 들어서면서 '빈곤, 기아, 망명의 고통, 이주노동 등 그들의 공동 원인이 부정의한 정치와 경제적 상황에 있다는 인식'은 '동정이 아닌 정의'를 에큐메니칼 디아

---

65 마틴 로브라/이범성 역, 『디아코니아학』 (서울: 대한기독교서회, 2016), 393.

코니아에 관한 토론의 표어가 되게 했다.[66]

한때 "교리는 교회를 분열시키고, 봉사는 교회를 일치시킨다"는 표어가 에큐메니칼 운동의 모토였는데, 그 반대로 "교리는 일치시키고, 봉사는 나눈다"고 주장하는 사람들도 등장했다. '주는 자와 받는 자' 사이의 예속적 관계를 더 강화하고, 받는 교회들 안에서의 다툼과 분열을 조장하는 디아코니아에 대한 비판이라 하겠다. 그래서 에큐메니칼 디아코니아는 '다양성과 일치 사이의, 지역과 지구 전체 사이의 그리고 운동과 교회 사이의 긴장 속에서', 새로운 에큐메니칼 디아코니아의 유형을 찾기 시작했다. 그것은 '제사장적-목회적 디아코니아'의 한계를 극복하기 위해 등장한 '예언자적-비판적 디아코니아'[67]였다. 이런 '예언자적-비판적 디아코니아'는 교회가 "그들 자신의 공동체에 속한 고난당하는 사람에게만 관여하는 것이 아니라 모든 곳의 고난당하는 사람들에게도 관여하는 것이다. 창조를 위한 책임적인 집사직을 실천함으로써… 인간 공동체 안에서 정의와 평화를 위한 모든 수고에 참여하는 일을 실현하는 것이다."[68]

그러나 교회들의 '사귐(코이노니아)과 섬김(디아코니아) 사이의 긴장, 생명과 연대의 나눔으로의 부름 사이의 긴장, 지역 상황과 지구적 체계의 불의한 구조 사이의 긴장'은 갈수록 분명해졌고,[69] 이런 긴장

---

66 앞의 책, 397.
67 앞의 책, 409.
68 앞의 책, 410.
69 앞의 책, 411.

을 해소하기 위해서는 '제사장적 디아코니아'와 '예언자적 디아코니아'의 결합이 요청되었다.

세계교회협의회(WCC) 총무였던 독일 신학자 콘라드 라이저(Konrad Raiser, 1938~)는 디아코니아를 예수 그리스도의 제자직의 실천으로 이해했다. 나사렛 예수의 역사와 마찬가지로 디아코니아는 병과 치유, 가난하고 굶주린 사람들, 인간적 곤궁 속에 처해 있는 사람들을 돕고, 그런 곤궁의 원인을 극복하는 것과 관계되어 있다는 것이다. 디아코니아는 그 근본적인 위임을 이웃 사랑의 계명에서 발견한다. 그러나 시대와 함께 디아코니아의 형태는 교회 자체의 형태와 마찬가지로 변해왔는데, 콘라드 라이저는 1980년대부터 세계교회협의회를 중심으로 전개된 '디아코니아'를 '에큐메니칼 디아코니아'(oekumenische Diakonie)라고 규정하면서[70] 지난 30년 동안 발전해 온 '에큐메니칼 디아코니아'를 두 개의 유형으로 나누었다. '제사장적-목회적 디아코니아'(priesterlich-pastorale Diakonie)와 '비판적-예언자적 디아코니아'(kritisch-prophetische Diakonie)가 그것이다. '제사장적-목회적 디아코니아'는 '에큐메니칼 상호 나눔'(oekumenisches Miteinanderteilen)이라는 개념으로 특징될 수 있는데, 도움과 섬김의 사회봉사를 의미한다.

---

70 Konrad Raiser, "Das Mandat der oekumenischen Diakonie zwischen Gerechtigkeit und Versoehnung," Arnd Goetzelmann, Volker Herrmann und Juergen Stein (hrsg.), *Diakonie der Versoehnung: Ethische Reflexion und sozialeArbeit in oekumenischer Verantwortung* (Stuttgart: Quell Verlag, 1998), 557.

예수가 이 땅에 오심은 "섬김을 받으려 함이 아니라 도리어 섬기려 하고 자기 목숨을 많은 사람의 대속물로"(막 10:45) 주시기 위함이셨다. 자기 목숨을 내어주시기까지 인생들을 사랑하신 섬김을 통해 예수는 하나님 나라의 통치를 보이시며 진정한 디아코니아의 모범을 보여주셨다. 십자가의 대속으로까지 나아간 예수의 섬김에는 하나님께서 모든 민족을 사랑하기 위해 세우신 구약성경의 제사장 나라가 모두 담겨 있다. 제사장 나라는 하나님의 용서(레 6:7), 이웃 사이에 나눔과 거룩(레 19:9-10), 모든 민족 사이에 평화를 이루는 나라(레 19:33-34; 왕상 8:43)이다.[71]

하나님께서는 누구나 제사장 나라의 5대 제사(번제, 소제, 화제, 속건제, 속죄제)를 통해 하나님께 용서를 받고, 3대 절기(안식일, 안식년, 희년)와 3대 명절(유월절, 오순절, 초막절)을 지키며 다 함께 제사장 나라의 백성으로 살게 하셨다.[72] 하나님께서는 "일곱째 날은 네 하나님 여호와의 안식일인즉 너나 네 아들이나 네 딸이나 네 남종이나 네 여종이나 네 가축이나 네 문안에 머무는 객이라도 아무 일도 하지 말라"(출 20:10)라고 명하시며 그 누구도 소외되지 않도록 하셨다. 특히 레위기를 통해 하나님께 드리는 제사와 제사장 나라의 백성이 지켜야 할 거룩을 가르쳐주시며 삶으로 실천하게 하셨다.[73]

그러므로 하나님의 용서를 받은 하나님의 백성은 이웃 사이에

---

71 조병호, 『통성경 길라잡이 지도자 지침서』(서울: 통독원, 2020), 476-481.
72 조병호, 『통하는 마지막 유월절 첫 번째 성찬식』(서울: 통독원, 2018), 49-57.
73 조병호, 『통성경 길라잡이, 통독원』(서울: 통독원, 2012), 68-69.

나눔과 거룩을 이루고, 모든 민족을 향해 복의 통로가 되어 평화를 이룰 수 있었다. 제사장 나라를 통한 하나님의 모든 민족 사랑이 고스란히 예수 십자가에 들어 있다. 예수는 하나님의 어린양이 되셔서 십자가에서 죽으심으로 세상 모든 사람의 죄를 대속하셨다(히 9:28). "다 이루었다"라는 십자가의 선언을 통해 예수가 율법과 선지자를 완전하게 하심으로 1,500년을 이어온 구약의 제사장 나라는 하나님 나라로 수렴되었다(요 19:30).74

우리는 십자가 보혈의 공로를 믿음으로 구원을 받아 하나님 나라의 백성이 되어 하나님을 아버지라 부를 수 있게 되었다(요 1:29). 우리는 모두 하나님의 성전으로(고전 3:16), 예수님의 몸을 이루는 거룩한 지체인 한 형제이다(롬 12:5). 그러므로 하나님 나라의 백성 한 사람 한 사람은 모두 천하보다 귀한 영혼이다(마 16:26).75

'비판적-예언자적 디아코니아'는 '에큐메니칼 연대'(oekumenische Solidaritaet)의 실천을 지향하면서, 불의한 세계와 사회적 구조를 개혁하는 사회봉사를 의미한다고 할 수 있다.76 제사장적-목회적 디아코니아와 비판적-예언자적 디아코니아는 일정한 긴장 관계에 서 있는 것처럼 보이지만, 사실은 서로 뗄 수 없는 관계에 있다. 그것은 그리스도교적 디아코니아가 성만찬의 나눔에서 언제나 새롭게 표현

---

74 조병호, 『통성경 길라잡이 지도자 지침서』, 476-481.

75 조병호, 『통성경학교』(서울: 통독원, 2020), 57-59.

76 Konrad Raiser, "Das Mandat der oekumenischen Diakonie zwischen Gerechtigkeit undVersoehnung," 558.

되는 교회의 공동체성에 그 뿌리를 내리고 있는 것과 마찬가지다. 그래서 세계교회협의회는 1995년에 '연대'와 '나눔'의 결합을 에큐메니칼 디아코니아의 결정적인 특징으로 선언했고, '소외되고 주변부로 밀려난 사람들의 인간적 존엄성과 생존능력 있는 공동체성을 지원하는 것'을 에큐메니칼 디아코니아의 과제로 제시했던 것이다.[77]

그런데 신학적 전거로서 '연대'와 '나눔'의 결합이 이론적으로는 명확할지라도 에큐메니칼 디아코니아를 실천할 때는 '비판적-예언자적 디아코니아'와 '제사장적-목회적 디아코니아'가 상호 긴장 관계에 있다는 것도 사실이다. 연대와 나눔의 결합에 대한 신학적 전거는 주로 정교회 신학에 의해 제시되었는데, 문제는 정의와 인권을 위한 투쟁 속에 있는 에큐메니칼 연대의 비판적-예언자적 이해를 위한 성서적, 신학적 기초가 분명하지 않다는 데 있었다. 연대적 섬김으로서의 디아코니아를 위한 신약성서의 전거는 전통적으로 '선한 사마리아 사람의 비유'(눅 10:30-37), 예루살렘 초대교회의 집사 직분의 도입(행 6:1-7), 예루살렘 초대교회를 위한 헌금(고후 8, 9장) 등인데, 이것은 디아코니아가 단지 어려움을 감소시키는 것만이 아니라 '코이노니아'의 실현과 관계된 것임을 보여준다.

그러나 불의한 구조에 대한 예언자적 비판은 어디에서도 직접적으로 디아코니아 이해와 결합되어 있지 않다는 것이 문제다. 디아코니아가 일찍부터 '십자가를 짊어지는 제자직'(마 8:18-27), '고난받는

---

77 앞의 책, 558-559.

하나님의 종의 길에 동행하기'(빌 2:7)로 이해되고 있었던 것이 고려되지 않았다는 것이다. 신적인 자비의 표현인 성육신(예수 그리스도 안에서 인간이 되신 하나님)이야말로 그리스도교적 연대의 깊은 근거이자 영원한 모형이 아닐 수 없다.[78] 복음서는 예수 그리스도가 부자들에 대하여 가난한 사람들을 편들었고, 배부르고 안전한 사람들에 대하여 굶주리고 병든 사람들을 편들었으며, 기존 질서를 유지하려고 하는 사람들에 대하여 부정한 사람들의 편을 들었다는 것을 증언하고 있다.

성서에 전승되고 있고 또 현실에서 실천되고 있는 '제사장적-목회적 디아코니아'와 '예언자적-비판적 디아코니아' 사이의 긴장이 주는 도전이 전형적으로 드러난 것은 1985년에 남아프리카 공화국에서 작성된 '카이로스 문건'이었다. 인종주의에 대항한 투쟁에서 정의 없이는 진정한 화해가 있을 수 없다는 '카이로스 문건'은 자선적 행동을 제사장적-목회적 디아코니아의 본질로 생각하는 '교회 신학'을 비판했다. 물론 성서적 근거와 예수 그리스도 안에서 행하신 하나님의 행동, 코이노니아로서의 교회 공동체 이해에서 볼 때, 정의를 위한 연대적 참여라는 예언자적 디아코니아와 화해의 제사장적 디아코니아(고후 5:18)는 언제나 연결되어 있어야 한다.

그러나 이런 두 가지 형태의 디아코니아는 서로 긴장 관계에 있을 수 있는데, 이 현상이 구체적으로 드러난 것은 남아프리카 공화국에서 반인종주의 투쟁이 전개되었을 때, 반인종주의 프로그램 특별기금에

---

78 앞의 책, 559-560.

서 해방운동을 지원한 것 때문에 제기된 논쟁이었다. 난민들을 돕는 인도주의적 지원 형태의 에큐메니칼 연대의 실천이 교회들 사이에 긴장과 갈등을 불러일으켰던 것이다. 이런 갈등과 긴장을, 화해를 이유로 회피하는 것은 불의의 근본적인 뿌리를 감추고, 교회 공동체의 생명력 있는 질서를 만드는 목적에 실패하는 것을 의미한다. 그와 마찬가지로 정의의 구현을 절대적인 원리로 삼고 불의한 구조를 대변하는 사람들이 회개하고 돌아설 공간을 전혀 마련하지 않는 것도 문제다.

정의를 위한 그런 투쟁은 새로운 불의를 만들어 낸다. 남아프리카 공화국에서의 반인종주의 투쟁 과정에서의 갈등이 우리에게 보여준 것은 무엇이든지 때가 있는데, 불의와 반인간성에 대한 투쟁에서 당파적 연대를 할 때가 있는가 하면, 용서와 화해의 때가 있다는 것이다. 악한 세력과의 화해가 아니라 분명한 거부를 해야 할 때가 있는데, 그런 상황에서 화해를 말하는 것은 자칫 본회퍼가 말한 것처럼 '값싼 은혜'가 될 수 있기 때문이다. 그러나 동시에 단호한 저항이 죄를 드러내고 죄책을 고백하게 하여 마침내 화해에 이르는 길을 열 수 있다는 것이 남아프리카 공화국의 경험이었다.[79]

그렇다면 '제사장적-목회적 디아코니아'와 '예언자적-비판적 디아코니아' 사이의 긴장과 갈등을 유지하면서도 추구해야 할 '화해의 디아코니아'는 무엇인가?

---

79 Konrad Raiser, "Das Mandat der oekumenischen Diakonie zwischen Gerechtigkeit undVersoehnung," 561.

6. '경세적 삼위일체'의 시각에서 본 디아코니아

한반도 통일 문제를 접근하는 방법과 보는 시각은 여러 가지가 있었다. 정치적, 경제적, 군사적, 이데올로기적, 지정학적, 국제정치적, 선교적, 인권 차원, 인도적 지원 차원, 인류학적 접근 등 다양하게 시도되었다. 통일을 신학적으로 이해하는 시도도 선교학적 방법, 윤리학적 방법, 화해론,[80] 그리스도론, 하나님 나라의 신학[81] 등의 관점에서 전개되었다.

그런데 필자가 굳이 디아코니아신학적 입장에서 통일 문제에 접근하려는 것은 지금까지 남북 당국에 의해 채택된 합의문들이 지켜지지 않고, 통일 정책들이 일관성 있게 발전적으로 이행되지 않은 근본적인 원인이 국내외의 객관적인 정치적, 군사적, 경제적 요인에만 있었던 것이 아니라 남북 당국과 국민의 서로에 대한 깊은 '불신'과 '불안'에 있다는 판단 때문이고, 남북의 권력구조에 의해 깊은 영향을 받아 자주적이고 주체적인 통일 정책의 수립과 추진이 어려운 현실을 극복할 수 있는 신학적 기반이 '경세적 삼위일체론'에 근거한 디아코

---

80 한기양, 『한반도 통일과 기독교 ― 칼 바르트의 화해론을 바탕으로』(서울: 열린출판사, 2011) 참조.

81 자신을 디아코노스로 이해한 예수의 치유, 축귀 사역을 하나님 나라의 현재성의 표징으로 보면서 오늘의 현실에서 하나님 나라와 디아코니아의 관계성을, 교회 일치 (종교 간 대화, 교회 간 일치, 성도 간 친교), 세상적 책임(정의, 포용, 소통), 선교와 전도(설교와 교육, 예배와 성찬, 친교와 섬김)에서 구현된다는 것을 연구한 한백병, 『하나님 나라 현재로서의 디아코니아』(서울: Dream and Vision, 2020) 참고.

니아신학과 '화해의 디아코니아'에 있다고 생각하기 때문이다.

그렇다면 '경세적 삼위일체론'이란 무엇인가? 전통적으로 삼위일체론은 절대 신비인 하나님과 그의 아들 예수 그리스도 그리고 성령, 세 위격의 내재적 일치에 대한 신앙의 해석이라 하겠다. 그래서 삼위일체는 '내재적 혹은 본질적 삼위일체'와 '경륜적 혹은 경세적 삼위일체'로 구분하여 이해되었다. '내재적 삼위일체'는 "세계 내 하나님의 활동과 상관없이 아버지, 아들, 성령이 상호적 관계를 갖고 있으며, 하나님의 내면적 자기-소통을 표현하고", "경세적 삼위일체'는 '아버지, 아들, 성령이라는 이름과 상호 관련된 세계 내 하나님의 활동이 갖는 세 얼굴 혹은 세 현현을 의미하며, 예수 그리스도와 성령의 활동 안에 나타나는 하나님의 영원한 자기-소통의 역사적 현현"이라고 하겠다.[82]

오랜 세월 신학적 논쟁을 통해 확정된 삼위일체론은 그 과정에서 '세 인격 안에 한 분 하나님(One God in Thress Persons), 하나의 본성과 세 위격들(one nature and three hypostases), 세 사랑하는 이와 하나의 사랑(three Lovers and a single love), 세 주체와 하나의 실체(three Subjects and a single substance), 세 개별자와 하나의 연합(three Uniques and one communion)' 등의 고전적인 것으로 표현되었는데,[83] 어떻게 표현되든 삼위일체는 "위격 각각은 다른 위격들 안에, 다른

---

82 캐서린 모리 라쿠나/이세형 역, 『우리를 위한 하나님 — 삼위일체와 그리스도인의 삶』 (서울: 대한기독교서회, 2008), 306-307.
83 레오나르도 보프/이세형 역, 『삼위일체와 사회』 (서울: 대한기독교서회, 2011), 18.

위격들과 함께, 다른 위격들을 통해, 다른 위격들을 위하여 연합을 이루고, 그 연합을 통해 다양성 안의 일치를 이룬다"라는 것이다.[84]

여기서 '연합'이라는 말이 중요한데, 6세기 이후 신학은 "위격의 영원한 상호 침투, 영원한 관계성, 다른 위격들을 향한 위격 각각의 자기 포기가 삼위일체적 연합, 위격들의 연합을 구성한다"라고 생각했기에, 헬라어 '페리코레시스'(perichoresis: 각각의 위격은 다른 두 위격을 포함하며 다른 두 위격으로 침투해 들어가고 침투당하는 것, 한 위격은 다른 두 위격 안에 살고 다른 두 위격은 한 위격 안에 사는 것)라는 용어나 라틴어 'circumincessio'(여기 'cessio'의 'c'는 하나가 다른 둘과 상호침투의 활동을 의미한다) 또는 'circuminsessio'(여기서 sessio의 s는 정태적으로 혹은 실존적으로 서로 안에 존재함을 의미한다)라는 용어를 사용했다.[85]

삼위일체론에서 '연합'이라는 단어를 사용함으로써 교회는 그리스도교 신론이 삼신론(tritheism)에 빠질 위험으로부터 피해 갈 수 있었다. 그렇다면 왜 하나님과 예수 그리스도와 성령, 삼위의 일체적 연합이 본 연구를 위해 중요하단 말인가? 여기에서부터 이른바 '경세적 삼위일체론'이 시작되기 때문이다.

---

84 앞의 책, 20.
85 앞의 책, 22.

1) 다양성 속에서의 일치를 추구하는 디아코니아

레오나르도 보프는 연합으로서의 삼위일체론에서 '정의롭고, 차이를 존중하면서도 평등한 사회 조직의 모델'을 본다. 삼위일체 하나님 신앙은 그리스도인들로 하여금 삼위일체의 형상과 모양을 지닌 사회를 상상하게 하는데, 아버지, 아들, 성령의 위격들로 구성된 삼위일체 신앙은 억압당한 자들의 잠을 깨우는 참여, 평등, 연합의 요구에 응답하는 것처럼 보이게 한다는 것이다.[86]

우리는 여기서 왜 보프가 삼위일체론을 '경세적'이라는 형용사를 덧붙여 말하는지 이해할 수 있다. 삼위일체론은 모든 형태의 억압적인 유일신론적 가부장제적 체제를 해체할 수 있는 신앙적, 신학적 근거를 제시하기 때문이다. "가부장제는 사람을 도움의 대상으로 만들고 결코 자율적인 행위의 주체로 만들지 않는다. 가부장제에서 하나님은 전능한 아버지, 최고의 재판관, 생명과 죽음의 절대적인 주로 표상된다. 아버지 홀로의 종교는 지배적인 종교이고 관계는 수직적인 관계가 된다. 이런 유형의 극단적인 형태가 자신들의 지도자를 수령, 인도자 또는 동지라 부르는 독재적 국가사회주의(fascism)에 나타난다."[87] 그러나 삼위일체 신앙은 '아버지 홀로'(억압자로서의 하나님과 가부장제)의 종교도, '아들 홀로'(목회자들의 자기충족과 권위주의)의 종교도,

---

86 앞의 책, 31-32.
87 캐서린 모리 라쿠나/이세형 역, 『우리를 위한 하나님 — 삼위일체와 그리스도인의 삶』 (서울: 대한기독교서회, 2008), 398.

'성령 홀로'(광신주의, 무정부주의)의 종교도 아니다.

반(反)삼위일체적 유일신론이 가지고 있는 정치적 위험은 종교에만 있는 것이 아니다. 엄격한 유일신론은 전체주의를 정당화하고 정치와 종교의 세계에서 한 사람에게 힘을 집중시킬 수 있다.[88] 자신의 절대 통치를 정당화한 기독교 황제들, 절대 권력을 누리는 왕은 절대 하나님의 형상이며 모양이라고 주장한 절대군주들, 성직의 권력화, 가부장제와 온정주의, 성차별주의 등이 그 단적인 예라고 하겠다. 그러나 레오나르도 보프가 지적한 것처럼 경세적 삼위일체 신앙은 "전체주의적 권력의 이념적 토대인, 하나의 유일한 보편적 군주의 모습을 무너뜨린다. 연합과 참여의 관계에 기초하여 세워진 형제자매의 인간 공동체만이 영원한 삼위일체의 살아 있는 상징일 수 있기 때문이다."[89]

그렇다면 경세적 삼위일체론에 근거한 디아코니아신학은 어떤 형태로 구체화 되든 권력의 절대화를 상대화시키는 신학적 전거가 될 수 있고, 그런 의미에서 북한의 이념 체계인 주체사상의 수령론만이 아니라 권력의 독점을 비판할 수 있는 신학적 근거가 될 수 있다고 하겠다. 필자는 레오나르도 보프가 말하는 '경세적 삼위일체'에 근거한 디아코니아야말로 이런 정치적, 종교적 왜곡을 수정할 수 있게 한다고 생각한다. 또한 경세적 삼위일체 신앙은 우상 파괴적, 반독재

88 레오나르도 보프/이세형 역,『삼위일체와 사회』(서울: 대한기독교서회, 2011), 43.
89 앞의 책, 45.

적, 반가부장제적 신앙을 가능하게 한다는 점에서 통일 논의와 정책의 독점, 통일 논의와 정책 개발과 실천에서 민중 참여의 원칙을 막고 있는 현실을 타개하는 중요한 디아코니아신학적 전망이라고 생각한다. 보프의 삼위일체는 더 이상 '천상의 사건'이 아니라 진정한 해방을 가져오는 희망과 역동성의 내적 근거'를 제시함으로써 통일 논의를 다각적이고 다중심적으로 전개할 수 있는 구조적 근거를 마련해 주고 있는 것이다.

2) 통전적 디아코니아

'경세적 삼위일체론'에 근거한 디아코니아의 다른 의의는 디아코니아의 통전성을 뒷받침한다는 데 있다. 삼위의 연합, 상호침투로서의 삼위일체는 빈부 양극화, 개발과 저개발 구조, 모든 영역에서의 불평등 구조를 만들어 내는 이원론으로 특징되는 발전 단계를 해체하는 "역사적 해방을 모든 사회적 삶의 차원에서, 인간존엄성의 진보 속에서 모든 사람을 위한 최대한의 기회를 창출하는 가운데 현실적으로 표현할 수 있게 한다."[90]

그런 의미에서 경세적 삼위일체 신앙은 "모든 불의를 비판하고 기본적인 변화를 가져오는 영감의 근거가 되고,"[91] 이런 '역사적–구

90 앞의 책, 33.
91 앞의 책, 34.

원 과정 안에 계시된 삼위일체'를 '경세적 삼위일체'라고 한다.[92] 이렇게 역사 안에서 활동하시는 삼위일체는 "순수 관상의 신비가 아니다. 삼위일체는 인간 삶의 변화의 신비이며, 하나님의 세 위격 안에 구현된 삶과 같이 새로운 삶의 방식이 돌입하는 신비이다."[93]

삼위일체 연구를 통해 공동체의 이상을 제시함으로써 삼위일체 연구 영역에 독창적이고도 개척자적인 위치를 확보한 신학자는 독일 신학자 위르겐 몰트만이라고 레오나르도 보프는 지적하는데, 오히려 몰트만은 삼위일체 하나님의 공동체적 형태를 라틴 아메리카의 바닥 공동체에서 재발견하고 자신의 교회론의 기초로 삼은 후, 그의 신론의 기초로도 삼은 신학자가 레오나르도 보프라고 치켜세운다. 그러나 보프는 로마의 신앙위원회에 불려 가서 교리 심문을 받았고, '침묵 참회'의 형벌을 받았다. 그것은 보프가 몰트만의 명제, "삼위일체는 우리의 진정한 사회 강령이다"라는 명제를 자신의 명제로 삼고 '공산주의적 교회'를 위한 제안의 근거를 사회적 삼위일체론에서 끌어왔기 때문이었다고 한다.[94]

몰트만은 기존의 '심리 삼위일체론'이나 '초월적 주체성의 삼위일체론'을 부적합한 것으로 여기면서 이른바 '사회적 삼위일체론'을 주장하는데, '삼위-일체 하나님이란 세 신적인 위격 자신에 의해 이루어

---

92 앞의 책, 145-146.

93 앞의 책, 154.

94 위르겐 몰트만/이신건 역,『삼위일체와 하나님의 역사』(서울: 대한기독교서회, 2017), 17.

지는 유일하고 독특한 사귐(Gemeinschaft)'을 표현하는 것이고, 이 사귐은 "아버지, 아들, 성령의 영원한 순환(Perichoresis) 안에서 이해된다"라고 한다. 다시 말해 삼위일체 하나님의 일치성은 더는 동질적인 신적 실체(Substanz)나 동일한 신적 주체(Subjekt) 안에서 이해되지 않는다는 것이다.[95]

몰트만은 삼위일체를 '참된 신학적 자유론'이라고 하면서 '정치적 일신론'과 '교권적 일신론'에 대한 비판의 근거로 제시한다. "종교적, 정치적 일신론이 고대의 황제 숭배로부터 시작하여 비잔틴주의를 거쳐 17세기 절대주의와 20세기 독재주의의 이데올로기에 이르기까지 지배권을 정당화시키는 데 사용된"[96] 서구의 역사는 종교적 일신론이 정치적 일신론으로 변천하며, 정치적 일신론이 절대주의로 변천된 과정을 잘 보여준다.[97]

그러므로 정치와 종교의 통일성을 회복시키려는 어떤 시도도 잘못된 것이라고 지적하는 몰트만은 이것이 교회를 국가로 해소시키는 것을 의미하기 때문이고, 삼위일체 되신 하나님과 상응하는 사회체제는 "한 지배자의 단일군주체제가 아니라 특권과 억압이 없는 인간의 사귐"이라고 한다. 왜냐하면 "세 가지 신적인 인격들은 그들이 가진 인격의 특성을 제외하고는 모든 것을 공유하기 때문이고, 이런 삼위일체와 상응하는 것은 그 안에서 인격들이 권력과 소유를 통하여 정의되

---

95 앞의 책, 14-15.
96 앞의 책, 299.
97 앞의 책, 308.

는 것이 아니라 그들 상호 간의 관계와 서로를 위한 의미를 통하여 정의되는 사귐"이기 때문이라는 것이다.[98]

그런데 우리가 아는 것처럼 삼위일체는 동방 교회와 서방 교회가 서로 다르게 이해했다. 서방 교회는 삼위일체의 영원한 삶에 대한 두 가지 유비 범주 가운데 '개체적 인격의 범주'를, 동방 교회는 '사귐의 범주'를 우위에 두었다. 삼위일체를 개체적 인격의 범주에서 이해한 서방 교회는 서방 교회의 인간론에도 상당한 영향을 끼쳤는데, '인격을 교환될 수 없고 침해될 수 없는 자신의 현존'으로 이해한 것이 그것이다. 이런 인간론은 서방에서 개인주의, 특히 '소유적 개인주의'를 발전시켰다. 그래서 개인의 자아실현이 최고의 가치가 된 것이다.

이와 반대로 동방 교회는 삼위일체의 사귐의 범주를 강조했는데, 인간의 객체성뿐만 아니라 인간의 사회성 안에도 똑같이 삼위일체 되신 하나님의 형상이 있다고 주장함으로써 개체성과 사회성 중에 어느 하나를 다른 하나를 위해 희생시키지 않고 서로 조화시킬 수 있는 수단을 제시한다.[99]

그런 점에서 몰트만은 "그리스도교적 삼위일체론은 개인주의와 사회주의의 대립을 해소하고 양자를 공동의 근원으로 회복시킨다. 그리스도교적 삼위일체론은 사회적 개인주의 내지 개체적 사회주의를 발전시키고자 한다. 왜냐하면 서구의 개인주의는 오늘에 이르기까

---

98 앞의 책, 310.
99 앞의 책, 311.

지 일신론과 연합하고 있었던 반면 동구의 사회주의는 종교적으로 볼 때 무신론적 기초를 가진 것이 아니라 오히려 범신론적 기초를 가지고 있기 때문이다. 그러므로 서구의 개인주의와 동구의 사회주의는 지금까지 서로 중재될 수 없었다. 개인적 인권과 사회적 인권은 서로 분리되었다. 참으로 인간적인 사회를 위하여 오늘날 반드시 필요한 양자의 조화를 위하여 그리스도교적 삼위일체론은 중요한 역할을 할 수 있다"[100]라고 제시한다. 삼위일체론에 대한 관점의 다양성 인정은 한민족통일을 논하는 남북한 교회의 소통을 원활하게 해 주는 도움이 될 것이다.

그렇다면 우리는 바로 이런 '경세적 삼위일체론'에 기반한 디아코니아신학으로 오랜 세월 동안 사회주의와 자본주의 체제로 분단되어 각기 다른 사회체제와 가치를 추구해 온 남북의 화해와 평화를 위한 신학적 전거를 모색할 수 있지 않을까? 개인과 집단, 민주주의와 권위주의, 자유와 평등, 소유와 분배가 양자택일이 아니라 조화를 이룰 수 있는 신학적 모델을 '경세적 삼위일체론'이 제시하기 때문이다. 가톨릭 신학자인 캐서린 모리 라쿠나도 "삼위일체는 그 자체가 그리스도인의 삶에 엄청난 영향을 미치고 있는 탁월한 실천적 교리"임을 확신한다.[101]

---

100 위르겐 몰트만/이신건 역, 『삼위일체와 하나님의 역사』 (서울: 대한기독교서회, 2017), 312.

101 위르겐 몰트만/이세형 역, 『우리를 위한 하나님 — 삼위일체와 그리스도인의 삶』 (서울: 대한기독교서회, 2008), 7.

한국의 신학자로서 삼위일체론에 근거하여 평화통일 신학을 정립하려는 체계적인 시도는 백충현 교수에 의해 시도되었다. 그는 먼저 한국교회 평화통일을 위한 교회적, 신학적 시도들과 실천들을 '신 중심적 유형'(Theo-centric), '그리스도 중심적 유형'(Christo- centric), '성령 중심적 유형'(Pneuma-centric)으로 삼등분하면서 세 유형 각각의 장점들과 단점들을 지적한다.[102] 사실 한국교회를 이렇게 성부, 성자, 성령 중심적 교회로 유형화한 것은 1980년대 초 유동식 교수의 평가였다. 가부장적이고 유교적 배경의 보수적 교회를 성부 중심의 교회로, 사회 참여적 진보 신앙의 교회를 성자 중심의 교회로, 오순절 성령 운동파 교회를 성령 중심의 교회로 분류한 것이다. 그런데 백충현 교수는 삼위일체 신앙이 삼위일체적으로 이해된 것이 아니라 각각의 위격에 강조점을 둠으로써 기독교적 정체성을 분명하게 드러내기는 했지만, 삼위일체론의 사회적, 역사적, 우주적 지평이 협소하게 이해된 단점도 한국교회가 가지고 있다고 지적한다.[103]

16세기 제네바의 종교개혁자 장 칼뱅(Jean Calvin, 1509~1564)과 영국의 기독교사회주의자 프레데릭 데니슨 모리스(Frederick Denison Maurice, 1805~1872), 브라질 해방신학자 레오나르도 보프의 삼위일체론에서 "삼위일체 하나님의 공동성과 개방성, 사회의 토대로서의

---

102 백충현, "삼위일체적 평화통일신학의 적용 — 북한 이탈주민들과 한국교회-사회와의 상호적 이해와 포용을 위한 구체적 실천방안들," 안교성 편, 『독일 통일 경험과 한반도 통일 전망: 신학적 성찰과 과제』(서울: 나눔사, 2016), 241-242.
103 앞의 책, 241-242.

삼위일체 하나님, 페리코레시스(삼위일체 하나님의 상호 내주 혹은 상호 침투)"의 원리를 도출한 백충현 교수는 이 세 가지 원리가 평화통일 신학 형성에 어떤 가능성을 가지고 있는지를 제시한다. 그는 먼저 칼뱅의 삼위일체 하나님의 '공동성과 개방성'이 한반도 통일 논의나 통일 신학이 획일적으로 전개되는 것을 경계할 수 있는 신학적 토대임을 제시한다.[104] 삼위일체론을 통일 신학의 신학적 토대로 삼을 때, 통일에 대한 신학적 논의들이 '좁은 의미의 복음화와 선교'로서 전개되지 않을 수 있고, 그 논의들이 사회적, 역사적, 우주적 차원에서 전개될 수 있을 것이라고 한다.[105] 삼위일체 하나님의 개방성은 한반도 통일 논의를 "단지 민족주의적인 과제로만 여기는 태도를 지양하고 남북한의 평화통일 너머의 더 큰 우주적 차원의 비전을 가질 수 있게 한다"고 한다.[106] 끝으로 백충현 교수는 삼위일체 하나님의 페리코레시스에서 일종의 '관계적 존재론'을 끌어내면서 남한 사회 내부는 물론 남북관계에서도 '진정한 공동체성'의 형성, '다양성 속의 일치'에 기여할 수 있는 가능성을 제시한다.[107]

필자는 평화통일운동의 신학적 토대로 경세적 혹은 내재적 삼위일체론을 제시하고, 이것이 지금까지의 평화통일운동을 평가하고,

---

104 백충현,『남북한 평화통일을 위한 삼위일체적 평화통일신학의 모색』(서울: 나눔사, 2012), 154.
105 앞의 책, 156.
106 앞의 책, 161.
107 앞의 책, 165.

새로운 평화통일운동의 비전을 제시하는 탁월한 신학적 방법론임을 부인하지 않는다. 통일 논의와 담론의 정부 독점, 이념과 정책의 획일화를 막고, 평화통일에 이르는 다양한 경로와 가능성을 풍부하게 상상할 수 있게 해 주기 때문이다. 그러나 그런 신학적이고 원칙적인 주장이 추상적이고 비현실적인 대안에 머물 수 있다는 것은 한계가 아닐 수 없다. 백충현 교수의 '삼위일체 평화통일 신학을 위한 제언들'이 구체성을 결여한 것은 그의 삼위일체 평화통일 신학이 "사회적 프로그램이라기보다는 사회적 비전이 되어야 한다"는[108] 그의 생각이 반영된 것처럼 보인다.

백충현 교수는 "남북한 평화통일을 위한 삼위일체적 평화통일신학의 모색"(2012년 출간)에 이어, 2016년에 출간된 "삼위일체적 평화통일신학의 적용"이라는 논문을 통해 북한 이탈주민들에 대한 남한 사회의 태도를 삼위일체론적으로 평가하면서 구체적인 사례를 들었다. 북한 이탈주민들이 남한 사회에서 경험하는 사회통합 과정은 통일을 앞당겨 실험한다는 의미가 있다고 하겠다. 그런데 그들이 남한 사회에서 겪는 차별, 무시, 배타 경험은 유감스럽게도 현실이다. 그래서 백충현 교수는 공동성, 개방성, 상호 내주성을 본질로 하는 삼위일체 신학이 "인간 존재 및 인간 사회에 대하여 관계성/공동체성 및 개방성/포용성의 원리를 이끌어 낼 수 있으며, 이를 바탕으로 남한 사람들과 북한이탈주민들 사이에 관계성/공동체성 및 개방성/

---

108 앞의 책, 164.

포용성을 형성하고 증진시킬 수 있다"[109]고 하면서, 귀감이 되는 사례들을 '미래나눔재단과 한반도평화연구원이 공동으로 추진한 새터민 대학생 멘토링 프로그램', 하충엽 박사가 제안하는 '통이(統異)공동체의 비전', 숭실대학교에서 교양필수과목으로 "한반도 평화와 통일"을 2014년에 개설한 것 등을 들고 있다.[110]

북한이탈주민들에 대한 남한 사회의 태도는 통일 이전에는 물론, 통일 이후에도 지속적으로 문제가 될 만큼 심각한 것이기에 이런 실험들은 중요하고 가치 있는 시도라고 하겠다. 비전 없는 프로그램은 지속 가능하지 않고, 프로그램 없는 비전은 공허하다. 경세적 삼위일체이신 하나님과 아들과 성령의 관계는 내적 동질성만이 아니라 각 위격의 독자성을 유지하는 다양성 속의 일치를 보여주고, 바로 이런 세 위격의 역동적 관계는 사회적 프로그램으로 구체화되면서 사회적 비전과 긴장 관계를 유지하는 것이 바람직하다고 필자는 생각한다. 그래서 아래에서는 남북 당국의 통일 정책과 프로그램을 경세적 삼위일체론에 토대를 둔 디아코니아신학의 빛에서 조명하려고 한다.

---

109 백충현, "삼위일체적 평화통일신학의 적용 — 북한 이탈주민들과 한국교회-사회와의 상호적 이해와 포용을 위한 구체적 실천방안들," 안교성 편, 『독일 통일 경험과 한반도 통일 전망: 신학적 성찰과 과제』 (서울: 나눔사, 2016), 258.
110 앞의 책, 252-256.

II. 통일을 위한 원칙, '화해의 디아코니아'

1. 관계 회복으로서의 화해

적대적 관계에 있는 사람들 사이에 좋은 관계를 회복하는 것을 의미하는 '화해'는 헬라어에서 세 가지 형태의 단어군(群)으로 사용되었다. 첫째는 '힐라스코마이'(hilaskomai)로서 주로 제의적 영역에서 사용되어 신들의 은혜와 죄의 속죄에 해당하는 단어로, 둘째는 세속적인 삶과 관계된 '카탈라소'(katallasso)가 있는데 이 단어는 부정적인 관계를 긍정적으로 변화시키는 것을 목적으로 하는 행위를 의미한다. 끝으로 '아포카타스타시아'(apokatastasis)로 이 단어는 정치적, 종말론적 용어로서 부분적인 혹은 총체적인 갱신을 의미한다. 그런데 신약성서에서는 제의적인 의미의 '힐라스코마이'나 정치적 의미의 '아포카타스타시아'가 아니라 세속적인 의미의 '카탈라게'가 하나님과 인간 사이, 인간과 인간 사이의 화해의 사건을 나타내는 결정적인 개념으로 사용되고 있다.[1]

'화해의 디아코니아'를 대변하는 하이델베르크 대학교의 테오도르 스트롬(Theodor Strohm) 교수도 세속적인 의미의 헬라어 '카탈라

---

1 H.-G. Link, "Versoehnung," Lothar Coenen u.a(hrsg.), *Theologisches Begriffslexi-konzum Neuen Testament* (Wuppertal: Theologischer Verlag R. Brockhaus, 1983), 1302.

게'(katallage, καταλλαγή)를 '온전한 변화', '갱신', '새로운 피조물'[2]의 의미로 사용한다. '새로운 존재 방식'으로서의 갱신은 하나님에 대한 인간의 관계, 자기 자신에 대한 관계, 다른 인간과 하나님의 총체적인 창조와의 새로운 관계를 가능하게 한다. 하나님이 인간에게 주시는 선물인 이 새로운 존재 방식을 통해 그리고 거기에서부터 시작되는 새로운 관계로부터 화해가 일어나는 것이다. 화해 사건은 교회를 만들기 위한 모든 인간적 노력에 선행하는 것이다. 화해의 디아코니아 (고후 5:18)는 교회의 직제와 봉사, 사회사업과 선포의 모든 다양성보다 앞서는 근본적인 과제이다.

화해는 인류와 모든 창조세계와 동행하시는 하나님의 길의 기초이자 목표이다. 화해는 하나님의 은혜이자 새로운 삶의 원천이다. 화해는 단순하게 법적인 사실의 내용이 아니다. 왜냐하면 화해는 인간 안에서부터 일어나는 진정한 변화, 하나님의 뜻에 부응하는 새로운 삶을 포함하기 때문이다. 이런 화해는 인간만이 아니라 하나님의 창조세계를 총체적으로 포괄한다(롬 8:22-23; 골 1:20). 성서의 창조 이야기는 인간과 자연의 관계를 당연하고 조화로운 균형을 이루고 있는 것으로 보지 않고, 인간의 죄로 인하여 날카로워진 갈등 관계로 본다. 이런 갈등 관계 안에서 인간은 할 수 있는 최선을 다해 질서를 찾고 또 실현해야 한다. 이 질서에는 다른 인간과 피조세계를 불필요

---

2 고후 5:17. "누구든지 그리스도 안에 있으면, 그는 새로운 피조물입니다. 옛 것은 지나갔습니다. 보십시오, 새 것이 되었습니다."

한 희생물로 만드는 무자비하고 이기적인 폭력을 제한하고 취소하는 것이 포함된다.3

사도 바울은 로마서 8장 19절에서 "피조물은 하나님의 자녀들이 나타나기를 간절히 기다리고 있다"라고 했는데, 피조물의 기대는 두려움과 고통 속에 있는 피조물들을 죽음의 예속에서부터 해방시키는 화해된 인간을 향하고 있다는 것을 의미한다. 화해의 디아코니아에 대한 이런 숙고는 지난 1997년 그라즈(Graz)에서 개최된 제2차 유럽 에큐메니칼 대회에서 '유럽교회협의회'(KEK)와 '유럽가톨릭주교회의'(CCEE)가 함께 결의한 명제이기도 하다. "여기에서 화해는 하나님의 은혜로 표현되었는데, 그것은 여러 선물 가운데 하나의 선물이라는 의미에서 그런 것이 아니라 아들을 통하여 자신을 계시하신 하나님의 자기 계시의 신비라는 점에서 그렇다. 그래서 교회는 하나님이 예수 안에서 그리스도로서 인간이 되셨고, 자신의 피조세계 안에서 현존하시는 비밀에 집중하는 것이다.

이런 사랑의 능력, 그리스도의 '영'이 우리 가운데 살아 움직이고 활동하신다는 것을 우리는 믿는다. 선하시고 거룩한 영을 우리는 화해의 에너지, 지속적인 갱신의 능력이라고 표현한다. 비록 우리가 여전히 화해되지 못한 흔적을 짊어지고 있다고 할지라도 화해를 향한 그리움 속에서 우리는 하나님의 능력의 입김을 알 수 있는 것이다(롬

---

3 Theodor Strohm, "Diakonie der Versoehnung — eine Perspective sozialer Verantwortung," Johann-Baptist Metz u.a.(hrsg.), *Compassion Weltprogramm des Christentums — Soziale Verantwortung lernen* (Freiburg: Herder, 2000), 26.

8:26f). 그리고 우리는 이런 영의 현존 안에서, 영과 함께, 하나님의 화해가 역사적 가능성이 된다는 것을 확신한다. 하나님은 구체적인 가능성으로서 화해를 인간의 역사 안으로 가져오신다."4

2. 공동체적 사귐으로서의 화해

그리스도교의 기본적인 삶의 형태는 '증언'(Martyria), '봉사'(Diakonia), '공동체적 교제'(Koinonia)에 있다는 것은 잘 알려져 있다. 이 세 가지 삶의 형태에 공통되는 기반은 화해라고 하겠다.

'증언'은 때때로 화해 사건을 표현하고, 그렇게 함으로써 새로운 희망을 일깨운다. '디아코니아'는 구체적인 행동을 통해 분열된 것들이 화해되고, 추방당하고 희생당한 사람들에게 도움이 베풀어지기를 도모한다. '코이노니아'는 파괴될 위협에 처한 세계를 위하여 모든 형태의 경계를 뛰어넘어 하나님의 보편적이고 우주적인 능력 안으로 들어가는 사람들의 공동체적 사귐이다. 그런 의미에서 교회는 그 자체로서 화해의 사건(Kirche als Versöhnungsgeschehen)이라고 스트롬은 주장한다.5 이 삼차원의 조화는 곧 선교적 삶의 구성 요소라고 하겠다. '하나님 나라'에 대한 '말'과 '하나님 나라'에서 하는 '행동'으로 '하나님 나라'의 '교제'가 이루어지기 때문이다.

---

4 앞의 책, 27.

5 Theodor Strohm, "Diakonie der Versoehnung — eine Perspective sozialer Verantwortung," 27.

그러므로 사도 바울이 고린도후서 5장에서 말한 화해는 단지 '화해에 대한 말씀'일 뿐이라는 오해가 종종 있었던 것에 대하여 스트롬은 칼 바르트(Karl Barth)의 '화해론'을 근거로 반박한다. 교회의 사역인 화해의 사역은 선포는 물론 행동을 포괄하고, 화해의 사역을 세상 안에서 실천한다는 것은 곧 생명, 자유, 정의와 평화(롬 14:17)를 위하여 헌신하면서 책임적인 삶을 산다는 것을 의미한다는 것이다.

스트롬은 그리스도교적 사랑의 실천의 '마그나 카르타'(Magna Charta)로 '선한 사마리아 사람의 비유'와 함께 마태복음서 25장 '최후의 심판'(마 25:31-46) 비유를 든다. 이 비유에서 최후의 심판자는 자신을 굶주리고, 목마르고, 병들고, 감옥에 갇힌 자와 자신을 동일시한다는 것과 하나님 나라에 대한 메시지가 철저하게 현실(차안)적이라는 것을 주목해야 한다고 스트롬은 지적한다. 최후의 심판자가 고통받는 사람들과 같았다는 것을 알았느냐, 몰랐느냐가 이 비유의 초점이 아니다. 그리스도교적 신앙이든 비그리스도인의 인도주의든, 중요한 것은 고난받는 인간과 어떤 관계를 맺느냐는 것이다.[6]

이웃에 대한 공동 책임은 예배(종교적인 행위)와 뗄 수 없는 관계에 있다는 것이 성서적 증언이기도 하지만, 예수는 이웃에 대한 구체적인 행동을 예배 행위보다 앞세웠다: "네가 제단에 제물을 드리려고 하다가, 네 형제나 자매가 네게 어떤 원한을 품고 있다는 생각이 나거든, 너는 그 제물을 제단 앞에 놓아두고, 먼저 가서 네 형제나 자매와

---

6 앞의 책, 28.

화해하여라. 그런 다음에 돌아와서 제물을 드려라"(마 5:23-24). 이 말씀은 우리가 이웃에 대한 책임을 동시에 지지 않으면 하나님과의 평화를 가질 수 없다는 것을 의미한다. 그리스도인의 책임에는 다른 사람의 삶을 함께 걱정하는 것이 포함된다. 그러나 오늘 우리 시대는 이웃을 위한 책임적 삶이 고난받는 사람에 대한 직접적이고 즉흥적인 도움의 행위에 제한될 수만은 없는 시대이다. 왜냐하면 오늘날 인간의 삶은 훨씬 더 강력하게 정치적이고 사회적인 구조를 통해 규정되고 있기 때문이다. 그러므로 인간의 삶을 파괴하는 파괴적 구조를 극복하거나 제거하면서 그런 구조를 보다 인간적인 형태로 구현하는 것이 이웃 사랑을 구조 안에서, 구조를 통하여 실천하는 것이라 하겠다.

교회, 특히 복음주의적 교회들조차도 '책임사회론'이라는 신학적 담론을 가지고 디아코니아를 사회적, 정치적 구조 안에서 더욱 확대된 의미로 이해한 것은 1974년에 채택된 '로잔 언약'(Lausanner Verpfli-chtung)에서 드러났다. '로잔 언약' 제5장은 사회적 책임을 등한시한 것에 대한 회개, 전도와 사회참여를 대립되는 것으로 이해한 것에 대한 참회, 전도와 사회적, 정치적 참여의 불가분리성 인정을 포함하고 있다.

우리는 하나님이 모든 사람의 창조자이신 동시에 심판자이심을 믿는다. 그러므로 우리는 인간 사회 전체에 정의와 화해를 구현하시고, 인간을 모든 종류의 압박에서 해방시키려는 하나님의 근심을 공유해야 한다. 이것이 진정한 경제적 신론의 출발이다. 구세주로 만난 기독교의 하나님은 창조주로서 인식되게 되고, 창조주에 대한 신앙은 하나님을 세상을 경세하시는 존재로 인정하게 만들어서 인간으로 하여금 경세하시는 하나님 앞에서 자신의 인생을 책임적 존재로 살게 만드신다. 사람은 하나님의 형상대로 창조되어 인종, 종교, 피부색, 문화, 계급, 성 또는 연령의 구별 없이 누구나 타고난 존엄성을 지니고 있다. 따라서 서로 존경과 섬김을 받아야 하며 누구도 착취당해서는 안 된다. 우리는 이 점을 등한시해 온 것과 종종 전도와 사회참여가 서로 상반되는 것으로 잘못 생각한 데 대해 참회한다. 존 스토트가 말한 것처럼 사람과의 화해가 곧 하나님과의 화해는 아니며, 사회 활동이 곧 전도가 아니며, 정치적 해방이 곧 구원이 아닐지라도, 여전히 전도와 사회적, 정치적 참여는 그리스도인의 두 가지 의무라는 것을 우리는 인정한다. 왜냐하면 이 두 가지는 모두 하나님과 인간에 대한 우리의 교리, 이웃을 위한 우리의 사랑 그리고 예수 그리스도에 대한 우리의 순종의 필수적 표현이기 때문이다.[7]

늦은 감이 있으나 1970년대에 복음주의 진영에서 채택된 '로잔 언약' 이후, 이른바 에큐메니칼 진영과 에반젤리컬 진영의 사이에 있었던 신학적 갈등, 복음화냐 인간화냐, 전도냐 선교냐, 영혼 구원이냐 사회 구원이냐는 도식적인 대립이 지양되기 시작한 것도 주목할

---

7 Theodor Strohm, "Diakonie der Versoehnung — eine Perspective sozialer Verantwortung," 30.

필요가 있다. 물론 진보적인 에큐메니칼 진영에서 '책임사회론'이 거론된 것을 훨씬 전의 일이었다. 제2차 옥스퍼드 '삶과 봉사' 세계대회(1937년)는 '책임사회' 개념을 처음으로 제시했고, 이 개념은 제2차 세계대전 이후 붕괴된 인류 공동체의 기독교적 회복을 위해 다시 채택되었다. 제5차 빌링엔 국제선교협의회세계대회(1952년)에서 '하나님의 선교'(Missio Dei)라는 용어가 사용되지는 않았지만, 바젤 선교부 원장이었던 칼 하르텐슈타인(Karl Hartenstein)이 빌링엔 선교대회의 주된 신학적 경향을 설명하면서 사용한 '하나님의 선교'라는 새로운 선교신학적 패러다임을 제시함으로써 삼위일체 하나님의 선교에 근거한 교회의 선교적 본질과 위상, 책임사회 구현을 위한 그리스도인의 사회적 역할을 주목하게 했다.[8]

그러나 하나님 나라를 신학적 기초와 목표로 삼은 에큐메니칼 선교는 "평화와 정의라는 하나님의 약속 성취를 향해 나아가는 역사의 비전 속에 사회적, 정치적, 종교적 운동과 제도를 포함하기 위해 그 범위를 확대함으로써 교회의 특수한 목적과 선교를 간과하는 한계를 보여주었고, 개인과 공동체의 영적 필요를 경시했고, 직선적이고 서구적인 진보적 전망을 무비판적으로 의지했다"는 비판을 받았다. 그래서 2005년 아테네에서 '치유와 화해'를 주제로 열린 세계교회협의회 세계선교와 전도대회에서는 '하나님의 선교'(Missio Dei) 접근법

---

8 케네스 로스·금주섭 외 엮음/한국에큐메니컬학회 역, 『에큐메니컬 선교학 — 변화하는 지형과 새로운 선교개념』 (대한기독교서회, 2018), 112.

과 '교회의 선교'(*Missio Ecclesiae*) 접근법을 조화시키려는 시도를 했던 것이다.

여기서 '화해는 그리스도 안에서 주어진 하나님의 용서, 이 세상에서 하나님의 임재와 활동의 의도 그리고 하나님의 선교의 최종 목적에 대한 비전을 설명하는 핵심 용어'로 규정되었다. 그리고 "진정한 화해는 값비싼 것이고, 만일 정의, 책임적 진리, 원수에 대한 사랑 그리고 용서와 분리된다면 쉽게 도달할 수는 없다. 그것은 개인적, 공동체적, 사회적, 생태적 차원을 가지고 있다. 진정한 화해는 개인적, 공동체적, 사회적 차원에서 과거와 현재의 상처, 불의와 죄의식으로부터의 치유를 의미한다"라고 선언되었다.[9]

2001년의 '9.11 테러'와 그 후에 전개된 '테러와의 전쟁'으로 온 세계가 갈등과 폭력과 전쟁으로 치닫는 상황에서 세계교회는 '억압과 소외와 죽음을 가져오는 정치적, 경제적, 종교적 경향들과 세력들에 맞서는 대안 및 수단으로서 그리스도의 생명을 긍정하는' 에큐메니칼 선교를 추구했고, 화해와 치유에 집중한 것이다. 물론 '화해론'을 자기 신학의 중심에 세운 신학자는 이미 19세기 마틴 켈러(Martin Kaehler)와 알브레히트 리츨(Albrecht Ritschl)이 있었고, 20세기에는 칼 바르트(Karl Barth)가 화해론을 그의 신학의 중심에 세웠다. 그 후 '화해'는 하나님과 인간, 인간과 인간 사이의 구원 사건의 핵심으로, 단지 교회 안에서의 사건이 아니라 세계의 화해 사건으로 이해되었고, 교회는

---

9 앞의 책, 216-220.

화해의 선포만이 아니라 세계를 위한 화해 사역을 책임지는 공동체로 (고후 5:18) 이해되었다.[10]

3. 경계를 뛰어넘는 사랑의 실천으로서의 화해

우리는 지금까지 화해가 에큐메니칼 선교의 중요 과제가 된 것을 살펴보았다. 그렇다면 화해의 디아코니아의 성서적 전거와 신학은 무엇인가?

디아코니아의 성서적 전거도 디아코니아를 어떻게 이해하느냐에 따라 제각각 원용되는데,[11] 필자는 '제사장적 디아코니아'와 '예언자적 디아코니아' 그리고 '화해의 디아코니아' 개념을 중심으로 분류하려고 한다. 그러나 성서는 디아코니아의 세 가지 본질을 분리하여 이해하지 않는다. 그것은 이 세 가지 디아코니아의 본질이 서로 뗄 수 없이 결합되어 있기 때문이다.

구약학자인 프랑크 크뤼제만(F. Cruesemann)은 구약성서 시대에

---

10 H.-G.Link, Versoehnung, Lothar Coenen u.a(hrsg.), *Theologisches Begriffslexi-konzum Neuen Testament* (Wuppertal: Theologischer Verlag R. Brockhaus, 1983), 1309, 1312.

11 디아코니아의 성서적 전거에 대해서는 게하르트 쉐퍼, 테오도어 슈트롬 편,『디아코니아와 성서』(서울: 한들출판사, 2013); 김옥순,『디아코니아학 입문』(서울: 한들출판사, 2010). 디아코니아의 역사적 발전을 종교개혁 시기부터 현대에 이르기까지 다룬 논문은 김옥순,『디아코니아신학 — 섬김과 봉사: 교회의 디아코니아 활동을 위한 신학적 성찰』(서울: 한들출판사, 2011).

"인간적으로 만들어 낸 고통에 권리의 수단을 가지고 대응하는 광범위한 시도"가 있었는데, 구약성서는 "가난한 자와 고통에 처한 자의 권리를 지켜주고, 단지 그들의 생명을 지켜주는 것뿐 아니라 압제나 착취당하지 않는 경제와 국가를 만드는 것"을 율법의 중심이자 경전의 출발점으로 삼았다고 한다.[12] 단지 자선 행위가 아니라 법적 권리의 회복에 초점이 있었다는 것이다. '안식년법', '비특권층(사회적 약자) 보호법', '이자금지법', '규칙적 채무 탕감과 예속으로부터의 해방을 보장하는 희년법', '사회적 세금(사회적 십일조) 규정' 등 법전이 그것이다.

성서적 사회법으로도 표현되는 일련의 이런 법규들은 열왕기 시대의 말기에 속하는 '신명기'와 포로기와 포로기 이후에 생성된 '거룩한 법'(성결법)이라고도 불리는 법 모음집인 '레위기 17-24장'에 결집되어 있는데, 이 모든 것이 결국 하나의 커다란 '시내산법'에 합쳐졌고, 이 법전들은 결정적으로 경전의 지위에 오르게 되었다.[13] 법전들이 경전의 지위를 차지함으로써 상황의 변화에 따라 지켜질 수도 지켜지지 않을 수도 있고, 인간이 자의나 임의로 해석할 수 있는 길을 차단한 것은 디아코니아의 이론과 실천의 괴리, 믿음과 행함 사이의 분리를 정당화할 수 없게 한다.

사회적 약자에 대한 배려가 단지 도덕적인 행위만이 아니라 하나

---

12 프랑크 크뤼제만, "디아코니의 기초로서의 구약성서," 폴커 헤르만·마틴 호르스트만 엮음/이범성 역, 『디아코니아학 — 디아코니아로 가는 성서적, 역사적 그리고 신학적 통로』(서울: 대한기독교서회, 2016), 70.
13 앞의 책, 78-79.

님과의 관계에서도 옳은 일이라는 선언은(신 24:13) 약자 보호라는 사회적 행동이 신앙고백적 행동과 분리될 수 없다는 것을, "하나님의 행동과 인간의 행동이 섞이거나 나뉘지 않고 포개어져 있다"는[14] 것을 보여준다. 그런 의미에서 자선 행위가 받는 사람의 태도에 의해 규정되거나 조건이 되는 것은 죄의 고백과 용서에 대한 감사로서의 섬김이라는 디아코니아 원칙에 부합하지 않는다고 하겠다.

사회적 약자들에 대한 배려는 단지 경제적 궁핍으로부터의 보호에만 국한된 것이 아니다. 이들의 법적 권리의 보호도 성서는 주목하고 있다(신 25:17). 자비가 단지 베푸는 선행으로 끝나는 것이 아니라 법적 권리의 회복이라는 제도와 관계된 것임이 분명한데, 이 점도 '제사장적 디아코니아'와 '예언자적 디아코니아'가 결합되어 있었다는 것을 보여준다. 예언자적 디아코니아를 일종의 제도화된 공적 부조로 본다면, 이스라엘의 '사회적 십일조'(신 14:28-29) 제도도 주목해야 한다. 왕정 시대의 몇몇 문화권에서 십일조는 전통적인 주요 세금이었으나 이스라엘에서는 매해 3년마다 모인 십일조를 중앙청이 통제하지 않고, 각 지역에서 직접 비특권층에 속하는 레위인, 떠돌이, 고아와 과부들이 배불리 먹게 나누어주었다.[15]

신명기 26장 12절 이하는 사회적 십일조가 어김없이 실행되었음을 보여준다. 그것은 그런 실천이 단지 공동체의 유지를 위한 도덕적,

---

14 앞의 책, 91.
15 프랑크 크뤼제만, "디아코니의 기초로서의 구약성서," 83.

사회적 책임이 아니라 '주님의 명령'이기 때문이었다(신 26:13). 법적 규제는 지켜질 수도 있고 안 지켜질 수도 있는 것이다. 소득이 줄어들 수도 있고, 사정이 어쩔 수 없어서 십일조를 못 할 수도 있을 것이다. 그것이 단지 도덕적 요청이라면 말이다. 그러나 사회적 십일조의 실행이 '하나님의 명령'이라는 것은 실행 여부가 인간적 조건에 의해 결정되는 것이 아니라 이스라엘 공동체 안에서는 신앙고백의 문제임을 보여준다. 프랑크 크뤼제만에 의하면 "3년째의 십일조는 신명기 사회입법의 대표적인 구성 요소이고, 변두리 집단의 원호처를 확고히 하였다"라고 한다.16

사회적 약자를 돌보고 보호하는 또 다른 법적 장치는 '이자 금지'와 '빚의 탕감'에 대한 법규들이다. 주전 5세기경의 한 '채무계약서'에 의하면, 당시 유대 식민지였던 에레파니에서 한 여성이 4세겔의 은돈을 연간 60%의 이자를 내는 조건으로 빌렸는데, 계약서에 의하면 2년째가 되면 이자까지 쳐서 돈을 갚아야 했고, 그렇게 하지 못하면 채무자의 소유로부터 발견하는 모든 것, 즉 은, 금, 동, 철, 남녀 노예, 보리, 밀 그리고 생필품 등 가운데서 할부금을 내야 했고, 원금과 이자를 모두 갚을 때까지 그렇게 해야 했다고 한다.17 심지어 채무자와 자녀들을 노예로 삼기도 했다. 심한 고금리와 담보 설정이 일상화되어 있었던 것이다. 그러나 이스라엘의 신명기법전은 그것을 금하고

---

16 앞의 책, 84. 스위스 종교개혁자 쟝 칼뱅은 제네바 빈민 구제를 위해 이런 사회적 십일조 운동을 했다고 알려져 있다.
17 앞의 책, 84.

있다(신 23:19-20). 이자 금지 규정도 채무자와 채권자로서의 관계에서가 아니라 하나님의 관계에서 명령된 것으로 이스라엘은 받아들였다. 사회적 배려나 선행으로서가 아니라 하나님의 명령이기에 현실적 조건에 의해 영향을 받을 수 없다는 것이다. 이런 이스라엘의 법 정신은 주변의 이웃 나라들의 법에서는 비교할 만한 비슷한 것이 없다는 것도 주목해야 한다.[18]

고대 근동국가들의 법규들과 구별되는 이스라엘 법전의 특성은 고대 근동국가들의 법규들이 왕(지배계급)으로부터 유래했지만, 구약성서의 법은 하나님이 시내산에서 그의 백성에게 주신 '하나님과의 계약'이라는 것, 제의적 규칙과 윤리적 명령이 아우러져 있다는 것이다. 이것은 "약자를 보호하고 정의를 실현하는 것은 하나님 앞에서 종교, 제의적 태도와 마찬가지로 동일한 무게를 가진다"라는 것을 의미하는 것이라 하겠다.[19] 물론 고대 근동, 특히 바빌론 시대에도 부채 탕감의 전통은 있었다. 새로운 왕이 즉위하는 특별한 기회에 왕이 부채 탕감을 선포하는 것이 그것이었다. 그러나 이런 것은 부정기적으로 가끔 실행되었지, 이스라엘처럼 정기적으로 행해진 것이 아니었고, 이런 정치적 행위가 제의적 행위와 동일시된 것도 아니었다.

프랑크 크뤼제만은 사회적 약자 보호법이 이른바 '성결법전' 안에 있다는 것이 놀라운 신학적 함의를 가진다고 지적한다. "너희의 하나

---

18 앞의 책, 85.
19 앞의 책, 78-79.

님인 나 주가 거룩하니, 너희도 거룩해야 한다"(레 19:2). 이웃 사랑과 이방인 사랑은 하나님의 거룩하심에 동참하는 것이니, 하나님의 백성은 제의적 성결만이 아니라 일상생활에서 이웃과 이방인 사랑을 통해 하나님의 거룩함에 걸맞은 삶을 살아야 한다는 것이다.[20] '거룩함'의 어원이 의미하는 것처럼, 하나님의 백성은 세상과 '구별된 삶'을 살아야 하는데, 이런 삶은 이웃과 이방인 사랑에서 구체적으로 드러나야 하고, 그것이 하나님의 거룩함에 동참하는 길이라는 것이다. 디아코니아는 그리스도인의 윤리적 의무만이 아니라 하나님의 거룩함에 동참하는 길이라는 성서적 전거도 디아코니아를 전도의 수단으로 생각하거나 조건부로 실천하는 행위를 경계한다. 특히 이스라엘의 약자 보호법에는 같은 겨레만이 아니라 외국인 날품팔이도 포함되었고, 외국인에게도 어떠한 억압이나 착취도 금지되었다는 것(신 24:15)은 난민, 탈북이주민, 외국인 노동자들에 대한 한국교회의 태도를 성찰하게 한다.

테오도어 슈트롬(Theodor Strohm)은 디아코니아의 성서적 전거를 사회적 약자 보호법에서만이 아니라 하나님의 존재 자체에서 찾아야 한다고 한다. 그는 하나님이 자신을 '디아코니아적 존재'로서 자신을 계시하셨다고 한다. 출애굽기 20장 2절, "나는 너희를 이집트 땅에서 종살이하던 집에서 이끌어 낸 주 너희의 하나님이다"라는 말씀은 하나님이 자신을 정의하는 신적인 자기 결정의 위대한 선언인데,

---

20 프랑크 크뤼제만, "디아코니아의 기초로서의 구약성서," 92.

"하나님은 출애굽의 하나님이기를 원하시고, 종이 되고, 억압받고 노예 된 백성의 하나님이기를 원하신다. 그리고 속박에 대항하고 자유를 위해" 하나님이 그런 백성을 선택하셨다는 것이다. 더 나아가 슈트롬은 시편 82편을 근거로, 하나님이 다른 신들을 재판하실 때도 가난하고 가련한 사람들을 돕지 않은 것을 들어 자신의 디아코니아적 존재를 제시한다(시 82:2-4).[21]

슈트롬은 하나님의 존재 자체가 디아코니아적 존재임을 가장 분명하게 보여주는 성서로 마태복음서 25장, '최후의 심판' 비유를 든다. 심판자이신 하나님이 자신을 '주리고, 목마른 사람, 나그네, 헐벗은 사람, 병든 사람, 감옥에 갇힌 사람'과 동일시함으로써 하나님은 "세상 고난의 심연 속에서 자신의 인격 안에 감추어진 채, 이 세상에 자리하는 분"[22]이심을 보여주셨다는 것이다.

클라우스 뮐러(Klaus Mueller)도 이런 하나님을 "아래에 계신 하나님, 사회적 약자의 편을 드는 것을 하나님 됨의 기준으로 삼는 분, 가장 낮은 곳에서 가장 완전하게 자신을 드러내는 십자가에 달리신 분"으로 표현했다.[23]

---

21 테오도오 슈트롬, "디아코니의 성서, 신학적 기초와 입문," 폴커 헤르만·마틴 호르스트만 엮음/이범성 역,『디아코니아학 — 디아코니아로 가는 성서적, 역사적 그리고 신학적 통로』(서울:대한기독교서회, 2016), 21.

22 앞의 책, 22-23. 위르겐 몰트만도 마태복음 25장을 근거로 한 하나님의 디아코니아적 존재를 드러내는 설교로 1970년대 한국의 고난 받는 그리스도인들의 고난에 신학적 의미를 부여했다.

23 클라우스 뮐러, "전체 성서적 신학의 전망에서 보는 디아코니아의 근본 질문," 폴커 헤르만·

210 | 3장 _ 통일을 위한 디아코니아의 유형과 원칙

신약성서에서 디아코니아의 전형적인 성서적 전거로 제시되는 것은 단연 '선한 사마리아 사람의 비유'(눅 10:25 이하)다. 역사적 예수 연구자로 알려진 독일 하이델베르크대학의 게르트 타이센(Gerd Theissen)은 '선한 사마리아 사람의 비유'를 중심으로, 돕는 행위가 제도화되고 기구적으로 작동하는 것에 대한 불신을 전제로, 돕는 행위와 그 동기를 검토한다.24 그리스도교적 이웃 사랑의 신약성서적 전거로 알려진 이 비유는 반유대주의적으로(제사장과 레위인이 강도 만난 사람을 피하여 지나간 것과 이방인인 사마리아인이 도움을 베풀었다는 것을 근거로) 해석되었거나 이웃 사랑은 강도 만난 사람의 상처를 치유하고 비용을 내어 개인적으로 돕는 것으로 해석되었다.

　　그러나 타이센은 이 비유를 반유대주의적 시각에서 해석하거나 개인 윤리적으로(제사장과 레위인이 악하다고) 해석하는 것을 지양해야 한다고 한다. 하나님 사랑과 이웃 사랑의 이중 계명은 유대인과 그리스도인 공통의 전통이었기 때문이고,25 제사장과 레위인이 피해 간 것은 개인적인 문제가 아니라 시신과 접촉하면 부정해진다는 율법과 그들 공동체 안에서의 모범과 일반적 태도와 연관되어 있었기 때문에, 그들의 태도는 "개인적 실패가 아니라 개인을 실패하게 만드

마틴 호르스트만 엮음/이범성 역, 『디아코니아학 — 디아코니아로 가는 성서적, 역사적 그리고 신학적 통로』(서울: 대한기독교서회, 2016), 45-46.

24 게르트 타이센, "성서, 디아코니아적으로 읽기: 돕는 행위에 대한 정당성의 위기와 선한 사마리아인," 폴커 헤르만·마틴 호르스트만 엮음/이범성 역, 『디아코니아학 — 디아코니아로 가는 성서적, 역사적 그리고 신학적 통로』(서울: 대한기독교서회, 2016), 98-129.

25 앞의 책, 106-107.

는 하나의 사회적 기후"가 반영된 것으로 보아야 하기 때문이라고 한다.[26]

선한 사마리아인의 비유를 개인 윤리적 차원에서만 해석하면, 사회적 약자, 소외된 사람들의 고통과 억압의 현실을 만들어 내는 구조적 악을 보지 못하는 일이 발생한다. 물론 모든 인간적 곤궁이 사회 구조적인 뿌리를 갖는 것은 아니지만, 인간적 곤궁과 억압을 만들어 내는 사회 구조적 모순을 함께 보지 않는 자선 행위는—그것이 없어서는 안 될 중요한 일임에도 불구하고— 불의한 억압의 구조적 현실을 유지하는 데 기여한다는 비판을 피할 수 없다. 그래서 이웃 사랑을 개인 윤리적 차원의 사랑의 행위에 맡길 것이 아니라 구조적이고 제도적으로 접근해야 한다고 해석한 것이다. 그러나 선한 사마리아 사람의 비유의 핵심은 거기에 있지 않다. 한 율법교사가 '영생'에 대한 질문을 예수에게 던지면서 시작된 이 비유의 초점은 사랑해야 할 이웃이 누구냐는 율법교사의 질문을 예수는 누가 강도 만난 사람의 이웃이냐는 질문으로 되돌림으로써 이웃 사랑이 사랑을 베푸는 사람의 자기만족이 아니라 구체적으로 강도 만난 사람, 상처받은 사람의 필요를 지향한다는 것을 분명히 했다. 선한 사마리아 사람의 비유에서 이해된 디아코니아는 고통받는 이들의 '구체적이고, 온전한 치유'를 지향한다.

그리고 선한 사마리아 사람은 사마리아인과 유대인 사이의 역사

---

26 앞의 책, 108.

적 적대 관계에도 불구하고, 인종과 종교와 민족이라는 운명을 넘어서는 사랑의 실천이 진정한 이웃 사랑임을 보여주었다. 인류 역사의 시작에서 지금까지 일어난 역사의 범죄는 인간에 대한 관심이 언제나 부족, 인종, 민족, 지방색, 계급에의 귀속성에 한정시켜 그 틀에서 벗어난 사람을 억압하는 데 있었다. 그렇기 때문에 자기 나라 시민을 죽이는 것은 범죄가 되지만, 다른 나라 사람이나 다른 종교를 가진 사람들을 전쟁에서 죽이는 것은 영웅적 미덕으로 추앙되고, 외국인 노동자들을 학대하는 것은 전혀 문제가 되지 않는 이 무서운 결과는 이런 자민족중심주의에서 비롯된 것이다.

선한 사마리아 사람의 비유에 근거한 디아코니아는 모든 (인종적, 민족적, 종교적) 경계를 뛰어넘는 사랑의 실천이다. 영생에 대한 질문, 곧 종교적인 질문에서 시작된 대화가 강도 만난 사람의 이웃이 되어 사랑을 실천하는 것이 곧 영생에 이르는 길임을 분명히 함으로써 디아코니아는 종교성과 이웃 사랑이 분리될 수 없이 결합되어 있음을 보여준다. 다시 말해 "인간을 죽음에서 보전하고, 그 생명을 구하는 자는 죽음의 위협을 받지 않는 영생을 갖게" 된다는 것이다.[27]

도움은 자칫 도움을 베푸는 사람과 도움을 받는 사람 사이에 위계적 질서를 만들고, '숨겨진 지배' 관계를 만들 위험성이 있다는 타이센의 설정은 정당하고, 역사적 경험이 뒷받침한다. 이른바 제1세계의

---

27 게르트 타이센, "성서, 디아코니아적으로 읽기: 돕는 행위에 대한 정당성의 위기와 선한 사마리아인," 118.

부유한 교회와 제3세계의 가난한 교회의 관계가 그것이다. "도움은 힘 있는 자의 은총일 뿐"이라는 것이다.[28] 위로부터 아래로의 도움은 역사적으로도 입증되는데, 고대 근동의 권위주의적인 사회구조에서 일반적으로 행해지고 알려진 정서였다. 예컨대 이집트에서는 고위층 관리가 자신을 자랑하는 신분의 상징으로 굶주린 사람들에게 먹을 것을 주고, 벗은 자들을 입히고, 빵과 옷을 제공했다고 한다.[29]

그런데 타이센은 예수께서는 "누가 강도 만난 사람의 이웃이냐?" 고 질문함으로써 도움을 받는 사람과 도움을 베푸는 사람의 평등한 관계를 전제한 것에 주목한다. 또한 "네 이웃을 네 몸같이 사랑하라"는 것도 사랑은 육체적 필요에 부응하는 것이고, 같은 몸을 가진 인간의 보편성과 평등성을 전제한 것이다. 다시 말해 도움이 필요한 사람을 같은 사람으로, 똑같은 신분으로 대하라는 것이다.[30]

디아코니아의 평등의 원칙은 마태복음서 20장에 나오는 포도원 품꾼들의 비유에서도 분명히 드러나 있다.[31] 임금을 노동시간에 걸맞게 지급하는 것이 정의로운 처사인데, 포도원 주인은 노동시간에 관계 없이 똑같은 임금을 지급했고, 이에 품꾼들이 불만을 드러냈다. 그러나 주인은 가장 늦은 시간에 품꾼으로 불려 간 사람들이 대부분

---

28 앞의 책, 110.

29 앞의 책, 110.

30 앞의 책, 111.

31 테오도오 슈트롬/이범성 역,『디아코니아학 — 디아코니아로 가는 성서적, 역사적 그리고 신학적 통로』, 23.

너무 나이가 많거나 허약한 사람들이었음을 감안했을 것이고, 내일을 위한 일용할 양식을 오늘 줌으로써 누구도 굶주려서는 안 된다는 하나님의 뜻을 실현하기 위해 같은 임금을 지급한 것이다. 디아코니아는 사랑과 정의가 입을 맞추는 실천이다.

예수의 이런 가르침은 초대교회에도 유지되어 '사람을 차별하여 대하지 않는 것'(약 2:1)이 원칙이었다. 그리고 사람을 차별하여 대하는 것은 '죄를 짓는 것이고, 율법을 따라 범법자로 판정을 받게 될'(약 2:9) 행위로 여겨졌다. 선한 사마리아 사람의 비유에 근거한 디아코니아는 '평등'을 전제한다. 그리고 선한 사마리아 사람은 사랑은 자신에게 끼칠 결과에 대하여 생각하지 않고, 사랑받아야 할 사람의 요청을 지향했다. 그래서 그는 자신을 사랑의 요청 때문에 위험한 곳에 던질 수 있었던 것이다. 그리고 그는 자기 의무 이상의 일을 한다. 상처를 싸매주는 것만으로도 바쁜 길을 가는 그에게는 충분한 사랑의 행위였을지 모른다. 그러나 그는 그 사람을 여관까지 데려가 간호하고 긴 치료에 필요한 조치를 했다. 선한 사마리아 사람의 비유에 근거한 디아코니아는 상처받고 피해받은 사람들의 '온전한 치유'를 지향한다.

디아코니아의 신약성서적 전거는 구체적이고 현실적인 필요에 부응하는 사랑의 실천, 주는 이와 받는 이의 평등한 관계로서 디아코니아를 이해한다. 이것은 북한에 대한 인도주의적 지원 태도가 어떤 것이어야 할지 예시한다. 대북 인도적 지원이 부유한 남한과 가난한 북한의 차이를 선전하고, 대북 우월성을 입증하는 수단으로 생각하는 디아코니아는 오히려 반성서적인 이유가 여기에 있다. 북한에 대한 식량 지원이 전개되었을 때, 지원한 식량이 군인들에게 배급된다는 것을 문제 삼아 지원 중단을 주장한 보수적 기독교 단체들이 있었다. 참으로 비성서적이고 반기독교적인 태도가 아닐 수 없고, 디아코니아의 현실성과 보편성을 부인하는 반신앙적 행태라고 하겠다.

이것은 특히 '성육신 신앙'과 예수 그리스도의 '십자가의 구원 사건' 위에 서 있는 '화해의 디아코니아'를 정면으로 부인하는 행태가 아닐 수 없다. '인간이 되신 하나님'을 믿고, 예수 그리스도의 구원의 보편성을 믿는 그리스도인은 디아코니아의 현실성과 보편성을 실천하지 않을 수 없을 것이다. 들을 수 없는 조건을 내세우고, 위에서부터 아래를 향한 자선적 행동은 무조건성과 평등성을 본질로 하는 화해의 디아코니아를 막는 장벽이다. 이것은 교회들 사이의 관계에서만이 아니라 정부 차원에서도 마찬가지이다. 앞으로 살펴보겠지만, 1970년대 이후 남북한 당국 사이에 체결된 합의문들이 지켜지지 않거나 파기된 배경을 보면, 동북아시아의 정치적 지형의 변화나 남북 당국의 정치적 이용 목적 외에도, 서로에 대한 강한 불신이 놓여 있었다는 것을 확인할 수 있을 것이다.

화해의 디아코니아의 성서적 핵심은 무엇보다 화해의 주체가 하나님 자신이라는 것이다(고후 5:18 이하). 화해는 전적으로 은혜로우시고 자비로우신 하나님 자신의 자유로운 행위로서 죄의 용서와 계약의 갱신에서 시작되는 것이지(사 43:25, 54:7 이하; 렘 31:31 이하), 인간의 회개와 죄책고백과 같은 인간적 행위에 달린 것이 아니다. 화해는 모든 인간적 행위에 우선하는 하나님 자신의 행위이고, 회개와 죄책고

백은 하나님의 자비로우신 화해 행위에 대한 인간의 반응일 뿐이다.[32]

화해가 하나님 자신의 일방적인 사건이라는 것은 사도 바울에 의해 다시 한번 강조되는데, 바울은 화해가 그리스도의 사역을 통한 하나님의 선물이자 그의 십자가 죽음과 부활과의 관계에서 일어난 사건이라고 증언한다(롬 5:10 이하). 그리고 화해의 본질은 하나님과 인간 사이의 적대적 관계의 종식(롬 5:10)에 있는데, 하나님이 인간의 죄과를 따지지 않으심으로써(고후 5:19), 다시 말해 의롭다고 인정함으로써 적대관계를 종식시키셨다는 것이다.

하나님의 일방적인 자비와 은혜에 의해 화해된 인간에게는 '화해의 직분'이 맡겨진다.

> 하나님께서는 그리스도를 내세우셔서, 우리를 자기와 화해하게 하시고, 또 우리에게 화해의 직분을 맡겨 주셨습니다. 곧 하나님께서 사람들의 죄과를 따지지 않으시고, 화해의 말씀을 우리에게 맡겨주심으로써, 세상을 그리스도 안에서 자기와 화해하게 하신 것입니다. 그러므로 우리는 그리스도의 사절입니다(고후 5:18-20).

다시 말해 그리스도인은 하나님의 화해의 동역자이고(고후 6:1), 그리스도의 대변자(고후 5:20)로서, 하나님의 화해 사역이 관철되는

---

32 H.-G. Link, "Versoehnung," Lothar Coenen u.a(hrsg.), *Theologisches Begriffslexikonzum Neuen Testament* (Wuppertal: Theologischer Verlag R. Brockhaus, 1983), 1308.

현실에 참여해야 한다는 것이다. 그러므로 예수 그리스도의 제자로서 화해의 사절이 된다는 것은 심판자와 같은 중립적인 태도를 취하면서 거리를 두는 것이 아니라 프란츠 파농(Frantz Fanon, 1925~1961)이 말한 '대지의 저주받은 사람들'[33]을 위해 행동하는 것을 의미한다. 그리스도인에게 위임된 화해의 사역은 구체적으로 우리 시대에 적대적 관계를 만들고 유지하고 있는 모든 장벽을 무너뜨리는 것이다. 경제체제와 정치 이념, 부자와 가난한 자, 인종과 성과 종교, '코비드-19' 팬데믹과 백신 독점 등 인간과 인간, 인간과 창조세계 사이의 적대관계를 극복하는 것이라 하겠다. 이런 화해의 사역을 우리는 화해의 디아코니아라고 하고, 그 성서적 전형은 그 무엇보다 예수 그리스도 자신의 삶과 가르침에 있다고 하겠다.

화해의 디아코니아가 구체적으로 무엇을 의미하고, 무엇을 지향하는지는 예수의 삶 자체가 가장 구체적으로 드러내고 있기 때문이다. 하나님을 모르는 이들에게 가까이 다가온 하나님 나라에 대한 복음을 단지 선포하는 데 그친 것이 아니라 예수는 병든 이들을 치유하고, 악령들을 축출하고, 세리와 죄인들과 함께 먹고 사귀었으며, 가난하고 굶주리고 고통받는 이들을 편들고, 경건한 사람들과 비종교적인 사람들, 배부른 사람들과 배고픈 사람들, 하나님과 인간을 분열하는 장벽을 무너뜨린 것 때문에 적대자들과 치명적인 갈등 관계에 놓이게 되었고, 마침내 십자가 죽음을 당했으나, 이로써 화해의 디아코니아

---

33 프란츠 파농/남경태 역, 『대지의 저주받은 사람들』(서울: 그린비, 2019).

를 온몸으로 실현했던 것이다.

그러므로 '화해의 디아코니아'는 '예수 그리스도의 삶과 가르침에서 드러난 하나님의 자유롭고 일방적인 하나님의 자유로운 선물'에 대한 인간의 응답이자, 동시에 '화해된 인간인 그리스도인의 제자직'으로서 '하나님과 인간', '인간과 인간', '인간과 창조세계' 사이를 가로막는 장벽들을 제거하는 신앙적 실천'이라고 하겠다. 그리고 화해의 디아코니아의 목표는 하나님의 나라이지만, '이미와 아직' 사이에 있는 하나님 나라는 '정의로운 평화'(Justpeace)로 '지금, 여기에서' 부분적으로 실현되는 것이다.

4. 하나님의 일방적인 사랑과 자기희생으로서의 화해

'88선언'이 채택된 지 벌써 36년이 지났고, 그 사이 한반도 주변은 물론 남북 국내 상황도 크게 변했다. 그러므로 변화된 상황과 시대의 도전에 대한 디아코니아신학적 응전도 달라지지 않을 수 없다. 남북 집권 세력도 변했고, 미국과 중국의 관계도 심상치 않게 전개되고 있다. 한반도의 비핵화, 정전 상태의 종식과 평화협정 체결이라는 국내 차원의 도전 외에도 '코비드-19 팬데믹'과 '기후 위기' 등 지구적 차원의 도전도 현실이 되었다. 그러므로 디아코니아신학적 시각에서 보는 평화통일운동 방향에 대한 전망도 달라지지 않을 수 없다. 그래서 필자는 '화해의 디아코니아신학'의 시각에서 '88선언'과 그 전후의 통일 정책과 통일운동을 평가하고, 앞으로 한국교회가 추구해야 할 통일운동의 방향을 제시하려고 한다.

화해는 내가 보고 싶은 것만 보거나 내가 원하는 것만 요구하는 한 결코 성취될 수 없다. 화해의 디아코니아는 나의 필요가 아니라 상대의 필요에 부응하는 윤리적 실천이기 때문이다. 박한식 교수는 남북관계의 개선을 위해서는 "우리가 바라는 북한의 모습이 아니라, 현재 북한의 모습을 있는 그대로 보아야 한다. 북한이 왜 핵개발에 목을 매는지, 북한이 진정으로 원하는 것이 무엇인지 냉정하게 살펴보아야 한다. 특히 북한이 자존심을 매우 중시한다는 점, 흡수통일에 대한 두려움이 크다는 점, 미국-일본과 관계 정상화를 바란다는 점을 기억해야 한다"[34]고 말한다.

그리고 무엇보다 성서적 화해는 하나님의 일방적인 사랑과 자기희생에서 시작되었기 때문이다. 성서는 화해가 십자가 사건에서 완성된다고 말한다: "그리스도께서는 유대 사람과 이방 사람이 양쪽으로 갈려있는 것을 하나로 만드신 분이십니다. 그는 유대 사람과 이방 사람 사이를 가르는 담을 자기 몸으로 허무셔서 원수 된 것을 없애셨습니다. 그것은 이 둘을 자기 안에서 하나의 새 사람으로 만드셔서 평화를 이루시고, 원수된 것을 십자가로 소멸하시고, 십자가로 이 둘을 한 몸으로 만드셔서, 하느님과 화해시키시려는 것입니다(엡 2:14-16)."

예수는 화해를 위해 자기 몸으로 적대의 벽을 허무셨다는 것이다. 화해가 쉽게 말해질 수 없는 이유, 값싼 은혜가 아닌 이유가 여기에

---

34 박한식 · 강국진,『선을 넘어 생각한다』(서울: 부키, 2018), 185-186.

있다. 화해의 언덕에는 십자가가 서 있다. 손해를 감수한 책임적 결단과 실천이 없는 화해는 거짓 화해일 뿐이다. 입은 던지지만 몸은 던지지 않는 사람의 화해는 어떤 벽도 허물지 못한다. 화해는 원수 됨의 극복을 지향한다. 원수의 소멸이 아니라 원수 관계의 극복이 목적인 것이다. 화해는 가해자와 피해자라는 적대관계를 넘어서 새로운 인간의 탄생을 원한다. 사람 사이의 화해가 궁극적으로 하나님과의 화해로 인도하는 이유가 여기에 있다. 적대자와 화해한 사람만이 하나님과 화해할 수 있고, 하나님과 화해를 원하는 사람은 적대자와 먼저 화해하게 되어 있다는 것이다.

새로운 인간은 누구인가? 이들은 더 이상 지금까지 자신을 규정했던 정체성의 지배를 받지 않는다. 새로운 인간은 인간을 분열시키는 장벽, 인종이나 종교, 성이나 계급의 불평등한 권력관계를 예수처럼 자기 몸으로 허무는 사람이다. 오늘의 그리스도교가 새로운 인간을 탄생시킬 수 있는 길, 남북의 장벽을 허무는 길은 조건 없는 화해를 위해 한국교회가 자기를 바칠 때 가능할 것이다. 그런 의미에서 진정한 화해는 상호성이 아니라 일방성에 의해서 가능하다.

그동안 남한 당국은 대북관계에서 대부분 상호주의 원칙을 내세웠다. "이에는 이, 눈에는 눈"처럼, 동태복수법과 비슷했다. 그러나 남북관계가 더 이상 대칭적이지 않고 기울어진 운동장처럼 비대칭적인 조건에서는 힘을 가진 쪽에서 더 많은 것을 양보해야 화해가 가능하다.[35] 힘이 없는 쪽의 자존심을 지켜주면서 일을 성사시키는 방법은 상호주의의 포기, 곧 일방적일 정도로 호혜적인 태도를 취하는 것이

바람직하다는 것을 우리는 독일 수상 빌리 브란트의 동방 정책, 김대중 정부의 햇볕 정책에서도 확인할 수 있었다.

한반도 통일을 위한 디아코니아신학적 이해는 평화가 통일의 '과정'이자 동시에 '목적'이어야 한다는 것이다. "통일 방식이 평화적일 뿐만 아니라 통일목표도 평화 지향적이어야 한다"는 것이다. 지금은 지구촌의 유일한 분단국이지만, 예멘과 베트남도 분단 후 통일을 경험했다. 베트남은 승전을 통한 흡수통일을, 예멘은 합의에 의한 통일을 이루었지만, 그것은 국토의 통합만을 의미하는 것이었다. 예멘은 다시 부족 간 내전을 치르고 있고, 베트남은 아직 민주적이고 정의로운 사회에 이르지 못하고 있다. 그것은 통일 과정이 평화적이지 못했기 때문이었고, 통일 목적이 평화에 있지 않았기 때문이었다. 통일 후 예상되는 사회분열을 극복하기 위해서는 통일 과정과 목적이 평화에 있어야 한다. 일방적 흡수통일이 되어서는 안 된다. 평화는 일반적으로 전쟁의 반대 개념으로 이해된다. 이것은 이미 일어난 전쟁과 앞으로 일어날 전쟁 사이에 무기가 침묵하는 기간을 의미한다.

그러므로 나라와 나라 사이의 평화는 적보다 우월한 군사력을 가질 때거나 아니면 최소한 힘의 균형 상태에 있을 때 가능하다. 힘의 균형이 평화를 보장한다는 이런 시각은 끊임없는 군비확장을 정당화한다. 그러나 군비확장은 적의 침략에 대한 두려움에서 비롯된 자기방어의 수단이기도 하지만, 다른 민족을 침략하기 위한 전쟁 준비의

---

35 손규태, 『한반도의 그리스도교 평화윤리』 (서울: 동연, 2019), 246.

수단인 것도 사실이다. 그래서 제2차 세계대전 이래, 세계적으로 16조 달러 이상이 군사적 목적을 위해 지불되었다. 냉전체제가 해체되었다는 지금도 민족 분쟁과 내전은 계속되고 있고, 분쟁을 종식시키려는 노력은커녕 군사력 증강과 무기 수출은 불황을 모른다.

분단 상황에 있는 우리나라는 2022년 정부 재정(4,214,160) 대비 13%(546,112)를 국방비로 지출하고 있다. 2020년 기준, GDP 대비 국방비 비율은 2.6%로, 국방비 지출 규모는 404억 달러였다.[36] 한국은 세계에서(조사 대상 국가 총 138개국 중) 9위를 차지했고, 북한은 국방 예산 16억 달러를 책정해, 74위에 올랐다.[37]

그러나 첨단무기를 갖춘 막강한 군사력이 있다고 평화가 지켜지는 것일까? 힘에 의해서만 지켜지는 평화는 어떤 평화인지, 누구를 위한 평화인지 묻지 않을 수 없다. 성서는 정의 없는 평화는 거짓 평화라고 한다. 평화를 위협하는 것은 밖으로부터만 오는 것이 아니라 안에서부터 온다. 그러므로 정의 없는 평화, 힘에 의해서만 유지되는 평화, 범죄와의 전쟁을 통해서만 지켜지는 평화는 '로마의 평화'(*pax Romana*),[38] '위로부터의 평화'일 뿐이다.

---

36 2020년 기준 미국은 7,380억 달러, 중국은 1,933억 달러, 러시아는 432억 달러, 일본은 487억 달러 규모의 국방비를 지출했다. 「e-나라지표, 국정모니터링지표, 국방예산추이」 참고.

37 「연합뉴스」 2020. 01. 31.

38 Klaus Wengst, *Pax Romana — Anspruch und Wirklichkeit: Erfahrungen und Wahrnehmungendes Friedens bei Jesus und im Urchristentum* (Muenchen: Chr. Kaiser Verlag, 1986), 23.

정의와 사랑이 없는 평화는 참 평화가 아니다. 그런 평화는 아래로부터 도전을 받는다. 평화를 전쟁의 부재 상태로 이해하거나 평화는 오직 우월한 힘에 의해서만 보장된다고 생각하는 이들의 평화는 '위로부터의 평화'이다. 그러므로 그들에게 전쟁의 목적은 평화이지만, 그 평화는 전쟁에서 승자만이 차지하는 열매일 뿐이다. 평화는 전쟁의 반대 개념이라고 보이지만, 역설적이게도 전쟁을 정당화하는 역할을 한다. 평화는 그들에게 결국 전쟁의 '일란성 쌍둥이'에 불과한 것이다. 그러므로 평화는 통일의 목적이자 통일의 과정이어야 한다. 한국교회는 통일 논의와 통일운동 과정에서 평화의 원칙을 지키도록 남북 당국과 한반도 주변 강대국들을 감시하고 그들에게 압력을 행사해야 한다.

'88선언'은 민중 참여 원칙을 주창했다. 통일 논의와 운동에서 늘 소외되어 온 민의 참여를 보장함으로써 통일 과정에서 참여민주주의를 실현하고, 통일 후의 사회통합을 위해서 그런 주장을 한 것이다. 특히 "이승만 정권의 북진통일론, 박정희 정권의 승공통일, 그 후 정권들의 자유민주주의적 기본 질서에 입각한 통일 정책은 명시적으로 흡수통일을 추진하는 것이었고, 남북 당국 사이에서 체결된 수많은 합의문은 국가 간 구속력 있는 조약이 되지 못해 아무런 효력도 갖지 못한 휴지 조각이 되고 말았기 때문이었다. 그리고 이른바 창구 독점화 정책을 내세운 남한 당국은 종교단체들이나 민간 단체들의 자발적인 대북 접촉이나 지원에 대하여 적극적으로 통제하거나 매우 소극적이었던 것"[39]도 민중 참여 원칙의 배경이 되었다. 민의 참여 원칙,

평화통일운동에서는 정부와 국민이 같이 가야 한다는 원칙을 처음으로 실천에 옮긴 것은 김대중 정부였지만,[40] 그 후 정권의 변화와 함께 민의 참여 원칙은 다시 뒷전으로 밀려났다.

남한에서 지방자치 시대가 열린 것은 1995년이었다. 27년이 지난 지금까지 바닥 민주주의가 완전히 뿌리를 내릴 만큼 정치의식이 성숙하고 제도적 장치가 충분한 것은 아니지만, 지방화 시대는 현실이 되었다. 권위주의적 중앙집권체제에서 민주적 지방분권체제로, 중앙통제에서 지역자치에로의 이행은 세계화 시대의 시대적 요청이었다. 그러나 민중의 참여와 자치 없이는 진정한 바닥 민주주의를 실현할 수 없을 뿐만 아니라 '세계 속에서 지역 보기', '지역 속에서 세계보기', '생각은 지구적으로, 행동은 지역적으로'를 실천하기 어렵다. 또 지방자치를 통한 바닥 민주주의의 정착은 통일한국의 미래의 사회체제를 준비한다는 점에서 중요한 의미를 가진다. 국민 국가적 통일론보다 주민자치연방제 통일안을 제시하는 김지하의 통일론은 이 점에서 주목할 만하다. 통일 논의와 운동에서 민중 참여 원칙은 기독교 통일운동의 폭을 넓힐 수 있는 계기를 주었다. 다른 종교단체나 시민운동 단체들과의 정책연대와 대안 모색, 정보의 교환과 연대 활동, 대북 인도주의적 지원 등이 활발해질 수 있기 때문이었다.

한반도 통일의 이념적 전거로서 민족주의가 가장 현실적일 수

---

39 손규태, 『한반도의 그리스도교 평화윤리』(서울: 동연, 2019), 245.

40 임동원 외, 건국대학교 통일인문학연구단 엮음, 『한국 지성과의 통일대담』(서울: 패러다임, 2019), 58.

있다. 왜냐하면 민족주의는 "민족 공동의 역사적 경험, 개인주의와 같은 어떤 가치보다 우선하는 민족 공동체성과 민족 일체성의 중시, 집단주의적 정서와 유대 의식 등을 중심으로 하는 하나의 정치 이념이며 운동"[41]이기 때문이다.

그러나 두 가지 이유에서 우리는 냉전 시기 혹은 신냉전 시대의 민족주의를 검토해야 한다. 하나는 주변 강대국들 자신이 한반도의 통일을 위험한 눈으로 보지 않을까 하는 것이다. 다른 하나는 민족주의가 역사적으로 지배계급의 지배 도구로 전용된 현실 때문이다.

냉전 시기를 통하여 관철되었던 한국의 민족주의는 남북이 각각 분단 체제를 강화하면서 국가가 중심이 된 권력 강화와 근대화의 프로젝트를 실현하는 일종의 '위로부터의 민족주의'를 중심 내용으로 한 것임을 지적한 최장집 교수는 그래서 민족주의에 큰 의미를 부여하지 않는다.[42] 그것은 민족주의 자체가 문제가 있기 때문이라기보다는 민족주의의 좌우로의 분열이 문제이기 때문이라는 것이다. 그래서 그는 통일보다는 평화공존의 이상과 실천에 가치를 부여한다.[43]

그러므로 한국교회는 권력의 도구화된 '위로부터의 민족주의'의 실체를 폭로하고, '폐쇄적 민족주의'의 경계를 넘어서 아시아와 세계 평화의 공동이념을 모색하는 데 기여하는 '열린 민족주의'의 바탕

---

41 최장집, 박상훈 개정, 『민주화 이후의 민주주의 — 한국 민주주의의 보수적 기원과 위기』 (서울: 후마니타스, 2010), 79.
42 앞의 책, 218.
43 앞의 책, 218, 280-282.

위에서 통일운동을 해야 한다고 필자는 생각한다. 그것은 '남한식 자본주의'도 아니고 '북한식 사회주의'도 아닌 새로운 길, 이른바 '제3의 길'이 되어야 한다. 그렇다면 통일을 향하면서 한반도가 모색해야 할 제3의 길은 무엇인가? 그리고 그 길을 가기 위해 먼저 남북, 남남 사이의 화해를 위한 디아코니아는 어떤 과제를 가지고 있는 것일까?

'화해의 디아코니아'는 북한을 악마화하는 시각을 먼저 극복해야 한다. 박한식 교수는 지난 70여 년 동안 남북관계, 북미 관계가 제자리 걸음만 반복하는 원인을 미국이 북한을 악마화한 데서 찾는다. "기독교 이념에 바탕을 둔 선민사상과 미국의 가치로 선과 악을 재단하는 이분법적인 행동 양식이 조선을 악마로 규정하고, 따라서 악마는 이 지구상에서 제거되어야 한다는 논리를 정당화한다"라는 것이 미국의 사고방식이라는 것이다.[44] 미국이 북한의 악마화를 본격적으로 가동한 것은 1990년대 이후라고 한다. 북한만이 아니라 중국, 이란, 이라크 등 미국이 악마화한 국가들을 보면 다분히 인종적인 우월감에서 비롯된 측면도 있다.[45] 백인우월주의가 극렬 우월주의와 결합되면 차별과 억압은 더 현실적, 폭력적이 되고, 악마화는 인종주의와 결합된다.

북한의 악마화는 미국의 현실적인 정치적, 경제적 목적을 달성하기 위한 세 가지 동기에서 비롯되었다고 박한식 교수는 지적한다.

---

44 박한식, 『평화에 미치다』(서울: 삼인, 2021), 258-259.
45 앞의 책, 260.

첫째, 중국의 팽창과 도전을 억제하는 데 주한 미군의 역할이 중요해졌는데, 조선을 악마화함으로써 주한 미군 주둔의 명분을 강화하면서 실제적으로는 중국의 군사력 증대와 팽창을 견제하려는 의도, 둘째는 한국에 주둔하는 미군의 정당성 강화이다. 남한의 안위를 북한으로부터 지켜준다는 명분은 미군의 존재를 신성하게 만들어 놓았다. 셋째, 경제적 동기인데, 남한에 무기 구매를 종용하고 강요하는 빌미가 되기 때문이라는 것이다.[46]

사실 원수는 원수로 갚는 것이 인간적이고 또 구약성서에서도 다양한 보복 원리를 허용하고 있었다: "목숨은 목숨으로, 눈은 눈으로, 이는 이로, 손은 손으로, 발은 발로, 화상은 화상으로, 상처는 상처로, 멍은 멍으로 갚아야 한다"(출 21:23-25). 또는 "자기 이웃에게 상처를 입혔으면, 피해자는 가해자가 입힌 만큼 그 가해자에게 상처를 입혀라. 부러뜨린 것은 부러뜨린 것으로, 눈은 눈으로, 이는 이로 갚아라. 상처를 입힌 사람은 자기도 그만큼 상처를 받아야 한다"(레 24:19-20). 이른바 '동태복수의 법'이다.

그런데 예수는 원수를 사랑하고, 원수를 위해 기도해야 한다고 가르치셨다. 그것은 '상호주의'에 입각한 계산된 사랑이나 평판은 예수의 제자들에게 충분한 것이 아니라는 뜻이다.[47] 예수의 제자들이 원수를 사랑해야 하는 것은 보복에 대한 두려움이나 도덕적 우월성을

---

46 앞의 책, 260.
47 조셉 A. 피츠마이어/이두희·황의무 역,『앵커바이블 누가복음 I』(서울: CLC), 1014.

입증하기 위한 영웅적 행위도 아니다. 그리스도인이 원수를 사랑하고 미워하는 사람들에게 잘해주고, 저주하는 사람들을 축복하고, 모욕하는 사람들을 위하여 기도하는 이유는, 그것이 하나님의 자녀가 되는 길(눅 6:35; 마 5:45), 하나님의 품성에 참여하는 길(눅 6:36)이기 때문이라는 것이다.

원수 사랑을 가르치시고 실천하심으로써 예수는 폭력의 악순환을 막으려고 했던 것이다. 폭력은 보복을 불러오고, 보복폭력은 또다시 보복폭력을 불러오는 악순환을 끊는 길은, 원수의 종말이 아니라 증오의 종말에서 가능하기 때문이다.[48]

그런데 마태는 "'네 이웃을 사랑하고, 네 원수를 미워하여라' 하고 말한 것을 너희는 들었다. 그러나 나는 너희에게 말한다. 너희 원수를 사랑하고, 너희를 박해하는 사람을 위하여 기도하여라"(마 5:43)고 하는데, 누가는 '이웃'이라는 개념을 단순하게 '원수'라는 개념으로 대치시킴으로써 원수를 개인적인 적대자만이 아니라 국가적, 종교적 원수에까지 확대시킨 것을 주목할 필요가 있다.[49] 이로써 예수는 원수 사랑이 언제나 성공을 거둘 수 있다는 환상을 갖고 있지 않았다는 것이 명백해진다. 원수 사랑의 마지막이 십자가형이었음이 그것을 증명한다. 원수 사랑은 필연적으로 고난과 죽음으로 인도했다. 집단과 집단 사이도 그렇지만, 개인적 원수 관계에서도 원수 사랑이 성공

---

48 클라우스 벵스트/정지련 역, 『로마의 평화』 (서울: 한국신학연구소, 1994), 155.
49 앞의 책, 157.

할 것을 기대하는 것은 많은 경우 어긋나고, 원수 사랑이 성공하여 원수 관계가 친구 관계로 변하기를 기대하는 것도 환상으로 끝나는 때가 많다. 그렇다면 "이에는 이, 눈에는 눈"으로 나갔던 젤롯파,[50] 아니면 로마 제국의 힘에 순응하여 기생했던 '평화의 당'이 훨씬 더 현실적이지 않았을까? 그러나 예수는 제국의 힘보다 하나님 나라의 힘을, 증오보다 사랑의 힘을 더 신뢰했다.[51] 비록 그 마지막은 십자가 죽음이었지만, 하나님은 예수를 죽음에서 일으켜 세우셨다. 부활 신앙이 원수 사랑의 비극적 결과에 대한 하나님의 응답이었다고 하겠다.

그럼에도 불구하고 원수 사랑은 쉬운 일이 아니다. 그러나 원수 사랑 없이는 화해가 가능하지 않다는 것, 하나님의 자비에 대한 믿음 없이는 원수 사랑이 가능하지 않다는 점에서 원수와의 화해는 '불가능한 가능성'이다. 인간적으로는 불가능하지만, 하나님의 자비와 능력을 힘입으면 가능하기에 '불가능한 가능성'(Impossible Possibility)인 것이다.[52] 그래서 이정배 교수는 '88선언'을 한 한국교회가 "상대를 악마화하던 군사 정권 시절, 국가 폭력에 맞섰고, 반공과 신앙을 일치시킨 교리(敎)적 횡포와 싸우면서 통일의 길을 열었다"라고 하면서 "역지사지의 삶만이 평화로운 세상을 만들 수 있는 구원의 길이자

---

50 레자 아슬란/민경식 역, 『젤롯』(서울: 와이즈베리, 2013), 45.

51 클라우스 벵스트/정지련 역, 『로마의 평화』(서울: 한국신학연구소, 1994), 159.

52 독일 신학자 프란츠 알트(Franz Alt)는 『산상설교의 정치학』(청노루출판사, 1989)에서 산상설교로 정치를 할 수 있는지 질문을 제기하면서, 오직 산상설교 정신으로만 세계의 갈등을 해결할 수 있다고 주장했다. 손규태, 『한반도의 그리스도교 평화윤리』(서울: 동연, 2019), 252.

성령에 따른 삶"이라고 한다.[53] 오직 성령만이 '불가능한 가능성'을 가능하게 한다는 것이다.

화해의 디아코니아는 '동질성 회복'보다 '이질성의 인정과 수용'에 근거한 통일 정책을 지지한다. 그것은 남북이 79년이 넘게 서로 다른 체제를 경험해 왔기 때문이다. 박순경 교수 등 통일 신학자들은 민족의 동질성을 통일의 기반으로 삼기 때문에 동질성 회복을 주장한다.[54] 5천 년 이상을 한 민족으로 살아왔고, 분단 상황이기는 하지만 여전히 같은 언어와 문화적 전통 속에 있기 때문에 동질성 회복이 가능하고 또 통일운동의 추동력이 될 수 있다는 것은 이해할 수 있다. 그러나 형제 전쟁을 겪었고, 지금도 이념적 적대감으로 군사적 대결 상태에 있는 상황에서는 '동질성 회복'만이 아니라 '이질성의 수용'이 더 시급한 것으로 보인다. 특히 탈북 주민이나 중국 동포(조선족)를 대하는 남한 사회의 차가운 시선과 차별은 민족 동질성에 기대할 수 없을 만큼 개인화되고, 팽배한 한국형 능력주의의 폐해를 극명하게 보여준다.

박한식 조지아대학교 명예교수는 2010년 4월 1일 모어하우스대학 마틴 루터 킹 목사 국제 채플에서 '간디/킹/이케다 평화상'을 수상하는 자리에서 다음과 같이 말했다: "나는 평화를 이질성의 조화라고 정의하고 싶다. 인종과 종교 그리고 이념들의 다름과 다양성을 존중하고 수용하면서 대화와 상호 이해를 통해 조화와 상생을 이루는 것이

---

53 이정배, "평화, 통일을 이루기까지," NCCK신학위원회 편, 『3.1정신과 한반도 평화』 (서울: 동연, 2018), 308, 312.

54 박순경, 『통일신학의 여정』(한울, 1992), 174-175.

진정한 평화라는 것이 나의 일관된 생각이다. … 남도 북도 서로의 이질성을 이해하고, 그렇게 이해한 이질성을 현실적으로 인정하며, 그 이질성의 평화적 극복 방안을 꾸준히 모색해 가는 일련의 과정만이 진정한 평화와 통일의 길에 이르는 길이다."[55]

남북은 유엔에 동시 가입하여 명백하게 두 개의 분리된 국가임에도 불구하고 서로를 국가로 인정하지 않는 것도 문제가 아닐 수 없다. 유엔 동시 가입이 분단의 고착화라고 반대하는 입장도 있었으나 유엔 동시 가입은 이제 현실이고, 남북은 명백하게 두 개의 독립된 국가들이다. 그럼에도 불구하고 서로를 독립된 국가로 굳이 인정하지 않으려는 의식의 배후에는 상대에 대한 비하, 흡수통일에 대한 불가능한 희망이 반영된 것으로 보인다.

최완규 교수가 지적하듯이, 사실 "그동안 한반도의 통일 문제는 남과 북 모두에서 자신의 체제와 이념을 상대방에게 강요하는, 이른바 평화적 흡수통일론 중심으로 다루어져 왔다. 상대방의 타자성을 인정하지 않으면서 어떻게 평화적으로 흡수통일을 성취할 수 있는가에 대한 해답을 제시하지 못하는 한 이러한 통일론은 허구로 흐를 가능성이 크다. 결과적으로 흡수통일론은 통일은커녕 남북한 간의 불신과 긴장, 갈등과 대립만을 고조시키면서 전쟁을 자초할 수도 있다"[56]는 경고는 주목할 필요가 있다.

---

55 김동수, 『평화, 하나됨을 향하여』 (철원: 국경선평화학교 출판부, 2022), 290-291.
56 신한대학교 탈분단경계연구소 엮음, 『경계에서 분단을 다시 보다』 (서울: 울력, 2018), 8.

남북이 유엔에 동시에 가입한 독립된 국가들임에도 불구하고 여전히 영토에 대한 헌법적 규정을 바꾸지 않고 있고 또 정전협정을 유지하고 있기 때문에 사실상의 국경이 휴전선으로 이해되고 있는 것이다. 그래서 최완규 교수는 "휴전선을 국경선으로 인정하면 오히려 소통과 교류협력의 공간으로 탈바꿈시키기가 용이해지고, 그렇게 되면 남북한의 휴전선은 경계 넘기의 장으로 바뀌면서 평화를 제도화하고… 궁극적으로는 경계 지우기를 통한 통일의 길로도 접어들 수 있다"는 가능성을 제시한다.[57]

　　이런 입장은 세계화가 진행되면서 민족적인 것이 무엇인가에 대한 의문이 증가한 현실, 통일로 인해 초래될 현실적인 문제들에 대한 신중론, 평화로운 공존으로 충분하지 굳이 많은 비용을 들여가면서 통일을 해야 하느냐는 현실론, 탈분단의 유일한 길이 통일밖에 없느냐는 대안론, 통일보다 평화가 더 중요한 가치라는[58] 그동안의 변화된 태도를 반영하는 것이라 하겠다. 그래서 이 책을 리뷰한 이정배 교수는 이런 입장은 "민족주의적 차원의 통일을 포기할 때 생각될 수 있는 방책"이고, "통일보다는 평화가 우선이라는 시대에 적합한 가치를" 반영하고 있다고 지적한 것이다.[59]

---

57 앞의 책, 11.

58 박배균, "동아시아접경지역경제특구와 영토화와 탈영토화의 공간정치," 신한대학교 탈분단경계연구소 엮음, 『경계에서 분단을 다시 보다』 (서울: 울력, 2018), 67-68.

59 이정배, 『세상 밖에서 세상을 걱정하다: 이정배의 수도원 독서』 (서울: 신앙과지성사, 2019), 56.

그러나 통일에 대한 신학적 접근, 특히 칼 바르트(Karl Barth, 1886~1968)의 화해론에 근거한 통일론은 분단의 원인과 분단 체제에 대한 이해, 통일에 대한 현실적인 접근과 본질적으로 다르다. 바르트의 시각에서 본다면, "한반도의 분단으로부터 주어지는 고통의 문제는 권력과 탐욕의 기본 위에 놓여 있는 국제정치 체제로부터 비롯된 것이고, 그 이면에는 인간들의 탐욕과 힘을 향한 추구에 영향을 미치며 세계를 교란하는 악의 권세가 작용하는 데" 그 원인이 있다고 보기 때문이다.[60] 바르트가 한반도의 분단 체제를 단지 남북의 정치적 현실, 국제정치적 이해관계의 결과로서가 아니라 더 깊은 차원의 악의 문제로 보는 것은, 분단 체제에서 비롯된 고난과 고통의 극복, 진정한 화해는 인간의 도덕적 쇄신을 통해서 이루어질 수 있는 인간적 가능성이 아니라 예수 그리스도의 십자가 죽음이라는 화해의 사건으로부터 주어진다는 신학적 입장에 서 있기 때문이다.[61]

그리스도교 화해론은 하나님과 인간 사이에 인간의 죄악으로 인해 세워진 장벽을 허무는데, 하나님의 외아들 예수 그리스도의 속죄적 죽음이 놓여 있다는 고백이다. 이런 화해론만이 가해자와 피해자 사이의 갈등을 해소할 수 있고, 십자가는 가해자를 포함한 타자를 포용할 수 있는 여지를 허락한다.[62] 그런 점에서 자신을 피해자로 보거나 상대를 가해자로 여기면서 적대적 관계를 70년 넘게 유지해

---

60 이상은, 『화해론에 기반한 통일』 (서울: 나눔사, 2017), 49.

61 앞의 책, 46-47.

62 이상은, 『화해론에 기반한 통일』, 58.

온 한반도의 분단 현실을 극복하면서 새로운 미래를 열어갈 동인을 그리스도교적 화해론에서 찾는 시도들이 있었던 것이다. 이상은 교수는 이런 화해론을 '초월적인 방식의 화해'라고 하는데, 예수 그리스도의 십자가와 부활 사건에 기초한 이런 화해만이 "자의적이지 않고, 이해관계에 좌우되지 않는 본질적인 화해를 가능하게 하고,"[63] "가해자와 피해자라는 도식이 아닌 그리스도의 절대적 사랑 앞에서 새로운 창조의 주역이 될 동반자라는 의식"을 가질 수 있게 해 주고, "새 역사를 써 나갈 수 있는 힘을 얻을 수 있게 해 준다"고 한다.[64]

5. 관용과 환대로서의 화해

미로슬라브 볼프는 그의 명저 『배제와 포용』에서 "나의 텍스트는 '희생자'와 '가해자'를 나누는 양극성을 지나치게 주장하지 않는 것이 더 낫다는 믿음에 기초한다"[65]고 했다. "양극성이 존재함은 부인할 수 없으나 그것은 또한 부인할 수 없을 정도로 끔찍한 것"[66]이라고 한다. 왜냐하면 그렇게 해서 "가해자가 희생자들에 대해 만들어 놓은 것보다 더 악한 지옥이 존재하게"[67] 만드는 일을 하기 때문이라는

---

63 앞의 책, 236.
64 앞의 책, 239.
65 미로슬라브볼프/박세혁 역, 『배제와 포용』 (서울: IVP, 2012), 158.
66 앞의 책, 158.
67 앞의 책, 158.

것이다.

　누가 누구를 정죄하는 태도는 화해를 목적으로 시작한 대화에는 백해무익할 뿐이다. 누가 감히 정의를 담보한다는 말인가! "아니 궁극적인 목적이 화해가 아니라면 과연 정의가 이루어질 수 있을까?"[68] "자유가 아니라 사랑이 궁극적인 것이라고 주장했던 라틴 아메리카 해방신학의 아버지인 구스타보 구티에레즈의 말"[69]에 볼프도 전적으로 동의를 보내고 있다.

　인도주의적 지원에는 조건(이념, 체제, 종교, 성의 차별)이 없어야 한다는 것이 디아코니아 정신이다. 대가를 기대하지 않는 선행이 성서적 디아코니아 정신이고, 화해의 디아코니아의 전제이기 때문이다. 시인 박노해는 "나눔만이 나눔을 막을 수 있다"(Sharing alone can prevent division)고 했다.[70] 대가를 기대하지 않는 나눔, 받는 이와 나누는 이 사이에 어떤 형태의 상하관계도 없는 평등한 관계에서의 나눔, 구체적 필요에 부응하는 나눔이 나눔을 막을 수 있고, 이런 나눔이야말로 진정한 '디아코니아적 나눔'(diakonisches Teilen)이다.

　화해의 디아코니아의 주요 과제의 하나는 이방인들에 대한 '관용과 환대'다. 인간의 존엄성과 그의 하나님의 형상됨은 불가결하게 서로 연결되어 있고(창 1:27; 시 8편), 인간의 존엄성은 창조주의 의지에 따라 결정되었기 때문에 어떤 형태로든지, 어떤 이유에서든지

---

68 앞의 책, 164.
69 앞의 책, 164.
70 박노해, 『걷는 독서』(서울: 느린걸음, 2021), 583.

침해받을 수 없으며, 존중되어야 하고, 그것을 지키는 것은 교회의 의무라고 디아코니아는 생각한다.

한국 개신교회의 통일운동은 한국기독교교회협의회(NCCK)를 중심으로 소속 교단 중에서도 기장, 기감, 예장(통합) 세 교단이 가장 적극적이었다. '88선언문' 작성자들도 마찬가지였다. 그런데 상대적으로 복음주의권은 반공주의 이데올로기가 더 강해서 반대하는 입장이었다.

그런데 아이로니컬하게도 소위 복음주의 4인방[71]이라고 불리는 분 중에서 홍정길 목사(1942~)는 한국대학생선교회(CCC)의 총무로 오랫동안 복음주의적 열정으로 전도와 성경공부 중심으로 제자들을 양육하는 데 힘을 썼었는데, 북한의 어린이 영유아 영양보급사업과 쌀 나누기 등의 사업을 주로 했던 '남북나눔재단'의 사무총장으로 25년 동안 수고를 하였다.

그는 북한 사람들이 식량 부족으로 먹지 못하여 키가 자라지 않아 왜소한 모습을 보면서 충격을 받았다. 뇌는 생후 24개월까지 95%가 자라는데, 이때 영양결핍으로 뇌가 손상되면 결정적인 장애가 생겨 정신지체아가 되고 만다는 것에 충격을 받은 것이었다. 홍정길 목사는 '밀알재단'을 통하여 장애인학교를 운영해 왔기 때문에 동족인 북한의 어린이들이 모두 정신지체아가 되는 저주를 한국교회가 막아야 한다는 호소에 감동을 받았고, 그 후 30년 가까이 북한을 돕는 디아코니아

---

71 복음주의 4인방은 홍정길, 하용조, 옥한흠, 이동원 목사이다.

사역을 감당해 왔다.[72]

　디아코니아 나눔과 섬김의 사역에는 이데올로기도 극복할 수 있고, 진보와 보수가 있을 수가 없는 모범을 보여준 것이다.

　복음주의권의 원로 중의 한 분이신 강변교회 김명혁 원로목사(1937~)는 합동 측 총신 출신으로 미국에서 교회사를 전공하고, 총신과 합신 신대원의 교수로 활동했고, 강변교회에서 복음주의적 목회로 크게 성공하고 은퇴하고도 여전히 열정적으로 복음을 전파하는 전형적인 복음주의자이다. 북한에 남아 순교를 각오하고 목회를 했던 선친 고 김관주 목사의 아들로 태어났고, 11살 때 6.25 한국전쟁 발발 직전인 1950년 6월 23일에 섬기시던 교회를 지키다가 끝내 순교를 당하신 아버님을 여읜 아픔을 겪으신바 철저한 반공주의자의 대열에 서 있을 수 있는 입장임에도 불구하고 북한을 구호적으로 돕는 디아코니아 사역에 오랫동안 힘써왔으며, 남은 생애 그의 모든 것을 북한 사람들을 위해 나누고 섬기고 싶다는 각오를 하는 것[73] 또한 그리스도의 사랑과 복음주의적 입장에서의 순수한 디아코니아 정신에서 우러나오는 생각과 섬김이라 할 수 있을 것이다.

　한국기독교교회협의회(NCCK) 총무 이홍정 목사(1956~)는 세계

---

72 홍정길 · 최종상 대담집, 『나라와 교회를 생각한다』(서울: 두란노, 2021), 77-78. "홍정길 목사와의 인터뷰: 엄상현 목사", 2022년 8월 22일 오후 3시, 가평 '생명의빛예수마을' 베드로카페에서.

73 "엄상현 목사의 김명혁 목사와의 인터뷰", 2022년 9월 1일 오전 10시 30분, 수서 현대벤처빌 오피스텔 1221호 사무실에서.

교회협의회(WCC) 창립 70주년 기념으로 모인 방콕에서의 한반도평화통일을 위한 포럼(EFK)에서 조선그리스도교연맹 위원장을 맡고 있는 강명철 목사(1960~)와의 만남을 통해 향후 남북한 교회의 교류협력을 더욱 활성화하기로 논의하고 귀국하여 2018년 말 NCCK 화해통일위원회의 위원장, YMCA, YWCA 대표, '평통연대' 대표 4인을 공동대표로 하는 '한국교회남북교류협력단'을 새롭게 조직하여 출범시켰다. 이는 향후 통일 전후로 긴급재난, 재해 때의 구호 사업뿐만 아니라 지속 가능한 사회발전을 위하여 교류협력단이 사업단이 되어 한국 개신교회 전체를 아우르는 종합적인 북한의 사회발전을 위해 섬기는 디아코니아적인 사업단으로서 다양한 사업이 가능하도록 조직화된 것이었다.[74]

남한에 있는 복음주의권에 속한 많은 교회가 통일이 되면 북한에 무너진 교회를 수축하겠다는 목표를 세워서 오래전부터 건축헌금을 축적해 오고 있는 것으로 알려져 있다. 기독교대한감리회(서부연회, 북한회복교회연합)에서는 한국전쟁 전에 북한에 존재했던 약 1,500개 교회를 곳곳에 다시 건축하겠다는 목표를 가지고 있는 것으로 알려져 있지만, 통일이 된다고 해도 쉽게 교회 하나 마음대로 지을 수 있는 형편은 안 될지 모른다. 북한 정부의 허락 없이 마음대로 땅을 매입하고 교회 건축을 마음대로 할 수 없을 것이기 때문이다.

---

74 한국교회남북교류협력단 집행위원 중 한 명이었던 이승열 목사의 증언 및 한국교회남북교류협력단 정관 참조.

그렇기 때문에 우선적으로 "북한 사회에 필요한 인프라를 구축하는 차원에서 군 단위의 보건소(의료시설 종합복지관)를 지어 운영하면서 진료와 문화교육, 다양한 직업훈련, 인프라 구축(디지털 망, 인터넷 등)이 가능하도록 하고, 필요와 상황에 따라서 점진적으로 종교행사도 가능하게 될 때 다목적 홀을 이용하여 예배와 선교를 할 수 있는 효과적인 다목적 종합계획이 디아코니아적 차원에서 세워지고 진행되도록 해야 한다"[75]고 박종화 목사는 강력히 주장한다.

김누리 교수(중앙대)는 우리가 "거대한 위기가 중첩된 복합위기의 시대에 살고 있다"고 지적한다.[76] 한편으로는 지구적 차원의 생태계 파괴와 기후 위기가 인류를 위협하고 있고, 다른 한편으로는 한반도에서의 전쟁 위기가 우리 민족을 위협하고 있다는 것이다. 2050년 지구는 인류가 거주할 수 없는 곳이 될 것이라는 암울한 전망, 미국과 중국 사이의 갈등으로 자칫 대리 전쟁이 일어날 가능성만이 위협이 아니다. 한국 사회 내부의 불평등[77]과 사회적 갈등, 왜곡된 능력주의,[78] 승자 독식 문화, 극단적인 경쟁교육 등이 우리 사회 위기를

---

75 엄상현 목사의 "박종화 목사와 인터뷰 녹취록," 2022년 8월 4일, 충정로 골든타워 오피스텔 1212호 사무실.

76 김누리, "거대 위기와 새로운 정치," 「한겨레신문」 2022. 7. 6.

77 2021년 영국 킹스 칼리지와 입소스가 공동 수행한 '문화전쟁' 조사에 의하면, 대한민국은 국제사회에서 사회집단 간 갈등이 가장 심각한 '갈등공화국'으로 공인됐다. 이 조사에서 한국의 갈등 수준은 무려 7개 분야(빈부, 이념, 정당, 종교, 성별, 세대, 학력)에서 조사 대상 28개국 중 1위에 올랐다. 2021년 말에 발표된 '세계불평등보고서 2022'에 따르면 한국의 불평등은 세계 최고 수준이다.

78 세계 100여 개국 사회과학자들이 6년(혹은 4년)마다 조사 발표하는 "세계가치관조

복합적이고 중층적으로 만들고 있다는 것이다.

이런 중첩된 복합위기를 극복하기 위해 김누리 교수는 '새로운 정치'가 필요하다고 하는데, '새로운 정치'는 '거대 위기에 대응할 의지와 비전과 능력을 갖춘 세력의 정치', '생태를 중시하고, 평화를 지향하며, 정의를 추구하고, 민주주의를 구현하는 정치'라고 하면서, 이런 '생태적, 평화적, 사회적, 민주적 가치를 지향하는 제3의 정당'이 나타나야 한다고 기대했다. 맞는 말이다. 2022년 대선을 겪으면서 새로운 정치세력의 필요성은 더욱 증대하고 있는데, 아직 구체화되고 있지 않다. 이렇게 남남 갈등이 심화되는 상황에서 한국교회, 화해의 디아코니아는 어느 방향으로 가야 할까?

그런데 역설적이게도 '화해의 디아코니아'는 갈등을 일으킨다. 개인적 차원에서만이 아니라 사회 구조적 차원에서 갈등은 피할 수 없다. 하나님 나라에 대한 희망과 현실 사이의 긴장 때문에, 전혀 다른 가치관과 문화적 배경을 가진 사람들과의 소통의 장벽 때문에, 정치적·경제적 권력구조와의 대결 때문에 갈등 혹은 충돌을 피할 수 없으나 에큐메니칼 디아코니아는 '비폭력 저항'과 '연대'를 통해 화해의 길을 모색한다. 교회가 받은 복음은 "서로 사랑하게 하려 함"[79]이지만, 화해의 복음은 먼저 세상으로부터 미움을 받는다. 믿는 자들

사"(World Value Survey)에 의하면, 2014년 조사에서 한국인의 59%가 소득은 불평등해야 한다고 응답했다. 평등해야 한다는 응답은 24%에 불과했다. 불평등 선호도가 절반을 넘는 나라는 세계에서 대한민국이 유일한 나라다.

79 개역성경 요 15:17b.

이 "세상에 속하였으면 세상이 자기의 것을 사랑할 것이나 믿는 자는 세상에 속한 자가 아니요 도리어 예수가 그들을 세상에서 택하였기 때문에 세상이 그들을 미워하는 것"[80]이다. 그런데 이런 긴장과 갈등은 한국교회로 하여금 전도냐 선교냐, 영혼 구원이냐 세상 구원이냐, 인격의 변화냐 체제의 변혁이냐, 복음화냐 인간화냐라는 양자택일을 강요하고 교회를 양극화시켰다. 그러나 에큐메니칼 디아코니아는 이 두 가지 가운데 하나를 선택하는 것이 아니라 이 둘 사이의 긴장을 하나님 나라의 지평에서 통전해야 할 과제를 가지고 있다.

'하나님의 나라'의 지평 안에 있는 디아코니아는 "십자가에 달리신 이의 제자도" 안에 있다고 위르겐 몰트만은 말한다.[81] 다시 말해 에큐메니칼 디아코니아는 예수 그리스도의 삶과 가르침에서 드러난 하나님 나라를 지향하고 하나님 나라의 지평에서 드러난 과제를 실천해야 한다는 것이다. 예수 그리스도의 삶과 가르침에서 드러난 하나님 나라는 예수 자신의 소명과 선포, 제자들의 파송 명령에서 구체화되었는데, 그것은 "가난한 사람에게 기쁜 소식을, 눈먼 사람들에게 눈 뜸을, 억눌린 사람들을 풀어주고, 주님의 은혜의 해를 선포하는 것"(눅 4:18 이하)이었다. 오늘의 언어로 말한다면 치유, 해방, 자유가 하나님 나라

---

80 개역성경 요 15:19.
81 위르겐 몰트만, "하나님 나라의 지평 안에 있는 디아코니아," 폴커 헤르만 · 마틴 호르스트만 엮음/이범성 역, 『디아코니아학』 (서울: 대한기독교서회, 2016), 369; Jürgen Moltmann, *Diekonie im Horizont des Reiches Gottes* (Neukirchener: Neukircherner Verlag), 24.

의 지평이라는 것이다. 다시 말해 "하나님 나라는 이 세상에서 예수와 함께 가난한 자들, 병자들 그리고 밀려난 자들에게서 시작된다"는 것이다.[82] 그러므로 하나님 나라에 대한 희망으로 고무된 디아코니아는 가난하고, 병들고, 소외당하고, 차별과 억압을 받는 주변부 사람들을 하나님 나라의 주체로 보지, 동정의 대상으로 볼 수 없다. 이것은 개인적 차원에서든 구조적(봉사 단체 혹은 교회) 차원에서든, 섬기는 사람의 의식 변화와 실천의 구체적인 평등성을 요청한다.

디아코니아와 '선교'를 통전하려는 시도는 진보 진영만이 아니라 보수 진영, 이른바 복음주의 진영에서도 있었다. 1974년 로잔 대회와 1983년 마닐라 대회는 복음주의 진영의 선교관에 결정적인 변화를 가져왔다. 사회봉사를 선교의 도구로 생각하던 이전의 사고에서 사회봉사 자체가 선교임을 선언한 것이다. 그럼에도 불구하고 여전히 '전도'가 우선되고 '봉사'는 이차적인 선교로 이해한 한계를 보여주었다.[83]

북한이탈주민을 보는 남한의 사회적 시선도 문제이지만, 특히 반공 극우 기독교의 북한선교 담론 속에 등장하는 북한 주민들에 대한 시선은 더욱 문제적이다. 이런 담론에서 북한 주민은 "경제적으로 헐벗고, 굶주린 상태에서 도움을 기다리는 이들로, 정치적으로는 세습 독재정권하에서 자유를 억압당한 채 구원을 바라는 수동적 존재"

---

82 앞의 책, 373.

83 이범성, 『에큐메니컬 선교신학, II ― 실천이론편』(서울: Dream and Vision, 2016), 103.

로 인식되고 있기 때문이다. 이런 태도는 "타자에 대한 무례함이자 문화적 폭력의 한 양태"이고,[84] 이런 북한선교 담론은 예수 그리스도 의 사랑의 복음 정신에도 어긋난다.[85]

그래서 홍정호는 "선교는 가르침을 베푸는 행위가 아니라 이웃과 앞서 만나(先) 사귀는 일(交)이다"라는 새로운 선교 이해를 제시한다. 선교(宣敎)에서 선교(先交)로, 계몽에서 사귐으로 나가는 선교 이해는 흥미로운 제안이자 기존의 선교 담론에 대한 대안이 아닐 수 없다. "선교는 담을 허물고 경계를 넘어 이웃과 만나는 실천이므로 우리 시대의 북한선교는 반공주의와 분단 체제의 담을 허무는 해방적 실천 이 되어야 한다. 그것은 계몽적 주체의 우월성을 전제로 한 지배 행위 가 아니라 자기의 변화를 전제로 한 상호 변화와 성숙에 이르는 길이 되어야 할 것이다"[86]라는 홍정호의 지적은 선교에서만이 아니라 에큐 메니칼 디아코니아의 근본정신이기도 한데, 이는 독일 선교신학자 테오 순더마이어(Theo Sundermeier, 1935~)의 '콘비벤츠'(Konvivenz) 개념을 연상시킨다.[87]

'콘비벤츠'는 브라질을 중심으로 한 라틴 아메리카 사람들에게는 잘 알려져 있는 개념인데, 스페인에 의해 정복되기 전 원주민들이

---

84 앞의 책, 631.

85 앞의 책, 631.

86 앞의 책, 638.

87 테오 순더마이어/채수일 엮어 옮김, "오늘의 오이쿠메네 실존의 기본구조로서의 콘비벤 츠," 『선교신학의 유형과 과제』 (서울: 대한기독교서회, 1999), 55-105.

대가족제와 통합부족으로 살고 있을 때, 서로 도와주고 도움을 받는 도움 공동체로부터 유래된 개념이었다. 경제 문화적으로 공동의 삶과 이웃돕기 개념의 '콘비벤츠'는 바다 공동체를 의미하는 것이라 할 수 있다. 또한 이 '콘비벤츠'를 통해서 함께 서로에게서 배우는 사람들의 배움 공동체라고도 할 수 있는 것이다.

여기서 "함께 사는 우리는 서로 돕고 서로 배운다"라는 의미를 가지고 있고, 또 다른 차원에서 "우리가 서로 잔치를 벌인다"는 개념으로 떠들썩한 잔치 속에서 표현되는 공동체 생활은 웃음과 함께 지혜도 공유하는 것이었다. 전통적인 작은 공동체들의 종교들은 잔치를 그 중심부에 가지고 있는 축제하는 종교들이었다.[88] 남북한의 평화통일의 과제를 안고 있는 한국 개신교회의 통일 정책 개념 속에 이러한 콘비벤츠의 의미를 담고 있어야 할 필요성을 발견하게 된다.

그러므로 한국 안에 있는 외국인 노동자들, 난민들, 탈북이주민들은 아직 실현되지 않은 통일을 앞당겨 사는 것이 무엇인지를 가늠하는 시금석이라 하겠다. 화해의 디아코니아가 구체적으로 화해된 공동체 형성을 목표로 한다면, 우리 안에 함께 살고 있는 외국인 노동자들이나 난민들, 탈북이주민들은 더 이상 시혜적 돌봄의 대상이 아니라 더불어 화해된 세계를 만드는 동역자여야 한다.

한국기독교사회문제연구원, 크리스천아카데미, 대한기독교서회가 ㈜지앤컴퍼서치에 의뢰하여 수행한 "2020년 주요 사회 현안에

---

88 앞의 책, 59-66.

대한 개신교인 인식 조사" 설문 결과에 의하면, 20대를 중심으로
한 젊은 층에서 통일에 대한 무관심 혹은 부정적인 인식이 상대적으로
크게 나타났고, 응답자의 대다수(60.5%)는 통일을 서두르기보다는
여건이 성숙하기를 기다려야 한다는 의견이었다.[89] 남북의 평화적
관계 개선이 왜 필요한지 물은 질문에 남한의 안보에 도움이 되고,
남한과 북한이 한 민족이기 때문이라는 민족적 정서가 그 뒤를 이었다.
이것은 경제 효용성보다 안보 효용성이 훨씬 더 높은 현실을 반영하는
것인데, 특히 20대는 안보와 국제관계라는 관점에서 남북관계를 인
식하는 이들이 더 많고, 민족 이념이나 경제적 이익의 관점에서 인식
하는 이들은 다른 연령대와 비교해서 더 적다는 사실을 나타냈다.[90]

어떤 문제가 남북관계 개선을 위해 가장 시급한가라는 질문에는
절반 이상이 '북한의 비핵화'(52.5%)를 지적했고, 그다음으로 '북한의
개방과 개혁'(43.9%), '군사적 긴장 해소'(41.7%), '남북한 경제 협력'
(35.7%), '평화협정 체결'(29.6%), '남북한 사회 · 문화 교류'(25.8%)
등이었다. 이것은 남북관계 개선의 일차적 책임이 북쪽에 있다고
남한 사람들이 생각한다는 것을 의미한다. 특히 20대는 북한의 결단
과 개선이 더 필요하고, 교류와 협력은 상대적으로 훨씬 덜 필요하다
고 인식한다는 것이다.[91]

---

89 신익상/현장아카데미 편, 『한국전쟁 70년과 '이후'(以後) 교회 ― 통일의 신학적 의미
　 를 찾아서』(서울: 모시는 사람들, 2021), 435-436.
90 앞의 책, 432-433.
91 앞의 책, 433-434.

이런 인식은 2019년에 조사된 김진환의 통계적 연구에서도 확인되는데, "한반도 평화 체제 구축의 열쇠를 쥐고 있는 것은 남한이 아니라 북한이라는 인식이 대한민국 국민의 주류 인식이라는 것이다."[92] 이런 인식의 배경에는 핵문제가 미국과 북한 사이의 문제이지, 북한과 남한 사이의 문제가 아니라는 것과 미국과 직접 대화를 하려는 북한 측의 입장이 놓여 있는데, 이런 태도는 결국 남한의 주체적 지위를 약화시키는 결과를 초래했다고 하겠다. 이것은 오래전에 합의한 '민족대단결과 자주'의 원칙이 지켜지지 못한 결과이기도 하다.

1991년 9월 17일, 제46차 유엔 총회에서 남북은 동시에 각각 유엔 가입국이 되었다. 이것은 한반도 분단을 고착화시키는 것이라는 반대의 목소리도 있었으나 탈냉전이라는 변화된 국제정세와 노태우 정부의 적극적인 북방 정책에 의해 추진된 유엔 동시 가입은 한반도에 사실상 두 개의 국가가 실재하는 현실을 반영하면서 국제사회가 두 개의 국가임을 인정한 것이었다. 이제는 전쟁이나 합의에 의한 일방적 흡수통일 방식 외에 통일은 실현 가능하지 않은 것처럼 보인다. 최악의 경우, 그리고 있어서도 안 되겠지만, 전쟁이나 일방의 붕괴에 따른 흡수통일의 경우를 생각할 수 있을 것이다. 그러나 중국과 미국, 일본 등 주변 강대국들이 한반도 분단 체제의 안정된 유지가 자국 이익에 부합한다고 판단하는 한, 그런 일은 일어날 가능성이 없겠지만, 한반

---

92 김진환, "한반도 평화프로세스와 대북의식변화," 「경제와 사회」 123(2019): 392-393.

도에서의 전쟁 위험성은 상존하는 상태이다. 특히 북한의 핵실험 이후 최근 미-중 관계의 악화, 우크라이나 전쟁은 "한반도 비핵화와 한반도 평화 체제와 한-미동맹의 지속은 한국 정부가 동시에 달성할 수 없는 정책 목표, 불가능한 삼위일체, 즉 트릴레마(trilemma)"임을 보여준다.[93]

남북관계는 "냉전-탈냉전의 외부적 구조, 남북의 자율성과 분단의 재생산 구조 등이 엉켜 있는 복잡하고 어려운 관계"라는 것이 지난 1970년대 이후의 현상이었다. 국제관계, 특히 미국과 중국의 관계 문제는 한반도 문제를 관통하는 하나의 '상수'로서 작용하고 있는 것이 현실이다.[94] 이것은 "한미동맹체제 속에서 남한의 정치적 힘의 종속성이 대북 정책을 계획하고 실행하는 과정에서 강한 구조적 제약에 놓여 있다는 것"[95]을 의미한다. 비록 남한의 국력이 신장하고, 남한 정부의 자율성이 상대적으로 확보된 시기도 있었지만, 미국과의 관계에서 구조적 제약 혹은 종속에 대한 심각한 상황을 성찰하고 극복하지 않으면, 우리 민족 자신의 문제를 해결하는 데 있어서 스스로 주체가 되지 못하는 비극이 더 심화될 전망이다. 그래서 정영철은 "남북관계에서 우리는 결코 중재자가 될 수도 없으며, 되어서도 안

---

93 구갑우, "한반도 평화체제의 역사적, 이론적 쟁점들 — 2019년 북-중 정상회담에서 북-미정상회담으로," 「시민과 세계」 34(2019. 6.), 325; 현장아카데미 편, 같은 책, 422 재인용.

94 정영철, "구조적 종속과 자율성의 한계 — 남북관계에 대한 고찰," 「현대북한연구」 25.1(2022): 128-129.

95 앞의 책, 149.

된다. 중재자가 아닌 당사자여야 하고, 사실상 한반도의 평화를 설계하는 설계자이며, 동시에 이를 이행하는 이행자가 되어야 한다"라고 강조한 것이다.[96]

『독일은 어떻게 통일되고, 한국은 분단이 지속되는가』[97]를 쓴 이인석은 독일 통일이 한때 한국에서 독일식 흡수통일론에 대한 잘못된 기대를 불러일으켰다는 것을 지적한다. 물론 독일 통일은 일방적인 서독으로의 편입이었다. 특별히 경제 정책에서 신자유주의 패러다임을 따른 구동독 경제 체제의 민영화는 대부분의 동독 기업들을 파산시켰고, 동독 경제를 붕괴시켰다. 통일 전 구동독에는 11만 개의 일자리가 있었는데, 통일 후 20년이 지난 당시 5백만 개에 불과했고, 대부분의 일자리는 정부가 보조해 주는 미니잡과 비정규직이었다. 기술과 능력을 갖춘 근로자들은 서독으로 이동했는데, 이는 동독의 경제적 잠재력을 더욱 약화시켰다.[98]

이는 통일이 기적처럼, 폭풍우처럼 밀어닥친 결과이기도 하지만, 동독 경제를 위한 적절한 현대화 전략이 부재했던 것에 그 원인이 있었다. 그러나 더 중요한 것은 동독 경제와 사회, 정치의 재구축 과정에서 동독 주민들의 참여가 거의 없었다는 것,[99] 아니 동독 주민

---

96 앞의 책, 159.

97 이인석, 『독일은 어떻게 통일되고, 한국은 분단이 지속되는가』(서울: 길, 2020).

98 베르너 캄페터, 『독일 통일의 기적과 그 교훈』 FES-Information-Series (2010), 9. 최고의 기술과 능력을 갖춘 많은 노동자가 서독으로 이동했는데, 1989년 이래 동독 인구의 15%가 동독을 빠져나갔다.

99 앞의 책, 7.

들의 의사가 반영되지 않았다는 것이었다. 결과는 막대한 통일비용이 었다. 서독 주민들도 경제적 어려움에 처하게 되었고, 동독인들에 대한 차별과 동독인들의 상처받은 자존감은 사회통합이라는 과제를 남겼다. 서독 주민들은 동독 주민에 대한 계속적인 재정 지원에 불만 을 토로하면서 "통일 과정의 부정적인 요인과 실패를 동독 주민의 본질적인 성향과 구동독의 사회화 탓으로 돌렸고, 동독 출신을 우습게 여기면서 우월감을 느꼈다."[100]

　1961년 8월 13일 베를린 장벽이 세워지면서 하나의 주권 국가로 서의 독일이 사라졌을 때부터 분단은 패전국으로서의 국제정치적 결과로 수용할 수밖에 없었고, 동서독인 그 누구도 두 개의 독일이 통일되라고는 생각조차 하지 못했다는 것이 사실이다. 1989년 10월 9일 약 7만 명의 구동독 시민들이 라이프치히에서 평화시위를 했을 때도, 11월 9일 베를린 장벽이 무너지고 국경이 개방되었을 때도, 그 어디서도 꿈에서조차 독일 통일을 생각한 사람은 없었다. 그래서 독일 프리드리히 에버트 재단의 베르너 캄페터 박사는 독일 통일 20년이 지난 후에도 통일은 "역사 속 우연처럼 그저 일어난 일, 기적이 었다"라고 했다.[101] 독일 통일은 인류의 역사에서 그냥 일어나는 일, 우연 혹은 기적이라고 평가될 수 있는 사건들이 드물기는 하지만, 일어날 수 있다는 것을 입증한 사례라고 하겠다. 베르너 캄페터가

---

100 베르너 캄페터, 『독일 통일의 기적과 그 교훈』 FES-Information-Series (Frie-
　　drich EbertStiftung, 2010), 11.
101 앞의 책, 2.

말하듯이, "역사는 단순히 구조적 조건의 문제만이 아니라 예기치 못한 사건들의 영향을 받는 일련의 과정과 관련이 있다."[102]

그렇다면 한반도 통일도 기적처럼 우연히 일어날 수도 있다고 기대할 수 있을까? 역사를 종말론적으로 이해하는 신학적 역사관은 미래를 과거와 현재의 기계적 연장으로 이해하지 않는다. 그리스도교 종말론은 역사의 미래를 열린 미래로, 하나님의 나라의 갑작스러운 도래로 본다는 점에서 한반도의 통일 또한 기적처럼 이루어질 수 있다는 가능성을 미리 닫아둘 필요는 없다고 생각한다.

그러나 독일 통일이 결과적으로는 기적이었지만, 그런 기적이 일어날 수밖에 없었던 역사적 조건들이 함께 작용했다는 것을 무시할 수 없다. 빌리 브란트(Willy Brandt, 1913~1992)와 에곤 바르(Egon Karl-Heinz Bahr, 1922~2015)가 추진한 긴장 완화 정책, 유럽통합 정책을 통한 서방 국가와 동맹국들의 신뢰 획득, 무엇보다 빌리 브란트, 미하일 고르바초프(1931~2022), 헬무트 콜(Helmut Kohl, 1930~2017) 같은 인물들의 리더십을 들 수 있다.

갑작스럽고 우연히 일어난 사건처럼 보이지만, 빌리 브란트는 긴장 완화 정책을 통해 구동독을 "우월의식을 드러내지 않고 도왔고, 평화와 번영은 정직하고 진솔한 대화와 협력을 통해서만 이룰 수 있다고 믿었는데, 이런 긴장 완화 정책은 이념 공방, 상대방을 비하하는 태도, 크고 작은 이슈에 대한 공격적인 흥정, 또는 소심한 앙갚음과

---

102 앞의 책, 6.

는 정반대되는 것이었다."103 정치적이고 경제적인 화해 정책이었지만, 이는 디아코니아 실천의 원칙과 정책으로도 받아들여질 수 있다고 보인다. 상대에 대한 '우월의식'에서 돕는 것은 시혜적이긴 하지만, 예속적 관계를 형성하고 자기 의(義)를 과시하는 행동이 아닐 수 없다. '정직하고 진솔한 대화와 협력' 또한 마찬가지다.

빌리 브란트는 "두 독일의 존재를 인정했으며, 긴장 완화 정책을 구동독(혹은 동유럽) 체제를 붕괴시키고, 종국에는 통일을 가져오는 수단으로 보지 않았다"라고 한다.104 남북 당국의 대화가 전략과 정략, 정치적 이해관계와 술수에 의해 진행되었기 때문에 그 진정성을 의심받고, 결과적으로 합의가 지켜지지 않은 과거의 경험에 비추어 우리가 독일의 역사에서 배워야 할 것이라고 생각된다.

독일의 경우 국가 차원에서만 그런 것이 아니었다. 분단 후에도 동서독 교회는 하나의 교회 전통을 유지하려고 성서의 공동번역 사용, 찬송과 예배 의식 전통, 신학교육의 일치, 목사직 상호 승인 등을 지속했고, 무엇보다 '사회주의 안의 교회'라는 이념으로 마르크스-레닌주의와의 대화,105 사회주의 체제 안에서의 교회와 국가의 공생을 모색했다.106 그럼에도 불구하고 동독 정부는 반교회적 정책을 앞세

---

103 앞의 책, 9.
104 베르너 캄페터, "독일 통일의 기적과 그 교훈," 5.
105 Hans-Juergen Roeder, "Kirche im Sozialismus. Zum Selbstverstaendnis der evangelischen Kirchen in der DDR," Reinhard Henkys(hrsg.), *Die Evangelischen Kirchen in der DDR: Beitraege zu einer Bestandsaufnahme*, (Muenschen: Chr. Kaiser Verlag, 1982), 69.

위 '교회세'와 견신례교육 폐지, 서독 교회와의 교류 단절 등으로 압박하면서 교회를 고립시켜,[107] 1989년 동독 정부가 붕괴하던 시기에 그리스도인의 숫자는 동독 인구의 20~30%에 지나지 않았다고 한다. 그러나 동독 교회는 사회주의 체제의 장점을 수용하면서 교회의 정체성을 지키기 위해 노력했는데, 특히 1980년대 초부터 동서독 교회를 중심으로 전개된 반핵, 평화시위를 주목해야 한다. 이런 평화운동의 전통이 1989년 독일의 평화적 통일을 달성할 수 있었던 계기가 되었다고 하겠다. 당국의 체제 경쟁에 편승한 것이 아니라 동서독 사이의 현실적인 접촉을 꾸준히 진행해 온 것이 통일의 밑받침이 되었다는 것이다.[108]

그래서 '88선언' 작성에 참여했던 이삼열 교수는 "평화는 통일의 수단이나 방법만이 아니라 통일의 목적이나 목표가 되어야 한다고 믿는다. 통일은 곧 반평화적인 분단 체제와 의식의 극복 과정이며, 평화의 실현이기 때문에 통일과 평화는 본질적으로 떼어놓을 수 없는

---

106 김영동, "한반도 평화통일을 위한 교회의 참여방향 연구 ― 동서독 교류협력의 비판적 성찰을 중심으로," 안교성 편,『독일 통일 경험과 한반도 통일 전망: 신학적 성찰과 과제』(서울: 나눔사, 2016), 56; 최태관, "한반도 평화 정착을 위한 한국교회의 기여 가능성: 독일 통일에 기여한 독일 교회로부터 배우다," 현장아카데미 편,『한국전쟁 70년과 '이후'(以後) 교회 ― 통일의 신학적 의미를 찾아서』(서울: 도서출판 모시는 사람들, 2021), 497.

107 최태관, "한반도 평화 정착을 위한 한국교회의 기여 가능성: 독일 통일에 기여한 독일 교회로부터 배우다," 현장아카데미 편,『한국전쟁 70년과 '이후'(以後) 교회 ― 통일의 신학적 의미를 찾아서』(서울: 도서출판 모시는 사람들, 2021), 503.

108 앞의 책, 522.

관계를 갖고 있다. 평화의 실현이라는 윤리적 가치를 갖기 때문에 통일은 민족의 공동선(共同善)으로, 최대의 과제로 여겨질 수 있는 것이다…. 통일 없는 평화는 공허하며, 평화 없는 통일은 맹목이기 때문이다"[109]라고 말할 수 있었던 것이다.

우리는 화해에 대해서도 같은 말을 할 수 있을 것이다. 화해는 통일의 수단이나 방법만이 아니라 통일의 목적이 되어야 한다. '화해 없는 통일'은 맹목이고, '통일 없는 화해'는 공허하기 때문이다. 그래서 '화해론에 기반한 통일'을 연구한 이상은 교수는 "통일은 단지 정치, 사회적인 측면에서의 병합만을 의미하는 것이어서는 안 된다. 통일은 또한 단순한 두 개의 국가체제의 병합에 불과한 것이 아니다"라고 지적하면서 통일이 "물리적인 통합에 머물지 않고 남북, 남남 갈등을 넘어선 사회적 통합을 지향해야 하고,"[110] 그러기 위해서는 그리스도 교 화해론이라는 신학적 차원의 통일 논의, 곧 "초월적인 측면, 본질적인 측면에서의 논의"가 필요하다고 주장한다.[111]

민족 분단의 문제에 있어서 디아코니아가 이해하는 통일은 박순경이 지적하듯이, "민족애의 실천을 통하여 정의로운 사회를 실현하고, 계급주의적 모순을 극복하고, 민중의 삶의 권리와 평등한 사회를 실현하는 것"이다.[112] 그러나 만약 통일이 실현된다면 여러 가지 문제

---

109 이삼열, 『평화의 복음과 통일의 사명』(서울: 햇빛출판사, 1991), 16.
110 이상은, 『화해론에 기반한 통일』(서울: 나눔사, 2017), 19-20.
111 앞의 책, 22.
112 박순경, 『통일신학의 여정』(서울: 한울, 1992), 123.

가 제기될 것이다. 경제, 정치, 군사적 문제는 물론, 오랜 세월 분단 체제 안에서 살아온 남북한 주민 사이의 상호이질성 극복이 중요한 사회적 문제가 될 것이 분명하다.[113] 독일의 경우, 통일 후 20년이 지난 시점에서도 "동독 주민의 약 80%는 사회적 정의가 부족하다고 느꼈고, 단지 22%만이 자신들을 완전한 독일 국민이라고 생각했다. 동독 주민의 64%는 자신들이 2등 국민이라 여기며, 73%가 불이익을 받고 있다고 생각했다. 또한 75%의 동독 주민은 서독인이 구동독인이 일구어낸 성과를 과소평가한다고 느끼고 있었다."[114]

그러므로 독일 통일 과정을 반면교사로 삼는다면, 같은 민족으로서 분단 역사보다 더 오랜 세월을 함께 살아온 운명 공동체임에도 불구하고 완전히 다른 사회적, 정치적, 경제적 상황에서 형성된 분단 체제, 무엇보다 형제 전쟁으로 심화된 증오에 가까운 적대감을 상호 존중과 신뢰를 바탕으로 통일을 향한 희망으로 전환시켜야 할 과제를 화해의 디아코니아는 가지고 있다. 통일은 일방적 주장이나 지켜지지 않는, 아니 지키지 않을 합의 혹은 우연적인 기적으로만 이루어지는 것이 아니다. 어떤 통일을, 어떻게 이룰 것인지, 많은 이들이 토론에 참여할 수 있어야 하고, 합의에 도달해야 하고, 합의는 성실하게 지켜져야 한다. 독일 통일 후에 당면한 많은 취약점이 통일 과정에서 동서독 주민들이 공동 결정의 권리와 책임을 공유하지 못한 것에서 온

것임을 감안한다면[115] 더욱 그렇다.

그러므로 기적처럼 일어난 독일 통일에서 우리가 배울 수 있는 것은 분단과 통일에 대한 역사적 조건에 대하여 명확하게 인식해야 하고, 상황 변화를 이끄는 기회를 제대로 포착하고, 장애와 한계를 넘어 잠재적 가능성을 현실화시킬 수 있는 리더십을 세워야 한다는 것이다.[116] 또 통일 후 한반도의 정치, 경제체제는 어떤 것이어야 할지 통일 한반도의 미래상을 만들고, 남과 북이 머리를 맞대고 '통일 헌법'을 만드는 시도를 해야 한다고 박한식 교수는 제안한다.[117] 아무리 좋은 통일 정책이나 이상이라도 그것이 법제화되고 시스템으로 구축되지 않으면 구속력과 지속성을 담보할 수 없기 때문일 것이다. 마찬가지로 화해의 디아코니아도 시스템 구축을 지향한다.

통일비용에 대하여 비관적인 전망을 하면서 통일보다 분단 유지 및 북한의 개혁개방을 돕는 것이 더 현실적이라는 주장이 있다. 독일의 경우에도 통일비용이 과도해 서독 주민들에게 큰 경제적 부담을 주었고, 그것이 동서독 사회통합을 방해했다는 것을 근거로 제시한다. 실제로 매년 서독에서 동독으로 넘어간 돈은 서독 국민총생산(GDP)의 4% 정도였다고 한다.[118] 엄청난 금액이다. 그러나 통일로

---

115 앞의 책, 15.

116 앞의 책, 6.

117 박한식 · 강국진, 『선을 넘어 생각한다』(서울: 부키, 2018), 291.

118 베르너 캄페터, 『독일 통일의 기적과 그 교훈』 FES-Information-Series (2010), 6. 서독 교회가 1049년부터 1989년까지 동독 통치 40년 동안 동독 교회에 지원한 것은 약 40억 2천만 마르크에 이른다고 한다. 안교성 편, 『독일 통일 경험과 한반도

인한 엄청난 국방비 절감과 평화를 고려하면, 오히려 큰 이익이었다는 결과적 평가를 주목해야 한다.

화해는 가해자와 피해자라는 적대관계를 넘어서 새로운 인간의 탄생을 지향한다. 사람 사이의 화해가 궁극적으로 하나님과의 화해로 인도하는 이유가 여기에 있다. 적대자와 화해한 사람만이 하나님과 화해할 수 있고, 하나님과 화해를 원하는 사람은 적대자와 먼저 화해하게 되어 있기 때문이다. "네가 제단에 제물을 드리려고 하다가, 네 형제나 자매가 네게 어떤 원한을 품고 있다는 생각이 나거든, 너는 그 제물을 제단 앞에 놓아두고, 먼저 가서, 네 형제나 자매와 화해하여라. 그런 다음에 돌아와서 제물을 드려라"(마 5:23-24)라는 예수의 말씀은 하나님과의 화해와 원한을 품은 형제자매와의 화해는 우선순위의 문제가 아니라 이 둘은 서로 분리될 수 없는 관계임을 분명히 한다.

그렇다면 새로운 인간은 누구인가? 화해된 인간, 화해한 인간이다. 이들은 더 이상 지금까지 자신을 규정했던 정체성의 지배를 받지 않는다. 새로운 인간은 인간을 분열시키는 장벽, 인종이나 종교, 성이나 계급의 불평등한 권력관계를 예수처럼 자기 몸으로 허무는 사람이다. "유대 사람과 이방 사람이 양쪽으로 갈라져 있는 것을 하나로 만드신 분, 유대 사람과 이방 사람 사이를 가르는 담을 자기 몸으로 허무셔서, 원수된 것을 없애신 분… 이 둘을 자기 안에서 하나의 새

통일 전망: 신학적 성찰과 과제』 (서울: 나눔사, 2016), 62.

사람으로 만들어서 평화를 이루고, 원수된 것을 십자가로 소멸하시고, 이 둘을 한 몸으로 만드셔서 하나님과 화해시키신 분"(엡2:14-16)을 의지하여 화해의 직분을 실천하는 디아코노스다.

화해의 직분을 실천하는 그리스도인 개인만이 아니라 교회도 공동체로서의 디아코노스라고 하겠다. 국제정세는 냉엄하고 국가이익에 봉사하고, 정부의 통일 정책은 언제든지 변할 수 있기 때문에 민중 참여의 원칙, '피스 메이커'인 교회와 시민사회의 평화통일을 위한 노력의 중요성은 아무리 강조해도 부족하지 않을 것이다. 그래서 임동원 전 통일부 장관이 지적하듯이, 지금도 시민사회와 교회가 해야 할 과제는 "남북관계 개선을 위한 정부의 능동적이고 성실한 노력과 남북 합의의 준수 이행을 촉구하는 운동, 6자 회담에서 합의한 대로 군사정전체제를 평화체제로 전환하기 위한 관련 당사국(4자) 평화 회담 개최 촉구, 북핵 문제 해결을 위한 미국의 대북 적대관계 해소와 관계 정상화 촉구, 냉전체제의 해체와 평화체제의 구축, 다양성 속의 일치로 남남 갈등의 최소화"119라고 하겠다.

---

119 건국대학교 통일인문학연구단 엮음, 『한국지성과의 통일대담』(서울: 패러다임북, 2019), 58-59.

III. 한반도 평화통일을 위한 디아코니아 원칙

필자는 위에서 디아코니아의 유형을 '사회적 유형', '교회적 유형', '주변인 중심적 유형', '보편 사제적 유형', '에큐메니칼적 유형', '경세적 삼위일체의 유형'으로 분류하였다.

디아코니아 실천은 역사적으로 오래되었고 다양한 형태로 발전해 왔기 때문에 특정한 유형으로 분류하는 것은 쉬운 일이 아니다. 그래서 필자는 20세기부터 발전한 디아코니아를 대표적인 신학자를 중심으로 유형화한 것이다.

우주적 그리스도론에 근거하여 세상 안에서 세상을 섬기는 디아코니아를 주장한 하인츠 디트리히 벤틀란트의 '사회적 유형', 교회 공동체 안에서의 돌봄 활동에 먼저 강조하는 파울 필립퍼의 '교회적 유형', 도움을 필요로 하는 자들을 위한(fuer) 구조가 아니라 그들과 함께(mit)하는 구조로 디아코니아를 전환해야 한다는 울리히 바흐의 '주변인-장애인 유형', 하나님 나라가 이 세상에서 예수 그리스도와 함께 가난한 자와 병든 자와 소외된 자들로부터 시작되었기 때문에 디아코니아 활동은 하나님 나라의 지평 속에 세상을 변화시키는 역동적인 활동이어야 한다고 주장한 위르겐 몰트만의 '현재적 하나님 나라 유형'이 그것이었다.

디아코니아는 유형마다 고유의 신학적 원칙 위에 세워졌는데, 20세기에 발전된 디아코니아 유형들 안에 공통된 신학적 원칙이 있다면, '공적 책임의 원칙', '에큐메니칼 원칙', '경세적 삼위일체의 원칙', '화해의 원칙'을 들 수 있다.

교회 안과 밖에서 실천되는 디아코니아 활동은 어떤 형태를 취하든 교회의 공적 책임의 표현이 아닐 수 없다. 종교 공동체로서 교회는 이미 세상 안에서 공공성을 가지고 있고, 디아코니아야말로 교회의 공적 책임을 구체적으로 증언하는 통로라고 하겠다. "교리는 교회를 분열시키지만, 봉사는 교회를 하나되게 한다"는 경험은 디아코니아가 가지고 있는 에큐메니칼 원칙을 단적으로 표현한다. 이런 에큐메니칼 원칙은 '교회의 일치'만이 아니라 궁극적으로는 '인류의 일치'의 신학적 전거가 된다.

한반도 평화통일을 위한 디아코니아 원칙으로 특별히 주목할 것은 '경세적 삼위일체의 원칙'과 '화해의 원칙'이다. '경세적 삼위일체'는 창조주 하나님과 그리스도 예수, 성령, 삼위의 존재론적 관계만이 아니라 삼위일체되신 하나님이 세상, 인류, 피조세계와 맺는 외재적 관계를 표현하는 교리로서 '다양성 안의 (평등한) 일치'의 신학적 전거다. 경세적 삼위일체론에 근거한 다양성 안의 평등한 일치라는 디아코니아 원칙은 통일 담론의 독점(남한의 독재체제와 북한의 수령론)에 저항하고 민중 참여의 원칙을 확대한다는 점에서 중요하다.

성서에 의하면 그리스도인은 하나님의 화해의 동역자이고(고후 6:1), 그리스도의 대변자(고후 5:20)로서 하나님의 화해 사역이 관철되는 현실에 참여해야 한다. 다시 말해 심판자와 같은 중립적인 태도를 취하면서 거리를 두는 것이 아니라 프란츠 파농(Frantz Fanon, 1925~

1961)이 말한 '대지의 저주받은 사람들'[1]을 위해 행동하는 것을 의미한다. 그리스도인에게 위임된 화해의 사역은 구체적으로 우리 시대에 적대적 관계를 만들고 유지하고 있는 모든 장벽을 무너뜨리는 것이다. 경제체제와 정치 이념, 부자와 가난한 자, 인종과 성과 종교, 'COVID-19' 팬데믹과 백신 독점 등 인간과 인간, 인간과 창조세계 사이의 적대관계를 극복하는 것이라 하겠다.

이런 화해의 사역을 우리는 화해의 디아코니아라고 하고, 그 성서적 전형은 그 무엇보다 예수 그리스도 자신의 삶과 가르침에 있다고 하겠다. 그러므로 '화해의 디아코니아'는 '예수 그리스도의 삶과 가르침에서 드러난 하나님의 자유롭고 일방적인 하나님의 자유로운 선물'에 대한 인간의 응답이자, 동시에 '화해된 인간인 그리스도인의 제자직'으로서 '하나님과 인간', '인간과 인간', '인간과 창조세계' 사이를 가로막는 장벽들을 제거하는 신앙적 실천'이라고 하겠다.

필자는 특별히 화해의 디아코니아의 원칙을 가지고 다음 장에서는 한국교회의 '88선언'을 다시 조명하려고 한다. 그것은 '88선언'이 채택된 지 벌써 36년이 지났고, 그 사이 한반도 주변은 물론 남북 국내 상황도 크게 변했기 때문이다. 변화된 상황과 시대의 도전에 대한 디아코니아신학적 응전도 달라지지 않을 수 없다. 남북 집권 세력도 변했고, 미국과 중국의 관계도 심상치 않게 전개되고 있다.

---

1 프란츠 파농/남경태 역, 『대지의 저주받은 사람들』(서울: 그린비, 2019).

한반도의 비핵화, 정전 상태의 종식과 평화협정 체결이라는 국내 차원의 도전 외에도 'COVID-19 팬데믹'과 '기후 위기' 등 지구적 차원의 도전도 현실이 되었다. 그러므로 디아코니아신학적 시각에서 보는 평화통일운동 방향에 대한 전망도 달라지지 않을 수 없다.

그래서 필자는 '화해의 디아코니아신학'의 시각에서 '88선언'과 그 전후의 통일 정책과 통일운동을 평가하고, 앞으로 한국교회가 추구해야 할 통일운동의 방향을 제시하려고 한다.

4 장

'88선언'에 대한
화해의 디아코니아신학적 이해 및 평가

I. '88선언'의 배경과 의의

'88선언' 작성과 토론 과정에 참여했던 이삼열 교수는 '88선언'의 역사적 의의를 "한국 사회 안에서 처음으로 본격적이며 공개적인 통일 논의를 유도해 내고 통일운동을 대중화시키는 역할을 했다"는 데서 찾는다.[1] 이것은 역설적으로 오랫동안 한국교회가 민족통일 문제를 자신의 과제로 삼지 않았다는 것을 의미한다. 한국전쟁 경험과 분단 체제, 반공주의가 한국교회 의식 속에 깊이 뿌리내리고 있었기 때문에[2] 인권운동과 민주화운동 과정에서도 통일 문제는 전면에 부각되지 않았다고 할 수 있다.

그래서 박정희 정부의 '7.4공동성명'이 발표되었을 때도 심지어는 진보적 교단이라고 할 수 있던 한국기독교장로회 '교회와 사회위원회', 한국기독교교회협의회(NCCK) 실행위원회가 '7.4남북공동성명'에 대하여 경계하는 성명을 냈던 것이다. 물론 개별적으로 진보적인 그리스도인들과 민주인사들이 민주화와 함께 통일 문제가 중요하다고 강조했지만, 대체적으로 기독교 운동의 방향은 '선민주, 후통일'의 선에 머물러 있었다.[3]

---

1 이삼열, 『평화의 복음과 통일의 사명』(햇빛출판사, 1991), 81. 이 책의 개정증보판은 『평화체제를 향하여 ― 한반도의 평화통일과 기독교의 사명』(동연, 2019)이라는 제목으로 출간되었다.
2 김지은, 『한국교회 분단과 분열의 트라우마를 넘어서』(서울: 홍림, 1922), 28.

그러나 한국의 개신교회가 평화통일운동을 본격적으로 시작한 것은 1980년대부터였다. 한국교회의 이런 입장이 변하기 시작한 계기를 마련한 것은 1980년의 광주민중항쟁과 신군부 세력의 폭력적 억압, 그 과정에서 드러난 미국 정부의 태도였다. 1980년 5월 광주민중항쟁에 대한 신군부 집단의 폭력적인 탄압은 분단 체제의 극복과 평화통일 없이는 민주화가 가능하지 않다는 인식을 주는 계기가 되었다.

한국교회는 "민주화가 한국에서 실현되지 못하는 원인이 안보의 위협을 구실로 한 비민주적 정치체제와 권력구조에 있으며, 그 뿌리는 남북한의 분단과 상호 적대관계에 있기 때문에 민족 분단을 극복하고 통일을 이룩하는 것이 진정한 민주화를 위해서도 필수적으로 요청된다는 사실을 절실하게 깨닫게 되었다.

특히 한국의 분단에 책임을 져야 할 미국 정부가 한국의 민주화와 인권보다 분단 체제의 유지와 정권의 안보에 더 우선적 관심을 가져온 것을 비판적으로 보는 시각이 점차 확산되면서"[4] 통일 문제에 대한 한국교회의 관심도 깊어지기 시작했던 것이다. 분단 상황은 남북의 권위주의 독재체제 유지에 악용되고 있었고, 인권을 유예하는 장치로 작동된다는 인식이 한국교회로 하여금 평화통일운동에 나서게 한 것이다.[5]

---

3 이삼열,『평화의 복음과 통일의 사명』(서울: 햇빛출판사, 1991), 84.

4 앞의 책, 85.

5 이범성, "사회통합의 관점에서 본 통일," 박영신 외,『통일-사회통합-하나님나라』(서울: 대한기독교서회, 2010), 55.

그러나 국내에서는 통일 문제를 논의하기 쉽지 않은 상황이었다. 광주민중항쟁이 신군부 세력에 의해 폭력적으로 억압된 후, 민주화운동은 물론 통일운동도 수면 아래 잠시 가라앉을 수밖에 없었다. 이때 해외 파트너 교회들, 특히 세계교회협의회(WCC)는 해외에서 통일 논의를 지속할 수 있는 공간을 만들었다. 1981년의 '한독교회협의회'(서울),6 1983년 밴쿠버에서 "예수 그리스도 ― 세상의 생명"을 주제로 열린 세계교회협의회(WCC) 총회, 1984년 10월 29일부터 11월 2일까지 일본의 도잔소에서 "동북아시아의 평화와 정의"라는 주제로 열린 세계교회협의회 국제위원회 회의,7 1986년 제4차 '한북미교회협의회'(하와이 호놀룰루, 9월 29일부터 10월 3일까지) 등 해외에서 열린 일련의 협의회들은 한국교회로 하여금 통일운동 방향을 새롭게 정립하고 대중화할 필요성을 깨닫게 했고, 세계교회와의 연대 속에서 남북 교회의 직접적인 만남과 대화를 추진하게 했다.

이로써 통일 문제는 단지 남북 사이의 문제가 아니라 동북아시아

---

6 1981년 6월 서울 아카데미 하우스에서 열린 한독교회협의회에서는 분단국에서의 교회의 사명을 논의하면서, 통일 문제의 중요성에 공감, 한국기독교교회협의회에 통일연구원을 두기로 결의했다.

7 도잔소 회의는 한국교회 통일운동에 중요한 전기를 마련해주었는데, 분단이 모든 악의 근원이며, 분단이 긴장과 전쟁 위협과 독재와 인권유린, 경제적 손실과 인간적 고통의 원인이기 때문에 분단의 극복이 평화와 정의를 실현하는 데 필수적인 요건이며, 적대적이고 공격적인 분단 극복을 위해 군비 경쟁의 지양, 남북의 적대관계와 단절을 극복하기 위한 북한에 대한 정확한 정보와 접촉, 교류의 필요성을 강조했다. 그 후 1989년까지 통일운동은 도잔소 결의를 세계교회와 함께 실천하는 기간이었다. 이삼열, 같은 책, 162 참조. 도잔소 회의 보고, '분쟁의 평화적 해결' 전문은 이삼열의 같은 책, 273-283에 실려 있음.

의 안보와 평화 문제와 직결되어 있다는 인식과 함께 탈냉전의 국제정세와 서울 올림픽 개최를 계기로 새로운 국면을 맞이하게 되었다. 그리고 한국교회는 "한반도에서 진정한 평화와 정의를 실현하고, 민족의 고통을 줄이고 삶과 발전을 도모하려면 반드시 남북의 적대적인 분단이 극복되어야 하고, 이것은 어떤 형태로든지 영구 분단이 아닌 통일로 이어지지 않으면 안 된다"는8 반성과 의지를 '88선언'에 담게 되었던 것이다. 그러므로 '88선언'의 역사적 의의 가운데 빠질 수 없는 것은 이 선언이 있기까지 세계교회가 함께 추진하고 보여준 에큐메니칼 연대와 협력이라 하겠다.

광주민중항쟁 이후 한국기독교교회협의회(NCCK)는 1981년 6월 8일부터 10일까지 서울 아카데미 하우스에서 제4차 한독교회협의회를 "분단국에서의 그리스도 고백 — 죄책고백과 새로운 책임"을 주제로 개최하면서, 통일이 교회의 선교적 과제임을 분명히 했다. 그러나 진전된 통일 논의나 연구는 당국의 방해로 이루어질 수 없었다. 국내에서의 이런 한계를 해외 파트너 교회와의 협의회를 통해 극복하려는 노력은 1984년 제3차 한북미교회협의회, 1984년 11월 일본의 도잔소에서 열린 '동북아시아 정의와 평화협의회',9 1986년 9월 스위

---

8 이삼열, 『평화의 복음과 통일의 사명』 (서울: 햇빛출판사, 1991), 89.
9 제1차 도잔소 회의 25주년 기념 한반도 평화통일국제협의회가 2009년 10월 홍콩에서 열렸는데, 2013년에 개최될 세계교회협의회 부산 총회를 앞두고 남북의 교회 지도자들과 전 세계 137개 교회의 대표 100여 명이 참석한 비교적 큰 규모의 협의회였다. 이승열, "도잔소 25주년 기념 한반도 평화통일국제협의회를 다녀와서," 「한국기독공보」 (2009. 10. 26.).

스 글리온에서 세계교회협의회(WCC)의 국제위원회가 주최한 "평화에 대한 기독교적 관심의 성서적, 신학적 기반"을 주제로 한 세미나로 이어졌다.

1986년에 열린 제1차 글리온 회의는 남북 교회 지도자들이 최초로 얼굴과 얼굴로 만난 획기적인 사건이었다. 조선그리스도교연맹[10]에서 고기준 서기장(1921~1994)을 비롯한 4인의 대표가 그리고 강문규 YMCA 총무(1931~2013)를 비롯한 한국기독교교회협의회(NCCK) 대표 6인이 참석하여 성만찬을 함께 나눈 역사적 사건이 그곳에서 이루어졌다. 이 사건을 전후로 세계교회협의회 대표들의 북한 방문(1985년), 미국 NCC 대표단의 북한 방문(1986년), 세계교회협의회(WCC) 대표들의 제2차 북한 방문(1987년) 등이 있었고, 국내에서도 통일 정책에 대한 연구와 협의회 등이 있었으나 남북한 교회의 국내 통일 논의는 정부의 강력한 감시 아래에서 큰 진전을 가져오기 어려웠다.

다른 한편으로 해외 교포들을 중심으로, 특히 미국과 유럽 교포 사회에서 남북의 기독자 통일 대화가 전개된 것도 이 시기에 있었던 사건으로 주목할 필요가 있다.[11] 남한 국적을 가지지 않았기 때문에 비교적 자유롭게 북한을 왕래할 수 있거나 북한 사람들과 접촉하는

---

10 '조선그리스도교연맹'은 북한의 공식적인 기독교 단체로서 1946년 11월 28일 창립된 '북조선기독교 연맹'을 모체로 형성되었는데, 1970년대 이후 남북 대화가 시작되면서 활동을 재개, 1999년에 '조선그리스도교연맹'으로 개칭되었다.

11 한기양, 『한반도 통일과 기독교 ― 칼 바르트의 화해론을 바탕으로』(서울: 열린출판사, 2011), 294-295.

데 어려움이 없었던 해외 교민들을 중심으로 일어난 일들이었기 때문에 남한 국적을 가진 교민들과 국내 교회 통일운동과 갈등도 있었다. 그러나 북한이 이들을 대화 파트너로 인정하고 만난 독일 교포 중에는 이화선 목사(?~2017), 이영빈 목사(1926~2018) 등을 중심으로 1980년 '조국통일해외기독자회'가 결성되었고, 「통일과 기독교」라는 제호의 잡지를 발간 그리고 인근에 있는 중립 국가인 오스트리아, 스위스 등에서 남북 대화가 이어졌다.[12]

　'88선언'은 1981년 서울에서 열린 한독교회협의회를 시작으로 도잔소 회의, 글리온 회의, 세계교회협의회 대표들의 북한 방문, 해외 교포들의 통일운동 등의 축적된 남북 교회의 교류와 세계교회의 연대 그리고 서울 올림픽을 앞둔 국제정세의 변화 등이 결합하여 이루어진 놀라운 성취라고 하겠다.

---

12 이유나, "'88선언' 전후 시기 한국기독교교회협의회(NCCK)의 통일운동과 제 세력의 통일운동 전개," 한국기독교역사학회 편, 「한국기독교와 역사」 32(2010), 265.

II. '88선언'이 한국 정부 통일 정책에 미친 영향

'88선언'은 남북한 정부에 몇 가지 구체적인 건의를 했다. 분단으로 인한 상처의 치유를 위해서 '이산가족 상봉, 주거지의 자유로운 결정, 명절에 자유로운 친척과 고향 방문 허용, 부역자 제도 파기' 등을, 분단 극복을 위한 국민의 참여 증진을 위해서 '통일 논의와 연구 및 정책 수립을 위한 국민의 자유로운 참여 허용, 세계 인권선언과 유엔 인권 협정 준수'를, 사상과 이념과 제도를 초월한 민족적 대단결을 위해서는 '상호비방과 욕설, 배타주의의 제거, 상호교류 방문, 통신의 개방, 학술 분야 교류와 협동 연구 추진, 문화, 예술, 종교, 스포츠 분야의 교류, 남북 간의 경제 교류'를 제안했다. 그것은, 현실적인 도움이 되지 않는 구호는 위선이기 때문이기도 하지만, "믿음에 행함이 따르지 않으면, 그 자체만으로는 죽은 것이다"(약 2:17)라는 신약성서 말씀에도 위배되는 것이기 때문이다.

긴장 완화와 평화 증진을 위해서는 '평화협정의 체결, 주한 미군 철수 및 주한 유엔군 사령부 해체, 군사력 감축 및 군비축소, 한반도 비핵화' 등을, 민족의 자주성 실현을 위해서는 '남북 간 협상이나 회담에서 주변 강대국이나 외세의 간섭에 의존하지 않고 민족의 자주성과 주체성을 지킬 것, 민족의 삶과 이익에 배치되는 내용으로 체결된 모든 외교적 협상이나 조약을 수정하거나 폐기할 것' 등이 남북 당국에 건의되었다. 이 부분도 논쟁을 불러일으켰는데, 특별히 주한 미군 철수가 문제된 것이다. 주한 미군의 역할에 대한 이해와 평가가 서로 다를 수 있지만—후에 북한도 주한 미군 철수 문제를 전면에 내세우지 않는 변화를 보였던 것처럼— 외국군의 상시 주둔은 민족의 주체성의 측면에서나 자주국방 능력의 측면에서 문제가 아닐 수 없다.

그러나 주한 미군 철수 주장을 강력하게 비판한 것은 "한반도 분단의 주역인 미국을 무작정 숭배하면서 반통일적 분단 사고에 사로잡힌" 보수적 기독교 집단이었다고 손규태 교수는 지적했다.[1] 군사적으로만이 아니라 경제적으로도 한국이 미국에 의존적이고 예속적인 것은 현실이다. 그러나 선한 사마리아 사람 이야기에 근거한 디아코니아는 도움을 주는 사람과 받는 사람 사이의 차이나 차별이 있을 수 없다는 것을 보여준다. 도움을 베푼 사람이 유대인으로부터 차별받고 배제당한 "사마리아 사람이라는 이유로 도움이라는 것이 뛰어난 위치에 있는 사람이 할 수 있는 표현이라고 하는 생각"은 성립되지 않는다.[2]

'88선언'은 끝으로 남북 교회에 1995년을 희년으로 선포하고, 그때까지 '희년을 향한 대행진'을 할 것을 제안했는데, 구체적으로는 평화와 통일을 위한 교회갱신 운동을 활발히 전개하고, 평화교육과 통일교육을 폭넓게 시행한다는 것이었다. 특별히 남북 교회는 평화와 통일을 위한 기도주일을 설정하고, 기도문을 공동으로 작성하여 사용하기로 했다.[3] 더불어 세계교회와 협력하여 이산가족의 생사 확인,

---

1 손규태, 『한반도의 그리스도교 평화윤리』 (서울: 동연, 2019), 248.
2 게르트 타이센, "성서, 디아코니아적으로 읽기: 돕는 행위에 대한 정당성의 위기와 선한 사마리아인," 113.

서신 왕래 등을 가능하게 하는 활동을 하면서 평화통일을 위한 신앙고백적 행동과 실천을 가맹 교단만이 아니라 비가맹 교단과 천주교를 포괄하는 차원에서 공동으로 해 나갈 수 있도록 노력하고, 남북한 교회의 상호 교류를 위해 노력하면서 한반도 주변 강대국 내의 기독교 공동체를 비롯한 세계교회들과 협의하고 연대할 것을 천명했다.

'88선언'이 한반도가 해방과 동시에 분단된 지 50년이 되는 해인 1995년을 희년으로 선포한 것은 단지 '50년'이라는 숫자가 주는 의미 때문만은 아니었다. 구약성서 레위기에 전승되고 있는 '희년'은 빚의 탕감과 귀향, 땅의 안식을 통한 창조 질서의 회복을 제도화하고 정례화하는 이스라엘 고유의 사회적 장치였다. 도움의 구조화라는 디아코니아 정신을 이스라엘은 일찍부터 실천해 온 것이다.

'88선언' 후 36년이 지났다. 노태우 정부 시기에 발표된 '88선언'은 그 후의 집권 정부, 김영삼, 김대중, 노무현, 이명박, 박근혜, 문재인 정부를 거치면서 부침을 거듭했다. 그러나 '88선언'의 제안자이자 집필자였고, 2022년 2월 26일 향년 92세로 세상을 떠난 서광선 교수는 '88선언' 후 30년이 지난 2017년, '침통한 심정', '분노, 좌절감, 비통한 마음'을 금할 수 없다고 고백했다.[4] 평화통일 5개 기본 원칙의 하나인 평화의 원칙은 지켜지고 있다고는 하나—그것도 정전 상태라

---

3 남북의 공동기도문은 1988년 8월부터 시작되었는데, 2000년까지의 공동기도문은 한국기독교교회협의회 통일위원회 편, 『한국교회평화통일운동자료집 1980~2000』 445-473, 공동예배 순서는 474-478 참조.

4 서광선, 『거기 너 있었는가, 그때에 — 서광선의 정치신학 여정』 (서울: 한울, 2018), 296-297.

는 소극적 의미의 평화— 한반도에서의 핵전쟁의 위기는 고조되고 있기 때문이었다. 어찌 전쟁 가능성만인가. 1985년 처음으로 남북의 이산가족 상봉이 겨우 시작되었지만, 그것도 정부 정책에 따라 재개, 폐지를 오락가락했다. 2003년에 시작된 금강산 관광도 2008년 이명박 정부 초기, 남한 관광객 총기 피살 사건으로 중지되었고, 어렵사리 개설된 개성공단도 2016년 박근혜 정부가 북측의 핵 개발을 빌미로 갑자기 중단하는 등 부침을 거듭했다.[5] 책임은 북한에만 있었던 것이 아니다. 남북은 서로 수용하기 어려운 조건을 내세워 가까스로 성사될 수도 있었을 남북 대화를 파행으로 이끌어간 책임을 서로 면할 수 없을 것이다.

그렇다면 '88선언' 후 한국교회와 세계교회는 어떤 길을 걸었는가? 노태우 정부는 '남북 사이의 화해와 불가침 및 교류 협력에 관한 합의서'(1992년 2월 19일 발효)에 '88선언'의 내용을 어느 정도 수용했다는 것은 앞서 언급했다. 그러나 노태우 정부가 한국기독교교회협의회의 통일운동을 지지한 것은 아니었다.

한국기독교교회협의회(NCCK)는 '88선언' 후 곧바로 4월 25일부터 29일까지 세계교회협의회 국제문제위원회와 아시아기독교협의회 국제문제위원회와 함께 인천에서 '세계기독교한반도평화협의회'를 개최했으나 노태우 정부는 해외 참가자들에 대한 비자 발급을 약속했지만, 결국 비자를 발급받지 못해 많은 이들이 참여하지 못했

---

5 앞의 책, 296.

고, 비자가 발급된 후에 취소된 해외 참가자, 비자가 발급되었음에도 불구하고 납득할 만한 이유 없이 김포공항에서 발길을 돌려야 했던 사람들도 있었다. 협의회는 메시지를 통해 노태우 정부에게 개방 정책의 위선을 노출시킨 사건으로 지적했다.[6] 신군부 세력으로 집권한 전두환, 노태우 정부 아래에서의 평화통일운동이 결코 쉬운 일이 아니었음을 방증하는 사건이었다.

한국기독교교회협의회(NCCK)의 '88선언'은 같은 해 노태우 대통령의 '7.7특별선언' 발표를 앞당기는 데 큰 역할을 한 것으로 평가된다. 특히 1991년 12월 13일 남북 사이에 채택된 '남북 사이의 화해와 불가침 및 교류, 협력에 관한 합의서'와 그해 12월 31일의 '한반도의 비핵화에 관한 공동선언'은 '88선언'의 내용을 거의 담고 있다는 것을 알 수 있다. '88선언'은 노태우 정부의 남북기본합의서에 영향을 끼쳤을 뿐만 아니라 그 후의 여러 통일운동에도 많은 영향을 끼쳤다. 특히 '민통련', '전대협'을 중심으로 한 청년 학생들의 통일운동이 이 선언을 계기로 활발해졌고, 통일 논의와 정책 방향도 다양하게 제기되었다.[7] 통일운동의 주체와 방법, 통일 방안, 통일 국가 수립 과정 등을 둘러싸고 수많은 논쟁이 일어난 배경에는 1988년 서울 올림픽을 전후하여 동서 냉전체제가 해체되는 세계질서의 급변, 노태우 정부의 적극적인

---

6 한국기독교교회협의회 통일위원회 편, 『한국교회평화통일운동자료집 1980~2000』 119-120. "세계기독교 한반도 평화협의회 메시지" 참조.

7 통일 논의의 주도권, 통일운동의 주체와 방법, 통일 방안, 통일 국가 수립 과정을 둘러싼 NCCK, 민통련, 전대협, 노태우 정부 등의 각 입장에 대한 설명은 이유나의 논문, 285-290 참조; 이삼열, "교회협의회 통일선언의 입장과 배경," 「기독교사상」 1988년 7월호.

'북방 정책' 추진 등이 있었다.

그러나 노태우 정부의 '남북기본합의서'는 유감스럽게도 그 후 더 이상 진척되지 못했다. 그동안 남북 당국이 합의한 내용이 가시적으로 실현되기까지는 2000년 김대중 대통령과 김정일 국방위원장의 최초의 남북정상회담까지 기다려야 했다. 그 후 대북 인도적 지원, 이산가족 상봉, 남북 교회, 종교단체들을 포함한 민간 단체 차원에서의 상호 교류도 활발하게 전개되었다.

'88선언'의 의의는 민간 차원에서 그동안 억압되어 왔던 통일 의제에 대한 공개적 논의의 물꼬를 텄다는 데 있다. '서울지역총학생회연합건설준비위원회'는 4월 16일 자로 '민족통일의 새날을 열자 — 한반도 평화와 조국의 자주적 통일을 위한 국민 대토론회 공동결의문'을 채택했는데, 한국기독교교회협의회가 2월 29일에 발표한 선언문은 "한반도의 평화의 서막을 알리는 환희의 축가와도 같이 모든 국민의 가슴에 통일에 대한 열망을 가슴 깊이 새겨주었다"고 평가하면서 "이에 우리 모두는 위의 성명을 적극 지지하고 이에 범국민적 통일 대오에 힘차게 궐기할 것을 결의한다"라고 선언했다.[8]

'88선언'은 시민사회의 통일 논의만이 아니라 노태우 정부의 기본합의서에도 영향을 끼쳤다는 것도 중요하다.[9] 당시 통일원 장관이었던 이홍구 장관은 '88선언' 기안자의 한 사람인 서광선 교수에게 통일

---

8 이삼열,『평화의 복음과 통일의 사명』(서울: 햇빛출판사, 1991), 82.
9 임동원,『피스메이커: 남북관계와 북핵문제 25년』(서울: 창비, 2015), 133; 이종석, 『한반도평화 통일론』(서울: 한울, 2012), 109, 144.

원의 국장급 이상 간부를 대상으로 '88선언'에 대한 강연을 요청했고, 3시간 정도 진행된 강연을 들은 통일원 간부들은 '88선언'을 긍정적으로 평가했으며, 노태우 정부의 '남북기본합의서'에도 상당 부분 '88선언'의 내용이 반영되었다고 기독교 재야 통일운동가 오재식은 물론, 통일부 장관을 역임했던 임동원과 이종석은 증언하고 있다.

1988년 11월 8일 자 「노동신문」 1면에 의하면, 북한 당국이 '희년'이라는 단어를 사용하고 있지는 않지만, "조국 해방 50주년이 되는 1995년을 역사적인 해, 우리 민족에게 있어서 더 이상 조국 통일의 과제를 넘겨서는 안 될 중대한 역사의 경계선"이라고 하면서 "북과 남, 해외의 전체 조선 동포들은 조국 통일의 기치 밑에 굳게 단결하여 대결과 분열의 역류를 이겨내고 힘차게 전진함으로써 조국 해방 50돌을 반드시 나라의 자주적 평화통일 위업을 성취하고, 겨레의 숙망을 실현하는 역사적인 전환의 해로 되게 하여야 한다"라고 선언함으로써,[10] 한국교회가 희년으로 선포한 1995년을 향하여 대결과 분열을 극복하고 자주적 평화통일을 함께 성취하겠다는 의지를 간접적으로 표현한 것이었다. 그러나 '88선언'에 대한 긍정적인 평가만 있었던 것은 아니다. 남한 사회, 특히 남한의 보수적 교회와 기독교 단체들로부터 비판이 제기되었다.

노태우 정부의 '남북기본합의서'에도 영향을 주었던 한국기독교교회협의회(NCCK)의 '88선언'은 한국교회 내부로부터 격렬한 반대

---

10 이삼열, 『평화의 복음과 통일의 사명』 (서울: 햇빛출판사, 1991), 148.

에 부딪혔다. 그 반대는 주로 한국교회 보수 진영에서 제기되었다. '한국기독교남북문제대책협의회'(대표회장 박종렬)는 "한국기독교교회협의회가 한국교회 전체를 대표할 수 없고, 이념을 초월한 대화는 좋지만, 공산주의와 공존은 불가능하며, 미국과의 조약 폐기나 미군 철수는 시기상조"라는 입장을 선언했다. 소위 '한국개신교교단협의회'는 "미군 철수는 제2의 월남 사태를 초래할 위험성이 있고, 남한이 공산주의자들의 손에 넘어갈 수 있다"며 반대 입장을 분명히 했다. 그 외에도 '한국기독실업인회', '한국장로협의회', '한국교회평신도단체협의회', '한국복음주의협의회', '한국기독교국민화합운동협의회' 등 수많은 단체가 적극 반대함으로써[11] 기왕의 신학적 이유 외에도 박정희 개발독재와 신군부 통치에 대한 정치적 태도로 인한 보수와 진보 교회 사이의 갈등과 대립이 평화통일에 대한 신학적 이해와 정책에서도 극명하게 드러나게 되었다. 그러나 다른 한편으로도 '88선언'에 대한 비판이 제기되었는데, 그 내용은 분단 현실을 고착화시킨 이념과 체제를 기독교적인 관점에서 어떻게 극복할 수 있는지, 통일된 우리나라의 모습이 어떤 형태의 국가가 될 것인지에 대한 전망이 구체적이지 않다는 것이었다.

모든 기독교적 사회운동이 신학적 근거에 의해서 유발되고 추동되는 것은 아니다. 그러나 성서적 전거와 신학적 배경이 없는 기독교

---

11 이유나, "'88선언' 전후 시기 한국기독교교회협의회(NCCK)의 통일운동과 제 세력의 통일운동 전개," 「한국기독교와 역사」 32(2010): 274-275.

사회운동은 역사적으로도 없었다.

한국교회가 사회문제에 대하여 관심을 갖기 시작한 것은 1960년 '4.19혁명' 후 '5.16군사쿠데타'로 집권한 박정희 정부의 '개발독재'와 1965년 6월 22일에 조인한 '대한민국과 일본 간의 기본관계에 관한 조약' 또는 '한일기본조약' 체결에 대한 반대 시위부터였다. 개발독재는 산업화를 추구했고, 산업화는 이농현상과 도시화를 통한 도시빈민을 양산했다. 젊은 공장노동자들의 인권은 장시간 저임금을 통한 노동착취로 말미암아 심각하게 훼손되었고, 공해 문제도 심각해졌다.

한국교회에서는 복음화와 개인적 회심, 영혼 구원을 지향하는 전도를 뒷받침하는 신학에서 '하나님의 선교'(*Missio Dei*) 신학, '세속화 신학', '그리스도인의 사회 책임론' 등으로 전환하게 되는 모습이 나타났고, 신학자 라인홀드 니버(Reinhold Niebuhr, 1892~1971)와 디트리히 본회퍼(Dietrich Bonhoeffer, 1906~1945) 등의 책들이 널리 읽혔다.

1960~70년대 한국교회에 영향을 끼친 진보적 신학은 한편으로는 진보적 신학자들의 번역 작업을 통해, 다른 한편으로는 세계교회협의회(WCC), 세계기독학생연맹(WSCF),[12] 세계 YMCA 등을 통해 소개되었다.

---

12 '세계기독학생연맹'은 국가별 청년 및 학생 모임인 기독학생회(SCM, Student Christian Movement)가 연합하여 1895년 스웨덴에서 조직되었고, YMCA와 YWCA와 함께 "학교 공동체 구성원을, 하나님을 믿는 신앙으로 부르고, 공교회의 삶과 사명 안에서 제자로서 훈련하고, 국가 안팎에서 평화와 정의를 위해 노력"하는 것을 목표로 삼았다.

특별히 이 시기 한국 기독 학생운동에 영향을 끼친 대표적인 인물은 독일 신학자 게르하르트 브라이덴슈타인(Gerhard Breidenstein, 한국명 부광석)이었다. 1968년부터 1971년까지 '독일교회해외봉사단'(Dienst in Übersee)의 일원으로, 한국기독학생연맹(KSCF) 초청으로 한국에서(연세대학교 도시문제연구소) 활동한 그는 『인간화』, 『학생과 사회정의』13라는 소책자를 썼는데, 그 책이 기독 학생운동에 끼친 영향도 간과할 수 없다. 대학생들과 도시빈민들의 사회적 삶을 연구하면서 도시빈민의 실태를 조사하고, 노동운동의 조직화와 의식화를 위한 교육 활동을 하면서 한국기독교교회협의회 도시 산업선교의 이론적 기반을 제공했던14 그가 쓴 이 소책자는 기독교인이 왜 사회정의를 위하여 참여해야 하는지, 이웃 사랑의 성서적 전거로 잘 알려진 '선한 사마리아 사람'의 비유가 가지고 있는 한계는 무엇인지를 지적했다.

브라이덴슈타인은 선한 사마리아인의 경우, 독자적인 자선 행위였을 뿐, 그 이상의 정치적 조치나 사회적인 행동 방안을 제시하지 않았다는 것을 비판했다. 사회악으로 희생되는 피해자들의 뒤치다꺼

---

13 부광석, 『학생과 사회정의』, KSCF시리즈 1 (서울: 한국 기독학생회총연맹, 1971), 1-294.

14 「기독교사상」 11(2003), 게어하르트 브라이덴슈타인 박사와의 대담, "세계화 윤리는 분권화·다양화" 참조; 민주화운동기념사업회 사료관 오픈아카이브, 게하르트 브라이덴슈타인 구술 자료, 면담자 안숙영, 구술 일자 2007년 10월 25일~26일 참조. 1971년 귀국 후 그는 연구 목적으로 1974년에 북한을 방문했고, 독일에서의 반핵 평화운동 및 국제 연대 활동, 한국위원회 결성 및 한국민주화운동과 연대 활동을 했다.

리나 해 주는 자선사업으로 교회가 할 일을 다 했다고 자족할 수 없고, 보다 근본적이고 적극적인 예방 대책을 세워야 하는데, 이것이 사회악을 낳는 사회의 구조 자체에 대한 도전이라고 함으로써 피해자를 양산하는 사회구조에 눈을 돌리고 개인적인 자선 행위에서 구조악과의 투쟁으로 방향을 전환하게 하는 데 기여했다. 그의 『학생과 사회정의』는 디아코니아의 개인 윤리적 한계를 극복하는 새로운 해석의 길을 열었던 것이다.

1970년 한국교회의 '디아코니아적 회심'[15]에 획을 그은 사건이 일어났다. 1970년 11월 13일 평화시장에서 전태일(1948~1970)[16] 열사가 분신한 사건이었다. 전혀 평화스럽지 않았지만 '평화시장'으로 불린 곳에서 나이 어린 봉제 노동자들에 대한 착취와 고통을 호소하기 위해 "근로기준법을 준수하라", "우리는 기계가 아니다"라고 외치며 쓰러진 전태일 열사의 분신은 한국 사회, 특히 한국교회에 엄청난 충격을 주었다. 한국기독교교회협의회(NCCK)를 중심으로 한 진보적 기독교 단체들은 곧바로 노동문제와 인권, 민주화운동에 참여했다. 그러나 박정희 정부의 유신독재체제는 더욱 노골화되었고, 민주화와 인권을 위한 한국교회의 투쟁에 대한 탄압도 더욱 격심해졌다.

---

15 필자는 '디아코니아적 회심'을 봉사에 대한 무관심에서 관심으로의 전환만이 아니라 디아코니아의 개인윤리적 차원에서 사회구조적 차원으로의 전환이라는 의미로 사용한다.

16 전태일의 삶이 변호사 조영래를 통하여 자세히 세상에 알려지게 되었다. 조영래, 『전태일 평전』(서울: 돌베개, 2007).

이 시기 한국교회의 사회선교와 민주화운동을 뒷받침한 신학은 리차드 숄(Richard Shaull)의 '혁명의 신학'(Theology of Revolution), 페루 출신 가톨릭 신학자 구스타보 구띠에레즈(Gustavo Gutierrez, 1927~)의 '해방신학',[17] 제임스 콘(James Cone, 1938~2018)의 '흑인해방신학'(A Black Theology of Liberation), 위르겐 몰트만(Jürgen Moltmann, 1926~)의 '희망의 신학'(Theologie der Hoffnung),[18] 브라질의 교육학자 파울루 프레이리(Paulo Freire, 1921~1997)의 '페다고지'(Pedagogy of the Opressed)[19] 등이었다.

1970년대, 제임스 콘을 비롯하여 위르겐 몰트만 등 세계의 신학자들이 한국을 방문하여 고난받는 한국의 그리스도인들과의 연대를 보여주었을 뿐만 아니라 한국 민중의 고난과 희망을 신학적으로 성찰하도록 도전했다. 이런 도전과 한국 민중의 고난 속에서 대학에서 퇴직당하고 수감당한 신학자들은 '민중신학'을 발전시키기 시작했다. 1970년대 중반부터 '민중신학'은 그 후의 도시빈민, 농민 선교, 한국교회의 민주화와 인권운동, 평화통일운동의 신학적 전거가 되었다.[20]

---

17 구스타보 구띠에레즈/성염 역, 『해방신학 — 역사와 정치와 구원』 (왜관: 분도출판사, 1977) 참조.

18 위르겐 몰트만/이신건 역, 『희망의 신학 — 그리스도교적 종말론의 근거와 의미에 대한 연구』 (서울: 대한기독교서회, 2017) 참조.

19 파울루 프레이리/남경태 역, 『페다고지』 50주년 기념판, 그린비 크리티컬 컬렉션 5 (서울: 그린비, 2018) 참조.

20 1970년대 한국교회 진보 진영의 사회참여와 그것의 신학적 전거에 대해서는 채수일,

남한 개신교단 가운데 가장 큰 규모의 대한예수교장로회 총회(합동)는 교단 소속 '평화통일연구위원회'의 이름으로 '88선언' 후 1년이 지난 1989년에 보고서를 제출했는데, '88선언'이 "비복음적이며, 일방적이고, 민중통일론이며, 희년 선포가 사회주의 성향을 띠고 있다"라는 내용이었다. 비록 보고서가 총회에서 채택되지는 않았지만, 예장 통합 측의 이런 입장은 사실 '88선언'에 대한 보수 교단들의 일반적인 비판을 대변한 것이라 하겠다.

이런 비판은 '88선언'이 한국교회와 그리스도인들의 반공주의나 북한에 대한 적개심, 증오심을 화해와 공존의 논리로 전환시키고, 대결 체제를 평화 체제로 전환시키기 위한 군축, 핵무기 철수, 주한미군 철수 등을 주장한 내용 때문에 제기된 것이었다.

그러나 '88선언'에 대한 북한 교회와 세계교회의 반응은 매우 긍정적이었고, 그 후 남북 교회의 직접적인 만남과 협력도 활발해졌다. 같은 해 9월에 열린 제2차 '글리온 회의'에서 남북 교회 대표들은 '남북공동선언문'을 발표, 남북의 교회들이 해마다 8월 15일 직전 주일을 한반도 평화와 통일을 위한 공동기도주일로 지킨다는 합의를 채택했다.[21] 이 글리온 선언은 다시 1989년 7월 모스크바에서 열린

"1970년대 진보교회의 사회참여," 채수일, 『신학의 공공성』(서울: 한신대학교출판부, 2010), 173-196.

21 이 결의는 2013년 부산에서 열린 세계교회협의회 총회에서 전 세계 교회가 매년 8월 15일 직전 주일을 '한반도 평화통일 공동기도주일'로 지키는 결의안으로 확대되어 지금까지 전 세계 교회가 공동기도주일을 지키고 있다.

세계교회협의회(WCC) 중앙위원회에서 '한반도의 평화와 통일을 위한 정책에 관한 성명서'를 채택하는 데까지 진전되었다.[22]

'88선언'이 특별히 노태우 정부의 통일 정책에 구체적으로 어떤 영향을 미쳤는지는 정부의 공식적인 문서들에서는 확인할 수 없다. 그러나 당시 북방 정책을 추진한 정부 인사들이 '88선언'에 주목하고 선언 작성 인사들과 대화했다는 것에 대한 증언 그리고 '남북기본합의서'의 곳곳에 내포된 화해에 관한 조항들에 근거하여 판단할 수 있다. 상호 인정, 비방과 공격적 행위의 중지, 평화 체제의 수립, 인도주의적 교류와 협력은 '88선언'과 다르지 않은 원칙임을 확인할 수 있다.

실천 부분에서도 '남북기본합의서'와 '88선언'이 그 내용에 있어서 크게 다르지 않다. 한 가지 더 주목할 것은 '88선언'이 "어떠한 경우에도 핵무기가 사용되어서는 안 되며, 남북한 양측은 한반도에서 핵무기의 사용 가능성 자체를 원천적으로 막아야 한다. 따라서 한반도에 배치되었거나 한반도를 겨냥하고 있는 모든 핵무기는 철거되어야 한다"라고 주장했는데, 노태우 정부가 1992년 2월 19일에 발효된 '한반도의 비핵화에 관한 공동선언'에서, 한반도의 비핵화와 핵전쟁 위험의 제거를 명시한 것도 '88선언'의 연장선상에서 이해할 수 있다.

'88선언'이 비록 한국교회를 다시 두 진영으로 분열시키기는 했지만, 그동안 신군부 세력에 의해 수면 아래 가라앉아 있었던 통일 논의

---

22 오재식 구술(구술정리 이영란), "나에게 꽃으로 다가오는 현장," 「한겨레신문」 (2013. 4. 28.)

를—보수 진영이건 진보 진영이건— 한국교회 안에서— 긍정적이건 부정적이건— 다시 촉발시킨 것도 '88선언'의 영향이라 하겠다. 화해의 디아코니아는 남과 북 사이의 화해만이 아니라 남과 남, 좁게는 교회들 사이에서도 갈등을 해소하고, 대화를 통하여 화해를 성취하는 것을 목적으로 한다는 점에서 '88선언'이 특정한 사안을 중심으로(예를 들면 주한 미군 철수 문제 등) 갈등을 일으키긴 했지만, 보수 진영이 반응을 보인 것 자체도 '88선언'이 끼친 영향이라고 할 것이다.

III. '88선언'에 대한 한국교회 보수 진영의 도전

시련은 정부로부터만 온 것이 아니었다. '88선언'에 대한 비판과 논란은 곧바로 복음주의 진영으로부터 제기되었다. 한국복음주의협의회는 1988년 3월 30일, "NCCK의 통일론에 대한 복음주의 입장"이라는 성명을 발표했다.[1] 복음주의의 입장은 '88선언'이 한국교회의 평화운동을 주로 민족의 독립운동이나 인권 및 민주화운동 등 정치적 운동으로 이해하는 것에 동의할 수 없는데, 그것은 신과 인간의 화해에 기초하지 않은 평화운동은 진정한 평화운동이 될 수 없다는 것이다. 신과 인간의 화해에 기초한 평화운동이 무엇을 의미하는지 분명하지 않으나 성서의 '샬롬' 개념을 지나치게 협소하게 이해한 오해로 보인다. 다른 비판은 상극하는 이데올로기의 공존에서 비롯하는 평화를 한국기독교교회협의회(NCCK)는 추구하는데, 이는 기독교가 지향하는 평화와 통일이 아니므로 동의할 수 없다는 것이다.

일방적인 흡수통일 혹은 승공통일을 의도하는 것이 아니라면, 평화적 공존이 왜 기독교가 지향하는 평화와 통일이 아닌지 오히려 되묻고 싶다. 복음주의자들은 북한 교회의 정체성을 의심하면서 북한 교회를 대화의 파트너로 인정할 수 없다는 입장이다. 흥미로운 것은 복음주의자들도 미군 철수와 핵무기 철거를 원칙적으로 반대하지

---

1 앞의 책, 114-116.

않는다는 것이다. 이전의 태도에 비하면 전향적임이 분명하다. 그런데 한반도의 평화와 안정이 국제적으로 보장되지 않은 현시점에서는 주한 미군 철수 주장은 북한에 이용될 수 있어 적절하지 못한 발언이라고 평가한다. 이 점도 NCCK 입장을 오해한 것이다. '88선언'도 "평화협정이 체결되고 남북한 상호 간에 신뢰 회복이 확인되며 한반도 전역에 걸친 평화와 안정이 국제적으로 보장되었을 때"라는 조건에서 주한 미군 철수와 주한 유엔군 사령부 해체를 주장한 것이기 때문이다.

한국복음주의협의회 외에도 한경직 목사가 명예회장으로 있었던 한국기독교남북문제대책협의회도 "남북통일 논의에 대한 우리의 견해"(1988년 4월 19일)를 발표했는데, 대체적으로 한국기독교교회협의회(NCCK)가 한국교회를 대표하지 않는다는 점을 부각하면서 북한의 조선기독교도연맹의 진정성에 우려를 표하고, 무신론적이고 공산주의 정권인 북한 당국을 반대하지, 북한 동포를 적대시하지 않는다고 주장했다. 그리고 남북이 서로 비방하지 않고 인도주의적인 배려와 조치를 상호 시행하는 것에 대해서는 뜻을 같이한다고 함으로써 진보와 보수 집단이 최소한 인도주의적 지원에 대해서는 같이 일할 수 있는 길을 열었다고 하겠다.

한국교회 진보와 보수 집단이 대북 인도주의적 지원에 함께 나서게 된 것은 서울 올림픽, 노태우 정부의 이른바 북방 정책과 남북의 유엔 동시 가입 등 국제정세의 변화도 있지만, 북한의 식량 위기, 홍수 피해 등 북한의 절박한 상황이 그 배경이었다. 그리고 1990년에 시작된 사랑의 쌀 나누기 운동, 1991년부터 시작된 사랑의 의약품 보내기 운동 등 대북 인도적 지원은 '88선언'에 대하여 비판적인 입장을 보였던 보수성향의 한국기독교총연합회(한기총)에 의해 앞장서서 시행되었다. 진보 성향의 한국기독교교회협의회는 통일 정책의 제시와 희년 운동에 관심을 기울인 반면, 보수 성향의 지도자인 홍정길 목사, 곽선희 목사 등은 북한 주민들의 경제적 빈곤과 기아 문제에 집중적으로 관심을 가지고 구호 활동에 주력했다.[2]

그 시기 대북 인도적 지원에 가장 활동적인 단체들은 '남북나눔운동'(1993년 4월 창립), 한민족복지재단, 굿네이버스, 월드비전, 유진벨 등이었다.[3] 보수적인 교회와 기독교 시민단체들의 이런 디아코니아적 실천은 이념을 초월한 화해와 인간의 생존권 보장이라는 디아코니아의 기본 정신을 지키는 것이었고, 디아코니아는 한국교회 진보와 보수 사이의 경계도 타파하는 신학적 전거가 된 것이다.[4] 한국교회는 "교리는 교회를 나누지만, 디아코니아는 교회를 하나 되게 한다"라는 것을 대북 인도주의적 지원을 통해 경험한 것이다. 사실 구호적 디아코니아와 구조악 극복의 디아코니아는 양자택일의 문제가 아니라 서로 뗄 수 없는 관계에 있고, 동시에 진행되는 것이다.

---

2 서광선, 『거기 너 있었는가, 그때에 — 서광선의 정치신학 여정』(서울: 한울, 2018), 313.
3 앞의 책, 314.
4 이만열, "민족의 통일과 평화에 대한 한국기독교회 선언의 의의," 「기독교사상」 1(1995). 이만열 교수는 88선언이 민간 부문에 의해 제출된 최초의 본격적인 통일 선언으로 획기적인 역사적 의미를 지닌다고 평가했다. 민간 차원의 통일 논의의 물꼬를 텄고, 앞으로 새롭게 전개시킬 통일운동의 이념적 근거도 마련했다고 평가했다. 동시에 동구 사회주의권의 붕괴와 북한의 식량난이 겹치면서 한국교회 통일운동이 북한 돕기 운동으로 전환되고 또 이 일을 중심으로 진보와 보수가 제휴하고 있는 점을 들었다.

다른 한편으로 한국교회는 '88선언'을 선언한 같은 해 11월 22일부터 25일까지 제2차 글리온 회의를 개최했다. '88선언' 후 예상된 정부의 탄압을 예상하여 국제사회와 세계교회의 관심을 동원하기 위해 추진된 제2차 글리온 회의였지만, 여기서 남북교회공동합의문이 채택되었는데, 1995년을 통일희년으로 선포하고, 1989년부터 8.15 직전 주일을 평화통일을 기원하는 공동기도주일로 지키며, 남북 사이의 적대감을 극복하고 이념적인 편견을 정리하고 화해 분위기를 형성하며, 휴전협정을 평화협정으로 전환, 남북의 군비축소를 제안하며, 남북 간 민간 교류의 확대를 제안한다는 것이 주요 내용이었다.[5]

글리온 회의가 증언한 중요한 것은 남북 지도자들이 함께 모여 예배를 드리고 성만찬을 나눈 것이다. 적대적 관계에서 오랜 세월을 지내온 남북의 교회 지도자들이 함께 예배를 드리고 성만찬을 나눈 것은 역사적으로도 의미 있는 사건이었고, 그리스도 안에서 하나임을 가시적으로 보여준 사건이었다. 그래서 남북 교회는 해마다 공동기도문과 예배문을 만들어 함께 예배를 드리기로 결의했던 것이다.

하이델베르크대학교 디아코니아연구소 소장인 요하네스 오이리히 교수는 디아코니아에 있어서 예배의 중요성을 다음과 같이 말하고 있다: "결정적인 주제는 공동체에게 있어서 예배입니다. 그것은 디아코니아에 없어서는 안 될 존재입니다. 예배에서 우리는 모든 인간이 하나님의 사랑을 받는 피조물이며, 믿음은 사랑 안에서 역사하고,

---

5 서광선, 『거기 너 있었는가, 그때에 — 서광선의 정치신학 여정』 (서울: 한울, 2018), 303.

하나님 사랑과 이웃 사랑은 함께 속한다는 사실, 하나님께서 우리의 잘못에도 불구하고 우리를 붙드신다는 것을 알기 때문입니다. 그리고 자명한 것은 예배에서 디아코니아가 경험될 수 있다는 것입니다."[6]

1989년부터 세계교회는 8월 15일 직전 주일을 한반도의 평화를 위한 공동기도주일로 지켜오고 있다. 휴전협정을 평화협정으로 전환하는 노력은 세계교회도 함께하고 있지만, 북한의 핵문제, 미중 관계를 비롯한 한반도 주변 정세의 변화와 맞물려 평화협정 체결은 아직도 요원한 상태이다. 그럼에도 불구하고 세계교회는 꾸준히 한반도 평화문제를 세계교회 에큐메니칼 운동의 화두로 삼았고, 2013년 세계교회협의회 제10차 부산 총회에서는 '한반도의 평화와 통일에 관한 성명서'[7]를 채택했고, 2014년 6월 17~19일 스위스 보세이에서는 한반도 화해와 평화 증진 방안을 모색하는 '도잔소 프로세스' 30주년 기념 회의를 개최했다. 이 회의에는 15개국 34개 교회와 관련 기관 지도자들이 참석했는데, 남측 교회협 대표단과 북측 조선그리스도교연맹(조그련) 대표단이 참석했다. 세계교회는 비록 해외이긴 하지만 남북 교회 대표들의 직접적인 만남과 사귐을 가능하게 했다.

그뿐 아니라 세계교회는 북한을 직접 방문하여 북한 교회와의 직접 교류를 추진했다. 2015년 12명으로 구성된 국제 에큐메니칼

---

6 요하네스 오이리히/이범성 역, "디아코니아는 교회에 무엇이 될 수 있나?," 실천신학대학원대학교 2022년 가을학술제 자료집 (2022), 4.

7 WCC 제10차총회 백서발간위원회, 『세계교회협의회(WCC) 제10차 총회 백서』 (2014), 425-430.

대표단이 북한을 방문했는데(10월 23일부터 30일까지), 이것은 조선그리스도교연맹과 한국기독교교회협의회가 공식적으로 한반도에서 함께 참석한 최초의 에큐메니칼 모임이었다. 2016년 11월 14일부터 16일까지는 중국의 홍콩 특별행정구에서 세계교회협의회(WCC) 주최로 '한반도 평화 조약에 관한 에큐메니칼 국제협의회'가 열렸다. 이 협의회에는 북과 남 그리고 11개국의 교회 및 관련 기관에서 온 58명의 인원이 참석했다. 이 협의회는 성명서를 통해 정전협정을 평화 조약으로 대체하는 과정을 만들고 지도력을 발휘하기 위해 한반도에 관한 향후 에큐메니칼 계획을 의도적, 명시적으로 제안했다.

그런데 놀랍게도 복음주의권에 속한 지도자 중에 대북 구호 사업 내지 북한 사회개발과 발전을 위해 꾸준히 헌신해 온 분들이 있다. 1980년대의 NCCK의 88선언 당시와 직후에는 매우 극단적인 대척점에서 반대하고 나섰던 복음주의권에 속해 있음에도 불구하고 선구자적이며 헌신적이며 순수한 복음적 입장에서 섬김의 디아코니아를 꾸준히 지속적으로 실천해 온 지도자적 목회자들의 사례를 들고자 한다.

첫째는 김명혁 목사[8]이다. 그는 복음주의권 목회자로서 대표적인

---

8 김명혁 목사(1937~)는 북한 평안남도 안주에서 출생하였다. 선친 고 김관주 목사는 일제 강점기에 신사참배를 거부하여 수차례 옥고를 치렀으며, 한경직 목사와 함께 부목사로 신의주제2교회를 목회하였는데 김일성의 외삼촌인 강양욱 목사의 회유에도 불구하고 철저한 반공주의 사상과 신앙고백적인 지조를 지키다가 1950년 6월 23일에 순교하였다. 11세 무렵 단신 월남하여 어렵게 성장하였으나 선친의 신앙적 유산을 굳게 지키면서 열심히 노력하여 명문 서울고등학교와 서울대학교 역사학과를 졸업하였으며 미국 유학을 거쳐

신학자 출신의 목회자이다. 총신대학교 교수와 합동신학교 교수직을 역임하였으며 복음주의협의회 회장으로 보수적인 복음주의권 신학의 발전에 크게 기여한 바가 있다. 또한 한국선교협의회 공동회장과 공산권 선교를 위해 소련선교회 회장을 현재까지도 겸하여 섬기고 있다. 또한 복음주의권 교단들의 연합기관인 한기총 공동회장으로도 교회연합운동에 크게 기여해 왔다. 그런데 이런 분이 오래전부터 지속적으로 중국 연변의 조선족 어린아이들을 돕고 있으며, 북한의 어린이들도 돕고 있다. 성경의 복음의 정신을 실천해 온 목회자로서 신학적으로는 세계복음주의연맹(WEA)의 중심 지도자였던 영국의 존 스토트(John Stott) 교수와 독일의 피터 바이어하우스(Peter Beyerhaus) 교수 등과의 밀접한 교분을 나누면서 신학적으로 교제해 왔고, 지도적 역할을 감당해 왔다. 그래서인지 매우 열린 자세를 견지해 왔으며, 디아코니아적 정신과 실천을 몸소 삶으로 실행해 온 것이라 할 수 있다. 화해의 디아코니아라는 차원의 실천가로서도 손색이 없을 것이다. 그는 인터뷰에서 직접 강조하기를 "우리가 남한 사람을 사랑하는 것도 중요하고 그렇지만 북한 사람도 사랑해야 되고, 일본 사람도 사랑해야 되고, 모두를 사랑해야 되는데, 우리가 사랑과 섬김, 나를 위해서 내가 돈 벌기 위해서 부자가 되기 위해서, 유명해지기 위해서

신학자로서 한국교회의 신학과 교회발전에 크게 기여하였다. 현재 그가 담임목사로 목회한 강변교회의 원로목사로 있지만 여전히 전국 교회로부터 설교 부탁을 받아 직접 운전하여 찾아가서 기쁨으로 복음을 전하면서도 일체의 강사 사례를 받지 않는 것으로 알려져 있다. 엄상현 목사의 2022년 9월 1일 김명혁 목사와의 인터뷰 자료, https://ko.wiki pedia.org/wiki/%EA%B9%80%EB%AA%85%ED%98%81 참조.

가 아니라 순수한 사랑과 섬김의 삶을 살도록 하는 것이 나에게도 유익하고 이웃 세대도 유익하고 원수에게도 도움이 되는 것입니다"[9] 라고 강조하였다.

두 번째 사례는 홍정길 목사[10]이다. 그는 옥한흠 목사, 하용조 목사, 이동원 목사와 더불어 복음주의 4인방으로 잘 알려져 있다. 그는 총신대를 졸업했으나 예장(합신) 교단의 목사로 합동신학대학교 설립에 큰 도움을 주었다. 특별히 신학 재학 중 박윤선 교수로부터 많은 영향을 받았다. 특별히 그는 한국대학생선교회(CCC)의 총무로 많은 활동을 하여 훌륭한 제자들을 양육하였다. 남서울교회와 서울은 혜교회 등 23개의 교회를 개척했으며 한국해외선교회(GMF), 코스타(KOSTA) 등의 선교단체도 이끌었던 지도자였다. 특별히 그는 장애인들의 특수교육을 위한 밀알학교의 설립 운영과 자활상점 굿윌스토어, 직업훈련센터와 그룹홈 등 자폐 지적장애인 교육과 자립 기반 마련에 크게 힘써왔다. 그 외에도 남북나눔운동[11]을 통한 북한 기아

---

9 엄상현 목사의 2022년 9월 1일 김명혁 목사와 인터뷰 중에서(수서 현대벤처빌 오피스텔 1221호 사무실).

10 홍정길(1942~) 목사는 전남 함평에서 출생하였는데 고아원을 경영하던 장로인 선친이 아들을 고아들과 마찬가지로 엄하게 양육하였기 때문에 어려서부터 기독교교육과 신앙생활을 철저하게 훈련받았다. 특히 가족 중에 소아마비로 지체장애를 가지고 있는 여동생이 있었기 때문에 장애인에 대한 관심과 애착이 컸다고 할 수 있다. 그러나 본질적으로 홍정길 목사는 교회 성장과 부흥에 객관적으로 성공했다는 평을 받지만 정작 본인은 교회의 본질적 사명에 충실하지 못했다는 반성적 성찰이 늘 있었고 아쉬움을 가지고 있었다. 엄상현 목사의 2022년 8월 22일 가평 생명의빛예수마을 베드로카페에서의 인터뷰 자료 참조.

돕기에 헌신해 왔다. 홍정길 목사는 "목회한 지 50년이 넘었지만, 교회 개척해서 처음 3년을 빼곤 목회자로 불릴 수 없을 것 같다며 목회의 본질은 요한복음 10장에 나와 있듯 목자는 양을 알고 양은 목자의 음성을 듣는 것인데 3년이 지나 500가정이 되고 교인이 2,000명으로 불어나니 교인 한 사람 한 사람을 위해 기도하는 게 불가능해지더라고 털어놓았으며, 누가 양인지도 모르는데 어떻게 목자라 할 수 있겠나 그러다 보니 어느새 목회는 사라지고 매니지먼트(관리)만 남게 됐다면서 주님이 보시기에 나는 가짜 목사였던 것이다. 그래서 고민이 많았다고 했다."12

---

11 남북나눔은 한국교회의 진보와 보수가 연합해 대북 지원에 나선 최초의 단체이다. 1992년 한국기독교교회협의회(NCCK)와 복음주의권 교회들이 식량난을 겪던 북한을 돕기 위한 기도회를 함께 열면서 태동했다. 당시만 해도 통일운동이나 북녘과의 교류는 진보 교계 중심으로 이루어지고 있었다. 이듬해 설립된 남북나눔에 그를 비롯한 복음주의권 목회자들이 합류하면서 보수 교계의 대북 지원 참여가 본격화되었다. 남북나눔운동의 이사장으로 25년간 힘써 온 홍 목사는 "남북한이 서로 나누는 목표가 좋았기에 진보와 보수의 주도권 다툼 없이 잘해 나갈 수 있었다"며 "첫발 내딛기가 어려웠지만 일단 시작하니 모두가 열심히 도와주었다. 한국교회 역사 가운데 가장 소중한 일이었다"고 회고했다. 남북나눔은 북한 어린이 지원 및 긴급구호, 농촌 주거 환경 개선 사업 등을 펼쳤다. 그는 김영삼 정부 때부터 일관되게 정부에 촉구한 것이 바로 민족이 하나 되기 위해서 민간 교류 확대가 절실하다는 것이었다. 이것은 남북한 동질성 회복을 위한 기초작업이라고 했다. 광복 이후 서로 다른 정치체제에서 지내다 전쟁과 분단을 겪으면서 생각의 차이까지 깊어진 만큼 이를 메꾸는 기초작업 민간 교류가 반드시 필요하다고 강조했던 것이다. 이를 건너뛰고 물리적으로 하나가 되는 통일은 재앙일 수 있다고 했다. 통일에 있어 중요한 것은 사람과 사람의 만남인데 마음의 통일은 정부 간 회담을 넘어 민간이 서로를 대면할 때 이뤄지는 것이라 강조했다. 국민일보 인터넷 자료 참조, http://news.mib.co.kr/article/view.asp?arcid=0005351638 [2022년 11월 25일 접속].

12 인터넷 자료 http://www.kportalnews.co.kr/news/articleView.html? idxno= 12450

그는 "하나님의 선교(*Missio Dei*) 뒷면은 디아코니아(*Diaconia Dei*)다"라고 하면서 신앙의 고백과 삶의 실천이 따라준 목회와 검증된 목회자가 거의 없다고 한탄하였다. 예수님이 정말 섬김을 받으러 오신 것이 아니라 섬기러 오셨다는 것을 강조하면서 이 시대의 목회자들의 반성이 필요하다고 강조하였다.[13] 결국 이런 복음주의권의 존경받는 지도자들의 면면은 보수적인 복음주의권의 이데올로기가 아니라 복음의 핵심이 디아코니아로 나타나야 한다는 사실을 여실히 증명하고 있는 것이라 할 수 있다. 그들의 생각과 말과 삶이 복음의 가르침과 정신에 따라서 순수하게 실천해 온 섬김의 삶이었음을 확인할 수 있는 것이다.

[2022년 11월 25일 접속.

13 엄상현 목사와 홍정길 목사와의 인터뷰 자료, 2022년 8월 22일, 가평 생명의빛예수마을 베드로카페에서.

IV. '88선언' 30주년 평가

한국기독교교회협의회는 '88선언' 30주년 기념 국제협의회를 한국에서 개최, 지난 30년 동안의 성과는 무엇이고, 한계는 무엇이었는지를 평가하기 위해 2018년 3월 5일부터 6일까지 서울에서 "한국교회 88선언 30주년 기념 국제협의회"를 개최했다. 문재인 정부의 대북특사 파견과 고위급 남북회담을 통해 남북정상회담이 확정된 것을 환영하는 분위기에서 진행된 국제협의회에는 해외 인사 40여 명을 포함하여 100여 명의 국내 기독교계 인사들이 참석했다.

세계교회협의회 총무 올라프 픽세 트베이트는 그의 기조 강연, "한반도 평화통일을 향한 에큐메니칼 여정"을 통해 '88선언' 이후의 30년을 세계교회 차원에서 조명하고 평가했는데, 한국교회가 지난 30년 동안 추구한 통일운동을 '화해의 사역'으로 평가했다.[1] 그리스도인에게 주어질 수 있는 가장 영광스럽고 소중한 일이 화해 사역인데, 화해 사역은 세계의 도전과 논쟁, 갈등에 대한 피상적이고 영적인 접근이 아니라 거룩하고 어려운 일이라고 주장하면서 한국교회의 그동안에 화해를 위한 노력에 경의를 표했다.

'88선언' 30주년 기념 국제협의회가 스스로 평가한 '88선언 30년'은 마지막에 발표한 '성명서'(2018년 3월 7일)에 잘 나타나 있다. 성명

---

1 대한기독교서회, 「기독교사상」 4(2018) 참조.

서는 "지난 역사를 보면, 남북 당국의 합의가 순조롭게 진행되고 진화하기보다는 여러 가지 요인들에 의해 파행, 대립, 마침내 단절과 상호 비방과 책임 전가로 끝났다"고 지적하면서 그 이유는 "무엇보다 한반도 문제가 남북 당국 사이만의 문제가 아니라 동북아시아와 국제정치의 중요한 한 축을 이루고 있는 현실 때문에 남북의 자주적인 노력이 제한받는다는 데 있다"라고 평가했다.

특별히 "북한의 핵문제를 중심으로 오랫동안 지속되고 있는 국제사회의 대북 제재와 북-미 간 대화 단절도 북한을 더욱 어렵게 만들고 있다"라고 지적했는데, 필자는 그런 제약과 한계를 남북 당국이 극복하지 못하거나 안 하는 원인의 밑에는 결국 서로에 대한 불신 혹은 남북 대화가 국내 정치적 수단으로 이용되었기 때문이라고 생각한다. 물론 정치적 대화에 조건이 없을 수 없고, 평등한 호혜적 관계가 전제되어야 하지만, 북한에 대한 인도주의적 지원을 '퍼주기'라고 비판하면서 인도적 지원이 핵 개발에 악용된다며 지원 중단을 요구하고, 인권 문제 등을 앞세워 북한과의 체제 경쟁을 부추기는 남한 내 보수 집단들이 남한 정부에 영향을 끼쳤다는 것도 지적되어야 한다.

2022년은 박정희 정부의 '7.4남북공동성명'이 채택된 지 50년이 되는 해이다. 기독교 평화통일단체인 '평화통일연대'는 성명을 발표(2022년 7월 4일), '7.4남북공동성명'이 지켜지지 못하거나 지켜지지 않은 이유를 남북이 각각 내부 권력의 공고화를 위해 '공동성명'을 이용한 데 있었다고 지적했다. 남한에서는 이른바 '유신 체제'(1972년 10월 17일)의 수립으로, 북한에서는 사회주의 헌법 채택(1972년 12월

27일)으로 이어져 남한의 독재와 북한의 '수령 유일 체제'를 강화하는 도구로 전락한 것이 그 증거라고 하겠다.[2]

50년이 지나는 동안 여러 차례의 합의와 성명이 있었고, 일정 부분 실천되기도 하고 냉각, 폐기의 수순을 밟기도 했지만, 지금도 유효한 '남북공동성명'의 3대 원칙, 곧 '자주, 평화, 민족대단결'의 원칙을 오늘의 상황에서 재해석하여 평화와 통일을 위한 새로운 통찰의 기회로 삼아야 한다고 하면서 평화통일연대는 성명에서 몇 가지 구체적인 제안을 했다. 즉, 남북 고위당국자의 조건 없는 만남, 무력 사용 포기 선언, 남북이 주체가 된 종전 선언과 불가침협정, 평화협정 체결, 기왕의 합의 가운데 실천 가능한 것부터 실행할 것을 강력하게 요청했다.

88선언문의 기초 작성 위원 중 한 명인 박종화 박사는 총론적 차원에서는 더 이상 거론할 필요가 없을 정도로 선언문에 모든 것이 담겨 있다고 평가할 수 있는데, 앞으로는 각론에 있어서 구체적으로 전략적 차원에서 어떻게 실행하고 구체화 시켜갈 것인가를 논의하면서 시행 규정을 만들어 가야 할 필요가 있음을 언급했다. 그는 88선언을 선교적 차원에서 '미시오 데이'(*Missio Dei*)라고 한다면, 앞으로 평화통일을 위한 전략과 계획은 구체적으로 디아코니아 차원에서 시행 규정을 만들어 가야 한다는 입장을 '디아코니아 데이'(*Diakonia Dei*)라는 용어로 정리했다.[3]

---

2 이종석, 『한반도평화통일론』(서울: 한울, 2012), 253-300.

'88선언'의 역사적 의의는 아무리 강조해도 지나침이 없을 것이다. 그러나 더 중요한 것은 왜 그런 의의를 가진 '88선언'이 지켜지지 않았는지 그 원인을 밝히고, 지금도 유효한 원칙과 제언을 실현해야 할 과제를 한국교회가 새롭게 갱신하는 것이다. 앞서 지적했듯이 합의 불이행의 원인은 국내외 정세와 정치적 요인 등 여러 가지가 있을 수 있다. 그러나 '7.4공동성명'에 나타났고, 지금까지의 모든 합의에도 전승되고 있는 민족의 화해와 통일을 위한 기본 원칙, 곧 '자주', '평화', '사상, 이념, 제도를 초월한 민족적 대단결'의 3대 정신마저 지켜지지 않고 있는 것이 근본적인 문제라고 하겠다. 그렇다면 어떻게 이런 3대 원칙이 지켜질 수 있을까?

필자는 '화해의 디아코니아신학'적 시각에서 이 질문에 대답하면서 통일운동을 전망하고, 평화통일을 위한 디아코니아신학적 제언을 하려고 한다.

---

3 엄상현 목사와 박종화 박사와의 인터뷰, 2022년 8월 4일 오후 3시, 서울 충정로 골든타워 1212호에서.

V. 화해의 디아코니아신학으로 본 '88선언'

한국기독교교회협의회(NCCK)는 1988년 2월 29일 서울 연동교회에서 열린 제37회 총회에서 통일위원회가 작성한 "민족의 통일과 평화에 대한 한국기독교회 선언"(일명 '88선언')[1]을 채택함으로써 한국교회가 지향하는 민족통일과 평화에 대한 방향을 제시했다.[2]

'88선언'은 한반도의 평화통일에 대한 신학적, 정책적 의미를 규정하고 한반도에서 발생한 분단 상황에 대하여 한국교회가 나아갈 길을 밝힌 한국교회 역사상 첫 번째 공식 지침이었다.[3] '88선언'은 한국교회가 그 출발부터 3.1독립만세운동, 애국계몽운동 등 평화 선교를 지향한 역사적 사실을 밝히고, 그리스도인이 믿는 예수는 분단과 갈등과 억압의 역사 속에서 평화와 화해와 해방의 하나님 나라를 선포하신 분이기에 분단 체제에서 상대방에 대한 증오와 적개심을

---

1 '88선언'의 문안을 기초한 이들은 강문규, 김용복, 김창락, 노정선, 민영진, 박종화, 서광선, 오재식, 이삼열, 홍근수 등 10인으로 이들은 2년 넘게 준비했다(NCCK는 지난 2018년 88선언 30주년 기념행사에서 9인에게 특별한 상으로 기념 금배지를 달아주어 그 수고를 격려했다. 그 직후 1인이 추가되어 10인으로 확정되었다).

2 '88선언'이 작성되기 전까지 이 선언의 기초가 된 것은 1985년 한국기독교교회협의회 제34차 총회에서 채택된 '한국교회평화통일선언'인데, 여기서 '민중 주체, 평화통일, 인도주의에 입각한 평화 교류'가 이미 천명되었고, 이 선언 이후에 '88선언'의 큰 부분을 차지했다.

3 '88선언' 작성 과정에는 연인원 350명이 넘는 회원 교단 지도자들이 모여 다섯 차례의 협의와 논의 과정을 거쳤고, 모든 과정을 공개적으로 진행했으며, 한국기독교교회협의회 비회원 교단과도 협의를 시도했다.

품는 것은 죄라는 것을 고백하는 죄책고백으로 구성되었다.

그리고 '통일 정책과 통일원칙'으로서 1972년 남북이 최초로 합의하여 발표한 '7.4남북공동성명'에 나타난 자주, 평화, 사상과 이념과 제도를 초월한 민족대단결의 3대 정신을 지지하고, 인도주의 원칙과 민중의 참여 보장 원칙을 명시했다. 또한 휴전협정의 평화협정으로의 전환, 상호 신뢰 회복, 한반도 평화와 안정이 국제적으로 보장되었을 때 주한 미군 철수, 한반도에 배치되었거나 한반도를 겨냥하고 있는 모든 핵무기의 철수를 주장했다.

그런데 1990년대에 들어서서 세계질서가 급격하게 변하기 시작했다. 국제적 데탕트로 동구 공산권과 소련이 해체되었고, 중국의 개혁, 개방이 시작되었다. 노태우 정부도 '88 서울 올림픽' 개최를 전후로 이른바 '북방 정책'을 선언했고, 한국교회는 '88선언'과 함께 통일 문제를 한국교회의 핵심 과제로 설정하면서 한반도가 분단된 지 50년이 되는 1995년을 '희년'으로 선포했다. 평화통일을 위한 신학적 전거를 '희년 신학'에서 찾은 것인데, 단지 분단 50년과 50년마다 돌아오는 희년이라는 숫자상의 동일성 때문만이 아니었다. 한국교회는 레위기 25장의 성결법전에 규정된(레 25:8-13) 해방과 자유, 땅의 안식, 귀향, 빚의 탕감을 내용으로 하는 이스라엘의 '희년법'에서 한반도 평화통일에 대한 희망만이 아니라 평화통일 과정의 성서적 비전을 제시한 것이다.[4]

---

4 채수일 편, 『희년신학과 통일희년운동』(서울: 한국신학연구소, 1995) 참조.

구약성서의 '희년법'은 사실 이스라엘 공동체 안에서의 사회적 불평등과 구조적 채무 관계를 극복하여 공동체의 회복을 지향했다는 점에서 디아코니아신학의 핵심이기도 하다. '88선언'이 희년을 평화통일의 성서적 전거로 삼고, 1995년을 희년으로 선포하고, 그때까지 평화통일 실현을 위한 구체적인 실천을 결의한 것은 '88선언'이 디아코니아의 공적 책임원칙에 충실한 것임을 보여준다.

'88선언'은 삼위일체 하나님에 대한 신앙고백으로 시작한다. 선언은 하나님을 만물의 창조주로서 모든 인간을 당신의 자녀로 초대하셨다(롬 8:14-17; 갈 3:26, 4:7)고 고백함으로써, 세상의 모든 나라와 권세와 영광이 모두 하나님의 능력 아래 있다고 상대화시키면서 모든 인간, 곧 피부색과 인종, 종교와 이데올로기, 성 등 인간을 분열시키는 모든 장벽을 넘어 하나님의 자녀로서 평등함을 선언하고 있다. 이로써 같은 형제이면서도 이념과 체제의 차이, 형제 전쟁으로 서로 원수가 된 남북 주민이 하나님 앞에서 본질적으로 평등하고 하나임을 선언한 것이다.

삼위일체론에 근거한 디아코니아는 '다양성 안에서의 일치', "창조주 하나님이 세상의 모든 나라와 권세와 영광을 상대화시키신다"는 신앙고백을 원칙으로 한다는 점에서 '88선언'은 남북 당국에 의한 통일 담론의 독점을 막고 민의 참여 폭을 넓혔다는 의미를 가진다. 그러나 '88선언'은 한국교회의 남북 대화에 걸림돌로 작용한 북한의 '주체사상'과 '수령론'과의 비판적 대화를 담고 있지 않았다. 북한의 주체사상을 종교로 볼 수 있느냐에 대해서는 찬반 논의가 있지만,

북한 사회 전체에 미치는 영향으로 보아 일종의 유사 종교적 성격을 가지고 있는 이데올로기임은 분명하다.5

그러나 삼위일체론에 근거한 그리스도교 신학은 어떤 형태의 전제주의, 전체주의, 권력(정치적, 경제적) 독점을 허용하지 않기 때문에 주체사상, 수령론과의 신학적 대결은 한국교회의 평화통일운동에서 피할 수 없는 도전이 될 것이다.

'88선언'은 예수 그리스도를 평화의 종(엡 2:13-19)으로 오셔서 평화와 화해와 해방의 하나님 나라를 선포하시고(눅 4:18; 요 14:27), 인간을 하나님과 화해시키고, 인간들 사이의 분열과 갈등을 극복시키고 해방시켜 하나가 되게 하려고 고난을 받으신 그리스도로 고백한다. 이로써 하나님 나라 운동은 평화와 화해와 해방의 실현을 위한 운동이고, 하나님의 자녀는 평화를 위해 일해야(마 5:9) 하기 때문에 한반도의 평화와 남북의 화해, 외세로부터의 해방이 그리스도인의 사명임을 선언한 것이다.

끝으로 성령은 그리스도인을 하나 되게 하셔서 하나님의 선교사역에 참여하게 하시기에(요 14:18-21, 16:13-14, 17:11) 평화와 화해와 해방을 위해 일하는 그리스도인은 성령으로부터 새로운 힘과 비전을 공급받아 지치지 않고 하나님의 선교 사역에 매진할 수 있음을 선언한 것이다.

---

5 한기양, 『한반도 통일과 기독교 — 칼 바르트의 화해론을 바탕으로』 (서울: 열린출판사, 2011), 164-238.

머리글이 삼위일체 하나님에 대한 신앙고백으로 구성된 것은 전형적인 그리스도교 신학적 접근이라고 할 수 있다. 다만 성령론에서 '성령으로부터 공급받는 새로운 힘과 비전'이 무엇인지 구체적이지 않고, 성령의 '위로자', '보혜사'(요 14:16; 14:26; 15:26)로서의 역할이 강조되지 않은 것이 눈에 띈다. 특히 화해를 적대관계에서 생긴 상처의 치유와 적대관계의 극복이라는 의미에서 통일 과정에서만이 아니라 통일 후의 목표로 두기 위해서는 보혜사로서의 성령론이 더 적극적으로 반영되었어야 한다고 생각된다.

성령은 하나님과 예수 그리스도의 현존 양식으로 초대교회에서는 '방언' 사건으로 경험되었다. 오순절 다락방 방언 사건은 구약성서의 바벨탑 사건(창 11:1-9)과의 맥락에서 해석될 수 있다. 바벨탑은 메소포타미아 지역에서 '지구라트'라고 불리는 피라미드에서 영감을 받은 것인데, 놀라운 것은 '바빌론'이 '신의 문'을 의미한다는 것이다. 바벨탑 사건은 인간이 하나의 언어를 가지고 신의 문을 들어가려고 했는데, 하나님이 언어의 혼란을 통하여 그것을 방해했다는 것이다. 그런데 오순절 성령 임재와 방언 은사 체험 사건은 '다양한 언어사건'을 통해, 다시 말해 '활발한 의사소통'을 통해 하나님의 문으로 들어오게 한다는 것을 의미한다. 방언은 다른 사람이 이해할 수 없는, 오직 하나님과의 대화를 위한 이상한 언어라는 뜻으로 이해되고 있지만, 동시에 방언은 외국어를 의미한다.

성령은 예루살렘에 모인 여러 나라에서 온 사람들에게 복음을 증거하기 위해 방언, 곧 외국어의 은사를 제자들에게 주신 것이다.

증언은 '의사소통'에 의해서 가능하다. 일방적인 주장이나 독백은 증언일 수 없다. 선교가 대화인 것도 마찬가지다. 대화는 선교를 위한 하나의 방편이 아니다. 대화 자체가 선교다. 대화 자체 속에서 역사하고 드러나는 것은 모든 사람이 구원받기를 원하시는 하나님의 영, 바람이 어디에서 와서 어디로 가는지 알 수 없는 것처럼 그렇게 역사하시는 성령이다. 그러므로 대화에 참여하는 이들은 대화의 과정에서의 진지함과 상호 존중의 태도를 가져야 한다. 그러므로 대화로서의 선교는 언제나 '초대'이지 '개종 강요'가 아니고, 이것이 에큐메니칼 디아코니아 정신이기도 하다.

오순절에 베드로는 초대교회에 일어난 성령의 역사를 요엘 예언서를 인용하여 설명한다: "마지막 날에 나는 모든 사람에게 나의 성령을 부어 주리니 너의 아들 딸들은 예언을 하고, 젊은이들은 계시의 영상을 보며, 늙은이들은 꿈을 꾸리라. 그때에는 나의 남종에게도 여종에게도 나의 성령을 부어 주리니 그들도 예언을 하리라"(행 2:17-18).

성령의 임재는 성의 평등, 세대 간의 평등, 계급의 평등을 가능하게 한다는 것이 분명해졌다. 성령은 사회적 차별을 지양한다. 남한과 북한의 관계는 사실 평등하지 않다. 남한은 북한에 비해 경제력이나 군사력에서 훨씬 앞서 있는 것이 현실이다. 남북관계가 이렇게 비대칭적임에도 불구하고 거의 모든 대화와 협상은 언제나 '대칭적 상호주의'의 입장에서 전개되었다. '주고받기건, 받고 주기건', 일정한 조건 아래서 상호주의에 근거한 것이었다.[6]

그러나 남북관계가 비대칭적이 된 현실에서 화해는 '호혜적 일방주의'에 의해서만 가능하다는 것이 성육신 신앙, 예수 그리스도의 십자가의 대속적 죽음 위에 근거한 그리스도교 화해론의 입장이다. 예수 그리스도의 '원수 사랑'(마 5:43-44)에 대한 가르침은 '호혜적 일방주의'의 전형적인 본질이다.

사도 바울은 "각 사람에게 성령을 나타내 주시는 것은 공동 이익을 위한 것입니다. 어떤 사람에게는 성령을 통하여 지혜의 말씀을 주시고, 어떤 사람에게는 같은 성령을 따라 지식의 말씀을 주십니다. 어떤 사람에게는 같은 성령으로 믿음을 주시고, 어떤 사람에게는 같은 성령으로 병 고치는 은사를 주십니다. 어떤 사람에게는 기적을 행하는 능력을 주시고, 어떤 사람에게는 예언하는 은사를 주시고, 어떤 사람에게는 영을 분별하는 은사를 주십니다. 어떤 사람에게는 여러 가지 방언을 말하는 은사를 주시고, 어떤 사람에게는 그 방언을 통역하는 은사를 주십니다. 이 모든 일은 한 분이신 같은 성령이 하시며, 그는 원하시는 대로 각 사람에게 은사를 나누어 주십니다"(고전 12:7-11)라고 말했다.

이것은 성령의 은사의 다양성에 관한 증언이기도 하지만, 이런 은사의 다양성은 공동의 이익을 위한 것임을, 다시 말해 교회의 화해와 일치를 위해 주어진 것임을 의미한다. 그런 의미에서 체제와 이념이 다른 남북의 화해를 위한 성령론적 전거는 아무리 강조해도 부족하다고 하겠다.

---

6 손규태, 『한반도의 그리스도교 평화윤리』(서울: 동연, 2019), 251-252.

그런데 중요한 것은 '88선언'이 '통일과 평화를 이루는 일이 한국교회에 내리는 하나님의 명령이며 우리가 감당해야 할 선교적 사명'(마 5:23-24)이라고 규정한 것이다. 그렇다면 어떤 의미에서 한반도의 통일과 평화가 하나님의 명령이며 선교적 사명이라는 말일까?

'88선언'은 한국교회가 정의와 평화를 위해 일해온 선교적 전통(일제하 애국계몽운동, 평화적 3.1독립운동, 분단으로 고통받는 피난민들과 전쟁고아들, 희생자들, 이산가족의 돌봄, 반독재투쟁, 인권과 민주화운동 등)을 회상하면서, 분단에서 비롯된 여러 가지 현실(남북 사이의 군사적, 정치적, 이념적 갈등과 분쟁의 심화, 군비 경쟁, 안보와 이데올로기의 이름으로 자행되는 인권유린, 언론과 출판, 집회와 결사의 자유의 억압, 서로를 원수로 보고 체제 경쟁의 적으로 보게 하는 교육과 선전 등)을 지적한 후, 특히 남한의 그리스도인으로서 반공이데올로기에 맹목적으로 집착해 북한에 대하여 증오와 적개심을 품어 왔던 죄를 고백한다. '88선언'의 이 부분 초안을 작성한 서광선 교수는 목사인 부친이 한국전쟁 중 인민군에게 납치되어 총살당한 것 때문에 북한을 증오하고 원수를 갚겠다는 다짐으로 살아온 자신에게 죄책고백은 결코 쉬운 일이 아니었음을 고백한다. 그러나 "죄책고백 없이, 원수를 미워하면서 이는 이로 갚아야겠다는 복수심을 극복하고 용서와 화해의 손길을 내밀지 않고서는 우리 가운데 평화를 말하고 통일을 위해 일하는 것이 불가능하고, 그렇지 않으면 바리새파적이고 위선적인 것이 되고 말 것이기에, 눈물을 머금고 죄책고백을 써 내려갔다"라고 한다.7

그런데 이 죄책고백 때문에 '88선언'에 대한 비판이 제기되었다.

일부 남한의 신앙인들과 신학자들마저 전쟁 책임은 북한이 져야 하고, 죄책고백은 북한 그리스도인들이 해야 하는데, 왜 전쟁 피해자인 남한의 그리스도인이 죄책고백을 해야 하느냐는 비판이 그것이었다.[8]

그러나 분단 체제를 강화하고 적개심과 증오로 북한을 대해 온 것이 평화와 화해의 사절이 되어야 한다는 하나님의 명령을 어긴 죄이기에 통일과 평화는 더 이상 정치적 문제가 아니라 신앙고백의 문제(*Status Confessionis*)가 되었다. 같은 피를 나눈 동족을 미워하고 죽인 것만이 아니다. 그런 죄악을 정치와 이념의 이름으로 정당화한 이중의 죄를 고백한다.

'88선언'은 남북의 체제가 강요하는 이념을 절대적인 것으로 우상화하여 하나님의 절대적 주권을 반역한 죄(출 20:3-5), 하나님의 뜻보다 정권의 뜻에 따른 죄(행 4:19)를 고백한다.

죄는 한국교회가 반공을 매개로 정권 친화적, 때로는 정교 유착적인 행태를 유지한 죄, 전쟁을 방지하기 위해 군비를 강화하면서 평화를 위해 일하지 않은 죄라고 하겠다. 그러나 하나님의 절대적 주권을 믿는다는 것은 하나님 외의 어떤 (정치적, 경제적, 군사적) 권력도 우상으로 섬기지 않는다는 것을 의미한다. 그것이 자본주의건 사회주의건, 정치권력이건 경제 권력이건 마찬가지다. 형제(원수) 사랑의 명령

7 서광선, 『거기 너 있었는가, 그때에 — 서광선의 정치신학 여정』(서울: 한울, 2018), 292.
8 앞의 책, 292.

을 실천하지 않으면서 오히려 형제를 미워하는 것을 종교적으로, 이념적으로 정당화하는 것은 계명을 어긴 죄와 같다. '88선언'이 남한 그리스도인들의 죄책고백으로 일단락되는 것은 분단과 분단 체제 유지에 일정한 역할을 했던 한국교회의 회개의 표현이라고 보인다. 물론 분단은 우리가 원한 것이 아니고, 제2차 세계대전 후 냉전체제가 강화되는 과정에서 강대국들에 의해 강요된 것이지만, 분단을 막지 못한 책임, 분단 후 평화통일을 위해 노력하지 않은 책임은 인정하지 않을 수 없다. 디아코니아의 원칙은 '무한책임'에 있다. 선한 사마리아 사람의 비유가 말하듯이, 강도당한 사람의 치유는 부분적인 것이 아니라 총체적이어야 한다. 분단을 죄로 고백하는 것은 분단이 남긴 상처가 너무 깊기 때문이거나 분단 체제가 생산해 내는 억압적인 상황이 하나님의 자녀인 인간의 삶을 파괴하기 때문만이 아니다. 분단 체제는 하나님과 인간 사이, 인간과 자연 사이의 관계도 파괴하기 때문이다.

'88선언' 작성에 참여했던 박종화 박사는 전후 독일 교회의 '슈투트가르트 죄책고백'을 염두에 두고 죄책고백을 선언에 넣었다고 증언했다.9

"슈투트가르트 죄책고백"(Stuttgart Schuldbekenntnis)은 2차 세계대전이 독일의 패전으로 끝난 직후 1945년 10월 18~19일, 나치

---

9 박종화 목사와 엄상현 목사의 인터뷰, 2022년 8월 4일 오후 3시, 서울 서대문구 충정로 골든타워 오피스텔 1212호에서.

치하에서 고난받은 교회 지도자들이 슈투트가르트에서 선언한 것이었다. 주로 아스무쎈(H. Asmussen)과 디벨리우스(O. Dibelius)가 작성했고, 고백교회 지도자였던 마틴 니묄러(M. Niemoeller)를 비롯한 10명의 교회 지도자가 서명한 이 죄책고백은 다섯 부분으로 구성되어 있는데, 후에 논쟁거리가 되었지만, 핵심적인 문장은 "우리는 독일 국민과 함께 고난받는 사람들과 공동의 사귐 속에서만이(in einer grossen Gemeinschaft der Leidenden) 아니라 죄와의 연대 속에(in einer Solidaritaet der Schuld) 있다는 것을 알고 있습니다. … 우리를 통하여 수많은 민족과 나라에 끝없는 고난이 주어졌습니다. … 우리는 오랫동안 예수 그리스도의 이름으로 국가사회주의의 폭력적인 정부 안에서 끔찍하게 표현되었던 악령과 투쟁했습니다. 그러나 우리는 우리 자신을 고발합니다. 우리가 더 용감하게 고백하지 못했고, 더 신실하게 기도하지 못했고, 더 기쁘게 믿지 못했고, 더 뜨겁게 사랑하지 못했던 우리 자신을 고발합니다"[10]라는 문장이다.[11]

슈투트가르트 죄책고백은 독일 교회 안에서 논란을 불러온 것이 사실이다. 과연 죄책고백이 '우리'라는 표현으로 집단적 고백이 될 수 있느냐는 논란이 핵심이었다. 그러나 이런 논란에도 불구하고 슈투트가르트 죄책고백은 독일 교회가 전후 세계교회와의 에큐메니

---

10 Hartmut Ruddies, "Stuttgarter Schuldbekenntnis," *RGG* (4판) (Mohr Siebeck, 2004), Band 7, 1809-1810.

11 슈투트가르트 죄책고백 본문은 이상은, 『화해론에 기반한 통일』 (서울: 나눔사, 2017), 97 참조.

칼 관계를 회복하고, 새로운 시작을 할 수 있는 계기를 마련한 것도 사실이다. 그런 의미에서 '88선언'이 죄책고백으로 시작한 것은 단지 분단 체제에서 서로에 대하여 증오와 적개심을 품고 살아온 것에 대한 사죄와 분단을 정당화해 온 죄를 고백하는 데 그치는 것이 아니라 '관계의 회복과 새로운 시작'에로의 호소라는 의미를 가지고 있다고 하겠다. 죄책고백은 과거를 향한 것이 아니라 미래를 향한 것이다.

죄책고백은 용서를 불러오고, 용서는 화해로 인도한다. 그러나 용서는 일어난 일을 없었던 것처럼 부인하거나 망각하는 것을 의미하는 것이 아니다. 독일 나치와 학살당한 유대인들 사이에서만이 아니라 형제 전쟁을 겪고 오랜 세월을 분단 상황에서 비롯된 적대적 관계를 유지해 온 남북 사이에서도 용서와 화해는 결코 쉬운 일이 아니다. 게다가 지금까지 한국전쟁에 대한 책임과 죄책고백을 남북 당국 누구도 하고 있지 않은 상황이 아닌가.

쟈크 데리다(Jacques Derrida)는 그래서 '용서 불가능한 것을 용서하는 것'으로서 '무조건적 용서'를 주장한다. "진정한 용서는 용서할 수 없는 것을 용서하는 것이며, 그렇기에 현실적으로 실현 불가능해 보이는 것에 도전하는 것이라고 주장한다. 그가 말하는 용서는 어떤 조건이나 단서도 붙이지 않는, 불가능에 가까운 용서라고 하겠다."[12]

적대적 관계에서의 '화해'도 그렇지만, 피해자와 가해자 사이의

---

12 쟈크 데리다/배지선 역, 『용서하다』(이숲, 2019); 강남순, 『용서에 대하여 ― 용서의 가능성과 불가능성』(서울: 동녘, 2017); 김지은, 『한국교회 분단과 분열의 트라우마를 넘어서』(서울: 홍림, 2022), 177 재인용.

'용서' 또한 '불가능한 가능성'이다. 조건을 내세우고 죄책고백을 상대에게 먼저 요구하는 한, 용서와 화해는 일어나기 어렵다. 오직 진정한 죄책고백과 무조건적인 용서가 화해로 인도할 수 있다. 그런 점에서 한국교회가 '88선언'에서 죄책고백으로 시작한 것은 북한은 물론, 적대적 관계에 있는 모든 이들을 진정한 화해로 초대하기 위한 용기 있는 신앙고백이라 하겠다.

'88선언'은 죄책고백에 이어서 민족통일을 위한 한국교회의 기본 원칙을 제시한다. 1972년 남북 사이에 최초로 합의된 '7.4공동성명'에서 천명된 '자주', '평화', 사상과 이념, 제도를 초월한 '민족 대단결'이라는 3대 정신을 기본 원칙으로 유지하면서 두 가지 원칙을 덧붙였다.

첫째는 "통일이 민족이나 국가의 공동선과 이익을 실현하는 것일 뿐 아니라 인간의 자유와 존엄성을 최대한 보장하는 것이어야 한다"는 것이고, 둘째는 "통일 방안에 대한 논의 과정에 민족 구성원 전체의 민주적인 참여가 보장되어야 하는데, 특별히 분단 체제하에서 가장 고통을 받고 있을 뿐 아니라 민족 구성원 다수를 차지하고 있으면서도 의사결정 과정에서 늘 소외되어 온 민중의 참여는 우선적으로 보장되어야 한다"는 것이었다.[13]

다시 말해 '위로부터가 아니라', '아래로부터'의 디아코니아 원칙에 충실한 것이 민중 참여 우선의 원칙이라 하겠다. 이것이 "인자는

---

13 '88선언'이 채택되기 이전 과정과 '88선언' 작성 과정 그리고 '88선언' 내용에 대한 소개는 서광선, 『거기 너 있었는가, 그때에 ― 서광선의 정치신학 여정』(서울: 한울, 2018), 284-307.

섬김을 받으러 온 것이 아니라 섬기러 왔으며, 많은 사람을 위하여 자기 목숨을 몸값으로 치러주려고 왔다"(마 20:28)고 말씀하시고, 스스로 디아코노스의 삶을 사신 예수 그리스도의 가르침과 삶에 부응하는 원칙이다.

한반도의 통일이 우리 민족, 우리나라에만 이익이 되는 것이 아니라 인류와 세계에도 도움이 되는 것이어야 한다는 선언은 인도의 시성, 라빈드라나트 타고르(Rabindranath Tagore, 1861~1941)의 〈동방의 등불〉을 생각나게 한다: "일찍이 아시아의 황금 시기에 빛나던 등불의 하나인 코리아, 그 등불 다시 한번 켜지는 날에 너는 동방의 밝은 빛이 되리라."

'인간의 자유와 존엄성을 최대한 보장하는 통일'은 통일 정책과 과정이 특정 집단, 특정 민족만의 이익을 위해 구상되고 추진되어서는 안 되고, 인간의 보편적 존엄성과 자유를 보장하면서 추진되어야 하며, 동북아시아 민중, 나아가 인류의 평화와 공영에 이바지하는 통일이어야 한다는 의미이다. 집단이기주의, 자국민 우선주의, 국가주의는 통일 과정에서는 물론, 통일 후 미래 국가를 구상하는 일에서도 그리스도교 신앙, 디아코니아 원칙과 일치할 수 없다.

'88선언'이 비판받고 논쟁적이 된 하나의 부분은 이른바 '민중의 참여 우선 보장'이었다. 이것은 통일 방안에 대한 논의가 주로 남북 당국자들에 의해 독점되고, 정확한 정보가 공유되지 않는 것에 대한 비판이자, 통일 논의가 정치적 목적에 악용되어 왔던 과거의 경험을 되풀이해서는 안 된다는 결의라고 하겠다. 그러나 바로 이 항목도

'88선언'에 대한 이념적 공격의 빌미가 되었다. 통일 방안을 만들고 논의하는 과정에서 '민족 구성원 전체의 민주적 참여'가 보장되어야 한다고 앞에서는 '민족 구성원'이라는 표현을 했는데, 뒤에서는 '민중'이라는 단어를 사용한 데서 온 비판이었다. 민중을 계급적으로만 이해한 오해이지만, 반공·반북주의 입장의 그리스도인들과 정부에게 비판의 근거가 되었다.

필자는 지금까지 한국교회 '88선언'의 배경과 의의, '88선언'이 한국 정부의 통일 정책에 미친 영향, 한국교회 보수 진영의 비판을 살펴보았다. '88선언'을 했던 한국기독교교회협의회가 30년이 지난 후인 2018년에 '88선언'을 회상하면서 평가한 문건에서 남은 과제로 제시한 과제들을 소개하면서 화해의 디아코니아신학적 시각에서 '88선언'을 평가했다.

'88선언' 작성과 토론 과정에 참여했던 인사들 가운데 한 사람인 이삼열 교수는 '88선언'의 역사적 의의를 "한국 사회 안에서 처음으로 본격적이며 공개적인 통일 논의를 유도해 내고 통일운동을 대중화시키는 역할을 했다"는 데서 찾았다.[14] 이것은 역설적으로 오랫동안 한국교회가 민족통일 문제를 자신의 과제로 삼지 않았다는 것을 의미한다. 한국전쟁 경험과 분단 체제, 반공주의가 한국교회 의식 속에

---

14 이삼열, 『평화의 복음과 통일의 사명』(햇빛출판사, 1991), 81. 이 책의 개정증보판은 『평화체제를 향하여 ─ 한반도의 평화통일과 기독교의 사명』(동연, 2019)이라는 제목으로 출간되었다. 이삼열 교수와의 대담, 2022년 7월 30일, 서울 흥사단 본부 평화통일학교에서 녹취 참고.

깊이 뿌리내리고 있었기 때문에[15] 인권운동과 민주화운동 과정에서도 통일 문제는 전면에 부각되지 않았던 것이다. 물론 개별적으로 진보적인 그리스도인들과 민주인사들이 민주화와 함께 통일 문제의 중요성을 강조했지만, 대체적으로 기독교 운동의 방향은 '선민주, 후통일'의 선에 머물러 있었다.[16]

그런데 '88선언'은 통일 문제를 한국교회와 시민사회의 주요 의제로 전면에 부각시킨 계기가 된 것이다. 비록 한국교회 진보와 보수 진영 사이에서 논쟁과 갈등을 불러일으켰지만, 역설적으로 통일 논의의 저변을 확대하고 이념을 넘어 북한에 대한 인도적 지원에 대한 공감을 형성하게 된 것은 수확이 아닐 수 없었다. 그리고 당시 노태우 정부의 북방 정책과 '남북기본합의서' 채택에 간접적으로 영향을 끼친 것도 '88선언'의 역사적 의의라고 하겠다.

'88선언'은 1972년, 남북 사이에 최초로 합의된 '7.4공동성명'에서 천명된 '자주', '평화', 사상과 이념, 제도를 초월한 '민족 대단결'이라는 3대 정신을 기본 원칙으로 유지하면서 두 가지 원칙을 덧붙였는데, (첫째) "통일이 민족이나 국가의 공동선과 이익을 실현하는 것일 뿐 아니라 인간의 자유와 존엄성을 최대한 보장하는 것이어야 한다"는 것이고, (둘째) "통일 방안에 대한 논의 과정에 민족 구성원 전체의 민주적인 참여가 보장되어야 하는데, 특별히 분단 체제하에서 가장

---

15 김지은,『한국교회 분단과 분열의 트라우마를 넘어서』(서울: 홍림, 1992), 28.
16 이삼열,『평화의 복음과 통일의 사명』(서울: 햇빛출판사, 1991), 84.

고통을 받고 있을 뿐 아니라 민족 구성원 다수를 차지하고 있으면서도 의사결정 과정에서 늘 소외되어 온 민중의 참여는 우선적으로 보장되어야 한다"는 것이었다.[17]

다시 말해 통일 논의가 '위로부터'가 아니라 '아래로부터'의 디아코니아 원칙에 충실한 것이 민중 참여 우선의 원칙이라는 것이다. 이것이 "인자는 섬김을 받으러 온 것이 아니라 섬기러 왔으며, 많은 사람을 위하여 자기 목숨을 몸값으로 치러주려고 왔다"(마 20:28)고 말씀하시고, 스스로 디아코노스의 삶을 사신 예수 그리스도의 가르침과 삶에 부응하는 원칙이다. 동시에 이 원칙은 한민족중심주의를 초월하고 있다.

'88선언'이 의미하는 '인간의 자유와 존엄성을 최대한 보장하는 통일'은 통일 정책과 과정이 특정 집단, 특정 민족만의 이익을 위해 구상되고 추진되어서는 안 되고, 인간의 보편적 존엄성과 자유를 보장하면서 추진되어야 하며, 동북아시아 민중, 나아가 인류의 평화와 공영에 이바지하는 통일이어야 한다는 의미였다. 집단이기주의, 자국민 우선주의, 국가주의는 통일 과정에서는 물론, 통일 후 미래 국가를 구상하는 일에서도 디아코니아 원칙과 일치할 수 없다.

---

17 '88선언'이 채택되기 이전 과정과 '88선언' 작성 과정 그리고 '88선언' 내용에 대한 소개는 서광선, 『거기 너 있었는가, 그때에 ― 서광선의 정치신학 여정』(서울: 한울, 2018), 284-307.

5 장

결론 및 제언

I. 결론: 화해의 디아코니아를 통한 길

　필자는 한국 정부의 통일 정책과 한국교회 통일 신학 그리고 '88선언'을 디아코니아신학적 시각에서 그 의의를 살펴보려고 했다. 이를 위해 필자는 제2장에서 이승만 정부부터 문재인 정부에 이르는 시기까지 남한의 역대 정부의 통일 정책을 검토했다. 정부 차원에서의 통일 정책은 때로는 주변 국제정세의 변화 혹은 남북관계나 남한의 내부적 요청에 의해 모색, 책정된 경향이 컸다. 특히 분단 체제는 남한 사회의 민주화와 인권을 억압하는 기재로 악용되었다. 이런 상황에서 한국교회 진보 진영의 민주화운동과 평화통일운동은 점진적으로 통일 논의의 폭을 넓혔고, 특히 세계교회의 연대는 남북 교회 차원에서의 만남과 교류를 가능하게 했는데, 암울했던 신군부 독재 시절 한국교회는 '88선언'과 함께 평화통일을 위한 새로운 출구를 열었고, '88선언'은 그 후에 전개된 남한 정부의 통일 정책의 방향에도 영향을 끼쳤다는 것을 논증했다.

　한국교회 안에는 '88선언' 이전에도 한반도 문제를 둘러싼 보수 진영과 진보 진영 사이의 갈등이 있었다. 이 갈등의 배경에는 북한 사회와 북한 교회를 보는 입장의 차이는 물론 통일 방안에 대한 차이 등 다양한 원인이 있지만, 필자는 두 진영에서 '통일 신학'을 전개한 대표적인 신학자들을 중심으로 그들의 입장을 살펴보았다.

　한국교회 보수 진영과 진보 진영의 통일 신학은 그 출발점과 지향점이 서로 다르다는 것을 확인했다. 분단 현실을 보는 시각과 분단 극복을 위한 대안들, 교회의 역할에 대한 기대도 서로 다를 뿐만 아니라 동북아시아 주변 정세, 특히 미국을 보는 시각에서도 차이가 있는 것이 사실이다. 국제적 차원에서 냉전체제가 해체되기 시작하고, 북한의 식량난이 심각해지면서 북한에 대한 인도적 지원을 통하여 보수와 진보 진영이 협력과 일치를 보여주었지만, 북한 교회를 보는 시각, 통일 접근 방식, 통일 후 한국 사회의 미래상 모색 등에 있어서는 여전히 평행선을 달리고 있다. 그러나 이런 시각과 입장의 차이를 극복할 수 있는 역사적 가능성을 진보와 보수가 함께 북한에 대한 인도적 지원, 곧 실천적 디아코니아를 통해 경험한 것은 매우 소중한 소득이 아닐 수 없었다.[1]

이념과 체제, 국경과 종교의 차이를 극복할 수 있는 결정적인 길은 디아코니아를 통하는 길임을 한국교회 진보와 보수 집단이 함께 경험한 것은 미래의 남북 화해만이 아니라 남남 화해를 위해서도 중요한 경험이었다. 한반도 통일을 위한 한국교회의 디아코니아적 접근이 반공주의에 근거한 북한선교론이나 추상적인 통일 신학론보다 현실적이고, 지속 가능하다는 것을 대북 인도적 지원을 위한 한국교회의

---

1 북한의 식량난이 심각하다는 사실이 알려진 90년대 중반 한국교회는 진보와 보수를 넘어 '한국기독교 북한동포후원연합회'를 결성(1997. 2.), 대북 인도적 지원을 위해 연대했고, 조선그리스도교연맹을 기본적인 지원창구로 한다는 공감대를 이루어 냈다. 한국기독교교회협의회, 『한국교회평화통일운동자료집 1980~2000』 (한국기독교교회협의회 통일위원회, 2000), 20; 한기양, 『한반도 통일과 기독교 — 칼 바르트의 화해론을 바탕으로』 (열린출판사, 2011), 302.

디아코니아적 연대가 보여준 것이다. 그래서 필자는 한반도 평화통일의 신학적 전거를 디아코니아신학에서 제시하는 것은 한국교회의 미래의 평화통일운동에 의미 있는 접근이라고 보았던 것이다.

그래서 필자는 먼저 20세기에 발전된 디아코니아의 유형들을 정리하고, 그 유형들 안에 공통된 원칙들을 '공적 책임의 원칙', '에큐메니칼 원칙', '경세적 삼위일체의 원칙', '화해의 원칙'으로 정리했다. 한반도 평화통일을 위한 디아코니아 원칙으로 특별히 주목할 것은 '경세적 삼위일체의 원칙'과 '화해의 원칙'이었다. '경세적 삼위일체'는 창조주 하나님과 그리스도 예수, 성령, 삼위의 존재론적 관계만이 아니라 삼위일체 되신 하나님이 세상, 인류, 피조세계와 맺는 외향적 관계를 표현하는 교리로서 '다양성 안의 (평등한) 일치'의 신학적 전거다. 경세적 삼위일체론에 근거한 다양성 안의 평등한 일치라는 디아코니아 원칙은 통일 담론의 독점(남한의 독재체제와 북한의 수령론)에 저항하고 민중 참여의 원칙을 확대한다는 중요성을 지니고 있다.

성서에 의하면 그리스도인은 하나님의 화해의 동역자이고(고후 6:1), 그리스도의 대변자(고후 5:20)로서 하나님의 화해 사역이 관철되는 현실에 참여해야 한다. 다시 말해 그리스도인에게 위임된 화해의 사역은 구체적으로 우리 시대에 적대적 관계를 만들고 유지하고 있는 모든 장벽을 무너뜨리는 데 있다는 것이다. 경제체제와 정치 이념, 부자와 가난한 자, 인종과 성과 종교, '코비드-19' 팬데믹과 백신 독점 등 인간과 인간, 인간과 창조세계 사이의 적대관계를 극복하는 것이라 하겠다. 이런 화해의 사역을 우리는 화해의 디아코니아라고 하고, 그 성서적 전형은 그 무엇보다 예수 그리스도 자신의 삶과 가르침에 있다고 하겠다. 그러므로 '화해의 디아코니아'는 '예수 그리스도의 삶과 가르침에서 드러난 하나님의 자유롭고 일방적인 하나님의 자유로운 선물'에 대한 인간의 응답이자, 동시에 '화해된 인간인 그리스도인의 제자직'으로서 '하나님과 인간', '인간과 인간', '인간과 창조세계' 사이를 가로막는 장벽들을 제거하는 신앙적 실천이라고 하겠다.

그래서 필자는 특별히 화해의 디아코니아의 원칙을 가지고 한국교회의 '88선언'을 조명했다. '88선언'의 의의는 그것이 그 후 남한 정부의 통일 정책의 큰 방향에 영향을 미쳤고, 한국교회와 시민사회 통일운동의 저변을 확대했다는 데 있었던 것만은 아니다. 분단에 대한 책임 의식에서 분단 체제를 죄로 고백하고, 통일 논의에서 민중 참여의 원칙을 제시함으로써, 통일 논의와 담론이 독점되거나 악용되는 것을 차단했다는 점에서 '88선언'은 통일을 단지 정치적, 경제적 이해관계로만 보는 입장에 일정한 제동을 걸 수 있었다.

그런데 '88선언'이 채택된 지 벌써 36년이 지났다. 그 사이 한반도 주변은 물론 남북 국내 상황도 크게 변했다. 남북 집권 세력도 변했고, 미국과 중국의 관계도 심상치 않게 전개되고 있다. 한반도의 비핵화, 정전 상태의 종식과 평화협정 체결이라는 국내 차원의 도전 외에도 'COVID-19 팬데믹'과 '기후 위기' 등 지구적 차원의 도전도 현실이 되었다. 경제적 위기도 중요한 요인이겠지만, 젊은 세대들의 통일의식도 변했다. 통일보다 평화공존, 공생, 공영을 더 현실적으로 판단하고, 영토와 체제의 통일 가능성도 현실적으로 보지 않는다. 남북 사이의 갈등 못지않게 남남 갈등도 심각한 사회문제가 되고 있다. 이런 상황에서 한국교회는 한반도 평화통일을 위해 어떤 방향을 제시할 수 있을지 그 과제를 모색하고 제언함으로써 논문을 마무리하려고 한다.

II. 제언: 한반도 통일을 위한 한국교회의 과제

1948년 남북이 분단된 이후, 70년이 넘는 세월 동안 남과 북은 상호 적대심을 기반으로 이른바 '적대적 공생관계'를 유지해 왔다.[1] 이것은 분단 체제를 정권 안보의 수단으로 활용한 남북 집권 세력의 현상 유지(status quo) 정책이었고, 결과적으로 분단 체제에서 고통을 겪은 것은 남과 북의 민중이었다. 통일 문제는 남북 사이의 문제만이 아니었다. 분단 체제는 남한 사회 내부의 사회적 분열과 갈등을 심화시켰다. 이런 남남 갈등은 북한을 어떻게 볼 것인가에 대한 시각의 차이에서 비롯된 정당과 집단 간, 지역 간, 세대 간, 젠더 간, 심지어 개인적 차원에서의 갈등을 의미하는데, 주로 북한에 대한 경제지원(일방적 퍼주기 논란, 지원이 핵개발에 사용된다는 논란 등), 남북 교류협력 방향, 북한 인권 문제, 북핵 문제, 대미 관계를 보는 시각과 입장의 차이가 만들어 낸 갈등과 대결은 이미 남한 사회의 심각한 문제가 되었다. 더 큰 문제는 분단 체제로부터 야기된 이런 남남 갈등이 분단을 지속시키고 있다는 것이다.[2]

그러나 시간이 가면서 남북의 체제는 더욱 공고해졌고, 남북의

---

1 건국대학교 통일인문학연구단 엮음, 『한국지성과의 통일대담』(서울: 패러다임, 2019), 4.

2 김엘리, "남남·남북 갈등 전환을 위한 민의 평화만들기," CBS·NCCK, 한반도 평화포럼 자료집, 「분단된 한반도에서 평화의 길을 묻다!」(2022년 8월 11~14일), 61.

유엔 동시 가입 후 한때 한국 사회의 가장 중요한 의제였던 통일에 대한 거부감 혹은 무관심이 젊은 세대 가운데서 꾸준히 확대되어 왔다.[3] 통일연구원이 2021년에 실시한 "통일의식 조사"에 의하면, 통일 선호도(25.4%)보다는 평화공존을 선호하는 비율(56.5%)이 증가하는 추세를 보여주었다.[4]

그러므로 통일을 향한 한국교회의 과제는 한편으로는 평화통일을 위한 국제정치적 분위기를 조성하면서, 다른 한편으로는 분단 체제를 극복하는 데 있다고 하겠다. 한반도를 둘러싸고 전개되는 미국과 일본, 중국과 러시아 등 주변 강대국들의 이해를 조정하고, 한반도의 평화가 동북아시아의 평화는 물론, 주변 강대국들의 경제적 이해에도 부응하는 것임을 실질적으로 보여주는 정책을 추진하도록 정부를 이끌면서, 동시에 분단에서 비롯되는 남한 내부의 사회적 갈등을 해소하고, 사회통합을 이루는 것이 그것이다.[5]

---

3 2021년 기준 전체 남한 인구의 32%를 차지하는 이른바 'MZ'(밀레니엄 제트)세대 (1980년에서 2004년 사이에 출생한 연령집단)에게 통일 이슈는 자신과는 먼 문제로 이해된다. 까닭은 경제적 박탈감과 불안정한 삶에 대한 고민이 더 크고, '민족' 개념에서 출발하는 감상적이고 거창한 통일 담론은 자신의 절망적인 삶을 넘어서 반드시 참여해야 하는 매력적이거나 절박한 이슈가 아니기 때문이라는 것이다. 하성웅, "기독청년과 평화통일," CBS·NCCK, 한반도 평화포럼 자료집, 「분단된 한반도에서 평화의 길을 묻다」 (2022년 8월 11~14일), 99-101.

4 김종대, "새 술은 새 부대에: 2030세대를 위한 '세계시민적 한반도 평화 담론'," CBS·NCCK, 한반도 평화포럼 자료집, 「분단된 한반도에서 평화의 길을 묻다」 (2022년 8월 11~14일), 87.

5 박명림 교수는 한국 사회가 그동안 경제발전에서 세계 11위, 국방력, IT나 전자정부 지수는 1등, 수십 년 동안 중화학, 전자, 조선, 철강 다 세계 최고 수준에 들 정도로 물질 발전을 이루었으나, 동시에 자살률 세계 1위, 저출산율 세계 1위를 10년 넘게 지속하고

그렇다면 이런 상황에서 디아코니아신학에 근거하여 한반도 통일을 위해 한국교회가 해야 할 과제는 무엇일까?

첫째, 이른바 '통일지상주의'에서 '분단 체제 극복'의 길로 나가야한다. '통일지상주의'는 현실적이지도 않고, 사회적 합의를 형성하는데 어려움이 있기 때문이다. "분단은 악이고, 통일은 선이라는 이분법이나 양자택일"[6]이라는 의미의 '통일지상주의'는 남북의 체제 갈등만이 아니라 남남 갈등(이념적, 세대 간)을 심화시킬 수 있다. 그러므로통일의 과정과 목적이 평화에 있어야 한다.

통일과 평화는 분리될 수 없고, 동시에 추구되어야 한다. 평화없는 통일은 폭력으로 변할 수 있고, 통일을 지향하지 않는 평화는분단의 고착을 강화할 수 있다. 그러므로 한국교회는 정전협정을평화협정으로 전환하고, 남북의 상생과 공영을 위한 실질적인 교류·협력을 강화하면서 분단 체제에서 비롯되는 남한 사회 내부의 여러문제를 극복하는 것이 중요하다.

그러기 위해서는 '상호주의'에서 '조건 없는 화해'의 길로 나가야한다. 그동안 남한 당국은 대북관계에서 대부분 상호주의 원칙을내세웠다. 물론 상호주의는 국제정치적 관계에서는 현실적인 접근법이다. 그러나 남북과 같은 비대칭적 관계에서 상호주의만 주장하는

있을 뿐만 아니라 성 평등 지수나 노인빈곤율 등 인간존엄지표는 지속적으로 나쁜 사회가
된 전례를 찾기 어렵다고 지적한다. 박명림, 건국대학교 통일인문학연구단 엮음, 『분단국
가체제와 한국의 사회학』, 215.
6 박명림, 건국대학교 통일인문학연구단 엮음, 『분단국가체제와 한국의 사회학』 (서울:
패러다임북, 2019), 227.

것은 사실상 대화의 진전을 막는 결과를 보여주었다. 그러므로 '조건 없는 화해'라는 기독교의 근본정신이 필요하다. 현실주의자에게는 '조건 없는 화해'가 불가능하게 보인다. 그러나 기독교 신앙은 '불가능의 가능성'(원수 사랑; 마 5:43-44)이라는 역설 위에 서 있고, 기독교의 화해는 원수 됨의 극복을 지향한다.

원수의 소멸이 아니라 원수 관계의 극복이 목적인 것이다. 화해는 가해자와 피해자라는 적대관계를 넘어서 새로운 인간(하나님의 가족, 엡 2:19)의 탄생을 지향한다. 사람 사이의 화해가 궁극적으로 하나님과의 화해로 인도하는 이유가 여기에 있다. 적대자와 화해한 사람만이 하나님과 화해할 수 있고, 하나님과 화해를 원하는 사람은 적대자와 먼저 화해하게 되어 있다는 것이다.

신앙인이란 화해된 인간이다. 그리스도 안에서 새로운 피조물이다(고후 5:17). 그리스도 안에서 새로운 피조물인 그리스도인은 더 이상 지금까지 자신을 규정했던 정체성의 지배를 받지 않는다. 하나님과 화해된 그리스도인은 인간을 분열시키는 장벽, 인종이나 종교, 성이나 계급의 불평등한 권력관계를 예수처럼 자기 몸으로 허무는 사람이다(엡 2:14). 오늘의 그리스도교가 새로운 인간을 탄생시킬 수 있는 길, 남북의 장벽을 허무는 길은 조건 없는 화해를 위해 한국교회가 자기를 바칠 때 가능할 것이다. 그런 의미에서 진정한 화해는 상호성이 아니라 일방성에 의해서 가능하다.

둘째, '경세적 삼위일체론에 근거한 디아코니아'로 남북의 당국이 통일 담론과 논의를 독점하는 것을 비판해야 한다. 성부와 성자와 성령의 '관계적 유비'로서의 경세적 삼위일체는 세상과의 관계에서 '다양성 속의 일치'와 '소통'의 근거가 된다.

　지금까지 남북관계가 집권 정당의 정책에 따라 순식간에 바뀌거나 롤러스케이트를 타는 것처럼 일관성 없이 흔들리는 것을 막고 지속 가능한 발전으로 나갈 수 있기 위해서는 통일 논의의 독점을 막아야 한다. 그리고 교회를 비롯한 시민사회의 참여와 창조적인 생각들이 적극적으로 반영되기 위해서는 활발한 소통이 필요하다.

　'다양성 속의 일치'는 교회 일치만을 위한 신학적 전거가 아니다. 분단된 후 79년 동안을 서로 다른 정치, 경제체제와 사회구조, 서로 다른 이념 속에서 살아왔고, 더군다나 형제 전쟁을 겪으면서 상대를 정복, 흡수, 통합하려는 적대감 속에서 지내온 남과 북이 '다양성 속의 일치'를 인정하고 서로를 받아들인다는 것은 쉬운 일이 아니다. 그런데 지금까지는 '민족 동질성 회복'이라는 주장으로 차이의 포용을 시도했다. 동질성의 전거를 '민족'에서 찾은 것이다. 김엘리 교수는 그러나 동일성을 확대하기 위해 소환된 민족주의가 '남성 중심의 민족주의'이거나 '차이 그 자체를 인정하기보다는 포용할 수 있는 범위 안에서만 선별적으로 포섭하는 것'이 될 위험성을 지적한다.[7]

　'경세적 삼위일체론에 근거한 디아코니아'가 한국교회 평화통일운동에 가지는 함의는 특별히 다문화 사회, 세계화 시대에 살고 있는

---

7 김엘리, "남남·남북 갈등 전환을 위한 민의 평화만들기," CBS · NCCK, 한반도 평화포럼 자료집, 「분단된 한반도에서 평화의 길을 묻다!」 (2022년 8월 11~14일), 65.

젊은 세대에게 있다. 이들에게 과연 '민족 중심'의 동질성 회복이 얼마나 남북관계에서 설득력을 가지는지는 이미 통일에 대한 의식조사에서 드러났듯이 그렇게 낙관적이지 않다. 그래서 세계화 시대의 시대정신을 공유하고 있는 젊은 세대의 통일 담론도 "탈민족, 탈분단, 탈권위적으로 전환해야 한다"라고 김종대(리제너레이션 무브먼트 공동대표)는 제안한다.8

물론 민족이 통일 담론에서 차지하는 비중과 중요성을 간과하는 것은 아니다. 그러나 분단이 단지 우리 민족에게만 원인이 있는 것이 아니고, 통일도 우리 민족만의 힘으로 이룰 수 없는 현실에서 본다면, 더군다나 통일 이후의 한반도의 정체성과 미래상을 고려한다면, 한민족 중심에서 세계시민적 담론으로 확대될 필요가 있다는 김종대의 제언은 주목할 필요가 있다. '동질성의 회복'도 마찬가지다. 동질성은 공동의 역사적 경험에서 형성되는데, 한 민족의 고유한 정체성의 근거이기도 하다. 그러나 동질성 회복이 과거로의 회귀가 아니라 미래에서부터 새롭게 형성되는 동질성이 될 수도 있지 않을까? 다시 말해 남북이 무한한 상상력을 가지고 통일 한반도의 미래상을 함께 구상하면서 만들어지는 한민족의 새로운 정체성의 빛에서 통일을 꿈꾸는 것이다.

'경세적 삼위일체론에 근거한 디아코니아'의 원칙은 '소통'이다.

---

8 김종대, "새 술은 새 부대에: 2030세대를 위한 '세계시민적 한반도 평화 담론'," CBS·NCCK, 한반도 평화포럼 자료집, 「분단된 한반도에서 평화의 길을 묻다!」(2022년 8월 11~14일), 88.

아버지와 아들과 성령이 위격으로 드러나는 모습이 다르지만, 본질에서만이 아니라 소통에서도 한 분 하나님이시라는 것이다. 이것은 통일 담론의 독점을 비판하고, 국가 주도적 논의에서 민의 참여를 보장하는 신학적 전거가 된다.

셋째, 디아코니아의 실천 과제이다. 평화통일을 위해 한국교회가 지금까지 해 온 디아코니아 실천들도 COVID-19 팬데믹과 정부의 대북 정책 변화 때문에 정지 혹은 정체된 것이 현실이다. 물론 통일을 앞서 체험하고 통일 한반도의 미래상을 함께 구상하는 디아코니아 실천의 하나인 북한이탈주민들과의 삶을 통한 북한에 대한 정확하고 객관적인 이해와 상호 배움은 지속되고 있다. 그러나 팬데믹 이후 북한이탈주민들의 수도 급감했다.[9] 그리고 남한 사회에 적응하는 것이 힘들어 남한을 떠나는 북한이탈주민들의 수가 증가하는 것은[10] 남한 사회의 배타성, 혐오, 잘못된 능력주의가 여전히 지배적인 현실임을 반증한다.

그러므로 평화통일을 위한 한국교회의 디아코니아 과제는 구체적이고 지속 가능한 디아코니아 실천에 있다고 하겠다. 디아코니아

---

9 북한이탈주민의 국내 입국 추세를 보면, 2003~2011년에는 연간 입국 인원이 2,000~3,000명 수준에 이르렀으나, 2012년 이후 연간 평균 1,300명대로 감소, 2021년에는 63명이 입국한 것으로 알려졌다. "통일부 누리집" (2022년 10월 1일 접속).

10 남한 사회에 정착하지 못하고 이른바 '탈남'을 선택한 탈북민이 매년 700명에 이른다는 학계의 주장이 있다. 주로 제3국(영국, 캐나다 등)을 선택하는 탈남은 연도별로 2015년에 664명, 2016년에는 746명, 2017년에는 772명으로 증가하다가, 2018년에는 749명으로 감소한 뒤 다시 771명으로 늘어나는 추세를 보였다고 한다. 조다운, "한국 떠난 탈북민 700여 명… 생활고, 차별로 적응 어려워,"「연합뉴스」(2022. 1. 9.).

실천은 남한 사회 내부에서 타자에 대한 차별의식과 차별적 구조를 제거하고, 세계시민 의식으로 북한이탈주민만이 아니라 외국인 노동자, 난민들과 더불어 사는 평등한 공동체를 형성하는 것을 지향해야 한다.

스스로 섬기는 자로 왔다고 말씀하신 예수님의 디아코니아 정신은 평등 위에 기초해 있다. 하나님의 아들이시고 그리스도이신 예수께서 자신을 섬기는 자로 왔다고 선언함으로써(마 20:28), 섬기는 자와 섬김을 받는 자 사이에는 어떠한 위계적 질서도 있을 수 없게 되었기 때문이다(마 20:26-27).

필자는 모든 인간의 평등을 구현하는 디아코니아 원칙을 '회복적 정의'(Restorative Justice)라고 생각한다. '회복적 정의'는 가해자와 피해자의 구별 짓기, 가해자에 대한 응징, 피해자의 손해에 대한 보상이라는 사법적 정의, 응보적 정의를 넘어서서 마음으로부터의 용서와 화해를 통하여 진정한 평화를 이루는 것을 목표로 한다. 북한을 보는 시각이 '가해자와 피해자'라는 편견으로 왜곡된 현실에서는 진정으로 평등한 만남과 사귐이 불가능하다. 그러므로 불평등한 관계를 평등한 관계로 고치고, 평등한 사귐을 가능하게 하는 회복적 정의의 수립은 한국교회의 과제가 아닐 수 없다.

지난 8월 1일부터 9월 8일까지 독일 칼스루에(Karlsruhe)에서 제11차 세계교회협의회 총회가 열렸는데, 주제는 "그리스도의 사랑이 세상을 화해와 일치로 이끄신다"였다. COVID-19 팬데믹으로 총회가 계획보다 한 해 늦게 열리게 되었지만, 여전히 인류는 팬데믹과 기후 위기로부터 위협을 받고 있고, 우크라이나와 러시아 사이의 전쟁, 이스라엘과 팔레스타인 사이의 갈등, 미-중 갈등과 동북아시아와 한반도에서의 군사적 긴장이 심화되는 상황에서 총회가 열린 것이다.

'이주민과 소수자에 대한 혐오', '인종주의', '신자유주의경제로 인한 양극화', '군국주의화', 'AI 및 인간 정체성', '킬러 로봇' 등 새로운 기술 과학의 윤리적 도전, '신체 정치 — 글로벌 디지털화의 맥락에서 신체, 건강 및 치유', '제4차 산업혁명' 등으로 분열된 인류와 상처받은 지구 행성을 화해와 일치로 이끄는 것은 그리스도의 사랑이라는 것을 세계교회협의회(WCC) 총회는 선언한 것이다.

한국교회는 칼스루에에서 종전 선언과 평화협정 체결을 위한 1억 인 서명운동과 한반도 평화를 위한 기도회와 워크숍을 통해 한반도 상황을 세계교회에 알리고, 형제자매 교회들이 함께 한반도 평화통일을 위한 에큐메니칼 포럼에 참여할 것을 호소했다. 그러나 한반도 문제가 세계교회와 에큐메니칼 운동의 의제로 부각된 것은 사실 오래된 일이다.

1984년 세계교회협의회 국제문제위원회(CCIA)가 일본 도잔소에서 소집한 회의로부터 시작하면, 38년이 지난 셈이다. 세계 에큐메니칼 운동 안에서 한반도 이슈가 확대되고, 세계교회의 연대와 지원 속에서 거둔 성과도 크다고 하겠다. 그러나 해외에서의 평화통일운동이 남한 교회들의 변화에 미친 영향은 실로 미미하다고 할 수 있다. 선언은 단지 선언에 그치고, 활동은 위원회만의 활동에 머물러 통일 담론과 운동이 각 교단과 지역 교회에까지 영향을 끼치지 못한 것이 유감스럽지만 오늘 한국교회의 현실이다.

그러므로 통일 담론의 개발과 통일운동이 지역 교회공동체 차원에서 활발해질 수 있는 디아코니아 실천이 중요하다. 교회가 있는 지역에서 북한이탈주민들과의 대화, 이주민과 난민과 외국인 노동자들과 어울려 함께 살기, 북한에 대한 인도적 지원 참여 등을 통해 그리스도의 사랑이 화해와 일치로 이끈다는 것을 교회가 삶으로 보여주는 것이 진정한 디아코니아 실천이라고 하겠다.

남북관계가 다시 정상화되고, 교류와 협력의 길이 다시 열린다면, 북한에 대한 인도적 지원을 우선적으로 의료봉사에 집중하는 것도 하나의 대안이 될 수 있다. 각 지역에 보건소를 설립하고, 보건소를 중심으로 남북이 서로 치유와 화해의 사역을 한다면, 북한에 있었던 예배당 재건을 위한 선교보다 훨씬 더 의미 있는 하나님의 선교(*Missio Dei*), 하나님의 디아코니아(*Diakonia Dei*)의 실현이 될 것이다.

디아코니아 실천은 단지 타자를 돕는 행위가 아니다. 하나님의 선교 주체가 하나님 자신이듯이, 하나님의 디아코니아의 주체도 하나님 자신이다. 이 말은 디아코니아 실천이 베푸는 사람과 받는 사람 사이의 위계적 불평등을 조장하는 것이 되어서는 안 된다는 의미이다. 또한 도움을 베푸는 데는 조건이 없어야 한다는 것, 사랑의 실천은 그리스도인으로서의 자기 정체성의 발현, 믿음의 실천, 그 이상도 그 이하도 아니라는 것을 의미한다.

그리스도교의 화해는 하나님의 성육신, 예수 그리스도의 십자가 죽음과 부활, 성령의 소통에 근거한 것이지, 정치적 타협의 결과가 아니다. 원수 사랑은 십자가 죽음을 감내하지 않고서는 가능한 일이 아니다. 그런 의미에서 라인홀드 니버는 그리스도교 사랑의 윤리는 '불가능한 가능성'(Impossible Possibility)이라고 말한 것이다.[11] 적대적 관계의 화해도 '불가능한 가능성'이다. 그런 의미에서 '화해의 디아코니아'도 단지 갈등 해소 프로그램이 아니다. 인류의 현대사를 통해 우리가 배운 과거사 청산의 역사에 나타난 화해와 치유의 노력들, 예컨대 독일과 프랑스, 스페인 내전, 아르헨티나, 남아프리카 공화국을 보면, 과거사 청산은 '진상규명', '가해자 처벌', '피해자에 대한 배상 및 보상', '기억과 역사화'라는 과정으로 진행되었다는 것을 알 수 있다.

이런 과정의 최종적인 목표는 결국 피해자와 가해자 사이의 용서와 화해를 이끌어 내고 한 사회를 치유하는 것이다.[12] 이를 위해서는 물론 정치적 지도자들의 역할도 중요하지만, 무엇보다 시민사회, 그 가운데 교회의 역할이 중요하다. 교회는 '화해된 공동체'로서, '화해의 디아코니아'를 실천하도록 부름 받은 신앙 공동체이기 때문이다.

그래서 사도 바울은 다음과 같이 말했다.

---

11 성신형, "사랑하라 그리고 행동하라 — 기독교의 용서, 화해, 치유," 고재백 외,『용서와 화해 그리고 치유』(서울: 새물결플러스, 2022), 247.

12 고재백, "세계 현대사 속 용서와 화해 그리고 치유의 노력들," 고재백 외,『용서와 화해 그리고 치유』(서울: 새물결플러스, 2022), 113.

누구든지 그리스도 안에 있으면, 그는 새로운 피조물입니다. 옛 것은 지나갔습니다. 보십시오, 새 것이 되었습니다. 이 모든 것은 하나님에게서 났습니다. 하나님께서는 그리스도를 내세우셔서, 우리를 자기와 화해하게 하시고, 또 우리에게 화해의 직분을 맡겨 주셨습니다. 곧 하나님께서 사람들의 죄과를 따지지 않으시고, 화해의 말씀을 우리에게 맡겨주심으로써, 세상을 그리스도 안에서 자기와 화해하게 하신 것입니다. 그러므로 우리는 그리스도의 사절입니다(고후 5:17-20a).

참고문헌

1. 국내 서적

강남순.『용서에 대하여 ― 용서의 가능성과 불가능성』. 서울: 동녘, 2017.

건국대학교통일인문학연구단.『한국지성과의 통일대담』. 서울: 패러다임, 2019.

국립외교원 외교안보연구소 외교사연구센터.『북방정책과 7.7선언』. 서울: 선인, 2020.

김갑철 외.『남북한 체제의 강고화와 대결』. 서울: 소화, 1995.

김동수.『평화, 하나됨을 향하여』. 철원: 국경선평화학교 출판부, 2022.

김영욱.『복음주의 입장에서 본 북한선교』. 서울: 아세아연합신학대학교, 2012.

김영한.『개혁주의 평화통일신학』. 서울: 숭실대학교출판부, 2012.

김옥순.『디아코니아학 입문』. 서울: 한들출판사, 2010.

_____.『디아코니아신학: 섬김과 봉사 ― 교회의 디아코니아 활동을 위한 신학적 성찰』. 서울: 한들출판사, 2011.

김지은.『한국교회 분단과 분열의 트라우마를 넘어서』. 서울: 홍림, 1922.

김치관. "북최고인민회의, '공화국핵무력정책에 대하여' 법령 채택."「통일뉴스」, 2022. 9. 9.

김한옥.『기독교 사회봉사의 역사와 신학』. 실천신학연구소, 2004.

박노해.『걷는 독서』. 느린걸음, 2021.

박명림/건국대학교 통일인문학연구단 엮음.『분단국가체제와 한국의 사회학』.

박순경.『통일신학의 여정』. 서울: 한울, 1992.

_____. 인터뷰, 2022년 8월 4일 오후 3시. 서울 충정로 000 빌딩 1212호에서.

_____ 외.『하나님 혁명의 열망자, 원초 박순경』. 서울: 동연, 2021.

박한식 · 강국진.『선을 넘어 생각한다』. 서울: 부키, 2018.

_____.『평화에 미치다』. 서울: 삼인, 2021.

배희숙 외.『평화통일신학: 신학적 근거의 모색』. 서울: 장로회신학대학교, 2015.

백충현.『남북한 평화통일을 위한 삼위일체적 평화통일신학의 모색』. 서울: 나눔사, 2012.

부광석.『학생과 사회정의』. 서울: 한국 기독학생회 총연맹, 1971.

서광선.『거기 너 있었는가, 그때에 — 서광선의 정치신학여정』. 서울: 한울, 2018.

세계교회협의회 편/이형기 역.『역대총회종합보고서』. 한국장로교출판사. 1993.

세계교회협의회(WCC) 제10차총회백서발간위원회.『제10차 총회 백서』. 2014.

손규태.『한국개신교의 신학적-교회적 실존』. 서울: 대한기독교서회, 2014.

_____.『한반도의 그리스도교 평화윤리』. 서울: 동연, 2019.

신복룡.『한국분단사연구 1943~1953』. 서울: 한울, 2006.

신정현.『북한의 통일정책』. 서울: 대왕사, 1989.

신한대학교 탈분단경계연구소.『경계에서 분단을 다시 보다』. 서울: 울력, 2018.

신혜진.『하나님 혁명의 열망자, 원초 박순경』. 서울: 동연, 2021.

안교성.『독일통일경험과 한반도 통일전망: 신학적 성찰과 과제』. 서울: 나눔사, 2016.

오재식.『나에게 꽃으로 다가오는 현장』. 서울: 대한기독교서회, 2012.

윤은주.『한국교회와 북한 인권운동 — 선교패러다임과 대북관 분석을 중심으로』. 서울: 기독교문서선교회, 2015.

이범성.『에큐메니컬 선교신학 2(실천이론편)』. 서울: 드림앤비젼, 2016.

이삼열.『평화의 복음과 통일의 사명』, 서울: 햇빛출판사. 1991.

_____.『평화체제를 향하여 — 한반도의 평화통일과 기독교의 사명』. 서울: 동연, 2019.

이상은.『화해론에 기반한 통일』. 서울: 나눔사, 2017.

이인석.『독일은 어떻게 통일되고, 한국은 분단이 지속되는가』. 서울: 도서출판 길, 2020.

이정배.『세상 밖에서 세상을 걱정하다: 이정배의 수도원 독서』. 신앙과지성사, 2019.

이종석.『한반도평화통일론』. 서울: 한울, 2012.

임동원.『피스메이커: 남북관계와 북핵문제 25년(개정증보판)』. 서울: 창비, 2015.

_____.『다시, 평화』. 서울: 폴리티쿠스, 2022.

임희국.『블룸하르트가 증언한 하나님 나라 — 19세기 독일의 산업화, 민족주의, 제국주의』. 서울: 대한기독교서회, 2020.

조병호.『제사장 나라 하나님 나라』. 서울: 통 독원, 2014.

_____.『통성경 길라잡이』. 서울: 통독원, 2012.

_____.『통성경 길라잡이 지도자 지침서』. 서울: 통독원, 2020.

_____.『통성경학교』. 서울: 통독원, 2020.

_____.『통하는 마지막 유월절 첫 번째 성찬식』. 서울: 통독원, 2018.

조영래.『전태일평전』. 서울: 돌베개, 2007.

주도홍.『통일로 향하는 교회의 길』. 서울: 기독교문서선교회, 2015.

최장집/박상훈 엮음.『민주주의의 민주화 — 한국 민주주의의 변형과 헤게모니』. 서울: 후마니타스, 2007.

채수일.『신학의 공공성』. 서울: 한신대학교출판부, 2010.

_____.『에큐메니칼 선교신학』. 서울: 한신대학교출판부, 2002.

_____.『희년신학과 통일희년운동』. 서울: 한국신학연구소, 1995.

한국기독교교회협의회 통일위원회 편.『한국교회평화통일운동자료집 (1980~2000)』. 2000.

한기양.『한반도 통일과 기독교 — 칼 바르트의 화해론을 바탕으로』. 서울: 열린출판사, 2011.

한백병.『하나님 나라 현재로서의 디아코니아』. 서울: Dream & Vision, 2020.

현장아카데미 편.『한국전쟁 70년과 '이후'(以後) 교회 — 통일의 신학적 의미를 찾아서』. 서울: 도서출판 모시는 사람들, 2021.

홍근수.『기독교는 민족의 희망인가』. 서울: 도서출판 세훈, 1997.

_____.『예수와 민족 — 내가 걸어온 삶의 발자취』. 서울: 한들출판사, 2004.

홍석률.『분단의 히스테리: 공개문서로 보는 미중관계와 한반도』. 서울: 창작과 비평, 2012.

홍정길 · 최종상 대담집.『나라와 교회를 생각한다』. 서울: 두란노, 2021.

2. 국외 서적

Arnd Goetzelmann, Volker Herrmann und Juergen Stein(hrsg.). *Diakonie derVersoehnung: Ethische Reflexion und sozialeArbeit in oekumenischer Verantwortung*. Quell Verlag Stuttgart, 1998.

Fromm, E. *Social Humanism*. New York: Dubleday & Campany INC, 1966.

Gerhard Wehr, Herausforderung der Liebe. *Johann Hinrich Wichern und die Innere Mission*. Verlagswerk der Diakonie GmbH, 1983.

H.-G. Link. "Versoehnung." Lothar Coenen u.a(hrsg.). *Theologisches Begriffslexikon zum Neuen Testament*. Theologischer Verlag R. Brockhaus, Wuppertal, 1983.

Johann-Baptist Metz u.a.(hrsg.). *Compassion Weltprogramm des Christentums —Soziale erantwortung lernen*. Herder, Freiburg, 2000.

Kraemer, H. *A Theology of the Laity*. London: Lutherworth press, 1958.

Klaus Wengst. P*ax Romana —Anspruch und Wirklichkeit: Erfahrungen und Wahrnehmungen des Friedens bei Jesus und im Urchristentum*. Chr. Kaiser Verlag, Muenchen, 1986.

Lothar Coenen u.a(hrsg.). *Theologisches Begriffslexikon zum Neuen Testament*. Theologischer Verlag R. Brockhaus, Wuppertal, 1983.

Molttmann, J. *Open church*. London: S.C.M. Press, 1978.

Peter Meinhold(Hg.). *Sämtliche Werke Bd.I*. Berlin, Hamburg: Lutherisches Verlagshau.

P. Philippi. *Christozentrische Diakonie*. Ein theologischer Entwurf, Evang. Verlagswerk, Stuttgart, 1975.

Reinhard Henkys(hrsg.). *Die Evangelischen Kirchen in der DDR: Beitraege zu einer Bestandsaufnahme*. Chr. Kaiser Verlag Muenschen, 1982.

Seung-Youl Lee. *Die Geschichte der Diakonie in den protestantischen Kirchen Koreas und Perspektiven fuer die Erneuerung ihrer diakonischen Arbeit.*

Peter Lang, Frankfurt am Main, Berlin, Bern, Bruxelles, New York,
Wien, 1999.

3. 번역 서적

구띠에레즈, 구스타보/성염 역. 『해방신학 ― 역사와 정치와 구원』. 왜관: 분도출판
　　　사, 1977.

쉐퍼, 게하르트·슈트롬, 테오도어 편/한국디아코니아신학회 역. 『디아코니아와 성
　　　서』. 서울: 한들출판사, 2013.

레오 도널드 데이비스/이기영 역. 『초기 그리스도교 에큐메니컬 7대 공의회 ― 그
　　　역사와 신학』. 서울: 대한기독교서회, 2018.

레오나르도 보프/이세형 역. 『삼위일체와 사회』. 서울: 대한기독교서회, 2011.

레자 아슬란/민경식 역. 『젤롯』. 서울: 와이즈베리, 2013.

미로슬라볼프/박세혁 역. 『배제와 포용』. 서울: IVP, 2012.

자크 데리다/배지선 역. 『용서하다』. 서울: 이숲, 2019.

조셉 A. 피츠마이어/이두희·황의무 역. 『앵커바이블 누가복음 I』. 서울: CLC, 1014.

울리히 바흐/이범성 역. 『인간이상이기를 원하는 꿈을 포기하기』. 서울: BOOKK,
　　　2022.

위르겐 몰트만/김균진 역. 『삼위일체와 하나님의 나라 ― 삼위일체론적 신론을 위하
　　　여』. 서울: 대한기독교서회, 2017.

_____/김균진 역. 『십자가에 달리신 하나님』. 서울: 한국신학연구소, 1979.

_____/박봉랑 외 4인 역. 『聖靈의 能力안에 있는 教會』. 한국신학연구소, 1980.

_____/이세형 역. 『우리를 위한 하나님 ― 삼위일체와 그리스도인의 삶』. 서울:
　　　대한기독교서회, 2008.

_____/이신건 역. 『삼위일체와 하나님의 역사 ― 삼위일체 신학을 위한 기여』.
　　　서울: 대한기독교서회, 2017.

_____/이신건 역. 『희망의 신학 ― 그리스도교적 종말론의 근거와 의미에 대한
　　　연구』. 대한기독교서회, 2017.

_____/정종훈 역.『하나님 나라의 지평 안에 있는 사회선교』. 서울: 대한기독교서
　　　회, 2000.

캐서린 모리 라쿠나/이세형 역.『우리를 위한 하나님 ― 삼위일체와 그리스도인의
　　　삶』. 서울: 대한기독교서회, 2008.

클라우스 벵스트/정지련 역.『로마의 평화』. 서울: 한국신학연구소, 1994.

테오 순더마이어/채수일 역.『선교신학의 유형과 과제』. 서울: 대한기독교서회,
　　　1999.

파울루 프레이리/남경태 역.『페다고지』. 50주년 기념판, 그린비 크리티컬 컬렉션
　　　5, 서울: 그린비, 2018.

폴커 헤르만·마틴 호르스트만/이범성 역.『디아코니아학: 디아코니아로 가는 성서
　　　적, 역사적 그리고 신학적 통로』. 서울: 대한기독교서회, 2016.

프란츠 알트/남정우 역.『산상설교의 정치학』. 서울: 청노루출판사, 1989.

프란츠 파농/남경태 역.『대지의 저주받은 사람들』. 서울: 그린비, 2019.

4. 학술논문 및 자료집

강남. "내가 생각하는 한반도 평화의 해법(3)." 사단법인 평화통일연대, 평화칼럼,
　　　2022. 9. 13.

고재백. "세계 현대사 속 용서와 화해 그리고 치유의 노력들." 고재백 외.『용서와
　　　화해 그리고 치유』. 서울: 새물결플러스, 2022.

구갑우. "한반도 평화체제의 역사적, 이론적 쟁점들 ― 2019년 북·중 정상회담에
　　　서 북·미정상회담으로." 현장아카데미 편.「시민과 세계」제34호(2019.
　　　6.), 325.

김석주. "평화통일과 남북기독교인의 역할 ― 초기 기독교평화통일운동을 중심으
　　　로". 안교성 편.『독일 통일 경험과 한반도 통일 전망: 신학적 성찰과 과제』.
　　　서울: 나눔사, 2016.

김엘리. "남남·남북갈등 전환을 위한 민의 평화만들기." CBS·NCCK, 한반도 평화포
　　　럼 자료집,「분단된 한반도에서 평화의 길을 묻다」. 2022년 8월 11~14일.

김영동. "한반도평화통일을 위한 교회의 참여방향연구 — 동서독 교류협력의 비판적 성찰을 중심으로". 안교성 편.『독일 통일 경험과 한반도 통일 전망: 신학적 성찰과 과제』. 서울: 나눔사, 2016.

김종대. "새 술은 새 부대에: 2030세대를 위한 '세계시민적 한반도평화 담론'." CBS · NCCK, 한반도 평화포럼 자료집, 「분단된 한반도에서 평화의 길을 묻다!」. 2022년 8월 11~14일.

김진환. "한반도 평화프로세스와 대북의식변화."「경제와 사회」제123호(2019. 9.).

금주섭. "눈물의 선지자 홍동근, 그의 통일신학." 한민족평화선교연구소 엮음.『평화와 통일신학 2』. 서울: 도서출판 평화와 선교, 2004.

김형빈 · 김두남. "박근혜 정부통일정책의 쟁점과 과제." 한국통일전략학회.「통일전략」제16권 제3호(2019. 9.).

문정인 · 이춘복. "이명박 정부의 대북정책 — 평가와 전망."「통일연구」제13권 제2호 (2009).

박배균. "동아시아접경지역경제특구와 영토화와 탈영토화의 공간정치." 신한대학교 탈분단경계연구소 엮음.『경계에서 분단을 다시 보다』. 서울: 울력, 2018,

박순경. "민족통일과 여성신학의 과제."「기독교사상」1988년 8월호.

_____. "한국신학을 회고하고 미래를 전망하면서." 박순경 외.『하나님 혁명의 열망자, 원초 박순경』. 서울: 동연, 2021.

_____. "하나님 나라, 사회 역사 변혁의 동력." 박순경 외.『하나님 혁명의 열망자, 원초 박순경』. 서울: 동연, 2021.

백충현. "삼위일체적 평화통일신학의 적용 — 북한 이탈주민들과 한국교회-사회와의 상호적 이해와 포용을 위한 구체적 실천방안들." 안교성 편.『독일 통일 경험과 한반도 통일 전망: 신학적 성찰과 과제』. 나눔사, 2016.

서광선. "손이 깨끗한 사람의 마음도 깨끗해요 — 손도 마음도 깨끗한 박순경 선생님." 박순경 외.『하나님 혁명의 열망자, 원초 박순경』. 서울: 동연, 2021.

성신형. "사랑하라 그리고 행동하라 — 기독교의 용서, 화해, 치유." 고재백 외.『용서와 화해 그리고 치유』. 새물결플러스, 2022.

손규태. "민족의 화해와 대단결을 위한 교회의 과제." 손규태.『한국개신교의 신학적
　　-교회적 실존』. 대한기독교서회, 2014.

_____. "민족주의와 교회 ─ 일제 식민지 하의 한국 개신교사에서 민족주의의
　　역할에 관한 연구."「기독교사상」2019년 12월호 특집.

신익상. "2020년 한국 개신교인의 한반도 평화와 통일에 관한 인식연구." 현장아카
　　데미 편.『한국전쟁 70년과 '이후'(以後) 교회 ─ 통일의 신학적 의미를 찾아
　　서』. 도서출판 모시는 사람들, 2021.

신종대. "남북관계사의 분석수준과 주요 의제."「한국과 국제정치」제30권 제3호
　　통권 86호(2014, 가을).

_____.『서울의 환호, 평양의 좌절과 대처: 서울올림픽과 남북관계』.「동서연구」
　　제25권 3호(2013).

신혜진. "통일신학의 주체개념으로 본 분단 체제와 한국기독교" 현장아카데미 편.
　　『한국전쟁 70년과 '이후'(以後) 교회 ─ 통일의 신학적 의미를 찾아서』. 도서
　　출판 모시는 사람들, 2021.

양성철. "남북한 통일정책의 대립과 의미(1955~65)." 김갑철 외.『남북한 체제의
　　강고화와 대결』. 서울: 소화, 1995.

엄상현. "역사-종말론적 하나님나라 백성 공동체로서의 디아코니아적 교회 모형
　　세우기 ─ 포천감리교회를 중심으로." 실천신학대학원대학교, 2014.

_____. "J. Moltmann의 <메시아적 교회론>을 중심으로."『산돌』. 감리교 서울
　　신학교, 1981.

_____. "Missio Dei와 순복음의 과제."『오순절』. 순복음신학교, 1979.

이범성. "사회통합의 관점에서 본 통일." 박영신 외.『통일-사회통합-하나님나라』.
　　대한기독교서회, 2010.

_____. "통일, 하나님나라 운동." 박영신 외.『통일-사회통합-하나님 나라』. 대한
　　기독교서회, 2010.

이만열. "민족의 통일과 평화에 대한 한국기독교회 선언의 의의."「기독교사상」
　　1995년 1월호.

이삼열. "교회협의회 통일선언의 입장과 배경." 「기독교사상」 1988년 7월호.

이승열. "도잔소 25주년 기념 한반도 평화통일국제협의회를 다녀와서." 「한국기독
공보」 2009년 10월 26일자 기고.

이유나. "문익환의 평화, 통일 사상 담론과 성찰." 「신학사상」 188집(2020년, 봄).

_____. "'88선언' 전후 시기 한국기독교교회협의회(NCCK)의 통일운동과 제 세력
의 통일운동전개." 한국기독교역사학회. 「한국기독교와 역사」 통권 32호
(2010).

이은선. "토착화 신학으로서의 박순경 ; 통일신학." 한민족통일신학연구소 편. 『원
초 박순경의 삶과 통일신학 돌아보기』. 서울: iYAGI, 2022.

_____. "한나 아렌트의 '전체주의' 기원으로 살펴 본 한국전쟁." 현장 아카데미
편. 『한국전쟁 70년과 '이후'(以後) 교회 ― 통일의 신학적 의미를 찾아서』.
도서출판 모시는 사람들, 2021.

이은혜. "고대 교부들의 사회복지사상." 김영동 편. 『21세기 교회와 사회봉사』.
장로회신학대학교 제 5, 6회 소망신학포럼, 2권.

이정배. "평화, 통일을 이루기까지." NCCK신학위원회 편. 『3.1정신과 한반도 평
화』. 서울: 동연, 2018.

_____. "한국전쟁 발단(원인) 논쟁에서 본 통일과 그 신학적 함의: 통일신학은
뭇 통일 담론과 어디서 다른가?." 현장아카데미 편. 『한국전쟁 70년과 '이후'
(以後) 교회 ― 통일의 신학적 의미를 찾아서』. 도서출판 모시는 사람들,
2021.

이정철. "김일성의 남방정책과 남북기본합의서: 냉전해체의 비대칭성과 동맹 재편
전략의 좌절." 역사비평사. 「역사비평」 제97호(2011).

이종석. "분단과 남북한 독재체제의 성립." 『한반도평화통일론』. 한울, 2012.

이지수. "북방정책의 북한에의 영향." 하용출. 『북방정책: 기원, 전개, 영향』. 서울대
학교출판부, 2003.

임동원. "남북기본합의서와 6.15남북공동선언." 역사비평사. 「역사비평」 제97호
(2011).

전재성. "노태우 행정부의 북방정책 결정요인과 이후의 북방정책의 변화과정 분석."
　　　　하용출.『북방정책: 기원, 전개, 영향』. 서울대학교출판부, 2003.
정영철. "구조적 종속과 자율성의 한계 ― 남북관계에 대한 고찰." 북한대학원대학
　　　　교 심연북한연구소.「현대북한연구」25권 1호(2022).
채수일. "에큐메니칼 디아코니아." 채수일.『에큐메니칼 선교신학』. 한신대학교출
　　　　판부, 2002.
최장집. "한반도 평화의 조건과 구조." 최장집.『민주주의의 민주화 ― 한국 민주주의
　　　　의 변형과 헤게모니, 후마니타스』. 2007.
최태관. "한반도 평화정착을 위한 한국교회의 기여 가능성: 독일통일에 기여한 독일
　　　　교회로부터 배우다." 현장아카데미 편.『한국전쟁 70년과 '이후'(以後) 교회
　　　　― 통일의 신학적 의미를 찾아서』. 도서출판 모시는 사람들, 2021.
최현범. "독일이야기 ― 통일을 위한 교회의 역할(2)."「한국기독신문」2022. 3.
　　　　18.
하성웅. "기독청년과 평화통일." CBS · NCCK. 한반도 평화포럼 자료집,「분단된
　　　　한반도에서 평화의 길을 묻다!」. 2022년 8월 11~14일.
게르트 타이센. "성서 ― 디아코니아적으로 읽기: 돕는 행위에 대한 정당성의 위기와
　　　　선한 사마리아인." 폴커 헤르만 · 마틴 호르스트만 편/이범성 역.『디아코니아
　　　　학』. 대한기독교서회, 2016.
게르하르트 쉐퍼 · 폴커 헤르만. "고대 교회부터 현재까지 디아코니의 역사적인 발전
　　　　개요." 폴커 헤르만 · 마틴 호르스트만 엮음/이범성 역.『디아코니아학』. 대한
　　　　기독교서회, 2016.
라인하르트 투레. "교회사의 전통에서 본 사회봉사." 이삼열 엮음.『사회봉사의 신학
　　　　과 실천』. 한울, 1992.
마틴 로브라. "친교와 섬김, 에큐메니칼 디아코니의 핵심개념." 폴커 헤르만 · 마틴
　　　　호르스트만 엮음/이범성 역.『디아코니아학』. 대한기독교서회, 2016.
베르너 캄페터/배지선 역.『독일 통일의 기적과 그 교훈』. FES-Information-
　　　　Series, 2010. 6. 9.

요하네스 오이리히/이범성 역. "디아코니아는 교회에 무엇이 될 수 있냐?." 실천신학
　　대학원대학교.「2022년 가을학술제 자료집」.

울리히 바흐 "우리 모두를 위한 자유공간으로서의 디아코니적 교회." 폴커 헤르만
　　· 마틴 호르스트만 엮음/이범성 역.『디아코니아학 ― 디아코니아로 가는 성서
　　적, 역사적 그리고 신학적 통로』. 대한기독교서회, 2016.

위르겐 몰트만. "하나님 나라의 지평 안에 있는 디아코니." 폴커 헤르만·마틴 호르스
　　트만 엮음.이범성 역.『디아코니아학 ― 디아코니아로 가는 성서적, 역사적
　　그리고 신학적 통로』. 서울: 대한기독교서회, 2016.

케네스 로스 · 금주섭 외 엮음/한국에큐메니컬학회 옮김.『에큐메니컬 선교학 ―
　　변화하는 지형과 새로운 선교개념』. 대한기독교서회, 2018.

클라우스 뮐러. "전체 성서적 신학의 전망에서 보는 디아코니의 근본 질문." 폴커
　　헤르만· 마틴 호르스트만 엮음/이범성 역.『디아코니아학 ― 디아코니아로
　　가는 성서적, 역사적 그리고 신학적 통로』. 대한기독교서회, 2016.

테오도르 쇼버. "독일교회의 사회봉사." 이삼열 엮음.『사회봉사의 신학과 실천』.
　　서울: 한울, 1992.

테오도오 슈트롬. "디아코니의 성서, 신학적 기초와 입문." 폴커 헤르만· 마틴 호르스
　　트만 엮음/이범성 역.『디아코니아학 ― 디아코니아로 가는 성서적, 역사적
　　그리고 신학적 통로』. 서울: 대한기독교서회, 2016.

테오 순더마이어. "오늘의 오이쿠메네 실존의 기본구조로서의 콘비벤츠" 테오 순더
　　마이어/채수일 엮어 옮김.『선교신학의 유형과 과제』. 서울: 대한기독교서회,
　　1999.

폴커 헤르만. "20세기 후반의 디아코니 신학: 개념-논쟁-구성." 폴커 헤르만· 마틴
　　호르스트만 엮음/이범성 역. 디아코니아학. 서울: 대한기독교서회, 2016.

프랑크 크뤼제만. "디아코니의 기초로서의 구약성서." 폴커 헤르만· 마틴 호르스트
　　만 엮음/이범성 역.『디아코니아학 ― 디아코니아로 가는 성서적, 역사적
　　그리고 신학적 통로』. 서울: 대한기독교서회, 2016.

하인츠 디트리히 벤틀란트 "그리스도 디아코노스, 그리스도 둘로스 ― 디아코니의

신학적 근거." 폴커 헤르만·마틴 호르스트만 엮음/이범성 역.『디아코니아학
— 디아코니아로 가는 성서적, 역사적 그리고 신학적 통로』. 대한기독교서회,
2016.

한국기독교역사학회 편.『한국기독교와 역사』. 통권 32호(2010).

CBS·NCCK. 한반도 평화포럼 자료집,「분단된 한반도에서 평화의 길을 묻다!」.
2022년 8월 11~14일.

DMZ평화인간띠운동본부 백서발간위원회 편.『4.27DMZ민(民)+평화손잡기
백서』. 서울: DMZ평화인간띠운동본부, 2019.

Hans-Juergen Roeder. "Kirche im Sozialismus. Zum Selbstverstaendnis
der evangelischen Kirchen in der DDR." Reinhard Henkys(hrsg.).
*Die Evangelischen Kirchen in der DDR: Beitraege zu einer
Bestandsaufnahme.* Chr. Kaiser Verlag Muenschen, 1982.

Hartmut Ruddies. "Stuttgarter Schuldbekenntnis." *RGG*(4판). Mohr
Siebeck, 2004, Band 7, 1809~1810.

H.-G. Link. "Versoehnung." Lothar Coenen u.a(hrsg.). *Theologisches
Begriffslexikon zum Neuen Testament.* Theologischer Verlag R.
Brockhaus, Wuppertal, 1983.

J. H. Wichern. "Die Innere Mission der deutschen evangelischen Kirche.
Eine Denkschrift an die deutsche Nation(1849)." Peter Meinhold(Hg.).
Sämtliche Werke Bd. I. Berlin, Hamburg: Lutherisches Verlagshaus,
1968.

Konrad Raiser. "Das Mandat der oekumenischen Diakonie zwischen
Gerechtigkeit und Versoehnung." Arnd Goetzelmann, Volker
Herrmann und Juergen Stein(hrsg.). *Diakonie der Versoehnung:
Ethische Reflexion und sozialeArbeit in oekumenischer Verantwortung.*
Quell Verlag Stuttgart, 1998.

Seung-Youl Lee. "Die Grundgedanken der Diakonie bei Johann Hinrich Wichern und sein Gutachten über die Diakonie und den Diakonat." *Diplomarbeit am Diakoniewissenschaftlichen.* Institut Heidelberg, Wintersemester, 1993/94.

Theodor Strohm. "Diakonie der Versoehnung — eine Perspective sozialer Verantwortung." Johann-Baptist Metz u.a.(hrsg.). *Compassion Weltprogramm des Christentums —Soziale Verantwortung lernen.* Herder, Freiburg, 2000.

5. 신문

"거대 위기와 새로운 정치."「한겨레신문」2022년 7월 6일.

"신앙, 사회참여 — 아름다운 하모니 연출."「국민일보」2000년 6월 10일.

산불피해기독교대책협의회 대표회장 엄상현 "산불 이재민돕기 교회온정 밀물."「국민일보」2000년 5월 3일.

"재난속으로, 현실속으로... 앞장서는 삶."「국민일보」2003년 10월 20일.

"엄상현, '집 짓는 목사' 추석연휴도 바빠요."「중앙일보」2003년 9월 6일.

"진통의 마지막 길, (故) 이한열 열사 하관예식을 마치고."「동아일보」1987년 7월 11일.

"한국 떠난 탈북민 700여 명⋯ 생활고, 차별로 적응 어려워."「연합뉴스」2022년 1월 9일.

6. 인터뷰/영상자료

이삼열 박사와의 인터뷰: 2022년 7월 30일, 서울, 흥사단 본부 평화통일학교.

박종화 박사와의 인터뷰: 2022년 8월 4일, 충정로 골든타워 오피스텔 1212호 사무실.

홍정길 목사와의 인터뷰: 2022년 8월 22일, 가평, 생명의빛예수마을 베드로카페.

김명혁 목사와의 인터뷰: 2022년 9월 1일, 수서, 현대벤처빌 오피스텔 1221호

사무실.

SBS프로덕션, 여섯 개의 봄: 남북정상회담 특집, SBS 스페셜 DVD.

7. 녹취록

이삼열 박사 녹취록(2022년 7월 30일, 서울 흥사단 본부 평화통일학교).
박종화 박사 녹취록(2022년 8월 4일, 충정로 골든타워 오피스텔 1212호 사무실).
홍정길 목사 녹취록(2022년 8월 22일, 가평 생명의빛예수마을 베드로카페).
김명혁 목사 녹취록(2022년 9월 1일, 수서 현대벤처빌 오피스텔 1221호 사무실).

부록

「민족의 통일과 평화에 대한 한국기독교회 선언」('88선언') (1988년 2월 29일)

우리는 먼저 한반도에 그리스도의 복음을 보내 주셔서 우리로 하여금 예수 그리스도의 십자가 죽음과 부활을 알게 하시고, 그것을 믿는 우리를 당신의 자녀로 삼으사 구원해 주신 하나님의 은혜와 사랑에 찬양과 감사를 드린다.

또한 하나님의 성령이 한반도의 역사와 모든 믿음의 형제자매들 속에 함께하셔서 온 교회가 민족의 해방과 구원을 위하여 하나 되어 일할 수 있도록 선교의 결단을 하게 해주신 것을 감사드린다.

우리는 하나님이 만물을 창조하신 한 분 창조주(창 1:1)이심을 믿으며, 모든 인간이 당신의 자녀로 초대받았음(롬 8:14-17; 갈 3:26, 4:7)을 믿는다.

예수 그리스도는 '평화의 종'(엡 2:13-19)으로 이 땅에 오셨으며, 분단과 갈등과 억압의 역사 속에서 평화와 화해와 해방의 하나님 나라를 선포하셨다(눅 4:18; 요 14:27). 또한 예수 그리스도는 사람을 하나님과 화해하게 하시고, 인간들 사이의 분열과 갈등을 극복하고 해방시켜서 하나 되게 하시려고 고난을 받으셨으며, 십자가에 못박혀 죽으시고 묻히셨으나 부활하셨다(행 10:36-40).

예수 그리스도는 평화를 위하여 일하는 사람들을 축복하시면서 하나님이 그들을 자녀로 삼으실 것이라고 하셨다(마 5:9). 우리는 성령이 우리로 하여금 역사의 종말론적 미래를 보게 하시고 우리를 하나되게 하셔서 하나님의 선교사역에 참여하게 하신다(요 14:18-21, 16:13-14, 17:11)는 것을 믿는다.

이제 우리 한국교회는 그리스도인들 모두가 평화를 위하여 일하는 사도로 부름을 받았음(골 3:15)을 믿으며, 같은 피를 나눈 한 겨레가 남북으로 갈라져 서로 대립하고 있는 오늘의 이 현실을 극복하여 통일과 평화를 이루는 일이 한국교회에 내리는 하나님의 명령이며 우리가 감당해야 할 선교적 사명(마 5:23-24)임을 믿는다.

이러한 우리의 기본적인 신앙고백에 입각하여 한국기독교교회협의회는 한국교회와 세계 에큐메니칼 교회 공동체 앞에 민족의 통일과 평화에 대한 입장을 밝히고, 남북한의 정부 책임자들과 우리 민족 모두에게 기도하는 마음으로 이것을 호소하는 바이다.

1. 정의와 평화를 위한 한국교회의 선교적 전통

이 땅에 예수 그리스도의 복음이 전파된 지 1백여 년이 지나는 동안 공교회가 저지른 민족사에 대한 많은 허물에도 불구하고 한국 그리스도인들은 하나님 나라를 선포함으로써 이 땅에 살고 있는 백성들의 참 소망이었던 해방과 독립을 실현하려고 애써 왔다. 우리 신앙의 선배들은 성령에 힘입어서 성경 말씀이 명하는 대로(눅 4:18-19) 가난한 이들에게 복음을 선포하였고, 억눌린 백성에게 자유와 자주의 희망을 심어 주었으며, 일제에게 노예가 된 한국 민족과 함께 고통을 나누며, 민족의 해방과 독립을 위하여 선교하여 왔다.

한국의 그리스도인들은 평화의 의미를 노예처럼 굽히고 복종하면서 얻는 안일이나 안정에서 찾지 않았다. 평화는 정의의 열매(사 32:17)여야 했으며, 민족의 독립이 없거나 인간적 자유를 누릴 수 없는 평화는 거짓 평화(렘 6:13-14)일 뿐이었다. 일본 제국주의가 우리나라를 식민지로 다스리던 때의 한국교회의 평화운동은 곧 민족의 독립운동이자 노예된 민족의 아픔에 동참하는 것이었고, 하나님 나라를 선포하고 그에 대한 믿음을 역사 속에서 실천해 나가는 민족해방 운동이었다.

1919년 3.1독립운동에 한국의 그리스도인들은 앞장서서 참여하였으며, 일본 제국주의의 민족말살정책에 저항하였고, 국가주의를 종교화한 일제의 신사참배 강요에 항거하여 순교의 피를 흘렸다.

1945년 남북 분단 이후 남한의 그리스도인들은 분단의 현실 속에서 고통당하는 피난민들과 전쟁고아들과 희생자들을 돌보아 왔다. 또한 북한을 떠난 이산가족들과 교우들을 교회의 품 안에 받아들였고 사랑으로 치유하여 왔다.

분단이 고착화되면서 나타난 군사독재정권은 안보를 구실로 인권을 유린하고 경제 성장 논리로써 노동자와 농민을 억압했으며, 한국교회는 이에 대하여 정의와 평화를 위한 신앙으로 저항하여 왔다. 1970년대와 80년대 한국교회의 인권 및 민주화운동은 바로 이러한 정의와 평화를 위한 선교 운동의 전통을 이어받은 것이다.

2. 민족 분단의 현실

한반도의 남북 분단은 현대 세계의 정치구조와 이념 체제가 낳은 죄의 열매다. 세계 초강대국들의 군사적, 이념적 대결, 상호 분쟁 속에서 한국 민족은 속죄양의 고난을 당하여 왔다.

1945년 제2차 세계대전이 끝나자 한국 민족은 일본 제국주의의 식민지 노예 상태로부터 해방되었으나 남북 분단이라는 또 다른 굴레가 민족을 속박하기 시작하였다. 일본 제국주의 침략 군대의 무장을 해제시킨다는 명목하에 설정된 남북 분단선은 소련과 미국의 냉전체제에 의하여 고착화되었고, 남북한에는 각각 서로 다른 정부가 수립되어 한반도에서는 지난 40여 년간 군사적, 정치적, 이념적 갈등과 분쟁이 심화되어 왔다.

1950년 6월 25일 일어난 한국전쟁은 동족상잔의 비극을 낳았으며, 국제적 갈등은 극대화되었다. 제2차 세계대전 동안에 유럽 전 지역에 투하된 폭탄보다 더 많은 양의 폭탄이 투하되어 한반도는 초토화되었다. 이 전쟁에서 남한군 22만 명, 북한군 60여 만 명, 중공군 1백만 명, 미군 14만 명, 유엔군 1만 6천여 만 명의 사상자가

났으며, 전쟁 중에 병으로 사망한 숫자를 포함하면 2백 50만 명이나 되는 군인들이 희생되었다. 남한 50만 명과 북한 3백만의 민간인 사망자를 합치면 6백만의 피가 이 땅에 쏟아진 것이다(브리태니카 백과사전 1970년도판 통계). 그리고 3백만 명의 피난민과 1천만 명의 이산가족이 생겼다.

6.25를 전후하여 북한 공산 정권과 대립했던 북한의 그리스도인들은 수난과 죽음을 겪어야 했으며, 수십만의 북한 그리스도인들이 납치되었고 참혹하게 처형되기도 했다. 한편 공산주의 동조자들은 이념전쟁의 제물이 되었고, '부역자'라는 명목으로 사회에서 매장을 당하지 않으면 안 되었다.

전쟁으로 초토화된 한반도는 계속해서 동서 냉전체제의 국제정치적 갈등과 반목에 휘말렸으며, 이에 따라 남북한 간의 군비 경쟁과 상호 불신, 상호 비방과 적대 감정도 점차로 증가되어 왔다. 한반도의 평화는 파괴되었고, 민족의 화해도 불가능한 것으로 여겨지게 되었다.

1953년 휴전 이후 일시적일 것으로 여겨졌던 '휴전선'이 영구불변의 '분단선'처럼 되면서 남북 분단의 벽은 높아져 갔고, 남북한의 두 체제는 단절과 대결 속에서 적대적이고 공격적인 관계를 지속시켜 왔다. 남북한의 군비 경쟁은 가속화되었고, 북한 병력 84만 명과 남한 병력 60만을 합하여 근 1백 50만 군대가 무장 대치하는 상태에 이르게 되었으며, 한반도에 배치되었거나 겨냥되고 있는 핵무기는 이 땅을 없애 버리고도 남을 정도의 가공할 파괴력을 보유하기에 이르렀다.

민족의 분단이 장기화되면서 양 체제에서 모두 안보와 이데올로기의 이름 아래 인권은 유린되어 왔으며, 언론과 출판, 집회와 결사의 자유는 억압되어 왔다. 그리고 서신 왕래도, 방문도, 통신도 두절된 양쪽은 한 땅덩어리 위에서 가장 멀고 이질적인 나라가 되었다. 남북한의 교육과 선전은 상호 비방 일색이며, 상대방을 상호 체제 경쟁을 통하여 약화시키고 없애야 할 철천지원수로 인식하게 하고 있다.

따라서 남북한 국민은 동족의 생활과 문화에 대하여 서로 무지할 뿐 아니라 서로 알아서는 안 되는 관계로까지 길들여져 왔다. 양 체제는 같은 피를 나눈 동족을 가장 무서운 원수로 인식하게 하고 있는 것이다.

남북 대화의 길은 1972년 이른바 7.4공동성명이 계기가 되어 트이기 시작하여 대화와 협력과 교류의 희망을 갖게 하였다. 1985년에는 남북적십자회담이 재개되고 이산가족 고향 방문이 이루어졌으나, 그 수는 극히 한정되었으며 대화와 협상은 끝없이 공전되고 있는 실정이다.

남한 그리스도인들은 1980년대 초반까지만 해도 북한에 그리스도인들과 교회가 있는지 없는지조차 확인할 수 없었고, 분단이 고착화되는 과정에서 북한 공산정권에 대하여 깊고 오랜 불신과 뼈에 사무치는 적개심을 그대로 지닌 채 반공이데올로기에 맹목적으로 집착해 왔다.

3. 분단과 증오에 대한 죄책고백

한국의 그리스도인들은 평화와 통일에 관한 선언을 선포하면서 분단 체제 안에서 상대방에 대하여 깊고 오랜 증오와 적개심을 품고 왔던 일이 우리의 죄임을 하나님과 민족 앞에서 고백한다.

1) 한국 민족의 분단은 세계 초강대국들의 동서 냉전체제의 대립이 빚은 구조적 죄악의 결과이며, 남북한 사회 내부의 구조악의 원인이 되어 왔다. 분단으로 인하여 우리는 "네 이웃을 네 몸같이 사랑하라"(마 22:37-40)는 하나님의 계명을 어기는 죄를 범해 왔다.

우리는 갈라진 조국 때문에 같은 피를 나눈 동족을 미워하고 속이고 살인하였고, 그 죄악을 정치와 이념의 이름으로 오히려 정당화하는 이중의 죄를 범하여 왔다. 분단은 전쟁을 낳았으며, 우리 그리스도인들은 전쟁 방지의 명목으로 최강 최신의 무기로 재무장하고 병력과 군비를 강화하는 것을 찬동하는 죄(시 33:1, 6-20, 44:6-7)를 범했다.

이러한 과정에서 한반도는 군사적으로뿐만 아니라 정치, 경제 각 분야에서 외세에 의존하게 되었고, 동서 냉전체제에 편입되고 예속되게 되었다. 우리 그리스도인들은 이러한 민족 예속화 과정에서 민족적 자존심을 포기하고, 자주독립정신을 상실하는 반민족적 죄악(롬 9:3)을 범하여 온 죄책을 고백한다.

2) 우리는 한국교회가 민족 분단의 역사적 과정에서 침묵하였으

며, 면면히 이어져 온 자주적 민족통일운동의 흐름을 외면하였을 뿐만 아니라 오히려 분단을 정당화하기까지 한 죄를 범했음을 고백한다. 남북한의 그리스도인들은 각각의 체제가 강요하는 이념을 절대적인 것으로 우상화하여 왔다. 이것은 하나님의 절대적 주권에 대한 반역죄(출 20:3-5)이며, 하나님의 뜻을 지켜야 하는 교회가 정권의 뜻에 따른 죄(행 4:19)이다.

특히 남한의 그리스도인들은 반공이데올로기를 종교적인 신념처럼 우상화하여 북한 공산 정권을 적대시한 나머지 북한 동포들과 우리와 이념을 달리하는 동포들을 저주하기까지 하는 죄(요 13:14-15, 4:20-21)를 범했음을 고백한다. 이것은 계명을 어긴 죄이며, 분단에 의하여 고통받았고 또 아직도 고통받고 있는 이웃에 대하여 무관심한 죄이며, 그들의 아픔을 그리스도의 사랑으로 치유하지 못한 죄(요 13:17)이다.

4. 민족통일을 위한 한국교회의 기본 원칙

정의롭고 평화로운 하나님의 나라가 임하도록 우리 그리스도인들은 평화와 화해의 복음(엡 2:14-17)을 실천해야 하며, 동족의 고통스러운 삶에 동참해야 한다. 이 일을 감당하는 것이 곧 민족의 화해와 통일을 이룩하는 데 있으므로 우리는 통일에 대한 관심과 노력이 바로 신앙의 문제임을 인식한다. 통일은 곧 민족의 삶과 세계 평화를 위협하는 분단을 극복함으로써 갈등과 대결에서 화해와 공존으로 나아가는 것이며, 마침내 하나의 평화로운 민족 공동체를 이룩하는 것이다.

한국기독교교회협의회는 1984년 이래 수차에 걸친 협의 모임을 통하여 민족통일을 향한 한국교회의 기본적인 원칙을 다음과 같이 설정하였다.

한국기독교교회협의회는 1972년 남북 간에 최초로 합의된 7.4공동성명에 나타난 자주 평화 사상·이념·제도를 초월한 민족적 대단결의 3대 정신이 민족의 화해와 통일을 위한 기본 원칙이 되어야 한다고 믿는다. 또한 이와 함께 우리 그리스도인들은 최소한 다음과 같은 두 가지 원칙이 통일을 위한 모든 대화 및 협상, 실천 속에서 전개되어야 한다고 믿는다.

1) 통일은 민족이나 국가의 공동선과 이익을 실현하는 것일 뿐 아니라 인간의 자유와 존엄성을 최대한 보장하는 것이어야 한다. 국가나 민족도 인간의 자유와 복지를 보장하기 위해서 있는 것이며, 이념과 체제도 인간을 위해 존재하는 것이기 때문에 인도주의적인 배려와 조치의 시행은 최우선적으로 고려되어야 하며, 다른 어떠한 이유로도 인도주의적 조치의 시행이 보류되어서는 안 된다.

2) 통일을 위한 방안을 만드는 모든 논의 과정에는 민족 구성원 전체의 민주적인 참여가 보장되어야 한다. 특별히 분단 체제하에서 가장 고통을 받고 있을 뿐 아니라 민족 구성의 다수를 차지하고 있으면

서도 의사결정 과정에서 늘 소외되어 온 민중의 참여는 우선적으로 보장되어야 한다.

5. 남북한 정부에 대한 한국교회의 건의

이상의 원칙들에 입각하여 본 협의회는 다음과 같은 사항들이 실질적으로 하루속히 이루어질 수 있도록 남북한 정부 당국이 성의를 가지고 대하에 임해 줄 것을 촉구한다.

1) 분단으로 인한 상처의 치유를 위하여

(1) 무엇보다도 먼저 지난 40여 년간 분단 체제에서 온갖 고생을 겪으면서 희생되어 온 이산가족들이 다시 만나서 함께 살 수 있도록 해야 하며, 어느 곳에서든지 당사자들이 살기 원하는 곳으로 자유롭게 옮겨 살 수 있도록 보장하여야 한다.

(2) 통일이 되기 전이라도 남북으로 갈라져서 사는 모든 사람에게 일 년 중 일정한 기간 동안(추석이나 명절 같은 때) 자유롭게 친척과 고향을 방문할 수 있도록 허용해야 한다.

(3) 민족 분단의 고정화 과정에서 불가피하게 나타날 수밖에 없었던 일시적 과오나 가족이나 친척이 특수한 전력을 갖고 있다는 이유 때문에 오늘날까지도 사회적으로 부당한 차별을 받고 있는 사람들이 존재하는 현실은 즉각 타파되어야 한다.

2) 분단 극복을 위한 국민의 참여를 실질적으로 증진시키기 위하여

(1) 정부 당국이 남북한 양쪽에 관한 정보를 독점하거나 통일 논의를 독점하여서는 안 되며, 남북한 국민이 통일 논의와 통일 정책 수립 과정에 주체적으로 자유롭게 참여할 수 있도록 언론의 자유를 보장하고, 통일 문제의 연구 및 논의를 위한 민간 기구의 활동을 제도적으로 현실적으로 보장하여야 한다.

(2) 남북한 양측은 체제나 이념의 반대자들이 자기의 양심과 신앙에 따라서 자유롭게 비판할 수 있도록 최대한 허용하여야 하며, 세계인권선언과 유엔인권협정을 준수해야 한다.

3) 사상·이념·제도를 초월한 민족적 대단결을 위하여

민족 자주성을 실현할 수 있으려면 남북한 국민이 각각의 사상, 이념, 제도의 차이를 초월하여 남북한 국민 스스로가 같은 운명체로서 하나의 민족이라는 사실을 상호 분명하게 확인할 수 있어야 한다. 이러한 상호 확인을 위해서는 남북한이 서로 굳게 신뢰할 수 있어야 한다. 따라서 서로를 신뢰할 수 있도록 하는 일은 남북 통일을 위한 모든 노력의 가장 기본적인 출발점이 되어야 한다.

상호 신뢰를 조성하기 위해서는 불신과 적대감을 낳는 모든 요소가 제거되어야 함과 동시에 상호 교류를 확대하여 상호 이해의 기반을 넓히는 민족 동질성을 시급히 회복시켜야 한다. 신뢰 조성을 위한 모든 조치는 분단 극복에 있어 가장 본질적인 것이기 때문에 비록 남북한 정부 당국자 간의 회담이 진전되지 못하고 있거나 협상 타결이 이루어지지 못하고 있을 때라도 민간 차원에서는 추진될 수 있어야 한다.

(1) 남북한은 상호 적대감과 공격적 성향을 없애고, 상대방에 대한 비방과 욕설, 배타주의를 제거해야 한다. 또한 상대방의 이질적인 이념과 체제에 대한 극단적이고 감정적인 비난을 상호 건설적인 비판으로 전환시켜야 한다.

(2) 상호 이해의 증진을 위해서는 서로의 실상을 편견 없이 객관적으로 파악할 수 있어야 하기 때문에 교류, 방문, 통신이 개방되어야 한다.

(3) 민족 동질성 회복을 위하여 남북의 언어, 역사, 지리, 생물, 자연 자원 등에 관한 학술 분야에서 교류와 협동 연구를 추진하고 문화, 예술, 종교, 스포츠 분야에서도 서로 교류하여야 한다.

(4) 남북한 간의 경제 교류는 민족의 이익에 부합될 뿐 아니라 상호 이해 증진의 계기가 될 수도 있으므로 가능한 최대한 개방되어야 한다.

4) 남북한 긴장 완화와 평화 증진을 위하여

(1) 한반도의 전쟁 방지와 긴장 완화를 위해서는 하루속히 전쟁 상태를 종식시키는 평화협정이 체결되어야 하며, 이를 위해서 남북한

당국과 미국, 중공 등 참전국들이 휴전협정을 평화협정으로 전환시키고 불가침조약을 여기에 포함시키는 협상을 조속히 열어야 한다.

(2) 평화협정이 체결되고, 남북한 상호 간에 신뢰 회복이 확인되며, 한반도 전역에 걸친 평화와 안정이 국제적으로 보장되었을 때, 주한 미군은 철수해야 하며 주한 유엔군 사령부도 해체되어야 한다.

(3) 과대한 군사력 경쟁은 남북한의 평화통일의 가장 큰 장애요인이며, 경제발전에 있어서도 역기능을 하고 있다. 따라서 남북한은 상호 간의 협상에 따라 군사력을 감축해야 하며, 군비를 줄여서 평화 사업으로 전환시켜야 한다.

(4) 핵무기는 어떠한 경우에도 사용되어서는 안 되며, 남북한 양측은 한반도에서 핵무기의 사용 가능성 자체를 원천적으로 막아야 한다. 따라서 한반도에 배치되었거나 한반도를 겨냥하고 있는 모든 핵무기는 철거되어야 한다.

5) 민족 자주성의 실현을 위하여

(1) 남북한 간의 협상이나 회담, 국제적인 협약에 있어서 주변 강대국이나 외세의 간섭에 의존하는 일이 없어야 하며, 민족의 자주성과 주체성을 지켜 나가야 한다.

(2) 남북한 양측은 민족의 삶과 이익을 우선으로 하지 않고 오히려 이것에 배치되는 내용으로 체결된 모든 외교적 협상이나 조약을 수정하거나 폐기하여야 하며, 국제 연합이나 동맹국들과의 관계 수립이나

협약에 있어서도 남북한 상호 간의 합의와 공동의 이익을 우선적으로
고려하여 반영시켜야 한다.

6. 평화와 통일을 위한 한국교회의 과제

우리는 예수 그리스도가 '평화의 주'(골 1:20)이심을 믿으며, 하나
님의 인간 구원과 해방을 위한 선교 사역이 우리와 이념과 체제가
다른 사회 속에서도 이루어지고 있음을 믿는다. 다른 사회체제 속에서
살고 있는 그리스도인들이 갖는 신앙고백의 형태와 교회의 모습이
비록 우리와 다르다 할지라도 우리는 그들이 한 분이신 하나님, 한
분 그리스도에 매여 있으므로 우리와 한 몸을 이루는 지체들임(고전
12:12-26)을 믿는다.

세계 에큐메니칼 공동체는 최근 몇 년간 놀랍게도 우리와 떨어져
있던 북한 사회 내의 신앙의 형제자매들과 접촉하고 그들의 소식을
알려옴으로써 우리의 이 같은 확신을 더욱 굳게 하여 주었다.

우리는 다시금 이 한반도 역사 안에서 활동하시는 하나님의 해방
사역에 감사를 드리며, 어려운 상황 속에서도 꿋꿋하게 신앙을 지켜
나가고 있는 북한에 있는 믿음의 형제자매들에게 하나님의 은총과
축복이 함께하시기를 기원한다.

이와 같은 고백에 입각하여 한국기독교교회협의회는 평화와 화해
의 선교적 사명을 다하기 위하여 그리고 민족 분단의 고통에 동참하고
통일로써 이를 극복해야 한다는 역사적 요청에 응답하기 위하여 회개

하고 기도하는 마음으로 평화와 통일을 위한 희년 선포 운동을 다음과 같이 전개하고자 한다.

1) 한국기독교교회협의회는 1995년을 '평화와 통일의 희년'으로 선포한다

주님의 성령이 나에게 내리셨다.
주께서 나에게 기름을 부으시어
가난한 이들에게 복음을 전하게 하셨다.
주께서 나를 보내시어
묶인 사람들에게 해방을 알려주고
눈먼 사람들은 보게 하고
억눌린 사람들에게는 자유를 주며
주님의 은혜의 해를 선포하게 하셨다(눅 4:18-19).

'희년'은 안식년이 일곱 번 되풀이되는 49년이 끝나고 50년째 되는 해다(레 25:8-10). 희년은 '해방의 해'다. 희년 선포는 하나님의 백성이 하나님의 역사적 주권을 철저히 신뢰하고, 그 계약을 지키는 행위다. 희년은 억압적이고 절대적인 내외 정치권력에 의하여 이루어진 모든 사회적 갈등을 극복하여 노예된 자를 해방하고, 빚진 자의 빚을 탕감하며, 팔린 땅을 본래의 경작자에게 되돌려 주고, 빼앗긴 집을 본래 살던 자에게 돌려주어 하나님의 정의를 바탕으로 하는 샬롬을 이루어

통일된 평화의 계약 공동체를 회복하는 해(레 25:11-55)다.

한국교회가 해방 50년째인 1995년을 희년으로 선포하는 것은 50년 역사를, 아니 전 역사를 지배하시는 하나님의 역사적 현존을 믿으면서 평화로운 계약 공동체의 회복을 선포하고 또 오늘 한반도의 역사 속에서 그것을 이룩하려는 우리의 결의를 다지려는 데에 있다. 따라서 희년을 향한 대행진은 희년 대망 속에서, 민족사 안에서 역사하시는 하나님의 주권에 대한 우리의 믿음을 갱신하고 하나님의 선교에의 부르심에 대한 우리의 결단을 새롭게 해 나가는 과정이 되어야 할 것이다.

2) 한국교회는 '희년을 향한 대행진' 속에서 평화와 통일을 위한 교회갱신 운동을 활발히 전개한다

(1) 평화와 통일의 선교적 소명을 감당하기 위해서 한국교회는 개교회주의와 교권주의를 극복하고 교회 일치를 위한 선교적 협력을 더욱 강화해야 한다.

(2) 희년을 선포하는 한국교회는 '참여'를 제약해 온 교회의 내적 구조를 갱신해야 한다. 따라서 여성과 청년을 포함하는 평신도의 선교사역에의 참여는 과감하게 개방되고 촉진되어야 한다.

(3) 한국교회는 우리 사회의 경제적, 사회적 정의를 실현하기 위하여 예언자적 역할을 계속해 나가야 한다.

3) 평화와 통일의 희년을 선포하기 위하여 한국교회는 평화와 화
해의 결단을 하는 신앙 공동체로서 평화 교육과 통일 교육을
폭넓게 시행해 나갈 것이다

(1) 한국교회는 평화에 관한 성서 연구와 신학 연구 등 평화 교육을
널리 보급하고, 각종 신학 연구기관과 기독교 교육기관은 이를 위하여
정보 교환과 연구를 촉진시킨다.
(2) 한국교회는 민족통일에 대한 교회의 관심을 높이기 위하여
분단 구조 및 분단 역사에 대한 이해와 분단 문제에 관한 신학적
인식을 심화함으로써 민족통일의 역사적, 신학적 당위성을 인식하게
하는 통일 교육을 촉진시킨다.
(3) 한국교회는 기독교 신앙에 대한 신학적 성찰과 결단을 통하여
공산주의 이데올로기에 대한 학문적 이해를 넓히고 이념적인 대화에
필요한 이데올로기의 연구와 교육을 촉진시킨다.

4) 한국교회는 평화와 통일을 선포하는 희년 축제와 예전(禮典)
을 통하여 신앙을 새롭게 하고 참다운 화해와 일치를 실천해
나간다

(1) 한국교회는 평화와 통일의 희년을 기념하는 '평화와 통일
기도주일'을 설정하고 예배 의식을 개발한다. 이 예배 의식에는 통일
을 위한 기도, 분단의 죄책고백, 소명과 결단, 분단의 희생자들과

분단 민족을 위한 중보의 기도, 민족 화합을 위한 신앙고백, 말씀 선포(희년선포), 찬송과 시, 평화와 화해를 위한 성례전 등이 포함된다.

(2) 남북한 교회의 상호 왕래가 실현될 때까지 세계교회와 협력하여 평화와 통일의 희년을 남북한 교회가 공동으로 선포하도록 하고, '평화통일 기도주일'을 공동으로 지키는 일과 '평화와 통일을 위한 기도문'을 공동으로 작성하여 사용하도록 하는 일을 추진한다.

(3) 한국교회는 세계교회와의 협력을 통하여 이산가족의 생사 확인, 서신 왕래의 가능성 등을 모색하고 남북으로 헤어진 친척과 교우, 친구 찾기 운동을 전개한다.

5) 한국교회는 평화와 통일을 위한 연대운동을 지속적으로 전개해 나간다

(1) '평화와 통일을 위한 희년'의 선포는 신앙고백의 행위로서 지속적으로 확대되는 '평화와 통일을 위한 연대운동'으로 전개될 것이다. 이것은 개교회 차원에서, 교단적인 차원에서, 에큐메니칼운동의 차원에서 포괄적으로 진행되어야 한다. 특별히 한국기독교교회협의회는 평화와 통일을 위한 신앙고백적 행동과 실천을 가맹 교단뿐만 아니라 비가맹 교단과 천주교를 포괄하는 차원에서 공동으로 해 나갈 수 있도록 노력할 것이다.

(2) 평화와 통일을 위한 선교적 소명은 한반도의 모든 그리스도인의 보편적인 과제이므로 한국교회는 북한 기독교 공동체의 신앙과

삶을 위하여 기도하며 남북한 교회의 상호 교류를 위하여 노력할 것이다.

(3) 한반도의 평화와 통일은 동북아시아 평화뿐만 아니라 세계 평화에 있어서도 하나의 관건이므로, 한국교회는 한반도 주변의 미국, 소련, 일본, 중국 등 4개 국내의 기독교 공동체를 비롯한 세계교회들과도 긴밀하게 협의하여 연대운동을 전개해 나갈 것이다.

(4) 한국교회는 타 종교, 타 운동들과의 대화를 확장, 심화시키고 평화와 통일을 위한 연대의식을 촉진시켜 공동연구와 연대 활동을 전개해 나갈 것이다.

1988년 2월 29일
한국기독교교회협의회

〈부록 2〉

'88선언' 30주년 기념 국제협의회 성명서
(2018년 3월 6일)

그리스도야말로 우리의 평화이십니다. 그분은 자신의 몸을 바쳐서 유다인과 이방인이 서로 원수가 되어 갈리게 했던 담을 헐어버리시고 그들을 화해시켜 하나로 만드시고(엡 2:14).

세계를 향한 하나님의 비전은 칼을 쳐서 보습을 만들고(사 2:4), 국가들이 하나님의 정의와 평화의 빛 아래 모이고, 한때 갈등했던 자매와 형제들이 서로를 껴안는 것이다.

그리고 하나님의 자녀들이 굶주림이나 갈증이나 전쟁의 위협을 두려워하지 않는 것이다. 각 국가가 서로에 대한 침략을 연습하고, 서로를 파괴할 폭탄과 미사일을 개발하며, 비현실적인 조건이 충족될 때까지 협상을 거부하는 한, 우리는 우리 세계를 향한 하나님의 비전에서 더 멀어지게 될 것이다.

하나님께서는 언젠가 모든 피조물을 구원할 것이라는 약속을 선포하시며 우리와 함께 평화의 길을 걸으신다. 우리는 전 세계 기독교인들과 선한 뜻을 가진 모든 사람을 이 평화의 길로 초대한다.

우리 전 세계 기독교 지도자들은 한국 기독교 지도자들과 함께 "민족의 통일과 평화에 대한 한국기독교회 선언"(88선언)의 의미와 이 선언이 오늘날 우리의 삶과 실천에 미치는 영향을 성찰하기 위해 모였다. 우리는 폭발적으로 긴장이 고조되던 시기를 지나 평창 올림픽 휴전이 이루어지고 북남 대화를 향해 새로운 걸음을 걷게 된 것을 역사적 기회로서 대단히 환영한다.

특별히 우리 협의회 기간 동안 이 지역 평화를 위한 가장 희망적인 진전이 이루어진 것을 큰 은혜로 여긴다. 지난 3월 6일 남한 대표단이 평양을 방문하여 10여 년 만에 처음으로 고위급 남북 회담이 성사되었고, 2018년 4월 남북 정상을 개최하기로 합의했음이 발표됐다.

우리는 이러한 평화의 진전이 이루어진 데 대해 하나님께 기쁨의 감사를 드린다. 특히 북측 지도부가 대화를 위해 핵무기 개발 계획을 유예하기로 발표하고, 북과 북의 정권에 대한 군사적 위협이 약화될 경우 핵무기를 보유할 필요가 없다는 것을 표명한 것에 대해 환영한다.

우리는 이러한 징후가 지속 가능한 평화의 달성을 의미한다고 보지는 않는다. 그러나 최근 몇 년간 긴장이 격화되던 상황에 비교할 때, 이러한 징후는 희망의 강력한 징조임에 틀림없다. 우리는 국제사회, 특히 미국이 상호 긴장 완화 및 신뢰 구축 조치를 통해 이러한 평화의 징조에 적극적으로 대응하여 줄 것을 요청한다.

우리는 앞으로 전개될 어려움과 복잡한 상황에도 불구하고 이 평화 모멘텀이 계속되기를 간절히 소망한다. 위협적이고 어리석은 군사훈련 재개로 인해 평화가 훼손되지 않기를, 그리하여 전쟁의 북소리가 사라지기를 기도한다.

2018년 3월 5일부터 7일까지 서울에서 진행된 이 협의회에서 우리는 한반도 사람들과 한국인 디아스포라로부터 분단의 고통에 대한 이야기를 들었고, 평화적 공존과 통일에 대한 희망을 나누었다. 평화를 사랑하는 기독교인들과 시민들은 평화와 화해를 위한 비전을 공유했고, 정책 전문가들과 전직 정부 관료들은 한반도에서 지속 가능한 평화 체제를 실현할 현실적인 방법들을 제안했다.

그러나 이 협의회 밖에서 우리는 냉전 담론에 끊임없이 매달리고 위협과 위력을 사용하여 서로를 몰아붙이는 국가 지도자들을 만나게 될 것이다. 우리는 이전 어느 때보다도 바로 지금이 '88선언'의 원칙을 선언해야 할 때라고 인식한다. '88선언'의 핵심적인 내용은 오늘날에도 강력하고 시급한 문제로 남아 있다.

우리는 발표된 이후 대한민국 정부의 대북 대화 노력에 반영됐던 '88선언'의 5대 원칙이 현재에도 여전히 분단 해결을 위한 원칙으로서 유효하다고 다시 확언하는 바이다. 즉, 자주, 평화, 민족 대단결, 인도주의, 민의 참여가 그것이다.

우리는 우리가 제국주의와 냉전 이데올로기를 우상으로 숭배했음을 기독교인으로서 다시 회개한다. 이 우상 숭배로 인해 북과 남, 서방 국가와 다른 국가 그리고 남한 및 우리 각 사회 내 파벌들 사이에 분열이 당연시되고 지속되었다. 현상 유지를 선하고 필수적인 것으로 간주하며 우리는 분단의 배후에 있는 한국 사회 안팎의 복잡한 역사적 · 정치적 요인들을 모호하게 만들었다. 우리는 분단을 치유해야 할 우리 공동의 의무를 다하지 못했다.

우리는 교회가 분열을 조장하고 용납하는 것을 도왔으며, 사람과 사람, 국가와 국가 사이에 제국과 구조적 폭력을 인정하는 언어적이고 신학적인 틀을 제공했음을 고백한다. 현재 한국의 상황에서 상대의 후퇴를 전제 조건으로 하는 요구는 긴장과 분단의 고리를 영속하게 만들 뿐이다. 우리는 그리스도의 모범을 따라 제국과 전쟁의 지배적인 힘과 권력과 특권에 바탕을 둔 문화적 가치, 사회적 가정 및 성별 규범에 도전하며 평화를 추구할 것을 요청한다.

한반도 위기에 대한 평화적 해결은 오직 남북이 이제 다시 협상 테이블에 앉아 진정한 대화를 나눌 때 가능하다. 우리는 미국이 대화 테이블에 참여해 평화에 대한 희망을 굳건히 만들어 주기를 요청한다. 우리는 또한 중국, 러시아, 일본이 한반도 평화를 위해 협력하고 동북아시아 공동 평화 안보 체제를 구축해 줄 것을 요청한다.

우리는 침략과 암살 연습을 위해 군사훈련을 반복하고 핵 공격으로 상대를 위협하는 것은 평화를 향한 길을 가로막는 것이라고 선언한다. 한반도 또는 세계 어느 곳에서든 상대를 위협하기 위해 핵무기가 사용되는 한, 안정적인 평화 체제는 존재할 수 없다. 그러나 우리는 또한 세계의 어느 한쪽에서 핵무기를 합법적인 형태의 핵 억제력으로 여전히 받아들이는 한, 다른 쪽에서도 핵 위협에 대응하기 위해 불가피하게 동일한 핵 억제력을 획득하려고 한다는 것을 인정한다.

우리는 대화의 전제 조건으로서 비핵화를 주장하기보다는 비핵화를 향한 대화를 촉구하는 바이다. 현 상황에서 비핵화를 전제 조건으로 하는 것은 대화를 거의 불가능하게 만든다.

궁극적으로 우리는 최근 채택된 '핵무기 금지 조약(Treaty on Prohibition of Nuclear Weapons)에 제시된 대로 인간이 고안한 가장 파괴적이고 무차별적인 대량살상무기를 한반도뿐만 아니라 전 세계에서 완전히 제거할 수 있게 되기를 소망한다. 핵무기는 어떤 윤리적 관점에서 보아도 본질적으로 비난 받아 마땅하다. 북이 비핵화를 논의할 의지를 표한 데 대한 상호적인 대응으로서 남측 정부가 이 조약에 서명하는 것을 고려해 주기를 바란다.

우리는 또한 대북 추가 제재의 영향에 대해 깊은 우려를 표명한다. 이미 최고 강도로 이루어지고 있는 대북 제재 체제는 협상 복귀용이라는 명시된 목적에 어떤 긍정적 영향도 미치지 못했다.

또한 북의 핵무기 개발과 대륙간 탄도 미사일 성능을 막지도 못했다. 대북 인도주의적 접근은 면제 사항임에도 불구하고 제재 조치는 재난 구호 및 기타 인도적 목적을 위한 대북 지원을 방해했고, 북의 가장 가난하고 취약한 주민들에게 피해를 입혔다.

또한 이 지역의 긴장을 고조시키고 새로운 대화 구상을 위한 환경을 손상시키는 데 기여했다. 긴장 완화와 대화 및 인도적 접근의 증진을 위해 우리는 가장 최근의 가장 엄격한 대북 경제제재 조치를 중단할 것을 요구한다.

협의회를 통해 우리는 한반도에서의 또 다른 전쟁을 막고 긴장을 줄이며 대화를 촉진하기 위해 긴급히 협력해야 한다는 합의에 이르렀다. 그리고 한반도 평화 조약 체결은 한반도 비핵화와 평화적 공존을 위해 중대하고 시급한 사안이라는 데 합의했다.

우리는 한반도 분단 그리고 중단되었지만 해결되지 않은 전쟁 상태가 바로 현재 이 지역에서 진행되고 있는 군사 대결, 군비 경쟁 및 핵무기 확산의 근본 원인이자 근거라는 사실을 지적한다.

그러므로 우리는 긴장과 대립의 원천인 해결되지 않은 갈등과 분열을 제거해야 한다. 이를 위해 우리는 국가 안보라는 협소한 개념보다는 민중의 안보에 더 중점을 둔 대화를 요청하는 바이다.

한반도의 긴급한 위기를 인식하며 우리는 한반도 갈등에 관계된 국가들을 대화의 장으로 부르고, 갈등의 경계를 넘어 평화적이고 인간적인 관계를 형성하는 일에 협력해 줄 것을 세계 에큐메니칼 공동체에 촉구한다. 특별히 이 협의회에서 진행된 토론을 기반으로 작성된 액션 플랜을 이행해 주기를 요청한다.

에큐메니칼 공동체는 하나님의 평화와 정의는 모든 곳을 위한 정의 없이는 결코 어디에도 평화가 존재할 수 없다는 믿음에 기초한다고 확언한다. 실제로 세계평화는 한반도 평화 실현에 달려 있다. 88선언 이후 30년 동안 우리는 평화를 심기 위해 노력해 왔다. 누가복음 18장에 나온 인내하는 과부와 같이 우리는 인내의 열매인 희망을 외칠 수 있다. 우리 협의회에서는 이를 '치열한 인내'라고 표현했다.

바울은 갈라디아인들에게 보낸 편지에서 "낙심하지 말고 꾸준히 선을 행합시다. 꾸준히 계속하노라면 거둘 때가 올 것입니다"(갈 6:9)라고 권면했다. 우리는 현재 우리가 마주한 정치적 사건들을 카이로스적 순간으로서 인식한다. 우리는 하나님의 은혜와 함께 가능성의 끝자리에 서 있다. 우리는 한반도 평화를 위한 시간이 바로 지금임을 선언한다.

2018년 3월 7일
'88선언' 30주년 기념 국제협의회 참가자 일동

남북나눔재단을 통한 대북 지원 사업에 대한 분석 연구*

이승열 · 엄상현

I. 들어가는 말

올해 2024년은 6.25한국전쟁이 휴전된 지 71년이 된 해다. 성경에 나타난 이스라엘의 바벨론 포로 생활 70년이 지난 후에 이스라엘로 포로 생활이 끝나고 귀환하는 역사가 일어났고, 무너진 예루살렘 성전이 재건되는 역사가 있었다. 역사가 똑같이 반복되거나 똑같은 상황으로 전개되는 것은 아니지만, 기독교적 입장에서는 전 세계의 유일한 분단국가로 존재해 왔고, 전쟁이 완전히 종식되지 않은 채 휴전의 상태로 70년을 지내왔기 때문에 이제는 종전 선언을 하고 상호 불가침조약을 맺으며 평화협정을 맺어야 할 필요가 있다고 많은

* 이 글은 이승열 박사(한국기독교사회봉사연구소장)와 엄상현 박사(수동감리교회)의 공동연구과제임.

사람이 주장해 왔다.

그것도 주변 4대 강국인 미국, 일본, 중국, 러시아와의 이해와 협조 그리고 양해하에 극동아시아의 평화와 세계평화를 위해서도 바람직한 제언이 아닐 수 없다. 그럼에도 불구하고 평화통일을 위해서 노력해 온 기독교계나 타 종교의 평화운동가 그리고 시민운동가들의 주장은 집권 여당의 친일적 극우 성향과 보수정치권과 보수 세력들의 한미일 군사동맹에 대한 옹호 입장과 극단적인 반공이데올로기적 입장 때문에 여전히 전쟁도 불사하고 선제공격까지 가능하다고 말하는 입장이고, 북한을 주적 개념으로 다시 확인하는 정책 때문에 북한 정권은 최근(2023년 12월 말) "더 이상 대한민국의 국민을 동족으로 생각지 않으며, 통일은 불가능하다고 판단하며, 전쟁도 불사한다"는 강경한 입장을 발표한 바가 있다.

새해 연초부터 서해안의 사격 연습이라는 명목으로 수백 발의 포사격과 맞대응 사격이 며칠 동안 이어져 군사적 긴장이 더했다. 그리하여 '한반도의 평화통일의 길이 여전히 멀고 험한 길을 가야 하는가?'라는 염려를 하지 않을 수 없는 상황이 되었다. 또한 전 세계가 한반도의 군사적 긴장과 상황을 예의주시하고 있으며 향후 어떻게 될는지 염려하게 만들고 있다. 현재 중동과 유럽에서는 우크라이나-러시아 간의 전쟁이 3년째 계속되고 있고, 이스라엘-팔레스타인 간 전쟁이 발발하여 팔레스타인 지역의 가자지구 주민들의 사상자 발생 과 파괴 사태가 계속되어 민간인 피해와 살상이 비인권적이라는 전 세계의 분노를 사고 있다.

그리하여 새롭게 각성하여야 할 것이 바로 한반도에서의 전쟁은 결코 절대로 일어나서는 안 되며, 대화와 평화적인 방법으로 갈등의 문제를 풀며, 한민족의 동질성 확인과 그간의 분단으로 인해 생긴 다양한 이질성을 지혜롭게 극복하면서 평화통일의 목표로 나아가야 할 과제가 우리 모두, 남북 모두에게 있는 것이다. 그러기 위해서 기독교의 입장에서는 사상적 대립이나 논쟁, 군사적인 우위 점거와 위협과 대립, 정치적 술수와 외교전을 통한 명분 쌓기와 우위 점거가 아니라 함께 더불어 상생하며 더 잘 살고 더욱 평화적인 동반 성장을 이루면서 평화적인 통일의 때를 기다리고 상호 존중하며 협력적 관계를 유지해 가야 할 지혜와 방법이 필요한 것이다.

그렇게 하기 위해서는 기독교적 입장과 성경적 근거로 볼 때 가장 중요하고 우선적인 방법과 태도는 디아코니아이며, 섬기고 나누는 자세일 것이다. 이 디아코니아의 정신을 새롭게 설명할 필요는 없을 것이다. (사)남북나눔재단의 20여 년 동안의 디아코니아 사역을 분석하고 정리하면 그곳에 답이 있다는 것도 확인이 될 것이고, 결코 중단되지 않고 계속되며 지속되어야 할 중요한 의미와 가치가 있다는 것을 확인하게 될 것이다.

작금에 남북관계가 현 정권에 의하여 관계가 더욱 악화되었고, 모처럼 좋은 평화적 관계가 유지되어 왔던 모든 수고가 무효화되고 말았다는 점이 너무나도 아쉬운 부분이 아닐 수 없다. 역사를 되돌이키고 회복시키기는 너무나도 어려운 일이다. 그러나 미래적으로 조금이라도 실수를 줄이고 최선의 대책을 강구하고 효과적인 정치와 정책을 수립하기 위해서는 역사를 되돌아보고 반성하며 지혜를 얻는 길이 중요하다.

엄상현 목사의 실천신학대학원대학교 박사학위(Ph.D)논문은 한국기독교교회협의회(NCCK)를 중심으로 한 평화통일운동에 대한 디아코니아신학적 성찰에 대한 논문이다. 이 논문 안에 일부 포함되고 있는 주요 인사들의 실천적인 디아코니아 사역 중에 홍정길 목사의 (사)남북나눔재단의 대북 구호 사업과 NCCK의 화해통일위원회를 중심으로 하고 여러 회원 교단의 협력을 통해서 이루어진 대북 구호 사업의 실천적인 사업 내용을 정리하고 분석함으로써, 이론과 실천의 내용을 모두 담아내고 남북 평화통일의 목표를 위한 하나의 방법과 정책으로서 너무나도 중요한 의미와 가치가 있다는 점을 증명하는 준거로 삼고자 하는 것이다.

II. (사)남북나눔재단의 대북 지원 사업 설립의 역사적 배경, 동기, 목적, 원칙 및 자세

1. 역사적 배경

1960~70년대 한국교회는 민주화와 인권운동에 앞장서 왔다. 특히 1972년 유신정권 출범 이후 많은 목회자가 고난을 받았으며 감옥에 투옥되었다. 그리하여 1970년대 민주화운동과 인권운동에

대한 정권의 대응 논리는 단연코 안보가 제일이었다. 이 안보 논리에 많은 국민이 호응했고 대부분의 교회도 수용하는 분위기였다. 그러나 5.18광주민주화운동을 계기로 진보적인 한국교회는 분단 상황에 대한 반성과 성찰이 일기 시작했으며, 정권이 내세우는 안보 논리의 근거가 바로 분단 상황에 있다는 것을 깨닫게 되었고, 그 논리에 대한 근본적인 대응책은 바로 통일운동이라는 점을 깨닫게 되었다.

그리하여 한국기독교교회협의회(NCCK)와 진보 교회 진영에서는 통일에 관심을 가지고 주목하기 시작했다. 그 이후 독일교회협의회 (EKD)와 미국교회협의회(NCCA)가 북한을 방문하고, 한국교회에 통일 문제에 대한 주의를 환기시켰으며, 1984년 일본 도잔소에서 세계교회협의회(WCC)가 개최한 국제회의인 '도잔소 회의'를 통해서 한반도 통일 문제는 남북한 교회의 공동책임이라는 중요한 결의를 도출해 내었다. 이어서 1985년 NCCK에서 "한국교회 평화통일선언" 을 채택하고 발표하게 되었다.

이후 1986년(남북의 대표가 최초로 만난 공식적인 자리), 1988년(앞서 "민족의 통일과 평화에 대한 한국기독교회 선언"이 발표됨), 1990년 스위스 글리온에서 남북 교회가 만나 한반도 평화와 통일 문제를 협의하는 국제회의(글리온회의)가 세 차례에 걸쳐 개최되었다. NCCK통일 선언은 과거 7.4남북공동성명(1972)의 자주, 평화, 민족 대단결의 3원칙을 존중하면서도 여기에 인도주의와 민주주의의 두 가지 원칙을 추가했다.

이 통일 선언은 남북의 정권이 배타적으로 독점해 온 민족 평화와 통일 문제를 민중운동 영역으로 이끌어 내는 역할을 했다는 점에서 큰 의미를 가지고 있다. 이런 흐름 속에 1988년 7월 7일 노태우 정부의 '7.7선언'이 발표되었다. 이 선언이 NCCK의 통일 선언의 영향을 받았다는 사실로써 NCCK통일선언의 선구적 역사적 의미를 더해주는 것이다.

2. 남북나눔재단의 설립과 초대 사무총장 홍정길 목사의 참여

남북나눔운동의 시발점은 1992년 1월 당시 NCCK 총무 권호경 목사의 북한 방문에 있었다고 할 수 있다. 권호경 목사가 북한을 방문하여 김일성 주석을 만난 자리에서 남북 기독교의 교류와 협력에 관한 대화를 나눈 것이 가장 기초적인 원인이 된 것이다. 그 이후 남북나눔운동은 1992년 11월 6일, 13일, 20일에 실무 모임과 준비위원회를 열었고, 그해 12월 8일 남서울교회에서 창립 준비 및 발기인대회를 열었다. '남북나눔'이라는 이름도 실제로 대북 지원(돕기)이었지만 상대를 배려해서 돕기가 아닌 '나눔'으로 한 것이다.

남북나눔재단의 초대 사무총장을 맡아서 20년간을 수고한 홍정길 목사는 자신이 사무총장을 맡게 된 역사적인 배경을 다음과 같이 밝히고 있다. 그는 남북나눔운동이 시작되기 전인 1990년대 초반에 전화 한 통을 받았다고 한다. 당시만 해도 남북한 민간 교류는 상상도 할 수 없는 때였는데, 정부는 한국교회가 주도하는 통일운동을 예의주시하고 있었다는 것이다. 더구나 진보와 보수를 아우르는 범기독교계에서 뜻을 모아 남북 화해와 평화를 위한 비정부기구를 설립한다고 하니 당국으로서는 그 행보와 향후 파장에 촉각을 곤두세우지 않을 수가 없었다는 것이다.

진보와 보수 기독교계가 하나가 되어 설립을 추진해 나가던 남북 나눔운동은 사무총장으로 교계 인사 한 분이 이미 내정되어 있는 상태였는데, 당시의 사회 분위기를 반영하듯 주변의 만류로 사임 의사를 밝히고 물러나게 되었다. 그래서 갑작스럽게 설립 준비 모임에서 홍정길 목사의 이름이 거명되었고 양측 모두 반대가 없었기 때문에 맡게 되었다는 것이다. 그것도 본인은 맡을 생각도 없었고 능력도 안 된다고 생각했기 때문에 "그저 기도해보겠습니다"라는 정도로 대답할 수밖에 없었고 딱 잘라서 거절하지 못해 그렇게 한 것인데, 모 정보기관으로부터 전화 한 통을 받았고, 안 맡는 것이 좋겠다는 의견이 은근한 압력과 협박으로 느껴져 도리어 이 일을 맡아야겠다는 생각이 들었다는 것이었다. 목사로서 하나님이 기뻐하시는 일을 하는 것이 마땅하고 사람의 눈치를 보고 안 할 수는 없는 일이라고 생각한 것이었다. 다른 일도 아니고 굶어 죽어가는 북한 동포를 살리는 일이었기 때문에 목사인 자신이 '어떻게 손 놓고 아무 일도 하지 않을 수 있었겠는가' 생각한 것이었다. 처음에는 급한 대로 1년 정도만 맡았다가 다른 적임자에게 자리를 넘겨주고 물러날 생각을 했었다고 한다.

홍정길 목사는 1965년 24세 때 예수 그리스도를 영접한 후 앞으로 어디에 헌신해야 하는지 고민했는데, 민족 복음화를 위해서 한국대학생선교회(CCC)에서 총무로 헌신하게 되었다. 그는 한국교회 부흥과 민족 복음화 운동 학생 선교 운동에 총력을 기울였는데, 1985년경 한국의 기독교인이 천만 명이 되고 교회가 5만 9천 개가 세워지는 축복을 목도하게 되어, 당시 복음화가 이루어지게 되면 그다음에 자신은 어디로 가야 하는지를 고민했다고 한다.

그때 민주화와 통일 문제가 눈에 들어오기 시작했으며, 그 길이 바로 예수께서 가신 길이며 사도들이 살았던 길이라고 생각해서 자신도 그 길을 따르겠다고 결심했다는 것이다. 민주화와 통일은 진보 기독교 세력만으로는 이룰 수 없는 것이었기에 특히 통일은 이 땅에 온전한 민주주의를 완성시키는 공통의 목표로서 보수와 진보가 한데 만나 어우러질 수 있는 과제라고 여겼던 것이다.

그리하여 1988년부터 한국교회가 공개적으로 통일 문제를 이야기할 때 관심을 갖게 된 것이 자연스럽고도 당연한 귀결이었다고 회고하고 있다. 즉, 남북 화해와 통일 문제는 예수님을 따르는 제자의 길에서 자연스럽게 다다를 귀착지였다고 그는 확신하고 있었던 것이다.

홍정길 목사의 이러한 생각은 자연스럽게 다음 단계에서 하나님의 섭리와 역사 가운데 연결되고 있었다. 1992년 새해 벽두에 북한의 조선그리스도연맹(조그련)의 초청을 받아서 한국기독교교회협의회(NCCK) 총무 권호경 목사가 북한을 방문하게 되었다. 권호경 목사가 김일성 주석을 만나 남북한기독교 교류와 선교 협력에 관해 논의하고 돌아왔는데, 중심 내용은 "다른 민간단체는 할 수 없지만, 남북의 교회가 서로 교류하며 통일 문제를 논의하자. 한쪽이 일방적으로 도움을 주고 상대는 받는 구조가 아니라 서로 좋은 것을 나누자"라는 것이었다. 그때부터 보수와 진보를 아우르는 범기독교계가 통일을 놓고 기도하는 기도회를 열기 시작했다는 것이다.

홍정길 목사의 회고에 의하면, "한국의 진보 기독교계는 아이디어와 기획력이 좋고 선언문을 잘 만드는 등 장점이 많다. 다만 이를 실현할 재정적 헌신과 모금이 충분히 받쳐 주지 못하는 점이 아쉽다. 보수 기독교계는 재정 모금에 적극적이고 능력도 있으며, 꾸준히 헌신한다는 장점이 있다. 그러나 대북관계에 인적 연결 고리가 없었다. 그런 점에서 남북 교류는 한국의 진보와 보수 기독교계의 장점이 어우러져 시너지를 낼 수 있는 좋은 기회가 아닐 수 없었다"라는 것이었다. 즉, 진보 기독교가 남북나눔운동의 기초를 놓았다면 열린 보수 교회의 활력과 헌신이 있었기에 이런 사역이 이루어지게 된 것이라고 보는 것이었다.

김대중 정부부터 '햇볕정책'의 영향으로 일정 자격만 갖추면 정부는 대북 지원을 할 수 있게 해주었다. 민간의 대북 지원 조건과 여건이 많이 완화된 것이다. 그때부터 대북 지원은 각 단체별로 대북 지원 사업자로 등록되어 있는 상태로 있었다. 그때 정부는 기독교 단체가 많으니 단일 연합체를 만들어 제안해 오면 승인하겠다고 해서 월드비전과 기아대책기구 그리고 굿네이버스를 비롯한 여덟 개 단체와 열네 개 교단이 연합하여 대북 지원 단체를 만들었는데, 그 단체가 바로 '한국기독교북한동포후원연합회'이다.

당시 이 단체의 상임대표로 예수교장로회 통합과 합동 측 총회장과 감리교 감독회장이 공동으로 맡았고, 홍정길 목사가 사무총장을 맡았다. 그 이후 북한을 지원하는 모든 기독교계 지원 물품은 '후원연합회'의 이름으로 보내고 조선그리스도교연맹(조그련)으로 보내는 물자를 통일부에서 후원연합회 이름으로 승인을 해주어서 보내게 된 것이다.

그런데 남북나눔이라는 이름에는 일방적으로 남한이 북한에 시혜를 베푸는 것이 아니라 "남북이 서로 나눈다"는 것이 남북나눔운동의 기본 취지요 정신이다. 이러한 정신에 따라서 북한에 지원 물자를 보내기도 했지만 북한의 물품을 남한으로 들여오기도 했는데, 그것이 북한의 신덕샘물이었다. 이 생수는 미8군 관계자나 가족들에게만 배달되었는데, 북한산 생수를 수입하여 '다이아몬드생수'나 '크리스탈'이라는 브랜드를 붙여서 사용했으며, 원래는 동화은행의 각 지점을 통해서 소비하려고 했다는 것이다. 동화은행은 노태우 대통령 시절 북에 고향을 두고 내려온 실향민들의 표를 의식해서 만든 은행인데, 주주들이 이북5도 소속 실향민들이었고, 고향을 돕고 재테크도 한다는 차원에서 이 은행을 이용했기 때문이었다.

그러나 결과적으로는 이북5도청에서는 긍정적인 답변을 들었지만, 보건복지부 음용수과에서는 허락이 되지 않아 무산되고 말았다. 또다시 함경북도의 수성천의 모래를 수입하려는 계획도 있었으나 모래를 실은 바지선이 동해의 해상 경계를 넘어오는 것도 문제였고, 모래를 채취할 장비와 운반 기구 모두가 정부의 허가와 해결되어야 할 과제였고 또한 바닷물의 염분이 섞여 있었기 때문에 무산되고 말았다.

남북나눔재단이 설립된 것은 1993년 4월 27일이다. 설립 당시 상황은 지원할 품목도 물자를 넘겨줄 북한 측 파트너도 정해진 것이 아무것도 없는 상태였다. 그럼에도 불구하고 앞뒤 형편을 가리지 않고 대북 지원 사업을 결정하고 계획하고 이러한 재단까지 만들어서 사업을 해야만 한다고 생각하고 일을 벌이게 된 것은 바로 북한에서의 식량난으로 인해 일어난 고난의 행군 기간에 벌어진 북한 동포들의 수많은 아사자 발생과 배고픔, 영양결핍 사태였다고 할 수 있다. 이 고난의 행군은 1996년부터 1999년까지로 보지만, 실제로는 1994년부터 시작되었다고 볼 수 있다.

북한은 1994년 7월 8일 김일성 주석의 사망으로 인한 내부적 충격과 연이어 닥친 대홍수 등 자연재해로 인해 식량 위기가 발생하였고, 외환난, 에너지난 등 총체적인 경제위기에 직면하게 되어서 극심한 식량난에 처하게 되었다. 당시 북한은 국제기구를 비롯해서 우리나라, 중국, 미국 등에 식량 지원을 요청하는 한편, 내부적으로는 항일투쟁 시기의 혁명 정신으로 위기를 타개하고자 했는데, 공식적으로 1996년을 '고난의 행군'의 해로 정하고 난관을 스스로 이겨내려는 의지를 드러내었다. 이 식량 위기 당시 아사자가 300만 명이나 된다고 추정된다. 그렇다면 죽지는 않았지만 배고픔으로 인해 신체적 정신적 장애와 문제 또한 심각한 정도였을 것이다.

그런데 이러한 식량난의 사태가 그 이전부터 발생하여 특별히 어린아이와 노약자들의 영양 상태가 심각하다고 알려졌다. 그런데 생후 24개월 이내의 영유아들은 제대로 영양 공급을 받지 못하면 지적 장애와 육체적 장애가 발생하기 때문에 이들을 돕지 않으면 훗날 북한의 주민들은 재앙적인 사태가 되며, 나아가 통일 한국의 미래를 생각해도 재앙이라는 판단에 우유를 보내는 사업이 우선적으로 시작된 것이었다.

3. 남북나눔운동의 목적

홍정길 목사는 남북나눔운동의 목적을 두 가지로 설명하고 있다. 첫째는 북한의 어린아이들에게 어떻게든 우유를 주기 위한 목적이고, 둘째는 북한 주민들에게 실질적으로 도움을 주기 위한 것이다.

그러나 우리 사회와 교회에는 대북 지원을 부정적으로 보는 시각이 있다는 점을 잘 알고 있었다. 그들은 북에 식량이나 의약품을 지원하면 그것이 북한 정권을 더 살려주는 일이 된다며 비판했고, 북한 체제를 속히 무너지게 하려면 그들을 돕기보다는 오히려 물자를 봉쇄하는 것이 더 빠른 방법이라고 말한다는 것이다. 북한에 대한 인도주의적 지원이 결국 북한 공산당 체제를 지속하게 돕는 것이라고 주장하는 것이다. 논리적으로는 맞는 말일 수도 있다. 그러나 주님이 기뻐하시는 방법이 아니라고 생각한 것이다.

홍정길 목사는 북의 실상을 알고서도 남북 화해와 평화통일을 생각하지 않는 것은 잔인한 일이라고 생각했다. 저들을 껴안고 10년, 20년 씨름하면 된다고 본 것이다. 특히 그리스도인들이 저들을 껴안는 것이 중요하다고 보았다. 통일을 위해서는 지속적으로 네 가지가 선행되어야 한다고 보았다. 첫째는 북한 동포를 사랑하는 것이다. 둘째로 북의 어린아이들을 위한 투자를 계속해 나가야 한다. 셋째로 남북 교류를 계속 이어 가야 한다. 넷째로 중립지대로서 피난처가 마련되어야 한다고 생각했다.

4. 남북나눔운동의 원칙

남북나눔재단의 대북 지원 사업에 있어서 다음과 같은 중요 원칙들이 있었다.

(1) 대북 지원 사업의 파트너(조선그리스도교연맹)원칙

첫 번째가 대북 지원 사업의 파트너로 가능한 한 조선그리스도교연맹(조그련)으로 물품을 보낸다는 것이었다. 남한의 대북민간지원단체협의체(북민협)에 속한 여러 단체는 다른 북측 기관이나 단체를 파트너로 정하고 다양한 채널을 이용하였지만, 남북나눔재단이 조그련을 유일한 상대로 정하고 협력해 온 것은 후원자 대다수가 그리스도인들이었기 때문이었다. 그리스도와 교회의 이름으로 모금해서 지원하는 물자를 북한의 기독교 단체에 보내는 것이 당연하다고 본 것이다.

물론 북한의 교회가 진짜냐, 가짜냐 하는 논란이 있었던 것은 사실이고 오늘날도 마찬가지일 것이다. 그러나 진위 여부를 판단하느라 죽어가는 강도 만난 자를 그대로 내버려둘 수는 없는 일이며, 성경에 "나의 기뻐하는 금식은… 주린 자에게 네 식물을 나누어 주며 유리하는 빈민을 네 집에 들이며 벗은 자를 보면 입히며"(사 58:6-7)라는 말씀대로 그리스도의 사랑으로 인내하고 섬기면서 중단 없이 노력해야 한다는 생각이 중요한 기준이 되었던 것이다.

남북나눔재단이 대북 지원 민간 단체 가운데 남북 당국 양쪽으로부터 신뢰를 받아 온 이유를 홍정길 목사의 일관된 원칙을 고수해 온 것이라고 자체적으로 평가하고 있다.

(2) 현금지원불가원칙

주택사업뿐만 아니라 모든 면에서 현금 지원이 아닌 현물 지원을 하는 것이 대원칙이었다. 중국의 어떤 도시가 물가가 싼지 구매가와 수송비와 품질을 비교한 후 건축 자재를 직접 사서 보냈다. 더욱이 물량의 수도 직접 검수해서 컨테이너에 몇 개를 실을 수 있는지 알고 있었으므로 설계도에 표시된 대로 컴퓨터로 산출하여 물자를 챙겨 보냈던 것이다. 그래서 북측의 불만의 소리도 있었다.

(3) 최소 대답의 원칙

대북관계에서 홍정길 목사는 결코 큰소리치는 식으로 일해서는 안 된다고 강조했다. 정말 감당할 수 있는 일에 대해서만 할 수 있다고 말해야 한다고 강조했던 것이다. 이것도 저것도 할 수 있다고 큰소리치는 것은 신뢰를 잃는 것이고 지원 사업에 대하여 언론에 떠들지 말고 "오른손이 한 것을 왼손이 모르게 하라"는 성경의 가르침대로 하라고 강조하여 남북나눔재단의 대북 지원 사업이 매스컴을 타는 일은 없었다. 신뢰를 쌓는 일이 매우 중요했고 신뢰 관계는 쉽게, 빨리 맺어지지 않고 오랜 시간이 걸린다고 보았던 것이다.

(4) 눈높이로 소통하는 원칙

실무자들이 수십 차례 북한을 방문하였고, 북측 실무자들과도 정이 들고 친하게 되었지만, 북한의 체제에 관한 이야기는 결코 하지 않았다는 것이다. 자본주의 사회에서의 생활 습관이나 문화적 눈높이로가 아니라 북한의 삶의 현 체제와 생활 습관을 그대로 인정해 주고, 비판이나 일방적 주장이나 남한과 서구 사회의 삶을 기준으로 평가하지 않는다는 점이었다. 즉, 그들의 자존심을 인정해 주고 지켜 주는 것이었다.

(5) 인내하는 원칙

모든 일에는 실수가 있을 수도 있고 불량품과 같은 물품이 섞여 있을 수도 있는데, 이런 점에 대한 저들의 문제 제기하는 태도에 대해서 못마땅하더라도 인내해야 하고 이해해 주어야 한다는 것이었다. 고마워하는 태도나 표현이 잘되지 않는 점에 대해서도 마찬가지였을 것이다. 도와주는 사업을 하다 보면 주는 쪽에서 시혜를 베풀어 주는 자로서의 교만함이 언어나 행동으로 나타날 수 있기 때문에 섬김의 자세를 인내하며 유지하는 것이 매우 중요한 점이다.

(6) 일체 홍보를 의도적으로 하지 않는다는 원칙

다른 단체와 비교할 때 인적 시스템과 구조를 잘 만들지 못했다는 성찰이 있다. 게다가 외부에 제대로 알린 적도 없다고 한다. 그러나 아쉽게 생각하지 않고 있다. 그저 하나님께서 열어 주시는 기회만큼, 허락하시는 일만큼 욕심부리지 말고 진실되게 하자는 것이 남북나눔운동이 지켜 온 중요한 원칙이었다고 고백하고 있다. 외부에 홍보를 잘해야 후원금도 많이 모이는 것이 아니겠느냐는 말에, 일리 있는 이야기이지만 애초에 일을 시작할 때 그렇게 하지 않기로 했다는 것이다. 순금은 도금할 필요가 없다. 도금하면 그건 이미 가짜라는 것이다. 일하다가 재정을 하나님이 채워주시지 않으면 그걸로 그만하라는 줄로 알고 그만둘 생각이었다는 것이다. 그런데 그런 일이 없었다는 것이다.

(7) 종합백화점식으로 폭넓게 많이 벌이지 않는다는 원칙

그리고 남북나눔운동은 통일과 대북 지원 사업에 있어서 무슨 일이든지 하나에 집중해야지 한꺼번에 많이 하면 하나도 안 될 수가 있기 때문이었다. 예를 들면 대북 지원 사업 외에 연구 프로젝트나 교육 사업 등 몇 개 분야를 확장할 수도 있었지만 그렇게 하지 않았고, 연구 모임이 있었지만 전문화할 필요가 있어서 독립 연구기관으로 분립되어 나간 것이다. 그것이 한반도평화연구원(KPI, Korea Peace Institute)이다. 그리고 교육 분야로는 통일교육문화원으로 만들어서 내보냈다는 것이다.

일반적으로 NGO 단체들이 모금을 하면 그 사업에 필요한 비용이 인건비, 홍보비, 사무실 운영비 등으로 많이 나가는 형편이다. 그래서 실제로 법인 단체의 행정비를 법적으로 얼마까지 쓸 수 있도록 정해주고 있다. 그런데 남북나눔운동은 처음부터 대북 지원을 위해서 모금한 돈은 거의 100%를 목적한 일 자체에만 쓰도록 원칙을 정하고 고수하였다. 운영비는 별도 후원금으로 사용했다. 이는 신뢰를 받는 데 있어서 매우 중요한 요소이기도 하다.

(8) 인도주의 원칙

남북나눔운동을 이끌었던 홍정길 목사는 지난 20년 동안 대북 지원 사업을 진행해 오면서 순수한 인도주의적 원칙에 따라서 사업을 펼쳐 왔다. 어떤 정치적 지향이나 이데올로기를 따르지 않았다는 점이 가장 중요한 원칙이었던 것으로 보인다. 남한 정부도 북의 정부도 일체 정치적 발언으로 비난하지 않고 자제했다는 것이다. 그 원인은 자신이 문제가 된다면 북의 어린이 한 명이라도 더 살릴 가능성이 줄어들기 때문이라고 생각한 것이다. 오로지 봉사적 목적을 더 효과적으로 달성하기 위한 것이었다.

(9) 한국기독교북한동포후원연합회의 원칙

과거 김영삼 정부는 한국기독교북한동포후원연합회를 통해 최초로 민간 차원에서의 대북 지원 사업을 허락하면서 조건부 원칙으로 세 가지를 제시했다. "첫째, 대북 지원 관련 모금은 단체 내에서 해야 한다. 둘째, 옥외(길거리) 모금은 불허한다. 셋째, 대북 지원은 국제적 십자사를 통한 간접 지원만 가능하다"라고 한 것이었다. 그러나 기독 교계의 북한동포후원연합회는 이런 원칙을 만들어 준수했다. "첫째, 대북 지원에 한국교회가 모두 함께 참여한다. 둘째, 적십자사를 통하지 않고 교회가 직접 지원한다. 셋째, 지원 대상은 조선그리스도교연맹으로 한다." 그러나 실제로는 김영삼 정부의 대북 지원 정책에 따라서 식량을 적십자사에 기증하는 형식으로 전하여 적십자사를 통해서 보낼 수밖에 없었다.

5. 통일을 준비하는 남북나눔운동의 자세

남북나눔운동을 이끌어 온 홍정길 목사는 통일을 준비하는 세 가지 자세를 중요하게 생각해 왔다. 즉, 통일에 대하여 이상주의에 빠지면 안 되기 때문에, 첫째로 무슨 일이 있어도 어린아이들을 계속 먹여야 한다는 것이었다. 아주 기본적인 인도주의적 지원 하나로도 많이 싸워야 했지만, 적대적 대결 상황으로 남북관계가 악화되기 전까지는 지원이 끊긴 적이 없었다. 둘째로 북녘땅을 떠나온 이주민을 어떻게 섬길 것인지 구체적으로 고민하고 실행해야 한다는 것이었다. 해외에 있는 북녘 동포들과 이주민들은 한국교회에 주신 하나님의 숙제라고 여겼다. 셋째는 남북 민간 교류가 계속되어야 한다는 점이다. 서로 만나야 한다는 것이었다.

남북 민간 교류를 계속해 가면 그 사람들이 더 충격을 받는다.

북한 당국이 남북 간 교류 일선에 있는 사람들을 계속 교체하는 것은 그 때문이었다. 그런데 사람이 바뀌면 우리는 새로운 사람들을 계속 만나게 되니 더 좋은 일이라 생각했다. 흔히 북에 급변 사태가 발생하면 남한이 북을 흡수 통일할 수 있을 것으로 생각하지만 이는 현실적으로 불가능한 일이라 생각했다. 분단과 전쟁 경험으로 남북이 서로 적으로 인식하는 상황에서 민간 교류는 북한 주민들의 인식을 바꿀 수 있는 소중한 기회라고 생각한 것이다. 우리끼리 서로 좋은 관계를 쌓아 나가지 않으면 통일은 실질적으로 올 수 없다고 생각하며 북한이 같은 동포라는 국민적 동의와 결의가 선행되어야 한다고 생각했다.

III. 남북나눔재단의 대북 지원 사업의 단계별 사업의 내용과 성과

기본적으로 우리 정부는 대북 지원 사업에 있어서 북한 현지에서 어떻게 배분되는지에 대한 정확한 기록과 확인을 요청하고 있는데, 문제는 북한에서는 그런 요구에 대해 협조가 제대로 되지 않는 경향이 있고, 그런 조건이라면 아예 받지 않겠다는 입장도 있어서 민간 차원에서의 지원 사업이 잘 이루어지지 못하고 있는 원인이 되기도 했다.

2010년 3월 26일에 발생한 천안함 사건 이후 정부는 '5.24조치'를 발표했다. 이 조치는 북한에 주지도 말고, 만나지도 말고, 가지도 말고, 투자하지도 말라는 의미였다. 하지만 여기에 예외가 있었는데,

영유아가 먹거나 쓰는 우유, 두유, 이유식, 기저귀 같은 것은 보내도 좋다는 것이었다. 그러나 영유아 용품을 보내는 데 해상 여건이 여의치 않았다고 한다.

왜냐하면 전에는 매주 한 차례씩 컨테이너를 싣고 다니는 정기선이 있었으나 5.24조치 이후에는 물동량이 없어지면서 부정기 운행을 몇 차례 하다가 결국에는 2012년에 폐선이 되고 말았기 때문이다. 그래서 중국의 대련(다롄)이나 단동에서 북한 남포로 들어가는 배를 이용하거나 육로로 압록강을 건너가야 했다. 가장 좋은 방법은 경의선 육로로 휴전선을 통해서 보내는 것인데, 제일 쉽고 비용도 훨씬 절감되고 시간도 상당히 단축되기 때문이다.

1) 식량 지원 사업

남북나눔운동 초기인 1995년 6월경 복음주의 4인방으로 불리는 홍정길, 옥한흠, 이동원, 하용조 목사 네 분이 나서서 북한에 쌀 5만 톤을 지원하겠다는 계획을 세우고 추진하였다. 북경에 가서 북한의 관계자들을 만나서 교섭하였다. 그러나 당시 정부의 실무자들이 같은 시기에 북경에 와서 북측 실무자들을 만나서 식량 지원 사업을 논의하던 중이어서 민간단체가 앞서가는 것이 바람직하지 않다는 판단에 이 계획은 무산되고 말았다. 그러나 이러한 시도와 계획 자체 또한 중요한 의미가 있다고 할 것이다.

남북나눔재단이 공식적으로 대북 지원 사업을 하기 전에 맨 처음으로 지원한 물품은 바로 쌀이었다. 처음에는 무조건 쌀을 북한에 보내기만 하면 된다는 생각이었으나 나중에는 쌀을 밀가루로 바꾸었다. 왜냐하면 쌀 한 포대 살 돈으로 밀가루는 한 포대 하고 3분의 2를 더 살 수 있었기 때문이었다. 게다가 쌀은 허가제인 반면에 밀가루는 쉽게 보낼 수가 있었기 때문이었다.

2) 평창 감자 지원 사업

남북나눔재단에서 대북 지원 사업을 시작한 뒤 최초로 북한에 지원하게 된 것은 평창의 감자 1,650톤이었다. 이 지원 사업은 김영삼 대통령이 적십자사를 통해서 공식적으로 대북 지원 창구로 삼아 보낼 수가 있었다. 1996년 9월 강릉에 북한 잠수함이 침투한 사건이 발생했는데, 그 사건으로 인해 관광객들이 오지 않게 되었다. 그때가 감자 수확기였는데, 관광객이 끊겨 휴게소나 여행지 등에서 감자를 박스째 사가던 손님이 끊겨서 감자가 소비되지 않고 썩어가고 있었다.

이때 평창군수의 감자 소비를 위해 도와달라는 말에 아이디어를 얻어서 결정하게 되었고, 홍정길 목사와 김명혁 목사가 평창군으로 달려가서 감자 1,650톤을 구매하여 북한으로 보내는 수송 작전을 벌였으며 25톤 트럭 수십 대로 실어 나른 감자를 인천항에서 선적하여 남포항으로 보낼 수가 있었다.

3) 우유와 밀가루 지원 사업

우유는 가루우유, 즉 분유를 보냈다. 분유에는 전지분유와 탈지분유가 있는데, 지방분이 제거되지 않은 전지분유는 안 먹던 사람이 먹으면 배탈이 나고 탈지분유는 입에 달라붙기는 해도 배탈이 나지 않기 때문에 탈지분유를 보냈다는 것이다. 액체 우유는 유통기한이 길지 않고 우유갑에는 남한의 상표가 붙어 있어서 북에서 싫어하기 때문에 무조건 식량(쌀)을 달라는 북의 요구에 밀가루와 함께 우유를 배편으로 보내기 시작한 것이었다.

4) 결핵 환자들을 위한 결핵 검진용 차량 지원 사업

홍정길 목사는 연세대학교 세브란스병원 국제진료센터 소장으로 섬기고 있던 인요한 박사로부터 현재 북한에 결핵 환자가 급증하고 있어서 결핵 환자 실태를 파악하고 돕기 위해서는 결핵 검진 차량 제공이 급선무로 필요하다는 말을 듣게 된 것이다. 인요한 박사는 그의 외증조부 유진 벨 선교사가 의료 선교사로 와서 수고했고, 조부인 윌리엄 린튼 박사 또한 의료 선교와 교육 선교에 힘썼던 선교사 집안의 사람이었다. 4.5톤 트럭을 사서 개조하여 엑스레이 촬영 장치와 제너레이터(발전기)를 장착하고 엑스레이 필름 2만 장과 현상액, 교체용 타이어(북한 측이 요구로 수입한 미쉐린타이어)를 준비하여 인천항을 통해서 보내주었다.

5) 의류 지원 사업

의류 지원 사업은 대북 지원 사업이 본격화되기 이전이었는데, 북한에 옷을 직접 보낼 수가 없었던 상황이어서 중국 천진에 있는 위생국에 기증하고 위생국에서 다시 북한으로 보내주는 과정을 거쳐서 보낼 수가 있었다. 옷의 양도 많아서 대량으로 보냈다.

6) 조생종 봄보리 씨앗 지원 사업

조생종 봄보리 씨앗 지원 사업은 홍종길 목사가 재미 농학자 김필주 박사가 유엔 산하 기구에서 조생종 봄보리 씨앗을 북한에 이미 제공한 일이 있었다는 이야기를 들은 후 후원연합회 사업으로 추진되었다. 왜냐하면 봄보리를 파종해서 모내기 전에 수확하는 이모작을 하면 북한의 식량난 해소에 크게 도움이 되리라는 홍정길 목사의 판단과 제안에서였다. 그러나 이 사업은 씨앗 구매 과정에서 발생한 실수 때문에 초기부터 구매 계약이 취소되고 사업은 무산되었다.

7) 두루섬 수경재배 시설 사업

조선그리스도교연맹(조그련) 강영섭 위원장이 호주를 방문하면서 호주에 살고 있는 교포인 김은각 선생이 운영하는 수경재배 농장을 돌아보고 북한에도 이런 농업시설이 있으면 좋겠다고 언급한 것이 계기가 되어서 평양 두루섬에 수경재배 시설을 지원하게 되었다. 월드비전과 남북나눔재단이 합의하여 각 1,500평씩, 총 3,000평 규모의 시설을 2000년 7월에 완공했다. 이 시설에서 토마토, 오이 등을 연간 약 225톤이나 생산하게 되었다. 매년 수확한 작물은 어린이 시설과 병원 등에 공급하였다.

8) 천덕리 주택 개량 사업

남북나눔재단이 돕고 지원한 지역은 대북협력민간단체협의회(북민협) 소속 56개 중 대부분의 대북 관련 민간단체들이 평양을 중심으로 활동하고 있는 데 비하여 농촌 지역과 농민을 대상으로 하는 '천덕리 사업'이었다. 처음부터 의도적으로 평양보다 지방으로 가서 일반 주민과 농민을 만나는 것에 더 큰 보람이 있을 것으로 생각했고 지방에서 지속적으로 지원 사업을 할 수가 있었다. 대표적인 사업이 주택 개량 사업이었다.

남북나눔재단의 실무자들은 전에 조그런에서 평양 주택건설에 위생 자제나 엘리베이터 설치 지원을 해 온 요청이 있었는데, 이것을 생각해서 도리어 북한 농촌의 노후한 주택이나 화장실 개량 사업을 하면 어떨까 하는 구상을 하게 되었고, 이 구상이 홍정길 목사에게 보고되고 허락되어 진행된 것이다. 북한의 민족경제협력연합회(민경련)와의 협상을 통해 시간이 걸렸으나 결국 황해북도 봉산군 천덕리로 장소가 결정되었다. 이 결정 과정에는 미국 교포인 김필주 박사의 도움이 컸다고 한다. 그는 천덕리에서 목화 재배 사업을 하는 분이었는데, 천덕리 농촌 주거환경 개선 사업(후에 농촌 시범마을 조성 사업으로 공식 명칭이 변경됨)을 할 수 있도록 연결시켜 주었던 것이다. 열악한 환경의 화장실은 기둥이 썩어 있고 기왓장은 깨져있고 풀이 자라나 있어 지붕을 바꾸어 준다고 해도 대들보가 무너지면 집 전체가 주저앉을 것 같다고 판단되었다. 그래서 지붕을 개량하다 집이 무너지면 안 되기 때문에 집을 새로 지어주는 사업으로 전격적으로 바꾸게 된 것이다. 4년마다 매해 집을 100채씩 지었고 그때마다 탁아소와 유치원을 하나씩 세워서 총 400채의 집을 지어주었다. 3차에는 관리위원회 청사와 병원, 창고, 마을회관, 식당, 편의시설, 기계 창고, 이전 두 배 규모의 유치원과 탁아소를 지으며 200여 채 값이 들었다. 그러나 아쉽게도 나머지 400채를 짓고 천덕리에 모두 800채 집을 짓고 나서 이웃 지역인 구연리 주택사업을 이어갈 구상을 할 무렵 5.24조치로 사업이 중단되었다.

홍정길 목사의 회고에 의하면, 당시 27평(뒤에 23평으로 줄임)짜리 집 한 채를 1만 달러(약 1,400만 원)에 지었는데 마을 주민들이 얼마나 좋아했는지 모른다고 한다. 그들은 너무나 좋아서 "선생님들이 지어준 집은 비도 안 샙니다"라고 말할 정도였다고 한다. 이 사업은 철저히 현지 주민들에게 혜택이 돌아가는 사업이라는 점에서 만족감이 있었다. 살면서 어떻게 남을 위해서 집을 지어줄 수 있겠는가? 통일이 되면 1만 달러로는 결코 못 짓는다. 통일이 되고 나면 10만 달러를 들여서 집을 지어주더라도 남쪽의 번듯한 집들을 보고 나면 '그것도 집이라고 지어주느냐고 항의하지 않겠는가'라고 생각했던 것이다.

9) 주택 개량 사업과 연관한 텃밭을 통한 작물재배(옥수수, 콩 등) 지원 사업

천덕리 주택 개량 사업에 있어서 주택만 짓는 것이 아니라 기존 주택을 헌 자리에 텃밭을 만들어서 옥수수, 콩, 고추 등 작물을 심을 수 있도록 해주었다. 이는 농업 생산성 향상을 위한 것이었다. 집집마다 텃밭을 운영하면서 농작물을 심고 거두는 모습을 방문할 때마다 확인할 수 있었기 때문에 대단히 고무적인 사업으로 평가되었다.

10) 양돈 지원 사업

북한 측에서 새끼 돼지를 구해주면 남북나눔재단에서는 사료를 지원하였다. 돼지는 북에서는 대단한 재산으로 치는데 단순한 집짓기 사업이 아니라 북한 주민들의 경제적 자활과 식량난의 본질적 해결책에 중점을 두었던 것이다.

11) 조림 사업

2009년도에 배나무를 보내어 야산에 심게 했다. 황해북도 봉산군에 배나무 묘목 1,500그루는 보내었는데, 야산이 아니라 집 안뜰에 두 그루씩 심겠다고 요구하여 그렇게 하게 했다. 그러나 5.24조치 이후 묘목을 보내지 못해 이 사업 역시 못하게 되었다.

12) 의료시설 현대화 사업

의료시설 현대화 사업으로 병원을 지어주는 일은 돈이 많이 드는 사업이고 어려운 사업이었다. 북한에서 집을 좀 덜 짓는 한이 있어도 병원을 꼭 지어주면 좋겠다는 사정을 해왔다. 시골에서 사람들이 낫을 들고 풀을 베다가 다치거나 뱀에 물리거나 아이들이 아플 때 도청소재지인 사리원까지 나가야 치료를 받을 수 있는데, 이동 수단도 없으니 병원이 꼭 필요하다는 것이었다. 그리하여 우리나라 정부의 허락을 어렵사리 받았는데, 병원이 아니라 '간이진료소'라는 이름을 붙여야 한다는 조건이었다. 결과적으로는 다 짓고 나서 북측은 '인민병원'이라는 이름을 붙였다고 한다.

13) 기타 사업

그 밖에 경운기 같은 영농 기기를 수리할 수 있는 기계 창고도 지어주고, 이발소나 목욕탕 같은 일상생활에 필요한 시설도 지어주는 사업도 이루어졌다. 주택사업 이후 천덕리는 북한의 어떤 지역보다 노동생산성이 높아졌다고 평가되었다고 한다. 유치원과 탁아소가 집 가까이에 있으니 부녀자들이 근심 없이 일하러 나가고 그 덕분에

생산성이 높아졌다는 것이다. 향후 초등학교와 중학교를 짓는 계획까지 세워놓았다.

14) 연해주 감자 지원 사업

감자를 지원한 사업은 연해주에서 고려인들이 농사지은 농작물을 구매하여 북한 동포들에게 보낸 사업이었다. 연해주에는 우즈베키스탄, 카자흐스탄 등에서 역이주한 사람이 5만 명가량 살고 있는데 이들은 강제 이주를 당했던 사람들이었다. 연해주의 고려인들은 관심조차 받지 못하고 어려운 실정에서 살고 있었는데, 이들에게 농사를 지어 자급자족하고 판매도 하여 수익을 얻을 수 있도록 남북나눔재단이 러시아 정부로부터 50헥타르(약 15만 평)의 땅을 임대하여 바이러스 없는 씨감자를 구해서 임대한 땅에다 농사를 짓게 했다. 가을에 감자를 수확했는데 판로에 문제가 생겨서 어려움이 생긴 것이다.

남북나눔재단이 이 감자 전량을 현지 시가로 구매하여 고려인들의 판로를 해결했고, 사들인 감자는 화물 열차에 실어 얼지 않고 썩지 않은 상태로 북한 동포들에게 전달하였다. 이 사업은 2002년부터 2007년까지 5년간 계속되었는데, 2007년에는 감자 값이 올라서 콩을 보냈으며, 러시아의 해군력이 증강되어 해군이 감자를 식량으로 확보하기 시작해서 판로가 안정화되었다고 한다.

15) 고소득 작물 사업

러시아 콩은 유전자 변형이나 조작이 없는 콩이어서 인기가 높았다고 한다. 그러니까 콩 농사를 지으면 연해주 교포들의 수입도 높이고 북한 동포들에게도 지원할 수 있으니 좋았을 텐데 국제 곡물가가 폭등하여 콩값이 두 배로 올랐기 때문에 더 이상 콩 농사를 짓지 못하고 2009년부터는 피클 오이, 토마토, 리지스까(러시아의 빨간 무) 등 고소득 작물을 재배하였다. 남북나눔재단은 행정안전부 기금을 합쳐 현지에 비닐하우스 20동을 지어주었다.

16) 못자리용 비닐 지원 사업

북한은 봄이 훨씬 늦게 오고 늦게 추수한다. 일조량이 적기 때문에 못자리에 비닐 커버를 씌워야 상온이 유지되고 찬바람도 막을 수 있다. 그래야 모가 심을 수 있을 만큼 자란다는 것이다. 이 못자리용 비닐이 연간 3,600만 제곱미터 정도 든다고 한다. 북한의 식량 자급자족을 위해서는 이 못자리용 비닐이 필수적이라는 것이다. 과거 정부와 민간단체 기금으로 비닐을 지원해 주었다. 그런데 다른 용도로 쓰였다고 하는 이유로 오해도 있었다. 두께 0.03밀리미터에 너비가 2미터인 비닐을 북한이 더 두꺼운 0.07밀리미터짜리를 요구했으나 결국에는 비용 때문에 경제적으로 비용이 덜 드는 0.03밀리미터짜리를 보내주었다고 한다.

17) 라면 지원 사업

북한의 식량난이 극에 달했던 1997년 두 차례에 걸쳐서 라면 450만 개를 보냈다. 북한의 인구만큼 보내려고 했지만 북의 요청으로 더 이상 보내지 않았다는 것이다.

18) 북한의 수재 구호 사업

홍정길 목사는 2006년에 북민협 회장이 되어 2007년까지 섬겼다. 이 과정에서 북한에는 큰 수재가 발생했는데 당시 정부가 지원해 준 예산 100억 원으로 회장 단체 책임하에 대북 지원을 주도하는 품목과 내용을 정부가 원칙적으로 정해주어 두 달간 집중적으로 대북 수재 지원 사업에 사용했다. 당시 성홍열이라는 전염병이 북한에 돌기 시작했는데, 그 전염병을 치료하는 약도 함께 지원해서 어려움에 처한 북한 동포들을 잘 도울 수 있었다.

19) 용천역 폭발 사고 구호 물품 지원 사업

2004년 4월 22일 북한 양강도 용천역에서 유조차와 열차가 충돌하여 폭발 사고가 났다. 7~8천여 명의 사망자가 나왔다는 보도가 있었고 역 주변 반경 500미터 내에 멀쩡한 건물이 없을 정도로 초토화가 되었다. 이 소식이 남한에서도 대대적으로 보도되면서 도와주어야 한다는 공감대가 형성되었다. 남북나눔재단은 신의주에서 구급차, 식량 등의 지원 물품을 보내주었고 외국 국적자들과 유엔기구 등을 통해 현장 사진 촬영과 모니터링을 했으나 한국 국적의 단체들이 현장에 접근하는 것이 허락되지 않아서 결코 직접적인 확인은 할 수가 없었다. 이 점이 바로 남과 북 사이에 맺힌 골이 깊다는 점을 재확인시켜주는 사건이었던 것이다.

20) 콜레라 왁진(백신) 지원 사업

1994년에 북한에 큰물(홍수) 피해와 함께 콜레라가 창궐했다. 개발도상국에서는 이미 무력한 병인데 당시 북한에는 치료약이 없었다. 그런데 미국에 10만 명분의 약이 보관되어 있다는 것을 알고 미국교회협의회(NCCA) 인사 중에 북한에 의약품을 후원하는 분이 미국 정부를 설득해서 인도적 차원에서 북한을 돕기로 승인되었다. 오산비행장까지 냉장 수송해 온 콜레라 왁진(백신)을 오산에서 인천, 인천에서 천진 그리고 천진에서 북한으로 들여보내야 했다. 배를 통해 해상 경로로 의약품을 보내야 했는데, 문제는 통일부에서 승인을 해 주어야 한다는 어려움이 있었다. 그때 이문식 목사가 이영덕 총리를 방문하여 특별 요청하였고 허락을 받아서 북한에 의약품을 보낼 수 있게 되었다. 그는 총리에게 "지금 북에서는 전염병으로 생명이 수도 없이 죽어가고 있습니다. 다른 건 몰라도 무고한 동포들이 죽어나가는 것은 막아야 하지 않겠습니까? 인도주의에 입각해서 이번 의약품 수송 건을 허락해 주십시오. 미국 백악관에서도 허가가 나서 이미 약품이 국내에 와 있습니다. 그런데 정작 우리 정부가 허락하지 않는다면 어떻게 되겠습니까?"라고 하였다. 그리하여 언론에는 노출시키지 않는 조건하에 허락이 떨어져서 보낼 수가 있었던 것이다.

IV. 대북 지원 사업의 중심 인물들의 통일과 디아코니아에 대한 견해

홍정길 목사가 중심이 되어 온 남북나눔운동의 사업에는 함께 해 온 동역자들이 여럿 있었다. 홍정길 목사가 귀하게 여기고 존경하는 동역자 중 한 분으로 김영주 목사는 초기에 사무처장으로, 나중에 NCCK의 총무로 큰 수고를 하신 분이다. 홍정길 목사는 김영주 목사를 통일의 목표 의식이 참 명료한 타고난 운동가로 보았다. 기획실장으로 수고한 이문식 목사는 이상주의자로 보았고, 강경민 목사는 아주 의리 있는 사람으로 자신 때문에 손해를 많이 보았다고 생각했다. 강경민 목사는 지금도 평통연대 대표로서 평화통일운동을 이끌어가고 있다. 김경민 간사는 성실히 일을 감당했고, 윤철환 국장은 이른바 좌파에 속한 사람인데 참 선량한 좌파로 보았다. 이만열 장로는 역사학자로 홍정길 목사가 매우 존경하는 분이다.

1. 이문식 목사

이문식 목사는 남북나눔운동의 초대 기획실장으로 대북사업의 터를 다지고 사업의 방향을 설정한 분이다. 해외 기독교 단체 모임에 여러 차례 참여하여 북한 교역자들을 만나서 조선그리스도교연맹과의 교류의 싹을 틔운 분이다.

1992년 12월 홍정길 목사를 사무총장으로 하여 남북나눔운동 발기인대회가 열렸을 때 하용조, 이동원, 옥한흠, 손봉호, 이만열 등 보수 복음주의 진영 리더들이 상당수 참여했다. 1993년 4월 27일 남북나눔운동 창립대회가 정동제일교회에서 열렸을 때 진보와 보수를 막론하고 5백여 명의 범기독교계 지도자들이 참석한 자리에 당시 부총리이자 통일원 장관이었던 한완상 박사가 참석하여 "진정한 평화는 이웃사랑을 넘어 원수 사랑에 이를 때 비로소 꽃을 피운다"라고 하면서 "이 진리가 남북나눔운동을 통해 결실을 맺기 바란다"고 격려했다.

대북 식량 구호에 실무를 맡아서 수고한 이문식 목사는 매우 지혜롭게 어려운 상황을 잘 해결해 내는 분이었다. 북한을 돕는다고 해도 많은 제재와 한계가 있었기 때문이다. 한때는 조선족 교회와의 협력 관계를 통해서 지혜롭게 식량을 잘 보낼 수도 있었다. 남북나눔운동 초기에 교회 모금을 주로 한 이가 이문식 목사이다.

교회를 방문하여 남북나눔운동을 소개하고 교인들의 약정을 받았으며, 기독교 기업들도 대북 지원에 동참하게 되었다. 이문식 목사는 북한 지원 사업의 실무를 맡았지만 스스로는 통일운동 전선의 맨 앞줄에 서 있다고 생각했다. '우리가 저들을 그리스도의 사랑으로 품어서 저들이 변하든지, 아니면 저들에게 우리가 먹히든지 둘 중 하나겠구나. 죽을힘을 다해 저들을 변화시키지 않으면 안 되겠구나. 목숨을 걸고 해야겠다'고 늘 다짐했다는 것이다. 통일에 대한 낭만주의적 사고를 버리고 철저히 실용주의적인 사고로 통일운동을 생각하게 되었다고 고백하고 있다. 화해와 용서에 바탕을 둔 평화운동은 일상생활 속 운동이어야 한다고 했다. 단체 중심의 운동이나 NGO 운동이 아니라 일상의 작은 공동체 안에서 이루어져야 더욱 확산되리라고 생각했다.

"너희는 먼저 그의 나라와 의를 구하라"는 말씀처럼 통일보다도 먼저 구해야 할 것이 정의와 사랑이다. 정의와 사랑이라는 하나님 나라의 개혁이 먼저 실현되고, 그 바탕 위에 통일이 이루어져야 온전해진다. 하나님 나라와 의와 사랑의 역량이 갖추어지지 않은 채 통일이 주어진다면, 굉장한 혼란과 내전이 일어날지도 모른다고 생각한 것이다. 통일은 결국 큰 갈등과 충돌이 없는 남북 간의 통합, 곧 한민족 재통합 과정이다. 마음과 생각, 문화와 의식, 정신과 가치의 통합 능력이 50%를 넘어선 다음 재통합이 이루어지면 모든 과정이 안정적으로 진행될 것으로 보았다.

많은 사람이 대북 지원에 대하여 퍼주기식이라고 비난했다. 이에 대하여 그는 유엔의 발표에 의하여 민간 배분율이 가장 높은 나라가 북한으로 나온다는 점을 언급하고 있고, 지원은 우리가 하지만 배분은 그들의 주권이라는 점을 이야기하고 있다. 설령 대북 지원이 일방적 퍼주기식이라 하더라도 그렇게 건너간 물자 가운데 일부는 위에서 흘러나와 장마당이 되었다는 것이다. 그렇게 되면 장마당 쌀 가격이 떨어져 중국 쌀장수들이 돈을 벌기 어려워지는 대신, 북한 내부의 장마당 상권이 형성되면서 자체 자본이 생긴다고 본 것이다.

만약 수백만 명의 북한 주민이 기아로 죽어간다면 그 책임은 사실상 우리 남한에 있다고 봐야 한다는 것이다. 물자가 남아도는 우리가 저들에게 보내지 않았으니 무슨 수로 살아남을 수 있느냐는 것이다. 그렇기에 대북 봉쇄는 가장 반인도주의적이고 반인륜적인 범죄라고까지 보았다. 아무 조건 없이 주는 것이 인도주의지, 자꾸 조건을 갖다 붙이면 인도주의가 될 수 없다는 논리다.

2. 신명철 장로

신명철 장로는 대기업 CEO를 역임한 분으로 다양한 실무 경험과 지식을 토대로 남북나눔운동의 운영에 능력을 발휘한 분이다. 그는 70~80여 차례의 방북 경험과 북한 사람들과의 만남으로 북한과 대북 사업에 깊은 이해를 가지고 있었으며, 발기인대회로부터 모든 과정을 지켜본 산증인이기도 하다.

그는 황해도 개성이 고향인 실향민으로서 투철한 반공 교육을 받고 자랐다. 홍정길 목사께서 "저들이 아무리 악하고 미워도 우리는 주님의 사랑을 전하고 또 그 사랑으로 대해야 합니다. 그게 우리 사명입니다"라고 늘 강조하셨지만, 본인에게는 그러한 사명감이 있을 수가 없었으며, 북한을 평화의 파트너로 여겨서 지원하고 돕는 민간 대북 지원 최일선에서 일하게 될 줄은 꿈에도 몰랐던 일이라고 회상하였다. 그는 1938년생으로 이만열 장로, 손봉호 장로, 옥한흠 목사와 동년배이며 경영학에서도 회계학을 전공했고 재무에 밝았다. 회계 업무에도 밝아서 세무사가 필요하지 않을 정도였다. 그런 분이 이문식 목사와 남북나눔운동의 실무를 맡아서 중국을 방문하고 북한의 식량 구호를 위해서 일하기 시작했을 때 북한에서는 분유가 사치품이라는 말을 듣고 '갓난아기들이 무엇을 먹고 자란단 말인가?' 하며 마음속 냉전이 얼음벽 눈사람 녹듯이 녹아내리기 시작했고 오랜 마음의 장벽이 허물어졌다. 국경을 넘어 북으로 가는 쌀 트럭을 보면서 눈물을 흘리게 되었다고 회고한다. 신명철 장로는 남북나눔운동의 모든 대북 지원 사업의 실무를 최일선에서 맡아서 진행하셨다. 그는 여러 사업을 자세히 서술하여 귀한 자료를 남겼다. 이러한 일들을 진행하면서 그가 깨닫고 확신하고 있는 신앙적 자세가 디아코니아적이었다. 모금한 돈 전부로 물품을 구입하여 조선그리스도교연맹을 유일한 파트너로 삼고 보내면서 "북한의 교회와 기독교 지도자들이 진짜냐 가짜냐?" 하는 문제는 우리들 판단 영역 밖의 일이라고 생각했다. 진위 여부를 판단하느라 죽어가는 강도 맞은 자를 그대로 내버려 둘 수는 없는 것이라 생각한 것이다.

그리스도의 사랑으로 인내하고 섬기면서 중단 없이 노력해야 한다고 생각했다. "우리나라에도 배고픈 사람들, 어려운 이웃이 많은데 왜 하필 저들을 도와야 하는가?" 하는 질문에도 '과거를 생각해 보면 한국전쟁 이후 우리나라가 외부의 지원이나 도움 없이도 오늘날처럼 다시 일어설 수 있었을까? 당시 우리를 돕던 나라들에는 빈곤층이 없었을까? 만약 그들의 자국 내 빈곤층 지원만 중요하다고 생각하고 우리에게 도움의 손길을 내밀지 않았다면 우리는 지금 어떻게 되어 있을까?'라고 생각했던 것이다.

신명철 장로는 통일 문제와 연관해서 많은 사람이 공감하지 않고 있음을 느꼈다고 한다. "그냥 이대로 잘 살아가면 되지, 굳이 북한과 통일을 해야 할 필요가 있나?" 하고 되묻는 말에 두 가지 견해가 있다고 말하고 있다. 하나는 개인주의 사고방식이다. 즉, 나는 손해 안 보고 살겠다는 것이다. 그는 그 사례로 '통일항아리 캠페인'을 든다. 정부는 이 사업을 열심히 벌였지만, 방송이나 언론 또한 학교 같은 기관 어디도 참여하는 곳이 많지 않았다. 그냥 통일부 혼자서 하고 있다는 느낌을 받은 것이다. 우리 국민이 '나만 손해 보지 않으면 된다'는 협소한 의식을 갖게 된 것은 지난날의 기마 민족의 대륙적 기상을 잃어버린 것이라고 생각했다.

이어령 박사의 말과 같이 기마 민족의 후예들이 한반도 남쪽에 갇혀서 살다 보니 웅대한 대륙적 기상이 퇴화되어 버렸다는 것이다. 내가 좀 손해 보더라도 다함께 드넓은 대륙을 품고 동북아 중심 국가의 비전을 품고 나가야 할 텐데, 젊은이들에게조차 그런 모습을 볼 수가 없다고 하며 앞으로 젊은 세대는 포부와 기상을 크게 품었으면 좋겠다는 것이었다. 한국교회가 평화통일과 북녘 동포들을 위한 기도와 함께 구체적인 실천이 필요한데, 정치적인 문제는 정부와 정치가들에게 맡기고 교회는 선한 사마리아 사람이 되어 강도 만난 자를 도와야 한다는 것이다. 심지어 치료비가 모자라면 다 책임지겠다고 하는 자세로 도와야지 강도를 잡으려고 쫓아다녀야 하는가 반문하고 있다.

3. 이만열 교수

이만열 교수는 역사학자로서 특별히 교회사에 뛰어난 연구 활동과 교수 생활을 한 분이다. 그는 고신 측 보수 교단에 속해 있지만 역사의식이 있는 분이기에 매우 진보적인 생각과 활동에도 참여하였다. 그의 진보적 성향 때문에 1980년에 봉직하던 대학교에서 4년 동안 해직되기도 했다. 그는 "내가 용기가 없는 사람인데 하나님께서 용기를 키워주시려고 나를 해직시키셨다 그러니 해직당한 것이 나에게는 감사할 일이고 하나님의 은혜다"라고 고백하고 있다. 그는 해직 경험을 통해 진보적 교단의 사람들과도 관계를 맺게 되었고 강의와 교육에 참여하면서 1991년 미주기독교교수협의회가 주최한 '민족과 교회, 기독교와 민족주의'라는 학술대회에 초청받았다. 여기에 참석하게 되면서 처음으로 북한의 기독교인들을 만나게 되었고, 남북나눔 운동에도 참여하게 된 것이다.

역사학자로서 이만열 교수는 과거 햇볕정책을 통해 남북 간 어렵사리 쌓아온 신뢰와 평화적 관계가 이명박 정권의 5년 동안 거의 복구가 불가능할 수준으로 무너져 내렸다고 평가했다. 역사학자로서 그의 견해에 따르면, 남북 간 내부적 결속력이 견고하고 강하다면 한반도 주변 국제환경과 무관하게 외부 도움 없이도 통일이 가능하다고 보았다. 외부의 간섭이 있다고 해도 남북의 응집력이 강하면 한반도 문제를 자주적으로 풀어갈 수 있다고 본 것이다. 그러나 남북관계가 너무나 벌어져서 양자 간의 어떤 합의나 공감대도 도출해 내기가 결코 쉽지 않다고 보았다. 남과 북의 관계가 극도로 악화된 결과는 북한이 중국에 광물 자원을 팔아넘길 정도로 더 깊이 밀착되고 있는 현상으로 나타나고 있다는 것이다.

이만열 교수의 통일에 대한 견해는 한마디로 '중립화 통일 방안'이다. 중국은 북한이 붕괴되어 남한 체제로 흡수되는 것을 손 놓고 용인하지 않을 것이고, 북한 붕괴론은 허구에 가까운 것으로 보고 있다. 그리하여 현실적인 통일 방안으로 남북의 적극적인 교류를 통해서 경제공동체를 여러 개 만들어 나가는 방식을 생각했다. 개성공단처럼 남북이 합작한 경제특구를 열 개 정도 만들면 상호 체제를 유지하면서 자유롭게 왕래할 수 있는 경제공동체가 휴전선을 비롯해 100곳 정도 생기니 그것이 통일이 된 것이나 마찬가지가 아닌가 생각하고 있다. 그만큼 군대는 뒤로 물러나야 하고 경제공동체를 보호하기 위해서라고 전쟁은 감히 생각지 못할 것이라는 판단이다. 그렇기 때문에 남이든 북이든 정권 유지나 강화를 위한 수단으로 통일을 생각하면 실질적인 통일은 더 멀어질 것이고, 정치적 접근 이전에 서로의 마음이 통하고 서로를 이해할 수 있는 단계가 선행되어야 한다고 보았다.

그래서 남북나눔운동이 해 온 일들은 바로 저들의 마음을 녹이고 화해와 평화, 통일의 공감대를 넓혀 나가는 일이라고 평가하고 있는 것이다. 이만열 교수는 기독교 신앙생활을 하면서 민족의 통일을 위해 기도를 쉬지 않았지만 구체적인 실천이 없었다고 했다. 그래서 남북나눔운동에 연관된 통일 연구 활동은 귀한 기회이고 소중한 시간이었다고 고백하고 있다. 그의 통일 연구 활동은 그가 할 수 있는 최선의 섬김이요 봉사적 의미가 있는 활동이라 할 수 있다.

4. 권호경 목사

권호경 목사는 한국기독교교회협의회(NCCK) 총무를 역임하였고 이어서 CBS기독교방송국 사장을 역임한 분이다. 한국의 목회자 중에서 최초로 김일성을 만나서 남북한 교회의 나눔 운동을 제안하였고 남북나눔운동의 설립 동기를 마련하였던 분이다. 남북나눔재단이 진보 교단과 보수 교단의 연합체로 설립되는 데 큰 역할을 감당했으며, 이후 역할 중대와 발전에 크게 힘썼다.

1970~80년대 그의 모든 생활이 사찰 대상이었고 감시를 받았다. 제5공화국이 군사독재정권으로 다시 정권을 잡고 있던 1983년 한국기독교교회협의회(NCCK)는 한반도 평화와 통일 문제를 공식적으로 논의하기 시작했다. 광주민주화운동이 일어난 지 3년째 되던 해 통일 문제를 선교적 차원에서 중요한 과제로 인식한 것이다. '평화통일협의회'를 조직화하려던 계획은 경찰의 원천 봉쇄로 무산되었고, 세계교회협의회(WCC)의 중재와 협조로 이루어진 일본 도잔소에서의

국제회의를 통해서 비록 북쪽의 교회는 참석하지 못했지만 남북의 교회가 최초로 한반도의 평화와 통일 문제를 논의하는 협의회가 이루어졌다. 남북 교회의 최초의 만남과 교류는 2년 뒤인 1986년 스위스 글리온에서 이루어졌다. 그 뒤로 1990년대 중반까지 국제사회에서 남북교회평화통일협의회가 열렸던 것이다.

권호경 목사는 아시아교회협의회(CCA)의 빈민 운동을 하던 중 NCCK의 총무로 부름을 받았다. 그가 제일 먼저 중요하게 한 일은 교회일치운동이었는데, 처음 한 사업이 '공산권에 성경 보내기 운동'이었다. 공산권 국가에 성경을 보내는 데 모든 교회의 지지와 지원이 이어졌다고 한다. 공산권 성경 보내기 운동으로 교회일치운동이 무르익어 갈 즈음에 평화통일을 위한 남북 교회 사이의 교류를 고심하기 시작했다는 것이다. 해외에서의 남북교회협의회를 통해 조선그리스도교연맹의 목사들을 여러 차례 만났지만 남한으로 초대하기가 어려웠다. 정기적으로 그들과 교류하면 좋겠다는 생각으로 북한 방문을 추진하였는데, 노태우 정권 말기인 1992년 말 남북 간에 정치적 합의가 이루어져서 처음으로 방북하게 되었다는 것이다.

WCC의 박경서 박사와 동행하면서 두 가지를 제안했는데, 첫째는 해외에서 만나지 말고 한반도 안에서 남북 교회가 정기적인 교류와 만남을 갖자는 것이었고, 둘째는 남북으로 나뉜 지 50년이 되는 1995년을 평화통일 '희년'의 해로 정하고 희년 준비를 남북의 교회가 함께 하자는 것이었다. 그러나 조그련의 목사들(고기준 목사, 김운봉 목사, 강영섭 목사)은 제대로 대화하기가 어려웠고 김일성 주석의 허락 없이는 불가능하다는 것을 알게 되었다. 그래서 권 목사는 "김일성 주석을 만나게 해달라 그리고 조그런 목사들도 동행하게 해 달라"는 요청을 현장에서 하게 되었는데, 놀랍게도 성사되어 일정에 없던 김일성 주석과의 면담이 이루어졌다.

권호경 목사는 김일성 주석과 남북 평화에 대한 대화를 나누면서 남북 교회의 교회 지도자의 교류에 대한 필요성과 협력을 부탁하여 구두 허락을 받아내게 되었고, 약속한 일정대로 준비를 진행했으나 결과적으로는 무산되고 말았다. 북한은 세계교회협의회에 가입한 후에 국제적 활동을 위해서 공개적으로 교회를 설립하였다. 봉수교회와 칠골교회가 그것이다. 그리고 1972년부터 자기들끼리 신학 교육을 시작했다. 과거에 교회에 다녔던 사람 중에 북한 정권에 충성스러운 노동당원들을 모아서 신학 교육을 한다는 것이다.

NCCK는 한국교회의 관심을 더 끌어올려서 남북 교회가 서로 귀한 것을 나누고 교류함으로써 마음을 열고 하나가 되는 노력, 곧 남북 교회나눔운동을 벌여야겠다고 결의했다. 그리하여 NCCK의 의사결정기구인 실행위원회에서 평화통일을 위한 남북나눔운동과 남북인간띠잇기운동을 범교단적으로 실시하기로 뜻을 모았다. 진보적인 NCCK 가맹 교단을 넘어서 한국의 49개 교단의 지도자들이 함께 힘을 모아 범교단, 범개신교 차원의 평화통일 사업으로 진행하기로 결의하기에 이르렀다.

권호경 목사는 이러한 조직을 통해서 남북나눔운동을 이끌어 갈 총무(훗날 사무총장)를 선임하는 과정에 내정된 어떤 목사가 사임을 하게 되어 일면식도 없지만 훌륭한 분으로 알고 있었던 홍정길 목사에게 맡아줄 것을 요청하였다. 이를 허락받아 추진한 결과 만장일치로 추대되어 홍정길 목사에게 중요한 역할을 맡기게 되었는데, 그는 이 모든 것이 하나님의 섭리의 역사였다고 고백하고 있다.

중요한 점은 남북이 서로 나누고 돕는 일이 결코 쉬운 일이 아니지만 60년 넘게 대치해오면서 갈등과 적대감을 가졌던 남북 간에 서로 나누는 일은 결코 중단되어서는 안 된다는 점이었다. 나눈다는 것 자체가 마음을 쓰는 일이다. 그리고 밥을 나눈다는 것은 곧 생명을 나누는 것을 의미한다고 보았던 것이다. 먹지 못하면 죽으니까 굶주리는 이들에게 밥을 나눈다는 것은 곧 생명을 살리는 일인 것이다. 성만찬의 정신은 예수 그리스도께서 친히 보여주신 삶의 방식인데, 살과 피를 나누는 것은 예수님의 생명을 나누는 것이다. 자신의 살을 나누고 피를 나누는 생명 나눔을 실천하는 예수 그리스도의 정신이다. 성만찬 정신과 생명 나눔의 정신은 곧 디아코니아의 핵심이다.

5. 김영주 목사

한국기독교교회협의회(NCCK) 총무를 역임한 김영주 목사는 남북나눔운동 초기에 한국기독교교회협의회의 일치협력국장과 남북나눔재단의 초대 사무국장을 겸하여 섬기면서 초기 사업에 조직을 정립하고 정체성을 확립하는 데 크게 기여했다. 1997년 14개 교단과 8개 단체를 모아 '한국기독교북한동포후원연합회'를 조직하여 기독교의 대북 지원 창구로서 정부로부터 공식적으로 후원을 받은 것이다. 그전에는 대한적십자사를 통해서만 대북 지원이 가능했는데, 기독교 후원연합회 이름으로 대북 지원의 길이 열린 것이다.

한국교회의 남북 화해와 평화통일을 위한 운동은 NCCK의 입장에서는 1984년 일본 도잔소 회의에서부터 시작되었다고 할 수 있다. 이 회의에서는 네 가지 합의가 이루어졌다.

첫째, 한반도 평화통일은 남북의 문제일 뿐 아니라 세계 평화의 문제다.
둘째, 남북 분단의 원인이 2차 세계대전에 있기 때문에 그 책임은 주변 4대 강대국에 있다.
셋째, 평화와 통일의 문제는 정치적 과제가 아닌 선교적 과제다.
넷째, 세계교회는 한반도의 평화통일을 위해 협력해야 한다.

도잔소 회의 이후에 1986년부터 스위스의 글리온에서 남북의 기독교 지도자들이 만나서 대화하며 성찬식을 나누었고, 1988년에 글리온에서 다시 만났을 때 남북 교회는 그해 2월 총회에서 채택한 "민족의 통일과 평화에 대한 한국기독교회 선언"(일명 NCCK 통일선언)을 합의하여 발표하였다. 이 통일 선언이 발표된 이후 한국 정부와 한국교회에서는 많은 비판적인 비난이 일었다. 그러나 다행히도 노태우 정권은 이 통일 선언의 정신과 영향을 받아들여서 1991년에 남북 기본합의서를 도출해 내었는데, 이로써 한국기독교교회협의회의 통일 선언의 역사적 기여와 영향력을 결코 폄훼할 수 없게 된 것이다.

김영주 목사는 NCCK의 통일위원회 국장을 지내면서 독일의 통일을 경험했고 독일 통일을 통해 준비가 부족했었다는 점을 교훈으로 얻게 되었다고 고백하였다. 그는 '한국 사람들은 한국전쟁을 통해서 많은 상처를 안고 살아가고 있는데, 부모 형제를 죽인 사람을 인간적으로, 인간의 힘으로 어떻게 용서할 수 있겠는가? 준비가 제대로 되지 않은 채로 통일이 이루어지면 통일이 재앙이 될 수도 있겠다'고 생각하기 시작했다. 그래서 성령의 능력을 힘입지 않고는 그 무엇으로도 해결할 수 없다고 생각했다.

오늘날 하나님이 한국교회를 이만큼 부흥시켜 주신 것은 통일운동에 전심전력을 다할 인적, 물적 바탕을 마련해 주시고, 우리 민족 전체의 비극적인 상처를 치유하고 분단 체제를 해소하라는 뜻이며, 하나님의 선물이라고 믿는다고 고백하였다. 그는 이 선물이 한국교회가 기독교의 근본 진리인 '십자가 사랑'에 도달해 보라는 하나님의 뜻과 의미가 담겨 있다고 보았다.

그는 성경의 다음 구절들을 인용하여 디아코니아적 사고를 뒷받침하고 있다.

예물을 드리려다가 거기서 네 형제에게 원망 들을 만한 일이 있는 것이 생각나거든 예물을 제단 앞에 두고 먼저 가서 형제와 화목하고 그 후에 와서 예물을 드리라(마 5:23-24).

누가 네 오른쪽 뺨을 치거든, 왼쪽 뺨마저 돌려 대어라(마 5:39).

너희 원수를 사랑하며 너희를 박해하는 자를 위하여 기도하라… 너희가 너희를 사랑하는 자를 사랑하면 무슨 상이 있으리요 세리도 이같이 아니하느냐 또 너희가 너희 형제에게만 문안하면 남보다 더하는 것이 무엇이냐 이방인들도 이같이 아니하느냐?(마 5:44-47).

위의 세 구절은 모두 평화와 연관된 말씀이다. 예수 그리스도의 제자가 된다는 것은 평화를 위해 살아야 한다는 것을 강조하는 말씀이다. 그리스도인은 누구라도 이 평화의 삶을 피하거나 외면할 수 없다는 것이다. 이 평화의 삶, 평화의 사역이야말로 한국교회를 새롭게 하고 강하게 할 원동력이라고 그는 믿었다. 이 생각 또한 디아코니아 사상의 핵심이다.

6. 강경민 목사

강경민 목사는 남북나눔운동 설립 당시 남서울교회 부목사로 홍정길 목사를 도와서 발기인대회를 할 때 크게 기여했다. 2001년에는 남북나눔운동 사무처장으로 재직하면서 조직을 재정비하고 각종 규정을 개정하여 사무국이 효율적으로 운영되도록 힘썼던 분이다. 지금도 '평통연대'의 대표로 활동을 계속해 오고 있다.

강경민 목사는 대북 지원 사업을 하고 난 뒤에 많은 이들이 절망과 낙담을 경험했고 대북 지원 사업이 밑 빠진 독에 물 붓는 것과 같다면서 전보다 더 냉담해져 오는 경우들이 많았다고 회상하였다. 이런 점에 있어서 그는 '사랑은 먼저 상대를 이해하는 데서 시작한다. 그리고 사랑은 무한한 인내가 필요하다는 것을 잊어서는 안 된다. 통일의 여정은 쉬운 길이 아니다. 그러나 꼭 가야만 할 길이다. 길이 있는데 그 길을 걷지 않는다면 그것은 일탈이다. 왜 그 길을 가야 하는가를 끊임없이 설득하는 것이 자신이 감당해야 하는 사명이다'라고 생각했다.

또한 그는 "한국교회는 영혼 구원 말고는 하나님이 창조하시고 다스리시는 이 세상과 역사에 대한 관심이 참 부족하다. 안타깝게도 한국교회는 역사에 대한 비전이 많이 부족하다. 하나님이 섭리하시고 주관하시는 역사를 새롭게 하려는 일에 헌신하는 마음이 없으니 통일 문제는 그저 세속적인 관심 밖의 일이 되는 게 당연할지도 모른다"고 말했다. 그러므로 하나님이 한국교회에 주신 복을 북한 동포들과 나누는 것이야말로 평화통일을 앞당기는 길인 동시에 대한민국이 진정 복을 받는 길이라고 확신했던 것이다.

V. 남북나눔재단의 대북 지원 사업에 대한 평가와 의미

(사)남북나눔재단의 남북나눔운동을 통한 대북 지원 사업이 20여 년 동안 지속되어 왔다. 그동안의 남북나눔운동을 통한 평화통일을 모색해 온 수고와 의미들은 북한 주민들의 삶의 질을 향상시키고

이데올로기적 갈등과 벽을 뛰어넘어 상호 간의 화해와 친밀성 그리고 한 민족의 동질성 확인과 이질성 극복을 위해 너무나도 귀한 기회였다. 그러나 그간 보수 정권의 반공이데올로기적 입장과 통일 정책으로 말미암아 그간의 수고와 애씀이 무색화되어 버린 아쉬움을 금할 수가 없다. 미래의 한반도의 평화통일을 위하여 그간의 남북나눔운동의 의미들을 되새겨 보는 것이 매우 의미가 있으며, 그동안 공개적으로 홍보하지 않아서 잘 알려지지 않았던 사업과 의미들을 객관적으로 검증해 보는 의미도 있을 것이다.

(1) 오랜 세월 동안 분단 상태의 한반도에는 군사적 대립 구조 속에서 휴전 상태가 지속되어 왔다. 휴전 70년이 지났다. 평화통일을 염원하는 온 민족들의 염원은 여전히 남북의 강대강 군사적 대립과 이데올로기적 대립 구조가 지속되어 왔다. 군사력과 군비는 매년 증가되어 갔으며, 정치적 갈등 구조는 심각한 상태로 대립 구조 속에 존재해 왔다. 남북나눔운동의 의미는 시혜적 입장과 의미가 아니라 화해적, 평화적, 치유적, 인도주의적 상호 교류협력의 의미를 찾을 수가 있다.

(2) 남한 교회의 보수적인 복음주의적 신앙 정체성을 가진 많은 교단과 교회 그리고 교인들은 대부분 반공이데올로기적 사고와 사상에 머물러 있었다. 일부 진보 교단들과 교회, 목회자와 성도들은 사회 선교적 차원과 디아코니아신학적 차원, 즉 에큐메니칼 진영에서 사회

참여와 사회책임과 사회봉사의 중요성을 귀히 여겨왔다. 이런 구조 속에 보수 교단과 진보 교단이 연합하여 대북 지원 사업을 지속적으로 진행해 온 것은 매우 의미가 크다. 즉, 교리적으로는 하나가 되기 어렵지만 디아코니아적(봉사적) 차원에서는 하나가 될 수 있음이 증명되었으며, 앞으로 더 큰 연합적 사업도 가능하다는 점이 확인되었다.

(3) 남북나눔운동은 근본적으로 교회의 본질적인 사명 과제 중의 하나인 사회봉사, 즉 디아코니아 사역이다. 교회의 본질적 사명과 책임에 충실한 것은 건강한 교회의 증거가 된다. 그동안 신학적으로 이해와 교육 훈련이 부족했던 한국교회의 문제점을 치유하고 회복하는 좋은 경험과 교훈을 남겼다는 의미가 중요하다. 디아코니아에 대한 의미와 가치를 더욱 귀히 여기고 신학적 이해와 회복을 위한 갱신적 개혁적 노력이 필요함을 깨닫게 해 주었다.

(4) 남북나눔운동의 20여 년간의 대북 지원 사업을 통해서 확인되었는바 어떠한 정치적 목적이 아니라 순수한 인도주의적 입장과 섬김과 나눔에 대한 기독교적 가치관과 성경적 근거에 의해서 이루어졌다는 것이 확인되고 있다. 때때로 사회봉사가 개교회적 교회의 양적 성장이나 부흥을 위한 수단이 되기도 하기 때문에 효과를 보지 못하고 실패하는 경우들이 있다.

(5) 디아코니아(기독교 사회봉사 또는 사회복지)에는 선교적 봉사

와 봉사적 선교로 나뉘는데, 복음을 전파하는 선교를 직접적으로 행하는 것이 아니지만 봉사를 통해서 간접적 효과도 이루어낼 수 있는 봉사적 선교의 의미를 부여할 수 있다. 기독교 사회봉사적 나눔과 섬김의 사역을 통해서 예수 그리스도의 복음의 능력, 복음의 향기, 복음을 나타내는 그리스도의 편지가 전해질 수 있기 때문이다.

(6) 홍정길 목사님의 투철한 인도주의적 가치관과 성경과 복음의 정신이 배어 있는 대북 지원 사업의 원칙과 정신과 태도가 북한 정권의 신뢰를 얻었고 좋은 모델이 되어 왔다. 향후 미래의 관계와 사업에 있어서도 꼭 참고하고 잊지 않아야 할 교훈이다.

(7) 한국교회는 섬김과 나눔에 있어서 어떠한 차별이나 이데올로기가 있을 수 없다. 북한은 식량 구호뿐만 아니라 다양한 도움이 필요한 사회적 약자들이 많은 것이 현실이다. 식량 부족, 의료 및 약품 지원, 장애인, 어린이 영양부족, 노약자 복지, 노후화된 주택 개량, 교육 등 다양한 도움이 필요하다. 이를 무시하거나 외면할 수 없다. 디아코니아는 종말론적인 신앙의 표현이며, 영생을 얻는 길(하나님 사랑과 이웃 사랑)이기도 하며, 예수 그리스도의 참 제자도이다.

(8) 참된 사랑은 모든 것을 오래 참고 견디며 나누고 섬기는 것이다. 남북나눔운동의 대북 지원 사업은 20여 년 동안 수많은 어려움과 장애와 문제들을 오로지 그리스도의 사랑과 복음의 정신으로 참고

견디며 섬겨 온 참된 디아코니아의 실천이었다고 할 수 있다.

(9) 남북나눔운동의 수고에 대하여 홍보하거나 자랑하지 않았다. 이 점 또한 매우 훌륭한 점이라 할 수 있다. "사랑은 자랑하지 아니하며"(고전 13:4)라 했다. 북한 정부에서도 이 점을 매우 귀하게 여겼고 그래서 신뢰가 더하여졌다고 볼 수 있다.

(10) 남북나눔운동을 통한 대북 지원 사업은 흔히 힘 있는 자가 힘 약한 자에게, 가진 자가 없는 자에게, 도움을 주는 자가 도움을 받는 자에게 돕는 구호와 시혜적 의미를 가지는 것이 일반적이다. 그러나 남북나눔운동은 일체 그러한 용어나 정신이 아닌 서로 나누고 섬기는 의미에서 나눔 운동이라는 이름을 가지고 섬겨 온 것이다. 이 점은 디아코니아 사역에 있어서 매우 중요한 부분이다.

VI. 나가는 말

(사)남북나눔재단을 통한 남북나눔운동은 앞서 정리 분석한 바와 같이 한국교회의 보수 진영과 진보 진영이 연합하여 20여 년 동안 북한을 지원한 디아코니아적 사업을 힘써 펼쳐 왔다. 특별히 디아코니아신학의 중요한 핵심적 의미들을 고려하여 용어의 사용, 자랑과 홍보, 정치와 이데올로기적 편들기나 어떤 다른 유익도 구하지 않고

오로지 훗날의 평화통일을 염원하고 목적하며, 현재적으로 어려움을 겪고 있는 다양한 동포들의 문제를 해결해 주고자 나눈 운동이었다. 배고픔과 영양부족으로 정상적인 발육이 되지 않음으로 육체적, 정신적, 심리적 문제와 장애가 발생할 가능성이 있는 영유아들을 위한 분유 지원 사업으로부터 배고픔의 문제를 해결할 식량 지원, 갖가지 필요에 대한 공급을 위한 지원 사업이 이어진 것이다. 그러한 지원 섬김 사역을 통해서 북측으로부터의 신뢰 회복과 지속 가능한 사역이 오랫동안 이루어져 왔다.

그러나 그 이후 우리 대한민국의 정권이 교체되면서 대북 정책과 통일 정책이 보수화되어 그러한 사업을 통한 신뢰 관계나 평화적 교류협력의 관계가 더욱 발전되지 못하고 멈추어진 것은 대단히 유감스러운 일이 아닐 수 없다. 더욱이 오늘날, 이 글이 마무리되는 시점에서는 대한민국 정부가 공식적으로 북한을 주적으로 삼고 한미일 군사동맹을 맺은 상태에서 갈수록 대북 정책은 강경해지고 있다. 북한이 남한을 향해서 군사도발을 하게 될 경우 원점 타격과 선제공격도 불사한다는 초강경 대북 국방 전략이 발표된 바가 있고, 이어서 북한도 남한을 향해 더 이상 동족으로 여겨 통일을 목적으로 추진하지 않을 것이며 주적으로 삼는다는 강경한 입장이 보도되었다.

연초부터 북한군이 수차례 포사격 훈련을 하면서 우리 국군의 맞대응 사역 훈련도 이어지는 심각한 상황도 이루어지고 있어 한반도의 평화와 세계평화를 위협하고 긴장케 하는 일들로 국제적인 주목을 끌고 있다. 이러한 상황에서도 우리 한국교회는 여전히 평화통일을 위한 노력을 계속해야 하며, 세계교회와 함께 연대하며, 북한 교회와 대화의 기회를 회복할 필요가 있다. 우리가 할 수 있는 일은 없고 다만 기도할 뿐이라고밖에 할 수 없지 않은가? 통일을 위하여 준비해야 할 일들이 너무나 많다. 독일 통일의 교훈도 성찰해서 시행착오를 피해야 하고, 세밀하게 분석하고 교훈을 얻어야 할 것이다. 그런 점에서도 북한 동포들과 북한 교회를 위한 나눔과 섬김의 지원 사역, 즉 디아코니아 사역은 더욱 발전적으로 계속되어야 한다.

한국교회는 여전히 진보와 보수 사이의 갈등과 긴장이 심각하고 협력과 연대는 힘들다. 금년도 2024년에는 한국에서 세계복음주의연맹(WEA)의 제4차 로잔대회가 개최될 예정이다. 모처럼 열리는 이 대회가 어떠한 신앙고백적 문서를 채택하고 발표하게 될지 기대된다.

다만 그동안 3차에 걸친 로잔대회의 서약문에는 고백적으로 표현되어 있으나 실제로는 잘 실현되지 않고 있었던 사회적 책임, 사회정의, 사회평화, 사회봉사, 하나님의 선교(Missio Dei) 등이 더 발전적으로 고백되고 실천되는 계기가 되기를 바라는 마음이다.

이런 계기로 한국교회가 더욱 발전적으로 하나가 되고, 협력과 연대를 통해서 평화통일의 운동에도 함께하며, 남북나눔운동을 통해 경험한 좋은 전례를 잘 살려서 협력하는 교회가 될 수 있기를 기도하는 것이다.

참고문헌

권호경.『역사의 흐름, 사람을 향하여』― 권호경 목사 회고록. 서울: 대한기독교서
　　회, 2019.
홍정길·이만열·권호경·강경민·김영주·이문식·신명철 공저.『화해와 평화의
　　좁은 길 ― 남북나눔이 걸어온 20년』. 서울: 홍성사, 2013.

한국기독교교회협의회(NCCK)의 대북 지원 및 협력 사업에 대한 연구*

이승열 · 엄상현

I. 들어가는 말

2024년은 우리 한반도의 분단 79년, 휴전 71년이 되는 해다. 그동안 한국기독교교회협의회의 한반도 평화통일을 위한 노력은 그 어떤 단체보다도 앞섰고, 그 영향력 또한 지대했다고 할 수 있다. 그런데 오늘날 윤석열 정부에 들어와서, 특별히 근간의 상황으로 보자면 그동안의 남북 간 교류와 협력 그리고 평화통일운동을 위한 노력이 아무런 의미가 없는 것처럼 되어버렸고, 극단적으로 경색되어 분단 이후 가장 큰 위기의식을 갖게 되는 상태가 계속되고 있으며 더욱 심각해져 가고 있다. 이러다가 남북 간에 전쟁이라도 발발하는

---

* 이 글의 공동연구자는 이승열 박사, 엄상현 박사이고, 연구 기간은 2024년 1월 15일부터 동년 7월 말까지이다.

것이 아닌가 하는 염려도 국내외적으로 일어나고 있다고 할 수 있다.

윤석열 정부는 대북관계에 있어서 그 어느 때보다도 강경한 태도를 표하면서 북한을 주적으로 다시 분명하게 확인하였으며, 9.19군사합의를 미국의 만류에도 불구하고 강행한 결과 북한 측에서는 남북 간의 모든 합의서나 협정을 전면 무시하고 폐지하면서 동족으로도 여기지도 않고 전쟁의 대상인 주적으로 명시하였다.

그리고 통일을 위한 협력의 창구로 대화를 해오고 나름 노력하며 협력해 왔던 조국통일범민족연합(범민련), 6.15공동선언실천북측위원회 등 모든 단체를 폐쇄해 버리고 말았다. 이로 인해 자연스럽게 남측에서 평화통일을 위해 노력해 온 여러 단체 또한 무력화되었고, 존재한다고 해도 껍데기만 남은 것과 같은 입장이 되어버리고 말았다.

오늘날 지구촌에는 우크라이나-러시아 전쟁이 3년째 계속되고 있고, 이스라엘-팔레스틴 전쟁이 멈추지 않고 있으면서 중동 지역의 이웃 나라들로 전쟁이 확산될 가능성도 보이는 상태에 있다. 호르무즈 해협이 불안정하고 민간 선박에 대한 이란의 사주를 받은 예멘의 테러가 자행되고 있으며, 미국 군인들 3명이 사망한 사건으로 인해서 미국군의 적극적인 보복 군사행동이 시리아와 이라크에서 이루어졌다.

북한의 무기와 포탄 그리고 미사일이 러시아군에 전달되어 전쟁에 쓰이고 있고, 남한의 155밀리 포탄 수십만 발이 미국을 통해서 우크라이나에 전해지는 형국이다. 우리나라는 국방산업이 발달하면서 전투기, 미사일, 자주포까지 무기를 수출하는 나라가 되었다. 오늘날은 질적인 차이는 있지만 남북이 우주에 통신용 위성을 발사하여 기후와 정보통신, 군사 정찰 등의 목적으로 사용하는 시대가 되었다.

이 땅에 다시는 전쟁이 일어나서는 안 되고, 어찌하든지 남북한 간 평화적인 대화와 협력의 관계를 회복하여 상호 상생하는 방안을 모색해야만 할 것이다. 그러기 위해서 그동안의 다양한 합의와 약속 등이 이루어진 과정을 중요시하며 지혜를 얻을 필요가 있고, 식량 위기 상황이나 어떠한 재해를 통해서 어려울 때 나눔과 지원의 사업을 통해서 신뢰를 쌓아가며 대화해 온 한국교회와 북한의 조선그리스도교연맹을 통한 대북협력 사업을 정리하면서 교훈과 의미를 되새겨볼 필요가 있다.

이는 언젠가 이루어지게 될 평화통일의 날을 준비하는 과정이고, 통일 전후 과정에서도 일어나게 될 다양한 사회문제들을 해결하는 데 있어서 지혜를 얻을 수 있는 소중한 경험이 되기 때문이다. 더욱이 독일은 통일이 된 지 30년이 지났지만 아직도 완전한 통일이 이루어졌다고 볼 수 없으며, 차별과 사회적 통합에 있어서 많은 문제점이 드러나고 있는 점들을 통해서도 교훈을 얻을 필요가 있다.

특히 한국기독교교회협의회(NCCK)는 남한에서 민간 차원의 통일운동이 이루어지도록 선도적인 역할을 해 왔고, 1988년의 '민족의 통일과 평화에 대한 한국기독교회 선언'이 노태우 정부의 통일 정책에 잘 반영이 되어 남북합의서가 만들어지는 데 지대한 공을 세운 바가 있었기 때문에 민간 차원에서 남북의 교류협력이 이루어지고 대화와 서로 돕는 상생의 섬김과 나눔의 역사가 이루어졌던 것을 귀하게 여길 수밖에 없는 것이다.

비록 대북 지원 내지 나눔과 섬김의 사역에 대하여 돈의 가치로 평가를 할 수는 없지만, 한국교회 그리스도인들의 기도와 마음을 모아서 헌금하고 섬기며 나누었던 것이기 때문에 참여와 협력한 교단들의 자세한 내용까지 최대한 자료를 모으고 종합하여 귀중한 사료로 모아 정리해 볼 필요가 있는 것이다.

올해 2024년은 한국기독교교회협의회(NCCK) 창립 100주년이 되는 해다. 하나님의 선교(*Missio Dei*) 사상을 기반으로 사회선교적 차원의 교회의 사회적 책임과 사회참여와 사회봉사를 중심으로 한 사역들을 감당해 온 NCCK는 그동안 민주화운동, 평화통일운동, 사회정의와 인권운동, 생태정의 운동, 재해구호 및 디아코니아 사역 등을 앞장서서 이끌어왔다. 진보적 성향으로 때로는 정부로부터 탄압과 감시를 받고, 고난도 받아 왔다.

보수적 복음주의 성향의 교단과 목회자, 성도들로부터는 용공주의, 다원주의, 친동성애 성향, 차별금지법 지지 등으로 왜곡된 시각과 오해와 부정적 비판을 받아왔지만, 이 모든 것은 진실을 알지 못하는 무지로 인한 결과이다. 이는 바람직하지 못한 신학 사상으로 경도되어 교파를 분열하였고, 극우적인 성향을 가지고 있는 근본주의적 성향의 교단들이 생존 전략으로 삼아 공격적으로 매도해 온 결과이기도 한 것이다.

그간의 민주화와 통일운동, 사회발전에 이바지해 온 한국기독교교회협의회는 여전히 정권의 잘못된 정책이나 인권 탄압, 사법 정의에 어긋나는 정책이나 일에 대하여는 끊임없이 저항하고 비판적 소리,

즉 예언자적 디아코니아[1]의 소리를 내어 왔던 것이다. 이제 모든 것을 제외하고 오로지 디아코니아 차원에서 대북협력적 지원 사역의 내용과 사업을 협력해 온 몇몇 회원 교단의 자료를 수집하고 공식적인 회의 자료와 보고서를 근거로 종합해 보고 분석하고자 한다.

다만 한 가지 이해를 위해 전제되어야 할 점은 한국기독교교회협의회가 현재 9개 교단이 소속 회원 교단으로 연대와 협력을 하고 있으며, 교단의 교세 현황에 따라서 차등 분담금을 재정적으로 지원하여 운영되고 있다. 그리고 재해 구호나 특별한 사업은 그때그때 관련된 위원회가 협의를 통해서 예산을 책정하고 각 교단과 회원 교회들로부터의 모금을 통해서 집행되기 때문에 준비되어 있는 예산을 사용하는 경우는 극히 드물다고 할 수 있다.

그러한 재해 구호적 차원의 사업도 모든 회원 교단이 적극적으로 참여하지 못하고 있으며 작은 교단들도 참여하지만 대표적으로 대한예수교장로회(예장통합) 총회, 기독교대한감리회(기감) 총회 그리고 한국기독교장로회(기장) 총회가 적극적으로 참여해 왔다고 할 수 있다. 그리하여 이 글에서는 NCCK와 3개 교단을 중심으로 실천해 왔던 내용들을 정리하고자 하는 것이다.

---

1 이웃이 되라는 부름(Called to Neighbours) 공식 보고서 '라나카 선언'. Klaus Poser (ed.), Called to be Neighbours-Ofiicial Report WCC World Consultation, Inter-Church Aid, Refugee and World Service, Larnaca 1986 (WCC Publications, Geneva, 1987), 122-125; 박성원 역, "메시지," 제10차 WCC한국준비위원회, 한국교회희망봉사단 주최, WCC봉사신학세미나, 2013년 9월 2일, 장소 동숭교회, 자료 7-9.

II. NCCK의 신학 정체성에 대한 이해[2]

세계 에큐메니칼운동의 중심 역할을 하고 있는 '세계교회협의회' (WCC: World Council of Churches)는 "세계교회협의회는 성경에 따라 주 예수 그리스도를 하나님이며 구주로 고백하며, 이에 따라 한 분 하나님이신 성부, 성자, 성령의 영광을 위하여 공동의 소명을 함께 성취하고자 노력하는 교회들의 교제이다"(헌장 1조 1항)라고 스스로 정의하고 있는 것과 같이 고유한 교리와 신학을 가지고 있지 않으며 소속 회원 교단과 성도들에게 나름대로의 추구하는 신학을 강요하지 않는다.

세계의 다양한 교회들이 참여하고 있기 때문에 다양한 교리와 신학이 존재하고 있고 급진적인 연구와 보고서들도 다루고 있는데, 그것은 어디까지는 수렴 과정과 연구일 뿐 공식적인 결의로 채택된 적이 없다는 것이다. 그래서 진보적인 교단이나 보수적인 교단이나 각자의 자신의 신학 정체성을 지키면서도 자신과 생각이 다른 방식의 믿음을 배척하거나 혐오하지 않고 있으며, 다른 교파의 신앙 전통을 존중해주는 입장을 취해 왔다.

세계교회협의회(WCC)나 한국기독교교회협의회(NCCK)는 에큐메니칼운동 차원에서 이해해야 한다. 에큐메니칼(Ecumenical)이

---

2 NCCK100주년기념사업특별위원회 편, 『NCCK 오해와 진실 — 에큐메니칼이란 무엇인가?』(한국기독교교회협의회, 2023).

란 말은 고대 그리스어인 오이쿠메네(Oikumene: οἰκουμένη)에서 기원하였다. 성경에서 이 단어는 '모든 사람들이 살아가는 보편적인 세상'(마 24:14), '정치적으로는 당시 로마제국'(눅 2:1), '우리가 앞으로 맞이하게 될 세상'(눅 21:26, 계 3:10) 등 다양한 의미로 사용되고 있다. 이처럼 오이쿠메네에서 기원한 에큐메니칼은 사람들이 더불어 살아가는 온 세상을 의미한다.

그렇기 때문에 에큐메니칼운동은 기독교인들이 세상 속에서 더불어 살아가기 위해 행하는 모든 활동을 일컫는다. 교회 내적으로는 다양한 문화와 전통을 가진 교회들이 사도적 전통과 신앙고백을 기초로 교회의 일치를 위해 협력하고 노력하는 활동을 말하는 것이다. 이 에큐메니칼운동에서 가장 중요하게 생각하는 개념은 다양성과 일치다. 2천 년이 넘는 역사 속에서 세계의 교회들은 자연스럽게 각자 다른 문화와 전통을 가지게 되었다. 가톨릭, 정교회, 개신교 내에서의 여러 분파가 제각기 다른 다양한 전통과 문화를 가지고 발전해 온 것이다. 그러나 교파의 다양성 안에서 예수 그리스도라는 공통의 신앙, 일치를 가지고 있는 것이 중요하다.

그래서 에큐메니즘은 "주님의 몸 된 교회가 하나"라는 성경의 가르침을 따라서 교파를 초월하여 예수 그리스도를 고백하는 교회가 서로 선교와 봉사와 교제에서 이해하고 연합하고 연대하는 것을 말한다. 다양성과 일치는 서로 부딪히는 것 같지만 다양함 속에서 조화와 일치를 이룰 때 교회는 온전한 힘을 발휘할 수 있다는 것이다. 그래서 에큐메니칼운동은 우리가 여러 지역과 교파의 다양성을 가지고 더불어 살아가는 세상에서 예수 그리스도의 복음이 온전히 빛과 소금의 역할을 감당하도록 협력하여 선을 이루고자 하는 노력이라 할 수 있는 것이다.

한국교회의 에큐메니칼운동은 구한말 일제강점기에 복음을 들고 온 내한 선교사들에 의해 시작되었다. 이들은 미국, 호주, 영국, 캐나다 등지에서 왔는데, 이들 여러 나라, 여러 교파의 선교사들이 효과적인 선교를 위해서 서로 협력하기 위한 조직을 만들었다. 즉, 1905년에 재한개신교선교연합공의회를 조직하여 연합과 일치 정신으로 성경번역, 찬송가 편찬, 출판과 언론, 교육과 의료, 사회사업과 선교구역 분할협정 등 다양한 선교 사업에 있어서 서로 협력하고 연대하는 전통을 만들고 이어져 온 것이다.

그리하여 1918년에 한국교회 최초의 연합 운동체인 '조선예수교 장감연합협의회'가 결성되었고, 1924년에 와서는 진정한 의미로 한국교회를 대표하는 교회 연합기구인 '조선예수교연합공의회'(NCCK 의 전신)가 출범되었다. 여기에는 장로회, 감리회, 성서공회, 예수교서회, YMCA, YWCA 등이 함께 하였다. 이 조선예수교연합공의회는 여전히 각 교파와 단체의 정체성이나 체제, 교리 등을 존중하는 다양성을 유지하면서도 기독교진흥 운동, 기독교청년학생 운동 등 선교 목적의 운동뿐만 아니라 농촌 운동, 절제 운동과 같은 사회운동에도 서로 협력했던 것이다.

특별히 한국기독교교회협의회(NCCK)의 신앙 정체성과 사업에 있어서 중요하게 볼 것은 1932년에 선언된 '조선예수교연합공의회

사회신조[3]이다. 이 사회신조에는 교회의 기본적인 신앙생활 외에도 인류의 평등, 인종, 성별 등의 차별금지, 아동의 인격 존중과 노동금지, 노동자의 권익 보호, 최저 임금법과 같은 사회 안전망 설치, 소득세와 상속에 높은 누진제 실시 등을 주장하고 있다.

여기서 우리는 특별히 사회적 약자에 속하는 아동, 여성, 청소년, 노동자, 빈곤한 최저임금 노동자, 소작인 등을 대상으로 인한 인권, 평등, 차별금지, 착취금지 등을 통한 섬김의 정신이 자리하고 있다는 점이다. 이것은 모든 사람이 하나님의 형상대로 지으심을 받은 평등하다는 정신이고 약자를 돕고 섬겨야 한다는 성경적인 디아코니아 사상에 근거한 것이라 할 수 있다.

이 사회신조는 곧 사회선교적 차원에서 이해할 수 있어야 한다. 교회의 존재와 목적은 인간의 사후 영혼 구원만이 목표와 목적이 아니고, 예수께서 "내가 이 세상에 온 것은 양들로 생명을 얻고 더욱 풍성하게 누리도록 하기 위함이라"(요 10:10)고 하신 말씀과 같이 인간이 이 세상에서 살아가는 삶에서 인간답게 살아가는 삶, 즉 사회적 생명, 영적인 생명, 생태학적 생명, 우주적 생명을 포함한 생명의 풍성함을 누리도록 하기 위한 목적인 것이다.

---

3 조선예수교연합공의회 제9회 회의록, "조선기독교연합공의회사회신조초안".

III. 한국 개신교회의 대북 지원 활동의 역사적 진행 과정의 단계

(사)남북나눔재단의 대북 지원 사업을 주도적으로 감당해 왔던 이문식 목사는 오랜 기간 동안의 대북관계 지원 사업의 경험을 통하여 최근까지의 모든 한국 개신교회의 대북 지원 사업의 과정을 다음과 같이 여섯 단계로 분류하고 있다.[4]

(1) 태동기(1991~1995)
남북교류협력법 제정과 기독교 대북 활동의 시작이 이루어진 기간이다. 한국교회의 참여가 부진한 상황에서 기독교NGO를 통한 통일 선교 운동이 시작된 기간이다. 대표적인 기관은 남북나눔운동, 굿네이버스, 한민족복지재단 등이다.

(2) 성장기(1996~2000)
북한의 식량난과 대북 지원 NGPO의 성장기이다. 우리민족서로돕기운동(1996. 6.), 좋은 벗들(1996. 12.), 한민족복지재단(1997. 2.), 유진벨재단(1997), 기아대책(1998), CCC젖염소보내기운동본부,

---

4 이문식 목사(남북나눔운동 이사, 광교산울교회 담임), "기독교 대북지원운동의 역사와 미래전망," (사)평화통일연대 자료집,『한국교회 초청 화해와 평화, 평화통일을 위한 포럼 ─ 한국교회 평화통일 운동 어디로 갈 것인가?』, 2023년 11월 27일, 장소: 한국기독교회관 조에홀.

우리민족서로돕기운동본부(범종교), 탈북자 지원NGO(모퉁이돌선
교회, 두리하나, 피난처).

(3) 분화기(2001~2007)

남북정상회담과 대북 NGO의 분화기. 대북 NGO의 현격한 성장,
민족 행사의 시작, 평화통일운동 NGO의 활동이 활발하게 이루어진
기간이다. 북한인권NGO의 활동이 부상하였다. 탈북자 지원 교회
및 보수 교회의 북한 인권 문제를 제기하였다. 2002년 10월 북미
간 대립 이후 유엔 및 미국에서 북한 인권 문제가 제기되었다.

(4) 냉각기(2008~2017)

이명박, 박근혜 정부에서 남북관계는 파행적으로 냉각되었다.
금강산 관광 중단과 개성공단 철수 등이 이루어졌다.

(5) 회복기(2018~2021)

문재인 정부 시절 평창동계올림픽을 매개로 남북 간에 화해 무드
가 다시 조성되었으나 한미동맹에 발목이 잡혀 실질적인 교류가 이루
어지지 못했다.

(6) 신냉정기(2022~현재)

북-중-러 대(對) 한-미-일의 적대적 대치에 의해 남북관계가 신냉
전기에 들어섰다.

IV. NCCK의 대북 지원 및 협력 사업의 전개 과정과 내용

1. NCCK 총무 권호경 목사(1989. 2.~1994. 재임)의 역할과 영향

한국기독교 민주화운동에 크게 기여했으며 한반도 평화통일운동의 최일선에서 앞장서서 수고한 권호경 목사가 사실상 남북 교류협력과 지원 및 사회발전에 가장 기여한 분이고, 가장 주목받아야 한다고 할 수 있다. 그는 기독교장로회 소속 목사로 일찍이 사회복지에 많은 관심을 가지고 있었으며, 사회선교에 힘쓰게 되면서 박형규 목사와의 관계에서 밀접한 영향을 받았고, 당국의 감시와 여러 번의 옥중 생활을 통한 고난을 몸소 경험한 바가 있는 분이다.

서울제일교회를 목회하던 박형규 목사와 목회를 함께 하면서 '남산부활절연합예배사건'(소위 '내란예비음모사건'), '수도권선교자금사건', '서도권실무자 장기구금사건', '긴급조치위반사건', '민청학련사건' 등으로 감옥을 여러 차례 가야만 했던 그였다. 특히 그는 수도권도시선교위원회5를 조직화했고, 주무간사로 실무를 맡으면서 도시

---

5 '수도권'이라 불렸던 수도권도시선교위원회의 동기와 목적은 "급격한 산업화에 의한 서울의 이상 비대화는 국가적 문제이다. 조국근대화, 공업입국 등의 구호 아래 진행되어 온 서울의 도시화 계획은 고층빌딩과 고가도로를 세웠을 뿐만 아니라 가난한 시민들의 보금자리를 파괴했고 생계 수단을 빼앗았다. 인간다운 삶을 누릴 권리는 하나님이 주신 것이다. 그러므로 그것이 인위적이고 제도적인 불의로 인하여 위협받거나 억압받는 경우에 교회는 눌린 자를 억압에서 해방하고 모순적인 제도를 바로잡기 위해 사회적 책임을 수행해야

빈민들의 삶을 향상시키기 위하여 많은 노력을 기울였다.

권호경 목사는 NCCK인권위원회 활동을 거쳐 홍콩에서의 CCA_URM 총무를 역임하는 가운데 국내 NCCK 총무 선임 문제가 어려워진 상황에서 1989년 2월 10일에 NCCK 총무로 취임하게 되었다. 그는 취임사에서 밝힌 바와 같이 교회일치운동의 중요성을 강조하는 한편, 교회 차원에서 남북 교류를 적극적으로 추진할 것을 강조하였다. 그리고 남북 교회가 정기적으로 교류하기 위해서는 주변 교회인 공산권 교회와의 관계 개선이 우선되어야 한다고 판단했다.

특히 중국 교회, 러시아정교회 등 전혀 교류가 없었던 동구권 교회와의 관계 개선이 필요하겠다고 생각하여 그들의 협력과 조언이 필요했다. 당시 동구권이 갑자기 붕괴되면서 러시아정교회가 재정적으로 매우 상황이 어려워졌다는 상황 판단과 중국 교회도 1980년대 갑자기 자유화가 이루어지면서 재정적 어려움을 겪게 된 것을 판단하여 NCCK는 실행위원회의 결의로 '공산권 성경찬송보내기운동본부'를 범교단적으로 조직하게 되었다. 이 운동은 회원 교단뿐만 아니라 비회원 교단, 즉 보수 계열의 교단들도 호응이 좋았다.

그리하여 중국의 대표적인 신학교인 남경신학교 도서관과 심양의

한다. 이것은 하나님의 엄숙한 명령이다. 눌린 자의 해방을 위한 교회의 모든 행위는 신의 부르심에 응답하는 진정한 신앙고백이자 그리스도인의 사랑의 참된 표현이다. 우리는 이러한 입장에서 이 나라의 아픔을 상징하는 소외지역 중 판자촌 지역을 선교의 현장으로 선택하고 빈민 문제의 근본적 해결을 지향하는 선교 활동을 펴기 위해 1971년 9월 1일 수도권도시선교위원회를 조직하게 되었다." 권호경, 『권호경 목사 회고록 역사의 흐름, 사람을 향하여』, 기독교 민주화운동 인물 06 (대한기독교서회, 2019), 160-161.

동북신학교 재건을 지원한 것이다. NCCK와 중국 교회와의 "한중교회의 연대와 선교협력" 협약서가 1993년 9월 9일에 이루어졌다. 또한 러시아정교회와의 관계도 재건되어 러시아정교회 국제 담당 책임자인 키릴 대주교가 한국교회를 방문했으며, 그리스정교회가 사용하고 있던 옛 러시아정교회 재산 등을 그리스정교회가 계속 사용할 수 있도록 배려해 주었다.

그리고 한국교회는 공산권 성경찬송보내기운동의 일환으로 WCC와 협력하여 러시아정교회가 성경 찬송을 인쇄할 수 있도록 그동안 비어있던 인쇄 공장에 기계 일체를 중고로 공급해 주었다. 그 외에도 헝가리, 루마니아, 체코, 베트남, 스리랑카, 말레이시아 원주민 교회 등에 성경과 찬송을 지원했다. 이 운동은 그동안 관계가 없었던 사회주의권 교회와 관계를 개선하는 데 큰 도움이 되었다고 한다.

특별히 권호경 목사가 남북관계 개선과 북한 지원 사업의 동력을 얻게 된 계기가 있었다. 즉, 분단 47년 만에 조선기독교도연맹(조기련, 1946년 설립될 당시 명칭이 '북조선기독교연맹'이었는데 1974년에 '조선기독교도연맹'으로 개칭했고, 1999년 2월에 또다시 '조선그리스도교연맹'으로 개칭했다) 초청으로 NCCK 대표가 북한을 방문하게 된 것이다. 방문 기간은 1992년 1월 7일부터 13일까지다.

이러한 초청의 배경에는 그동안 과정이 있었기 때문이다. 즉, 1984년 일본 도잔소에서 열린 '동북아시아의 정의와 평화협의회'에 북한 교회 대표가 오지는 않았지만 자료를 보내주는 성과가 있었고, 앞으로 남북 교회의 협의와 만남은 서울이나 평양에서 할 수 있도록 노력하자는 원칙에 합의한 것을 근거로 1990년 스위스 글리온에서 한반도 평화통일협의회가 열렸을 때, 1992년 8월 평양에서 평화통일협의회를 개최하기로 합의하였기 때문이었다.

한국교회 대표로 최초로 북한을 방문하게 된 권호경 목사는 WCC의 박경서 박사와 함께 북한을 방문하였다. 방문의 목적은 조그련의 강영섭 목사와 고기준 목사를 비롯한 북한 교회 대표단을 한국기독교교회협의회 총회에 초청하려고 하는데 참석 여부를 확인하고자 함이었다. 또한 1995년 희년을 준비하는 일과 남북 교회가 정기적으로 교류를 하자는 제안을 하고자 함이었다.

그런데 예정에 없었던 김일성 주석과의 만남이 갑자기 주선되었다. 그것은 권호경 목사가 북한의 목사들에게 나름 힘을 실어주기 위하여 김일성 주석을 만나볼 필요성을 느꼈기 때문에 그의 현지에서의 제안으로 출국 시간을 얼마 남겨두지 않은 상태에서 긴급하게 이루어진 것이었다. 물론 강영섭 목사와 고기준 목사도 동행하였다.

드디어 역사적인 김일성 주석과의 대담이 이루어졌다. 첫 만남에서 먼저 김일성 주석이 꺼낸 얘기는 1991년 12월 13일에 채택된 상호불가침과 교류, 협력에 관한 합의서 이야기였다. 권호경 목사가 이 합의서에 종교 교류가 빠져있다는 발언을 했고, 김일성 주석은 왜 종교 교류가 빠졌는지 비서에게 확인해 보라고 지시했으며, 이미 수표한 것이라 합의서에 다시 삽입할 수는 없으나 현재 이 합의서 내에서도 종교 교류는 할 수 있다는 답을 듣게 되었다.

이런 대화를 통해서 기회를 얻게 된 권호경 목사는 김일성 주석에게 이제 종교 교류를 현실화해야 한다고 말하면서 남한에 북한 교회 대표를 보내달라고 부탁하게 되었던 것이다. 그러나 결과적으로 제 41차 NCCK총회에 북측 대표들이 참석하기는 어렵게 되었다는 전화 통지문을 받게 되었다.

NCCK는 1992년부터 남북나눔운동을 시작하게 되었다. 북한 교회 대표단의 방문 보류로 남북 교회는 한반도에서 정기적인 교류를 실현하기가 어려워졌지만 남북이 서로 나눌 수 있는 것을 나누어 영적, 정신적 일치에 다가서 보자는 열망을 갖게 된 것이었다.

남북나눔운동과 남북인간띠잇기대회 등 남북이 합의한 희년운동의 일환으로 이루어지는 일들이 생겨나게 된 것이다. NCCK는 49개 교단의 교단장과 총무들을 초청하여 여러 차례 회의와 협의를 거쳐서 마침내 1992년 12월 8일 남서울교회에서 남북나눔운동 창립 준비대회를 열었다.

여기서 홍정길 목사가 사무총장으로 추대되었고 만장일치로 결정되었다. 홍정길 목사의 수고와 열정적인 20년 간의 헌신은 남북나눔운동에서 자세히 다루었다. 권호경 목사의 회고에 의하면, 남북나눔운동을 계획하던 초기에 NCCK 안에서도 반대하는 사람들이 많았는데, 결국 NCCK에서만 했더라면 그렇게 성공적일 수 없었을 것이라는 것이다. 이 사업은 공개적으로 할 수가 없었고 정부의 정보기관에서 간섭하거나 방해하는 일도 많았다고 한다. 그러나 일체 정치적인 목적 없이 오로지 기독교 신앙으로 헌신하였기 때문에 가능했던 것이라 할 수 있다.

2. 김영주 총무(2000~2007 재임)[6]

김영주 목사가 한국기독교교회협의회(NCCK) 총무로 사역을 한 재임 기간 중 우리 한국의 정부는 이명박 정권 말기였다. 그런데 이명박 정권이 시작되던 무렵 남북관계에 큰 영향을 준 사건이 발생했는데, 바로 금강산 관광 중이었던 박왕자 씨가 북한의 경비군인을 통해 저격당해 사망한 사건이었다. 곧바로 이 사건으로 말미암아 이명박 정권은 남북 교류를 전면 금지하는 조치를 감행했다. 그동안 남북 교회가 만나기 시작했고 교류협력을 강화시켜 오던 차에 남북교류협력법에 의해 정부가 잘 허가해 주지도 않았고 해외에서의 북한 교회 측 인사들을 만나는 데 많은 지장을 초래했다고 김영주 전 총무는 회상하였다.

당시는 북한 인사들과의 만남은 사전에 허가도 받아야 했고, 우연히 만났을 때도 사후에 신고해야만 했다고 한다. 이러한 정책은 박근혜 정부 때도 계속되었다. 한번은 북쪽 인사들을 허가 없이 만났던 모든 사람에게 각각 200만 원의 벌금형이 결정되어 벌금을 물어야만 했던 일도 있었다. 남북교류협력법은 사실상 남한의 민간과 북한의 민간이 협력을 도모하기 위해서 만들어진 법이었는데, 그게 오히려 족쇄가 되었던 것이었다. 김영주 총무는 NCCK의 총무, 종교인평화

---

6 김영주 목사와의 인터뷰 녹취록, 2024년 7월 8일, 한국기독교회관 1003호실에서, 참석자: 김영주 목사, 엄상현 목사, 이승열 목사.

회의 회장 자격으로 북한을 방문한 적이 있었다고 하였다.

김영주 총무는 (사)남북나눔운동의 대북 지원 및 협력 사업에 있어서 사실상 복음주의 계열의 여러 교회와 한국기독교교회협의회가 공동으로 협력적 사업을 하였기 때문에 NCCK도 적극적으로 참여하였다고 회상하고 있다. 옥수수와 밀가루 90톤을 보낸 사건을 기억해 보면, 중국의 애덕기금(Amity Foundation)을 통해서 북한을 지원해 주었는데 그때 정부는 절대로 보내지 말라고 하는 것을 제3국인 중국을 통해서 기차로 보낸 것이었다.

훗날 그가 북한을 방문하였을 때 강엽섭 목사(당시 조그런 위원장)는 당시 NCCK가 보내 준 옥수수와 밀가루 90톤은 9천 톤을 보내 준 것 이상의 효과가 있었다며 감사했다고 회상하였다. 그러나 두 번째 보낸 옥수수는 방사능 수치가 높아서 식용으로 적절하지 못해 중국 애덕기금에 항의한 적도 있다고 회상하였다.

특별히 김영주 목사는 대북관계로 남한의 여러 교단의 대표들이 북한 측 교회의 지도자들을 만날 때 한 가지 문제점을 지적하고 있다. 북한 교회의 요청으로 함께 중국으로 가서 만난 교단의 대표자들을 따로따로 만나서 식사도 하고 선물도 주고 논의도 해 온 것인데, 회의의 내용이나 북한 교회의 요청을 공유하지 못해 비효과적이었다고 보았던 것이다. 그 한 예가 온실을 만든 프로젝트였다. 그리고 북한 측 인사들을 만날 때는 혼자 단독으로 만나는 것은 결코 바람직하지 않고 두 사람 이상이 함께 만나야 실수를 안 한다는 지혜를 나누어 주었다.

가장 아쉬웠던 경험은 세계교회협의회(WCC) 제10차 부산총회를 앞두고 세계교회의 총대들이 독일 베를린에서부터 평화열차를 타고 러시아와 중앙아시아, 중국을 거쳐 북한 땅을 통과하여 부산에까지 평화 메시지를 담고 가는 프로젝트였는데, 북한과 남한 정부가 불허해서 결국에는 기차로 중국에 와서 비행기로 한국에 들어오게 된 일이었다.

김영주 목사는 한국교회의 평화통일운동에 있어서 중요한 것은 한국 정부, 북한 정부, 우리 시민사회와 우리 한국교회가 서로 이해하고 정립할 수 있도록 전문성과 대중성을 확보해야 한다는 점을 강조하였다.

3. 이홍정 총무(2017. 11.~2023. 7. 재임)[7]

이홍정 목사는 예장(통합)총회 사무총장 출신으로 특별히 선교학 박사학위를 영국에서 취득하였고, 필리핀아태장신대 총장을 역임한 선교학자로서 남북평화통일에 대한 지대한 관심과 열정을 지닌 분이다. 특별히 북한대학원대학교에서 북한학 박사과정도 밟아가던 과정이 있었고, 오늘날 남북관계가 최악의 상태에 빠져 있는 상황에서도 희망의 끈을 놓지 않고 있으며, 2005년에 6.15공동선언실천을 위한 민족공동위원회가 구성되어 남측위원회, 북측위원회, 해외측위원회

---

7 2024년 4월 1일 엄상현 목사와 이승열 목사의 원주방문을 통한 이홍정 목사와의 인터뷰 녹취록을 통한 자료.

삼자 구도의 협력 체계가 만들어진 이후 최근 들어 6.15공동선언실천을 위한 남측위원회의 상임대표의장을 맡고 있다가, 최근에 좀 더 확장된 조직으로 만들어진 '자주통일평화연대'(평화연대)의 상임대표로 민간 차원의 평화통일운동을 이끌고 있다.

이홍정 목사는 2017년 11월에 한국기독교교회협의회 총무로 취임하고 7년 동안 사역하였는데, 그가 총무로 사역을 시작한 2017년 5월에 취임한 문재인 대통령과 진보정권은 평화적인 대화와 정책을 유지하고 발전시키려고 힘썼으나 북한은 계속해서 미사일 실험을 멈추지 않았고, 2017년 연말에 이르러서는 소위 핵미사일 개발을 완성했다는 보도까지 나오게 되었다.

그런 상황에 2018년 3월에 전개하기로 했던 한미군사훈련을 잠정적으로 연기하고 그런 응답의 결과로 평창동계올림픽에 남북이 같이 참여하는 결실을 얻어낼 수가 있었다. 그 이후 한반도평화프로세스가 시작되었는데, 이어서 2018년 판문점에서 열린 남북정상회담에서 문재인 대통령과 김정은 국무위원장은 공동으로 4.27판문점선언을 발표하기에 이르렀다.

이 판문점선언의 내용은 남북관계 개선과 발전, 남북 간 군사적 긴장 상태 완화와 전쟁 위험의 실질적 해소, 한반도의 평화 체제 구축 등이었다. 그 영향으로 강원도 철원의 최전방 DMZ 지역에 있는 유명한 화살머리고지에서는 상징적으로 최전방 감시초소인 양쪽의 대표적인 GP를 폭파시켰고, 지뢰지대를 제거하는 이벤트와 경계부대의 지휘관들이 군사분계선에서 만나서 악수하는 화해의 제스쳐도 역사적으로 남길 수가 있게 되었다.

그해 6월에는 북미 간 정상회담이 트럼프와 김정은 사이에 이루어져 싱가포르 선언이 나왔고, 이후 9월에는 다시 평양정상회담을 통해서 9.19평양선언과 그것에 따른 군사합의서가 채택되어 그야말로 한반도에 분단과 냉전의 녹슨 문이 열리고 평화의 봄이 본격적으로 올 수 있다고 하는 꿈을 가지게 되었었다. 그러나 그럼에도 불구하고 소위 동맹 세력인 미국을 중심으로 국가적 이해관계가 그 한계를 넘어서지 못하고 2019년 2월에 있었던 베트남 하노이 회담이 무산되면서 남북관계와 북미관계는 또다시 냉각기에 들어가게 되었다.

북한 측의 일관된 태도는 체제 안정을 우선적으로 보장하지 않는 한 민간 교류는 의미가 없다는 입장을 지속적으로 밝혀왔는데, 그런 시기에도 한국기독교교회협의회는 심양 등지에서의 만남이나 간헐적 접촉을 했지만 2019년 이후에는 모든 소통이 공식적으로 단절되고 말았다.

이홍정 목사의 회고에 따르면, 2014년에 현재의 북한 기독교 대표 단체인 조선그리스도교연맹의 위원장인 강명철 위원장이 해외무대를 통해서 처음 모습을 드러내었다. 그의 선친인 강영섭 위원장이 사망한 후 한동안 공백기가 있었고 그의 아들 강명철 목사가 위원장을 이어받았는데, 2014년에 도잔소 프로세스 30주년을 기념하는 스위스 보세이에서의 국제심포지움이 열렸을 때 처음으로 참석하여 그의 존재를 세상에 알리게 되었다.

이 국제 심포지움에서 대만의 빅터 슈가 발제를 할 때 조그런 대표들이 자리를 박차고 떠나는 일이 있었다는 것이다. 그 이유는 'Huma- nitarian Aid'(인도주의적 구호)라는 용어 자체가 잘못되었다는 주장이었다. 북조선은 더 이상 국제적으로 지원을 통해서 후원금이나 받는 나라가 아니라는 것이었다. 그래서 그 이후로부터는 인도주의적 구호를 뜻하는 'Humanitarian Aid'라는 용어 대신에 'Humanitarian Cooperation'(인도주의적 협력)이라는 용어를 대체하여 사용했다고 한다.

한국기독교교회협의회(NCCK)는 1990년대부터 강영섭 위원장에게 한국교회의 사회선교에 대한 이야기를 해 왔다. 강영섭 위원장의 보고에 의하면, 북한에는 500여 개의 지역 처소(가정예배 모임)가 있는데 그 지역 처소들이 그 지역의 사회선교센터 기지로 개발하면 사회주의권에서도 기독교 선교를 잘 이해할 수 있고, 기독교가 북한의 인민들을 섬기는 일을 한다고 이해가 된다면 인민들에게 인정받는 종교로 기독교가 뿌리를 내릴 수 있을 것이라는 긍정적인 대답도 한 적이 있었다. 이런 생각은 나중에 엄청난 규모의 프로젝트로 변하여 실행이 어렵게 되었던 경험이 있었다고 했다.

이홍정 목사의 회상에 의하면, 조선그리스도교연맹의 대표들을 만날 때마다 조그련의 조직과 기본 사업을 유지하기 위한 후원금으로 5만 달러 정도 수준에서 두세 차례 지원한 경험이 있다고 했다. 그러나 인도주의적 협력 사업을 위한 프로젝트를 만들어서 진행한 것은 없었다고 회상하였다.

그는 2018년 한반도평화프로세스가 진행되고 4.27판문점선언과 9.19선언을 통해서 큰 진전이 이루어졌고, 특별히 평양정상회담에서 평양 시민 15만 명을 모아놓고 김정은 위원장이 직접 문재인 대통령을 소개하고 연설하게 했다. 이때 남한의 종교 지도자들도 주석석에 같이 앉아서 그 장면을 목격했는데, 평양 시민들이 열광하는 모습을 보면서 통일에 대한 열망이 정치적으로 왜곡되지 않으면 얼마나 좋을까 생각했었다고 하였다. 그러나 하노이에서의 회담이 미국의 이해관계와 정면으로 부딪히는 결과로 결렬되면서 다시 역주행의 바퀴가 돌아가기 시작했다고 했다.

이는 내년이면 미완의 해방 80주년을 맞이하는데 일제강점기 이후 분단과 한국전쟁 냉전 시기를 거치면서 오늘에 이르기까지 미국이라고 하는 제국과 동맹관계의 한계를 넘어서지 않는 한 분단의 문제를 해결할 수 없다는 것이 너무나 명확해졌다는 것이다. 이런 맥락에서 보면 문재인 정부 역시 판문점선언과 평양정상회담 이후에 남과 북이 자주적으로 평화 공존의 길을 열어가는 토대를 더 견고하게 만들어 내고 그다음에 북미관계 정상화에 올인했으면 다른 결과를 만들어 낼 수 있지 않았을까 생각이 든다. 북미관계 정상화를 너무 쉽게 따려고 하는 과정에서 미국의 이해관계를 관철시키지 못하고 한반도평화 프로세스가 좌초되었다고 평가하고 있다.

그 결과 강한 보수 정권의 이데올로기적 리액션이 발생했고, 윤석열 정권이 들어서서 지금과 같이 반평화적이고 반통일적인 상황이 되어버린 것이라는 것이다. 그래서 평화, 민족, 통일 같은 용어까지도 다 삭제해 버리고 평화통일운동을 하는 남한의 일꾼들마저도 반국가 세력으로 지칭하는 지경에 이르게 되었다는 것이다.

이홍정 목사는 한국의 교회들은 대부분 북한 체제가 붕괴하게 되면 북한에 두고 온 옛 교회들을 어떻게 재건할 것인가를 위해서 교파별로 예산을 세우고, 기도 모임을 하며, 경쟁적으로 북한에 자기들 교파의 교회들을 많이 세우려는 계획과 정책을 가지고 있다고 보았다. 이는 반공주의와 흡수통일이라고 하는 기조를 유지하고 있기 때문이다. 또한 이것은 반공, 친미 이데올로기에 근간한 하나님의 나라를 세우겠다고 하는 생각이 중심이 되어 있으며 북한에 대한 우월감, 우월주의, 온정주의의 한계를 벗어나지 못하고 있기 때문이라고 보았다.

4. 한국교회남북교류협력단

2018년에 WCC 창립 70주년 기념 행사가 스위스 제네바에서 있었다. 이 대회에는 NCCK 총무 이홍정 목사와 북조선 그리스도교연맹 강명철 위원장도 초대되었다. 이 행사에는 가톨릭의 프란체스코 교황과 동방정교회의 바돌로메 에큐메니칼 총대주교도 와서 남북한 교회의 대표들을 만나고 한반도 평화통일에 대한 깊은 관심을 표명했다. 중요한 것은 평화 공존의 시대가 열리면 서로 교류하면서 북한의 사회주의 기독교의 발전을 위한 일차적 책임을 조선그리스도교연맹이 져야 하고, 남한의 교회는 교파 중심이 아니라 단일한 하나의 기독교로 나아가야만 하는 과제를 안고 있는 점이었다.

이홍정 목사는 이 모임에 참석하고 돌아와서 그의 제안과 추진에 의해서 한국교회남북교류협력단을 조직화하였다. 여기에는 NCCK의 화해통일위원회(당시 위원장 나핵집 목사), 보수 교단 대표로 여의도 순복음교회의 이영훈 목사와 기성의 성락교회 지형은 목사 그리고 YWCA(한영수 회장)가 공동의장으로 이끌었다. 이 단체를 통해 이루어진 구체적 사업 중 하나는 조선그리스도교연맹이 운영하는 빵 공장의 노후된 기계를 교체하기 위한 모금 프로젝트 지원이다. 세계적으로 코로나19가 전염병으로 휩쓸었던 도중 2020년에는 집행위원회 8차 회의를 통해서 조선그리스도교연맹에 마스크를 지원하기 위하여 후원하기로 결의하였고 실행하였다.[8]

5. NCCK 총회회의록에 기록된 평화통일 및 대북 지원 및 협력 사업의 자료

한국기독교교회협의회(NCCK)는 창립 100주년을 맞는 금년 2024년도를 준비하는 기념 사업의 일환으로 『한국기독교사회운동사 사료집』을 발간했다. 1999년도까지의 총회회의록에 수록되어 있는 자료 중에 남북평화통일과 대북 지원 및 협력 사업과 관련한 중요 문서 자료를 발췌하여 소개한다.

---

8 한국교회남북교류협력단, 집행위원회 8차 회의록.

— "민족의 통일과 평화에 대한 한국기독교회 선언"[9]

— "세계교회협의회 한반도의 평화와 통일을 위한 글리온(Glion)선 언"[10]

— "평화통일회년을 향한 동경회의 합의문"[11]

— "한반도 평화통일을 위한 글리온 제3차 협의회 합의서"[12]

— "1995 희년을 향한 기독교 평화통일 협의회 메시지"[13]

— "1995년 희년을 준비하는 평화통일 선교대회 선언문"[14]

— "평화통일회년준비위원회의 남북나눔운동과 관련한 회의록: 간담 회, 1차-3차 실무소위원회 및 1, 2차 준비위원회, 남북나눔운동 창 립준비 예배 및 발기인대회 포함"[15]

— "민족의 통일과 평화에 대한 제41회 총회선언문"[16]

— "평화와 통일을 바라는 남북인간띠잇기대회"[17]

— "평화와 통일을 바라는 남북나눔운동본부" 사업보고[18]

---

9 한국기독교교회협의회 편, 한국기독교교회협의회 총회록 — 한국기독교사회운동사 자료집 제11권(1988-1990), 1988. 2. 29. (한국기독교교회협의회, 2021), 148-153.

10 같은 책, 1988. 11. 25., 161-162.

11 한국기독교교회협의회 편, 한국기독교교회협의회 총회록 — 한국기독교사회운동사 자료집 제12권(1994-1995), (한국기독교교회협의회, 2021), 147-152.

12 같은 책, 91-92.

13 같은 책, 1991. 8. 14., 386-388.

14 같은 책, 1991. 11. 23., 403-405.

15 같은 책, 한국기독교교회협의회 제42회 총회록, 79-81. 1993., 504-506.

16 같은 책, 1992. 2. 17., 569-573.

17 한국기독교교회협의회 편, 한국기독교교회협의회 총회록 — 한국기독교사회운동사 자료집 제13권(1991-1993), 1990. 7. 13. (한국기독교교회협의회, 2021), 89-90, 508-510.

- "한반도 평화와 통일을 위한 제4차 기독교 국제협의회"[19]
- "북한 홍수 피해를 돕는 긴급한 인도적인 협력"[20]
- "최근 북한 식량 사정에 대한 우리의 입장"[21]
- "[한반도의 통일과 나눔]협의회"[22]
- "한국기독교교회협의회 방북 보고(제1차)"[23]
- "한국교회 대표단 방북 결과보고", 1998. 9. 22~29.[24]
- NCCK 제48회총회회의록: 통일위원회 보고서 중 연대사업(한국기독교북한동포후원연합회: 결핵 검진차 제작, 아동의류 지원, 비료 100톤 외 밀가루, 분무기, 삽, 의류, 등 5억 원 규모의 지원, 지금까지의 한국교회 대북 지원 상황 보고: 제1차(1997.4.3. 봄무, 배추 종자 1,126톤, 감자 1,650톤, 약 10억 원), 제2차 (1997. 6.23., 라면 10만 상자, 약 4억 5천만 원), 제3차(1997. 7.23. 라면 5만 상자, 약 2억 5천만 원), 제4차(1997. 8. 26. 밀가루 2,500톤, 분유 26톤, 약 10억 원), 제5차(1998. 4. 15. 밀가루 2,000톤, 쌀 57.26톤, 약 10억 원), 평화통일을 위한 남북나눔운동본부[25]

---

18 같은 책, 511-512.
19 한국기독교교회협의회 편, 한국기독교교회협의회 총회록 ― 한국기독교사회운동사 자료집 제14권(1996), (한국기독교교회협의회, 2022), 104-112.
20 같은 책, 454-455.
21 같은 책, 456-457.
22 같은 책, 호주 Mulgoa, 에드몬드 라이스(Edmond Rice) 수양관, 1998. 3. 16-18., 132-138.
23 같은 책, 140-119.
24 같은 책, 152-155.

V. 예장총회(통합) 대북 지원 사업[26]

예장총회는 대북한 지원 사업에 있어서 선교적 차원에서는 남북한선교통일위원회가 중심이 되어 정책의 수립과 교육 및 훈련을 맡아 왔고, 대북한 지원 및 협력 사업은 사회봉사부를 통하여 모금과 지원 사업을 감당해 왔다. 그러나 남북한선교통일위원회도 간간이 비공식적으로 개교회를 상대로 모금을 통해 북한재해구호사업기금을 마련하여 돕기도 하였다. 그러나 오늘날은 총회 기구 개혁을 통해서 사회봉사부가 도농사회처로 이름을 변경하고, 다양한 사회선교적인 부서와 위원회를 통합하여 남북한선교통일위원회도 함께 도농사회처에 소속되어 실무를 맡아보게 되어 효과적이라 할 수 있다.

예장총회의 대북한 지원 사업이 활발하게 이루어지기 이전 역사를 살펴보면, 오랜 세월 동안 반공이데올로기적인 보수 입장이 유지되어 온 것을 알 수 있다. 그러나 시대의 변화에 따라서 대북한관도 변화된 것이 사실이다. 그러나 아직까지도 대다수의 목회자, 평신도 지도자는 보수적 성향에 머물러 있다고 할 것이다.

1987년 9월 총회에 보고된 회의록에 의하면, 북한 동포에게 라디오 보내기 운동을 허락해 달라는 청원이 허락되었고, 북한에 보낼 성경 비축 운동(2,000만 권)이 허락되었다. 그리고 북한전도대책의

---

25 같은 책, 580-590.

26 이승열, "한국 개신교회의 해외재해구호사업에 관한 고찰," 홍사성 편, 「불교평론」제17권 제1호 통권 61호(2015, 봄): 162-185.

활성화를 위하여 사무실을 허락하여 달라는 청원이 허락되었다.[27] 그러나 다음 해인 1988년에는 한국기독교교회협의회가 '민족통일과 평화에 대한 한국기독교회선언'을 발표하자 예장총회의 북한전도대책위원회와 교회연합사업 및 사회문제대책위원회 그리고 NCC파송 교단대표 합의 사항으로 성명서를 발표했다.

> 첫째, NCC의 평화통일에 관한 선언문은 시대에 앞선 예언자적 발언으로 그 신념의 용기와 신학적 통찰력을 높이 평가한다.
>
> 둘째, 그러나 NCC의 평화통일에 관한 선언문의 발표를 전후하여 본 교단의 파송위원들이 본교단 관계부서와 충분한 협의가 없었던 것을 매우 유감스럽게 생각한다.
>
> 셋째, 한반도의 평화통일은 선교적 차원에서 매우 중요한 과제이므로 총회 내에 민족평화통일 연구위원회를 상설기구로 설치하여 보다 진지하게 연구하여 우리 교단의 입장을 공식기구를 통해 발표키로 한다.[28]

그리고 이어서 몇몇 노회들(서울동노회, 평양노회, 함해노회)이 비판적 차원의 성명서를 발표하였다. 그다음 해인 1989년에는 문익환 목사가 현행법을 어기고 방북하여 김일성과 만나서 대화하고 온 사건

---

27 한국기독교교회협의회 편, 『한국기독교사회운동사』, 대한예수교장로회총회록 자료집 제16권(2023), 360.

28 같은 책, 415.

이 발생하였는데, 대부분의 교단과 마찬가지로 반공이데올로기적 분위기가 중심이 되어 있는 한국교회로서 총회장이 발표한 시국담화문에는 여전히 철저한 반공적 차원에서 문익환 목사의 방북 사건을 비판적이고 부정적으로 평가하고 있는 점이 여실히 나타나고 있음을 알 수 있다.[29]

    예장총회의 대북한관이 반공적 입장에서 변화를 가져오게 된 계기는 1991년도에 남북한이 동시에 유엔에 회원국으로 가입을 하게 되면서부터 달라지기 시작한 것으로 이해되고 있다. 1991년 9월 18일자로 총회에서 발표된 당시 총회장 김윤식 목사의 이름의 성명서에 의하면 대한예수교장로회는 1991년 9월 12일부터 18일까지 서울 소망교회당에서 "화해와 평화를 실현하는 교회"(약 3:18)를 주제로 전국 4,797 교회 190만여 성도를 대표하는 1,498명 총대가 제76회 총회로 모여, 회기 중에 국제연합(UN)에 남북한이 동시에 가입하게 된 일을 보면서 이에 하나님께 영광을 돌리며 우리의 입장을 천명한다. … 그러나 우리는 남북한의 유엔동시가입은 오직 평화와 통일로 가는 길의 시작에 불과함을 잘 알고 있으며 사회 일각에서 유엔동시가입으로 인하여 분단상태가 고착화되어질 것을 우려하는 시각도 있으나 오히려 적극적인 평화통일의 계기로 삼아야 한다. 이러한 역사적 시점에서 오늘의 사회현실을 보면 자성하고 자세를 새롭게 하여야 할 필요가 절실하다 …"[30]

---

29 같은 책, 461-464.

예장총회의 대북한 관련 입장은 제81회 총회인 1996년도 이르러 탈북자(새터민)들이 늘어가기 시작하는 상황에 접하여 사회봉사부를 통해서 통일 시대를 대비하여 갑작스럽게 늘어날 귀순 동포들을 위한 대책을 세울 수 있도록 해달라는 청원서가 올라오고 허락되었다.

총회 사회봉사부는 오래전부터 전국 교회가 '사랑의 현장 갖기 운동'이라는 캠페인을 실시하여 사랑을 실천하는 교회가 되기 위해 힘썼다. 이러한 운동으로 다양한 국내외적인 사랑의 실천을 위한 구호 활동이 전개됨을 볼 수 있다.

다음의 자료들은 예장총회 회의록에 수록된 대북한 지원 및 협력 사업의 기록들과 최근에 정리된 "대한예수교장로회총회 평화통일운 동"[31]이라는 제목으로 종합적으로 정리된 자료를 근거로 작성하였다. 이 자료에는 평화통일운동과 관련된 역사적 흔적이 조직, 주요 연혁, 평화통일 정책의 변화교육훈련사업, 인도적 협력 사업(일반구 호 사업: 식량/의류 지원, 보건의료 지원 사업: 의약품 및 의료 장비 지원), 농업지원 사업, 교회 및 신학교 건축, 대북인도적 지원 사업(통일부위 탁사업), 국내외 협력 사업(연대 사업) 순으로 총망라되어 있으며 모든 통계와 사업 내용이 상세히 기록되어 있다. 그러나 이 글에서는 대북 한 지원 및 협력 사업의 내용만을 중심으로 서술하되, 상세한 금액의

---

30 같은 책, 616.

31 이명숙, "대한예수교장로회총회 평화통일운동," (사)평화통일연대, 『한국교회 초청 화해 와 평화, 평화통일을 위한 포럼 자료집 — 한국교회 평화통일 운동 어디로 갈 것인가?』 (2023. 11. 27., 장소: 한국기독교회관 조에홀), 38-48.

액수나 수량은 생략하려고 한다. 특별히 대북 구호 사업에 관한 자료는 다음과 같다.

우선적으로 주요 연혁 중에서 소개할 내용은 1988년에 봉수교회 건립, 1990년에 칠골교회(반석교회) 건립, 1996년 북한주민돕기범교회운동(쌀 보내기 운동), 2001년 빵 공장 설립, 어린이병원 개선, 북한 어린이 옷 보내기, 2002년 온실 건축사업, 2003년 평양신학교 건축, 2004년 봉수 제2온실 준공, 용천역폭발사건 구호, 2014년 칠골교회 재건축, 2017년 라선시 양계장 건축사업, 2022년 통일부 정책사업으로 북한 취약계층 어린이 영양 개선 사업 등이 있다.

북한의 식량 위기 상황이나 수해 등의 재난 재해를 돕기 위한 지원 사업은 구체적으로 북한의 식량 위기로 인한 대량 아사 사건이 발생하던 때인 1995년 기점으로 활발하게 진행되었다. 1995년부터 1998년까지 식량 지원 사업으로 옥수수, 밀가루, 탈지분유가 지원되었고, 1999~2003년 겨울에는 겨울옷(잠바, 양말, 어린이 옷, 내의, 담요 등) 보내기, 2004년 용천역 폭발사고 시에는 어린이 내복, 성인 내복, 신발, 밀가루 등, 2004년 나선시 보육원 설립, 2007년에는 콩기름, 밀가루 등 식량 구호, 2008~20013년 분유, 제빵 재료, 밀가루, 라면 등, 2014~2015년 겨울에 어린이 겨울 내의, 2016년에 두만강 수해 구호를 위한 담요, 2017년 라면, 태풍 구호(라이언록), 라면, 2018~2019년에 콩기름, 밀가루 등, 2002년 TVCR 등의 지원 사업이 있었다. 그러나 이 지원 사업은 예장총회 산하의 여러 단체의 협조와 연대를 통하여 이루어졌는데, 대표적인 단체는 굿타이딩스, 오도선교회, 국제사랑재단, 별빛재단, 적십자사, 한국기독교북한동포후원연합회, 총회농어촌부, 총회남북한선교통일위원회, 북민협, 유진벨. 호주교회 Uniting World 등이다.

보건 의료 지원 사업(의약품 및 의료 장비 지원)으로는 1998~2018년에 결핵 약품, 결핵 검진 차량 지원, 의약품 지원, 결핵 이동 진료 버스 지원, 앰뷸런스 지원 등의 지원 사업이 있었다.

농업 지원 사업으로는 1998년 세계선교협의회(CWM)의 북한농업개발협력사업비의 지원을 통하여 시작된 이후 2017년까지 10회에 걸쳐서 복합 비료, 요소 비료, 못자리용 비닐, 온실 건축, 태양열 온실 자재 지원, 양수기, 양계장 건축사업 등이 있었다.

VI. 기독교대한감리회 총회의 대북 지원 사업[32]

대한기독교감리회 총회의 총회록에 나타나고 있는 북한선교적 차원의 기록은 1974년도 회의록에 최초로 나타나고 있다. "제4차 특별총회회의록 부록 별지 2-1"의 "선교국 사업보고"에 "북한선교"

---

32 기독교대한감리회 총회 서부연회 총무로 오랫동안 헌신한 전용호 목사와의 2024년 3월 12일의 인터뷰를 통한 자료와 기감총회 서부연회로부터 입수한 자료.

부분이다.

즉, 1971년에 연회경계위원회에서 북한 6개 도를 4개 연회로 구획했다는 기록과 1972년에는 제2차 정기이사회에서 북한선교를 위한 기도 주간 천만 원 선교기금 모금을 위해 개체교회 예산 500분의 1 상납을 결의하기 위해 준비위원회를 결성했다는 보고다.

> 1972년에는 매주 1회 북한 동포를 위한 메시지(국책에 의해 중단), 1973년 세계기도주일을 북한선교주일로, 북한선교위원회 조직(7명), 북한선교주간으로 미선교부에서 1,500불을 1973년분으로 승인했다는 보고, 북한선교연구위원회가 모여 정책 방향과 예산심의의 통과했다는 보고가 기록에 있다.[33]

그리고 1986년에 들어와 제17회 총회록에는 북한선교 사업에 대한 보고가 있다. 즉, 1986년 7월 4일 감리교 민족통일과 북한선교를 위한 문제를 선교국위원회에서 논의하고, 교단적인 남북통일문제연구위원회의 조직을 총회본행위원회에 위촉한 바가 있으며, 북한선교와 통일 문제를 협의하기 위하여 김준영 총무가 세계교회협의회의 초청으로 9월 초에 스위스, 미연합교회의 초청으로 9월 말에 미국 하와이에서 회의를 하고 돌아온 바 있음과 앞으로 북한선교 정책을 연구

---

33 한국기독교교회협의회 편, 『한국기독교사회운동사』, 기독교대한감리회총회록(1949~1992) (2023), 58.

하여 교단적으로 사업을 추진할 계획이라는 보고가[34] 기록되어 있다.

1988년의 제18회 총회회의록에는 감리교 평화통일정책위원회가 1988년 9월 8일 실행위원회에서 조직 구성되었음을 보고하고 있다. 그리고 북한선교 사업이 이듬해 1990년 제19회총회회의록에 보고되고 있다. 6.25상기 및 남북평화통일기원대성회, 통일 이후 북녘땅에 300개 교회를 설립할 기금을 모금하고 있는 사업, 제1회 북한선교세미나개최건 등이다.[35] 이어서 1989년의 감리교 평화통일 정책협의회, 조국평화통일과 선교에 관한 기독교인 동경회의와 평화통일 희년을 향한 동경회의 합의문 발표 등이 보고되고 있다.

이 동경회의의 참석을 계기로 감리교단의 대북한선교에 대한 입장이 변화를 보이기 시작하고 있음이 감지되고 있다. 즉, 1995년 한반도평화통일희년 실현을 위하여 남북 교회가 합의한 정책과 실천사항들을 감리교단 차원에서 실천하는 협의회를 개최하였고 구체적 실천을 위한 문서를 발간하여 전국 교회에 배포한 것이다. 그리고 이 협의회에서는 "한반도 평화통일 희년 실현을 위한 감리교회의 선언"이 채택되었다.[36]

---

34 같은 책, 196.
35 같은 책, 282.
36 같은 책, 330-334.

1. 기독교대한감리회 총회선교국의 평화통일 정책

감리회 선교국의 평화통일 정책은 평화통일위원회를 중심으로 한반도에서의 전쟁 반대와 종전 선언 그리고 평화와 상생의 가치를 목표로 진행되고 있고, 온 세계 감리교인들이 한반도의 평화와 통일을 위하여 기도하고 관심을 가지고 헌신할 수 있도록 세계 감리교회와의 연대와 협력을 강화하고 있다.[37]

감리회의 서부연회는 해방 전에 북한 지역과 만주 지역, 즉 동북삼성 지역에 있었던 감리교회의 재건을 위해서 조직된 연회다. 원래 1931년에 원산을 중심으로 동부연회, 평양을 중심으로 서부연회, 서울을 중심으로 한 중부연회 3개 연회가 설립되었으나 1940년대에 해산되었고, 광복 후 1946년 10월에 재건되어 1949년까지 지속되었다. 그러나 한국전쟁 당시 북한의 대대적인 박해로 인해서 교회들과 신앙 공동체가 모두 붕괴되면서 다시 단절되었다.

1951년 11월 1일 부산에서 중부, 동부, 서부 연합연회가 개회되어 서부연회장에 이진구 목사가 선출되었다.[38] 이후 1990년대에 들어와 통일과 북한 지역 선교에 대한 관심이 높아지면서 서부선교연회라

---

37 방현섭 목사(기독교대한감리회 선교국 평화통일위원회 서기), "기독교대한감리회 평화통일운동," (사)평화통일연대, 『한국교회 초청 화해와 평화, 평화통일을 위한 포럼 — 한국교회 평화통일 운동 어디로 갈 것인가?』, 자료집, 2023. 11. 27., 장소: 한국기독교회관 조에홀.
38 기독교대한감리회 서부연회본부, 제2차 재건 제30회 서부연회 연회자료집, 2023년 6월 8일, 함북지방 부암교회, 18.

는 이름으로 재건되었다. 즉, 1991년 총회실행부위원회에서 결의하고 1992년 동부연회 박성로 감독을 관리자로 임명하면서 재건된 서부연회는 1998년부터 북한 지역에 세워졌던 388개 감리교회 재건을 목표로 대북 지원, 평양신학원 운영지원, 평화통일기도회, 북한선교 정책세미나, 탈북민 지원 등 다양한 사업을 추진해 왔다.

전용호 목사는 대한기독교감리회 총회의 서부연회 총무로 2003년 2월부터 2011년 7월까지 여러 가지 대북 관련 사역을 감당하였다. 그는 지금까지 여러 차례 북한을 방문하였는데, 그가 제일 먼저 회고한 내용은 세계교회협의회와의 관계에서 한반도 에큐메니칼 포럼이 생겨난 배경에 기여한 내용이었다. 2009년에 독일 프랑크푸르트(Frankfurt) 인근 지역에 있는 아놀드하임(Arnoldheim)에서 결성이 되었을 때 한국기독교교회협의회(NCCK) 기장 소속 최혜원 목사가 많은 수고를 했다고 회상했다.

최혜원 목사의 회상에 따르면,[39] 2013년 WCC 한국총회 때 평화 열차를 기획하였고 대북 지원 사업을 했다. 이 대북 지원 사업은 때때로 중국의 애덕기금(애미티 재단: Amity Foundation)을 통해 북한 지원 기금을 송금하기도 했는데 북한은 이런 애덕기금과 같은 시스템을 만들어 주기를 원했다고 한다. 이 당시 한국기독교교회협의회의 대북 지원 사업은 한반도 에큐메니칼 포럼과 화해통일위원회와 협력 사업으로 이루어졌다.

---

39 2024년 5월 15일 최혜원 목사와의 전화 인터뷰를 통한 자료.

한국교회의 대북 지원 사업에 있어서 중요한 점은 북한 측에서 한국교회가 구호, 지원, 일 등을 의미하는 인도주의적 구호 사업(Humani-tarian Work)이라는 단어에 대한 거부 반응으로 주장하고 제안한 것이 인도주의적 협력 사업(Humanitarian Co-work)이었다. 이는 자존심이 상하는 문제였기 때문이다. 북측에서는 한국교회가 북한을 돕는 지원 사업에 교만하게도 잘난 척이나 있는 척을 했다고 느꼈기 때문이었다. 이는 디아코니아 사역에 있어서 기본적이고 매우 중요한 부분이 아닐 수 없다. 북측의 주장은 디아코니아신학의 입장에서는 원칙적으로 맞는 말이다. 독일의 디아코니아신학에서 주장된 언급은 다음과 같다.

　　돌봄은 항상 하나의 불균형적인 관계다. 돕는 자는 도움을 받는 자보다 더 많은 힘을 가진다. 그렇지 않으면 그는 돕지 않을 것이다. 따라서 사회학적 테제는 표면적으로 도움을 받는 자들에게 최선의 것을 실행하게 되는 도움이 숨겨진 지배력이라는 점과 그 도움은 실제로 도움을 주는 자의 관심에 기여하는 것이라는 점이 커다란 설득력을 가진다. 돌봄 속에 숨어 있는 지배력은 돕는 자와 도움을 받는 자 사이에서 직접적인 관계로 보일 수 있다. 도움을 주는 자는 도움을 받는 자들 가운데서 자신의 우월적 욕구와 지배 욕구를 만족시키며, 근본적으로 도움을 받는 자의 독립성에 대해 관심을 갖지 않는다. 그러나 도움 속에 숨겨진 지배력은 도움의 필요성에 의해 정당화되고, 그래서 관심을 가지며, 위기를 정면으로 직시한다. 이타주의 덮개 아래서 지배력에 대한 은폐는 그 베일 안에서 특별히 교활한 형태로 단지 경험될 수밖에 없다.[40]

전용호 목사의 회고에 의하면, 기독교대한감리회 총회적 차원의 대북 지원 사업의 예산은 1년에 10만 달러 정도였다고 한다. 식량 구호를 위해서 보내준 밀가루도 처음에는 1등급만 보내주었는데, 2년 후에는 1등급 절반, 2등급 절반을 보내주었다고 한다. 3등급은 우리나라에서 찾기가 힘들어서 못 보내었는데, 북한의 일반 주민들을 위하여 그들의 눈높이에 맞게 하려면 3등급을 줘야 한다고 주장한다. 고급 밀가루는 주로 고위층으로 가기 때문이었다.

의복과 자전거도 매우 필요한 물품이어서 보내주었다. 왜냐하면 자전거는 일반 주민들에게는 자가용과 같은 것이기 때문이었다. 봉수 교회로 들어가는 입구까지 도로포장용 아스팔트 재료까지도 보내주었다. 조그런 산하에 운영되고 있었던 빵 공장의 낡은 기계도, 탑차 1톤짜리 트럭도, 연탄 15만 장도 보내주었다. 북쪽에는 연탄아궁이가 없어 연탄을 도로 다 부셔서 조개탄을 만들어서 사용했다는 것이다. 연탄은 일산화탄소로 인한 중독 사건이 일어날 수 있어서 바람직하지 않다고 성찰했고, 그 대신 주택 개량 사업이 우선적인 과제라고 보았다.

---

40 Gerd Theissen, "Die Bibel diakonisch Lesen: Die Legitimitätskrise des Helfens und der barmherzige Samariter," in Gerd K. Schäfer, Theodor Strohm(hrsg.), *Diakonie-biblische Grundlagen und Orientierungen* (Heidelberg, HVA, 1990), 378-379; 김옥순 역, "디아코니아적으로 성서읽기 ─ 돌봄의 정당성 위기와 선한 사마리아인," 게르하르트 쉐퍼 · 테오도어 슈트롬 엮음/한국디아코니아신학회 펴냄, 『디아코니아와 성서』 (한들출판사, 2013), 557-558.

2. 기독교대한감리회 총회의 대북 지원 주요 사업[41]

먼저 교회 3대 절기 모금은 사순절 모금으로 2007~2011년에는 동전 모으기, 2012~2014년에는 북한주민돕기, 2015~2022년에는 북한나무심기 및 대북사업지원을 목적으로 모금하였으며, 북한선교주일에는 2007~2011년에 대북물지지원을 목적으로, 2012~2022년에는 북한 교회 재건기금 적립을 목적으로 모금하였다. 성탄절에는 2007~2011년에 북한주민 동내의, 연탄 지원을 목적으로, 2012~2022년에는 새터민장학기금 적립과 새터민 지원을 목적으로 모금하였다. 기독교대한감리회 총회의 대북 물자지원 내역(1997~2011년)[42]은 다음과 같다.

> 1997년에 의약품, 옥수수 600톤, 1998년에 의약품 1컨테이너, 비닐방막 2컨테이너, 어미 염소 500마리, 밀가루 720톤, 1999년에 자전거 550대, 복사기 1대, 밀가루 300톤, 도로포장용 비치 40톤, 의약품 1컨테이너, 방열기 30대, 2000년에 비료 재생산 차량, 도로포장용 비치 60톤, 밀가루 100톤, 축구공 400개, 가정교회 용품 2천 세트, 2001년에 충전용 자전거 10대, 2002년에 동내의, 2003년에 밀가루 51톤, 2004년에

---

41 방현섭 목사, "기독교대한감리회 평화통일운동," (사)평화통일연대, 『한국교회 초청 화해와 평화, 평화통일을 위한 포럼 ─ 한국교회 평화통일 운동 어디로 갈 것인가?』, 자료집, 2023. 11. 27., 장소: 한국기독교회관 조에홀, 17-37.
42 대북 지원 사업의 내용과 금액이 자료에는 소상한 기록으로 남아있으나 여기서는 생략하고 총액만 밝힌다.

담요 600장, 밀가루 200톤, 문구 1,500세트, 지붕재 20톤, 제빵 설비, 2005년에 연탄 15만 장, 냉온풍기 3대, 밀가루 5,600포, 아연도철판 20톤, 냉온풍기 4대, 음향기, 분유 183포, 2006년에 밀가루 2,560포, 분유 140포, 2007년에 연탄보일러 125개, 밀가루 5,500포, 제빵 설비, 분유 100포, 여성용품 4상자, 2008년에 탑차 1대, 빵 반죽기, 소아 의료기, 약품, 2009년에 동내의 120상자, 밀가루 1,800포, 2010년에 밀가루 5,300포, 분유 65포, 목도리, 모자, 장갑, 2011년에 밀가루 등인데 총지출 금액은 3,617,410,130원이었다.

특별한 사업으로 평양신학원 운영지원(1999~2010년)이 있었다. 제8기(2000~2005년)에 졸업생 12명, 연맹 및 가정교회를 지원했고, 제9기(2005~2010년)에 졸업생 12명, 연맹 및 가정교회를 지원했는데 2010년 5.24조치로 이 사업은 일체 중단되었다. 제9기 지원협약은 2016년 12월 31일자로 종료되었다.

VII. 한국기독교장로회 총회의 평화통일운동[43]

한국기독교장로회 총회는 1970~80년대의 민주화운동과 인권

---

[43] 한세욱 목사, "한반도 화해와 통일을 위한 우리의 노력," (사)평화통일연대, 『한국교회 초청 화해와 평화, 평화통일을 위한 포럼 — 한국교회 평화통일 운동 어디로 갈 것인가?』, 자료집, 2023. 11. 27., 장소: 한국기독교회관 조에홀, 57-65.

운동을 위한 한국 민중의 투쟁에 함께 참여하면서 한반도가 외세로부터 자주성을 되찾고 분단된 민족이 화해하며 평화적인 통일을 이루는 일이야말로 중요한 선교적 과제인 것을 깨달았다. 이러한 인식의 바탕에서 평화통일 선교에 대한 특수성과 독립성을 고려하여 68회 총회(1983)에서 '평화통일문제연구위원회'를 특별위원회로 설치하고, 제69회 총회(1984)에서는 '통일문제연구위원회'를 상임위원회로 만들고 노회 산하에도 통일위원회를 조직할 것을 결의하였다.

이어 75회 총회(1990)에서 현재의 명칭인 '평화통일위원회'로 상임위원회의 명칭이 변경되었다. 그리고 평화통일 선교의 과제를 보다 심도 있게 다루기 위한 조직의 필요성에 따라서 89회 총회(2004) 결의를 통해 '평화공동체운동본부'를 설립하였다. 이 평화공동체운동본부의 성격은 2006년 운동본부 출범기념 '동아시아 평화를 위한 에큐메니칼 국제심포지움' 개최의 목적에서 잘 나타나 있다.

(1) 우리는 본 심포지움을 통해서 새로운 질서와 긴장 관계가 형성되는 동아시아 지역의 평화를 모색하며, 한반도 평화통일의 문제 또한 동아시아의 국제정세와 평화의 관점에서 재조명하고자 한다.

(2) 우리는 본 심포지움을 통해서 동아시아와 한반도 평화를 위한 그리스도교회의 공통적 실천 방안을 모색하려 한다.

(3) 우리는 본 심포지움을 통해서 교회의 평화운동에서 국제적인 네트워크를 형성하는 기틀을 마련하고자 한다.

이 심포지움은 세계교회협의회(WCC), 아시아기독교협의회(CCA), 한국기독교교회협의회(NCCK), 한국기독교장로회 총회 평화공동체운동본부가 공동으로 주최한 것이었는데, 아시아, 유럽, 북미주에서 온 교회의 지도자들과 한국교회 지도자 150여 명이 참가하였다. 이 심포지움은 한반도 통일과 동아시아 평화의 문제에 대하여 한국교회가 주도하여 세계교회와 공동으로 실천하는 네트워크 형성의 기틀을 마련하였다는 데 큰 의미가 있었다. 더 나아가 각국의 교회가 다양한 관점과 이해관계를 가지고 있음에도 불구하고 동아시아의 지정학적 정세를 공유하고 평화를 만들기 위한 구체적인 공동 실천을 제안하는 데까지 나아갔기 때문에 큰 성과가 있었다고 평가되고 있다.

그리고 이 모임이 일회성으로 그치지 않고 각국 교회와 에큐메니칼 단체들이 계속해서 연대 활동을 펼칠 수 있는 계기가 되었다는 점에서 에큐메니칼운동의 큰 성과였다. 여기에 모인 참가 단체들이 공동으로 채택한 성명서를 통해 '북한사회개발을 위한 컨소시움' 설립을 제안하였고, 2006년 12월 홍콩에서 한 차례 준비 회의를 한 후, 2008년 독일의 프랑크푸르트 인근에 있는 아놀드스하인(Arnoldshain)에서 오늘날의 '한반도 평화와 통일, 협력을 위한 에큐메니칼 포럼'(EFK: Eccumenical Forum for Korean Peninsular)을 창설하게 되었던 것이다.

한국기독교장로회 총회적 차원과 평화통일운동 차원에서 대북지원 및 협력 사업의 내용을 소개한다. 1995년에 큰물 피해를 입은 북한 동포를 돕기 위한 헌금을 WCC를 통해 조선그리스도교연맹에 전달하였고, 이어서 지속적으로 북한 돕기 운동이 이루어졌다. 즉, 1997년과 1998년에 평화의 성미 보내기 운동, 강원도 감자 보내기 (1997), 밀가루 및 식용유 지원(1998), 용천역폭발사고 돕기(2004), 수해 지원 밀가루, 식용유, 분유 지원(2006~2007) 등이다. 특히 1997년 8월에 백두산에서 민족의 화해와 평화통일을 위한 기도회를 개최한 이후 평화기도회를 지속적으로 전개해 왔다. 2000년에 국토순례 기도회, 6.15공동선언 이행을 위한 남북기도회는 조선그리스도교연맹과 함께 금강산 김정숙 휴양소에서 한 후 계속해서 NCCK와 함께 기도회를 개최해 왔었다.[44]

기독교장로회 총회 소속의 열림교회에서 목회를 하면서 노회와 총회 차원 그리고 한국기독교교회협의회(NCCK)를 통한 에큐메니칼 운동적 차원에서도 한반도의 평화통일을 위하여 헌신해 온 분은 나핵집 목사다.

그는 민중신학자이며 한신대 교수였던 안병무 박사의 연구소에서 안 박사를 도우면서 기관목사로 안수를 받았고, 그에게 큰 영향을 받았다. 당시 서울노회를 중심으로 평화통일위원회를 조직화하고 위원장을 하면서 7권의 통일 관련 책을 출판했고, 오랫동안 평화기행을 통해 체험적으로 통일운동과 훈련을 병행했었다.

그는 NCCK의 화해통일위원장으로서 수고하면서 특별히 제10차

---

44 나핵집, "한국기독교장로회의 평화·통일 선교의 전망," 서울북노회 교회와 사회, 평화통일위원회 편, 평화통일자료 제7집,『한반도 평화정착과 한국교회의 비전』(2008), 91-113.

세계교회협의회(WCC) 부산총회를 앞두고 독일 베를린에서 출발하여 러시아를 거쳐 시베리아철도로 횡단하여 중국, 북한을 거쳐 부산까지 도착하려고 한 평화열차프로그램을 기획하여 위원장으로 수고하였다. 많은 우여곡절 끝에 북한 땅을 거치지 못하고 결국 중국에서 비행기로 귀국하여 부산으로 가기는 했지만 이러한 어려운 기획과 운영을 통해서 결국 제10차 세계교회협의회 총회에서 한반도 평화통일을 위한 선언서가 채택되게 된 것이었다.

그리고 2018년 WCC 창립 70주년을 기념하는 대회가 제네바에서 열렸을 때 당시 프란체스코 교황이 참석하여 특별히 한반도의 평화통일을 위해 한국교회의 대표들(장상, 이홍정, 나핵집, 배현주)과 북한의 강명철 위원장 등을 만나 격려해 주는 것을 보고 감격했던 순간을 회상하였다. 또한 2018년에 있었던 문재인 대통령과 김정은 위원장의 정상회담과 판문점선언 1주년 기념으로 민간 차원에서 DMZ평화인간띠잇기운동[45] 전국 본부에 중요한 역할을 맡으면서 전세계적으로 30여만 명의 참석자가 참여한 놀라운 역사에도 깊이 관여한 바가 있었다.

특히 오늘날까지 10년 동안이나 지속된 한반도 평화통일을 위한 월요기도회는 나핵집 목사가 한신대 신대원 운동장에서부터 시작한 일이었다. 여러 교회 여러 단체가 주관해서 월요기도회를 꾸준히

---

[45] DMZ평화인간띠잇기운동본부, 『4.27 DMZ민(民)+평화손잡기 백서 — 꽃피는 봄날 DMZ로 소풍가자』(2019).

이어온 것이었다. 특히 이 프로그램은 지난 2022년 독일 칼스루에에서 개최되었던 제11차 WCC 총회에서 공식적으로 이루어졌는데, 307년이 된 성 스테판 성당에서 개최되었고, 나핵집 목사가 설교했으며, WCC 의장과 부의장, 총무 등 유명 인사들도 대거 참여한 바가 있다.

오늘날도 파주, 철원 등지의 DMZ 가까운 지역에서 작은 교회당 또는 야산에서도 기도회를 계속해 오고 있다. 나핵집 목사는 "오늘날의 상황에서 통일과 관련하여 두 국가론을 주장하는 분들도 있지만 우리는 끊임없이 통일을 지향해야 하고 후손들을 위해서라도 통일지향적 사고를 해야 한다"고 주장했다. 동질성을 계속 확대해 가면서 서로 긍정하고 서로 받아들이는 그런 방향으로 나아가야 한다고 생각했다.[46]

VIII. EFK(Eccumenical Forum for Korean Peninsular)와 대북 지원 사업

'한반도를 위한 에큐메니칼포럼'은 2006년 12월 8일 홍콩에서 전 세계의 교회와 에큐메니칼 단체를 대표하는 25명의 참가자가 모여

---

46 이승열 목사의 나핵집 목사와의 인터뷰 녹취록, 2024년 7월 30일, 기사연 건물 205호 나핵집 목사 사무실에서의 녹음 인터뷰 녹취록 참조.

서 출범했다. 처음에는 컨소시엄으로 불렸지만 더 많은 에큐메니칼 조직의 참여를 촉진하기 위한 포럼으로 불릴 것을 제안하여 바뀌었다. 2008년 독일 아놀드스하인에서 열린 조선기독교연맹(KCF: South Korea and the Korean Christian Federation)과의 첫 번째 전체 포럼 회의에서 확인된 것이었다.

가장 큰 영향은 1984년 세계교회협의회가 주도한 일본 도잔소 회의에서 세계의 에큐메니칼 교회와 단체들이 한반도의 평화와 통일 문제에 관심을 보이고 리더십을 발휘할 수 있도록 힘써온 결과라고 할 수 있다. 이러한 노력은 이후 글리온에서의 남북 교회 지도자들이 함께 만나서 대화하고 기도하며 예배를 드리는 만남을 통해서 발전되었다. 남북 교회의 지도자들의 만남과 교류협력은 한반도에서의 전쟁의 위험을 감소시키고 다양한 채널을 통해 남북 사이의 대화와 상호 방문을 하게 되었고, 화해와 협력을 이끌어가는 환경을 만들어 가게 되었던 것이다.

그러나 정보 공유의 부족, 상호 협력의 부족, 공동 평가 프로세스의 부족 등으로 인해서 상호 신뢰를 상실하게 되었고, 낭비적인 중복 지원과 물질 중심의 문제 등의 문제점들이 드러났으며, 남북 정권의 냉각과 국제 관계의 영향으로 인해 세계교회와 함께해 온 한반도의 남북 교회의 교류협력과 발전이 잘 이루어지지 못하였다.

KCF는 북한에서의 국수 공장 운영, 빵 공장, 온실 등을 관리·감독하고 있었다. 그런데 남한에서 이명박 대통령이 정권을 잡으면서 전임자들의 대북 정책을 포기하고 적대 정책으로 돌아가 북한과의 에큐메니칼 협력은 더욱 어렵게 만들었다. 이어서 2010년 천안함 침몰사건, 연평도 포격사건 등으로 더욱 경색되고 어려운 상황이 되었다.

이러한 어려운 경색 과정에서도 EFK는 2013년 부산에서의 WCC 제10차 총회를 앞두고 '평화열차행사'를 계획하여 시행하였다. 즉, 독일의 베를린에서부터 부산 집회까지 이어지도록 계획하였으나 북한에서의 입국허가를 받지 못하여 중국을 통해서 한국으로 입국하게 되었던 것이다.

이 기간에 미국, 북한, 남한, 일본, 중국 등 6자회담과 기본합의협상이 결렬되기 시작했고, 미국이 유엔에 제재 강화를 촉구하였다. 그리하여 세계 여러 나라의 국제적인 제재가 강화되면서 인도주의적 구호와 지원 사업이 더욱 어렵게 되어버리고 말았다. 이런 와중에 국내에서는 박근혜 정부가 탄생하여 남북관계는 더욱 어렵게 꼬이게 되었다.

2008년의 금강산 피격사건으로 민간인 관광객 여성이 북한의 초병에 의해 사격을 받아 사망하는 사건이 발생하여 금강산 관광이 중단되면서 햇볕정책이 사실상 중단되었다. 그리고 2016년에는 박근혜 정부에 의해서 일방적으로 개성공단 가동이 중단되어 버리고 말았다. 그 이후 남북관계는 악화일로를 걷게 된 것이다.

그러나 박근혜 대통령이 탄핵되어 파면된 이후 문재인 대통령이 취임하여 대북 포용 정책을 벌여나가게 되었고, 평창동계올림픽의 공동 개최, 한미군사연합훈련의 중단, 두 차례의 남북정상회담의 개최, 북미정상회담의 성사 등의 평화적인 협력 관계와 분위기가 조성되어 갔으나, 미국이 종전 선언 지지를 반대하였고 북한의 완전한 비핵화를 요구했기 때문에 결국은 다시금 냉전 체제로 회귀하고 말았다.[47]

IX. 나가는 말

한반도의 분단 이후 휴전 상태가 지속되어 온 지 71년, 아직도 종전되지 못한 채 한반도의 위기는 어제오늘의 이야기가 아니다. 그러나 오늘날만큼 위태롭고 염려되기도 드물었다. 왜냐하면 어느 때보다도 남북 정권의 입장과 서로에 대한 정책이 평화적인 통일을 지향하는 것이 아니라 적대적이며, 전쟁도 불사하고, 서로를 주적으로 노골적으로 지칭하면서 그간의 교류협력과 지원과 나눔의 모든 좋았던 관계가 무색하게 되었으며, 평화통일과 교류협력을 위한 모든 민간 단체의 노력과 만남과 관계가 모두 무의미하게 깨어져 버리고 말았기 때문이다.

이는 양쪽 정부의 모두에게 책임이 있다고 볼 수 있다. 북한 정권의 끊임없는 미사일 개발과 핵실험을 통한 핵무기의 보유와 위협이 한반

---

47 NCCK로부터의 EFK에 관한 자료제공문서, "A brief history of the EFK from 2006-2024".

도와 동북아의 평화를 위협할 뿐만 아니라 미국에까지도 큰 위협적 존재가 되어버리고 말았던 것이다. 오늘날은 유럽의 우크라이나와 러시아와의 전쟁이 3년 차에 접어들었어도 끝이 보이지 않고 있다. 특별히 러시아와 밀접한 외교 관계를 맺으며 러시아 쪽에 전쟁을 위한 포탄과 무기를 지원하고, 한편으로는 태부족이며 꼭 필요한 유류의 지원을 받고 또 고도의 미사일 개발 기술의 지원을 받고 있는 북한의 현황이다. 그리고 유엔을 통한 서방 세계의 제재를 막아주고 유럽의 안보까지도 위협하는 일에 러시아가 일조하고 있는듯한 모습을 볼 수 있다.

다른 한편 우리 한국은 미국과 일본과의 외교 관계에 있어서도 더욱 밀착된 군사 안보 협력 관계로 나아가고 있으며 인도-태평양 지역의 안보에 있어서 더욱 협력적이고 밀착적인 관계로 발전해 가고 있기 때문에 동북아의 평화 그리고 유럽에서의 평화와 안보가 이제는 매우 심각한 현안으로 대두되고 있어 보이는 것이다.

한반도의 평화통일을 위하여 힘써온 한국 개신교회는 오랫동안 분단의 아픔과 이로 인해 파생된 비민주적이며 반통일적인 독재정권과도 싸워 왔고, 민주화운동과 통일운동에 많은 고난을 받으면서도 기여해 온 역사와 전통을 귀히 여기면서 그 유산을 이어받고 있는 오늘의 한국교회는 이러한 현실에 대하여 결코 무관심하거나 안일한 태도로 있어서는 안 될 것이다.

민간 차원에서는 통일에 대하여 일체 언급도 할 수 없었던 군사독재정권하에서도 평화통일운동의 기수가 되었던 역사를 기억하면서 남북의 평화통일을 위한 새로운 도전의 필요성을 느낀다.

이는 곧 성서에서 가장 귀중한 교훈으로 우리가 받고 있는 그리스도의 사랑으로 원수까지도 사랑하고 품고 섬겨야 하는 정신이고 삶인 것이다. 이는 곧 디아코니아의 실천이며 참된 예수 그리스도의 제자로서 마땅히 해야 할 실천 과제인 것이다.

오늘날 양쪽 정부의 강경한 정책으로 인해서 대화도 막히고 일체의 교류가 막혀 있는 상태에서 계기를 마련하기가 결코 쉽지 않은 상황이지만, 한 민족으로서의 동질성을 확인하고 유지하며 그간의 분단으로 인한 이데올로기적 차이와 문화와 가치관의 다양한 차이와 이질성을 인내심을 가지고 극복해 가는 것이 너무나도 중요한 민족적인 과제가 아닐 수 없다.

아직도 먼 옛날의 이야기가 될지도 모르지만, 이제 한국 개신교회가 그동안 서로 섬겨오고 나누면서 지내 온 남북 교류협력의 이야기들을 정리해 보며 그 소중한 유산과 정신을 귀히 여겨 더욱 발전적인 미래로 나아가고자 한다. 또한 새로운 위기의 시대에 새로운 발전의 계기를 삼을 방법과 지혜도 여기에 있다고 생각되기 때문에 이 짧은 글을 통하여 귀한 교훈을 얻고자 하는 것이다.

참고문헌

게르하르트 쉐퍼·테오도어 슈트롬 엮음/김옥순 역. "디아코니아적으로 성서읽기
— 돌봄의 정당성 위기와 선한 사마리아인." 한국디아코니아신학회.『디아코
니아와 성서』. 한들출판사, 2013.

권호경.『역사의 흐름, 사람을 향하여』. 권호경 목사 회고록. 대한기독교서회, 2019.

기독교대한감리회 서부연회본부.「제2차 재건 제30회 서부연회 연회자료집」. 2023
년 6월 8일.

나핵집. "한국기독교장로회의 평화 통일 선교의 전망." 서울북노회 교회와 사회,
평화통일위원회 편.「평화통일자료 제7집 — 한반도 평화정착과 한국교회의
비전」(2008): 91-113.

방현섭. "기독교대한감리회 평화통일운동." 평화통일연대.「한국교회 초청 화해와
평화, 평화통일을 위한 포럼 자료집 — 한국교회 평화통일 운동 어디로 갈
것인가?」. 2023. 11. 27.

이명숙. "대한예수교장로회총회 평화통일운동."「한국교회 초청 화해와 평화, 평화
통일을 위한 포럼 자료집 — 한국교회 평화통일 운동 어디로 갈 것인가?」.
2023. 11. 27.

이문식. "기독교 대북지원운동의 역사와 미래전망." 평화통일연대.「한국교회 초청
화해와 평화, 평화통일을 위한 포럼 자료집 — 한국교회 평화통일 운동 어디로
갈 것인가?」. 2023. 11. 27.

이승열. "한국 개신교회의 해외재해구호사업에 관한 고찰."「불교평론」제17권 제1
호(2015 봄): 162-185.

한국교회남북교류협력단. 집행위원회 8차 회의록.

한국기독교교회협의회 편. "한국기독교사회운동사."「대한예수교장로회총회록,
자료집 제16권」. 2023.

_____.「한국기독교교회협의회 총회록 — 한국기독교사회운동사 자료집 제11

권(1988-1990)」. 한국기독교교회협의회, 2021.

_____.「한국기독교교회협의회 총회록 ─ 한국기독교사회운동사 자료집 제12
권(1994-1995)」. 한국기독교교회협의회, 2021.

_____.「한국기독교교회협의회 총회록 ─ 한국기독교사회운동사 자료집 제13
권(1991-1993)」. 한국기독교교회협의회, 2021.

_____.「한국기독교교회협의회 총회록 ─ 한국기독교사회운동사 자료집 제14
권(1996)」. 한국기독교교회협의회, 2022.

한세욱. "한반도 화해와 통일을 위한 우리의 노력." 평화통일연대.「한국교회 초청
화해와 평화, 평화통일을 위한 포럼 자료집 ─ 한국교회 평화통일 운동 어디로
갈 것인가?」. 2023. 11. 27.

DMZ평화인간띠잇기운동본부.『4.27 DMZ민(民)+평화손잡기 백서 ─ 꽃피는 봄
날 DMZ로 소풍가자』. 2019.

NCCK100주년기념사업특별위원회 편.『NCCK오해와 진실 ─ 에큐메니칼이란 무
엇인가?』. 한국기독교교회협의회, 2023.

Klaus Poser (ed.). *Called to be Neighbours-Ofiicial Report WCC World
Consultation, Inter-Church Aid, Refugee and World Service*. Larnaca, 1986.

Gerd Theissen. "Die Bibel diakonisch Lesen: Die Legitimitätskrise des
Helfens und der barmherzige Samariter." in Gerd K. Schäfer, Theodor
Strohm(hrsg.). *Diakonie-biblische Grundlagen und Orientierungen*.
Heidelberg, HVA, 1990.

인터뷰 녹취록

엄상현. 전용호 목사와의 인터뷰. 2024년 3월 12일.

_____. 최혜원 목사와의 전화 인터뷰. 2024년 5월 15일.

엄상현·이승열. 이홍정 목사와의 인터뷰 녹취록. 2024년 4월 1일.

_____. 김영주 목사와의 인터뷰 녹취록. 2024년 7월 8일.

이승열. 나핵집 목사와의 인터뷰 녹취록. 2024년 7월 30일.